岭南教育之光

——岭南名师成长故事

方观生 著

南方日报出版社
NANFANG DAILY PRESS
中国·广州

图书在版编目（CIP）数据

岭南教育之光 ：岭南名师成长故事 / 方观生著. —广州 ：南方日报出版社，2020.5
（岭南教育书系）
ISBN 978-7-5491-2172-4

Ⅰ. ①岭… Ⅱ. ①方… Ⅲ. ①教师—生平事迹—广东—现代
Ⅳ. ①K825.46

中国版本图书馆CIP数据核字（2020）第046279号

LINGNAN JIAOYU ZHI GUANG
LINGNAN MINGSHI CHENGZHANG GUSHI
岭南教育之光——岭南名师成长故事

著　　者：方观生
责任编辑：方　明　　曹　星
责任校对：魏智宏
出 版 人：周山丹
责任技编：王　兰
装帧设计：东方旭日
出版发行：南方日报出版社
地　　址：广州市广州大道中289号
电　　话：020-87363865
经　　销：全国新华书店
印　　刷：广州市尚铭印刷有限公司
开　　本：787 mm × 1092 mm　1/16
印　　张：20
字　　数：369千字
版　　次：2020年5月第1版
印　　次：2020年5月第1次印刷
定　　价：60.00元

序一

向往

人生有了向往，就会像土壤里的种子，破土长茎，伸展枝干，追寻绿叶与繁花硕果。人生有了向往，就有希望。希望如太阳，有了光和热，就有勃勃生机……

2003年，我就认识方观生了，他的人生向往是：追求理想的教育，唱响岭南名师、岭南教育流派，为广东省教育事业奉献微薄之力，希望能与名师一起成长，成为一个学者型的编辑。现在已经是几本杂志主编的他还是勤奋好学，埋头苦干，深入中小学校，与师生交朋友、采访优秀老师、撰写文章，为广东省教育“强师工程”事业发展助力，朝着他人生向往的大道阔步前进。

方观生坚信“书痴者文必工，艺痴者技必良”。他把自己对教育的深厚情怀和工作中的苦与乐灌注在笔尖，把文字变成一颗颗沙砾，铺就在自己从事期刊杂志编辑出版工作的路上，在曲折之路、泥泞之途、荆棘草径上留下一串串难忘的脚印。他从事媒体工作18年了，曾担任广东教育杂志社广州工作站、广州日报报业集团主办的广州少先队队报工作站站长。现任《少男少女·教育管理》《岭南读写》等杂志执行主编。在省级报刊发表了80多篇文章，曾指导20多所中小学校编写出版校本特色教材及课题，主编出版小记者培训教材《小记者　我的中国梦》。还被嘉应学院梅州师范分院聘为客座教授、部分中小学名师工作室导师、专家……执着向往理想的教育、点燃希望、燃亮智慧，为广东省教育界的“岭南名师”摇旗呐喊。他自2017年1月起在期刊《少男少女·教育管理》增设“岭南名师”专栏，免费派送杂志或把内容通过公众号发布形式宣传岭南名师，每期都被广东省20多万名师生传阅。他选取宣传过的50多位广东名师成长故事出版专著《岭南教育之光——岭南名师成长故事》。

有耕耘就有收获。方观生作为媒体人，不忘初心，砥砺前行，唱响岭南名师，受到广东省各地教育行政部门的关注和名教师的点赞。“万人计划”教学名师——广州海珠区实验小学郑贤动情地说：“方观生先生的心愿是希望通过他自己的努力动员各方加入齐唱岭南名师，让岭南名师成为广东品牌。我钦佩方先生为唱响岭南名师所作的一切奉献与努力，他的这种情怀和精神激励我在教育之路上不忘初心，坚定前行。”南粤优秀教师——湛江坡头区詹赵雄赞许地说：“方观生先生情系教育，关注名师，出钱出力，宣传岭南名师，助力广东省教育‘强师工程’，精神可嘉，难能可贵。”方先生用情怀点燃一盏心灯，用爱心传递希望之火，不忘教育初心，牢记教育使命，孜孜不倦地创设岭南名师这一施展才华与张扬个性的学术交流平台，形成名师共同体，催生教育新力量，引领广东教育新发展。他着实是我们教育人尊崇的教育人。

习近平总书记寄语广东“四个走在全国前列”的殷切期望，激励着广东教育工作者不忘初心，教书育人，立德树人，创造广东教育特色品牌，打造更具广东基础教育思想和教育实践独特风格的“岭南教育”，培养一大批“务实勤劳”“勇于开拓”的岭南教育名师，唱响“岭南教育流派”，助推广东教育走在全国前列。方观生还将继续与南方日报出版社合作出版“岭南教育”系列丛书，这就是展示“岭南教育流派”的宣传窗口。《岭南教育之光——岭南名师成长故事》一书收录了他从2017年至今采写的广东名师里的50多位名师（有国家级、省级、市级名师），这些岭南名师不忘初心、敬业奉献、锐意进取、勇于实践、爱生如子、诲人不倦、因材施教、寓教于乐、严谨治学、科研促教、辛勤耕耘、以德树人、匠心育才，躬身平凡岗位，闪亮方寸讲坛，呵护桃李花开。这些岭南名师名副其实，获得国家、省、市奖项多不胜数，有“万人计划教学名师”“全国模范教师”“全国劳动模范”“全国教育系统巾帼建功标兵”“全国希望工程优秀乡村教师”“百佳共产党员标兵”“广东省特级教师”“广东特支计划教学名师”“特殊教育特级教师”，等等。

方观生为了采写这些岭南名师，自费深入广东各地中小学校，贴近师生调查研究，写好文稿。在写作中，方观生坚持“事以简为上，言以简为当”“夸而有节，饰而不诬”的文风，字里行间凸显“实”“识”两字。“实”使文章有实事、实感、实诚，真诚表达，行文深入浅出，洋溢亲和力。“识”使文章内涵丰富，文中有常识、见识、学识、共识、才识、胆识，使文章有新意、有深度，使读者为之感动。让人对这些以德为先，以责为重，以生为本，以爱育人，以身作则，为中小学生“扣好人生第一粒扣子”，为祖国培养德、智、体、美、劳全面发展的人才立下了可歌可颂的功勋的岭南名师心怀敬意，受益匪浅。

“山之妙在峰回路转，水之妙在风起波生。”方观生之“妙”在于他有正确的向往，美好的希望，浓浓的教育情怀，有一颗甘愿为唱响岭南名师多作贡献而不求回报之心。尽管他的向往之路曲折艰辛，但方观生都会想办法去解决，笔耕不辍，持之以恒，用不同媒体做好岭南名师的宣传，使广东教育界的羊城名师、深派名师等敞亮地立在岭南大地，逐渐形成“百花齐放，百家争鸣”的局面，走在全国前列，为办好人民满意的教育作出更大的贡献。

方观生向往理想的教育，点燃自己心中一盏唱响岭南名师的心灯，传递弘扬岭南名师心怀大爱，以情优教，以趣渡学，教书育人，帮助学生筑梦、追梦、圆梦的敬业奉献精神，令人感动钦佩。星星之火，可以燎原，愿教育界的岭南名师能助推全社会各行各业都唱响名师之歌，使三百六十行，行行出名师，携手共同为新时代中国特色社会主义事业多作贡献。

“春到人间草木知”，让我们用爱心传递希望之火，共同唱响岭南名师，引领广东教师共成长。

以此共勉，权作序语。

陈湘年

广东省教育系统关心下一代工作委员会常务副主任

广东省期刊协会会长、编审

2019年12月2日于广东省期刊协会办公室

唱响岭南名师

岭南人素来务实低调，凡事“做了再说”，或是“做了也不说”。

这一文化特质自然也体现在教育界。岭南基础教育界名校林立，名师众多，但大多数都静默不肯语。

“先说再做”或是“只说不做”的浮夸之风当然不可取，但适时亮出自己的旗帜，既是文化自觉，也是文化自信。

当前，新旧交替，中西碰撞，风云际会。时代之风造就了一批岭南名师，他们各有千秋，但内里全不失风骨、风趣或风雅。概而言之，是一批不失“硬朗”而又“好玩”“有趣”的人。

名师的价值在课堂。他们旁征博引，引领学生在养分丰富处滋养生命。但是，不能仅限于此。名师之“名”，不仅有术，更有道，有担当，有风骨，底子上都有一个“士”字守着。他们不只是咀嚼一己的悲欢，更是有担当的一代学人，有独立、自由、创造精神的一代知识分子。这样的生命，可谓是“高贵的单纯”“静默的伟大”。

因此，有必要让这样一批有担当的岭南名师进入公众视野。倘若能够引领一时之风，自是最好；即便未能达成，教人见识一番，在物欲横流的世界，依然存留着一股清流，从容而行，也是有益无弊之事。

更何况，每一位名师都是“身怀绝技”。让他们把自身经验授予年轻人，或以过来人的身份，谈及成长的得与失，让后来者少走弯路，则善莫大焉。

唱响岭南名师，绝非是自吹自擂，而在于向不知道他们名字的读者提出这些名字，以对抗遗忘；或者向知道他们名字却又了解不多的读者呈现他们身上更多元的面貌，以对抗遮蔽。

让他们敞亮地立在岭南大地，令人景仰，而后随行者如云，方是大道。

方观生（清泉）

目录
Contents

第一辑　人生没有最高峰，只有崇高的教育理想

3　用一生谱写生命华丽的篇章
——记国家“万人计划”教学名师林伟
8　新时代教师的专业追求：主动、互动、灵动、触动
——记国家“万人计划”教学名师叶译
14　用“信念、努力、坚持、奉献”创造了教育奇迹
——记国家“万人计划”教学名师郑贤
18　“玩物理”成名师
——记国家“万人计划”教学名师熊宏华
25　教育艺术的本质在于激励、唤醒和鼓舞
——记国家“万人计划”教学名师严开明
31　在学做好老师的路上享受着教育之幸福
——记全国模范教师温利广
37　砥砺前行　勇于超越　收获别样人生
——记全国优秀教师宋朝华
42　躬身平凡岗位，拓宽方寸讲坛
——记全国优秀教师杨穗福
47　以茶入课，温润学生的心灵
——记全国优秀教师谢燕玫
53　修炼语言的艺术，把握语言的温度，探寻教育的美丽
——记全国百佳班主任李上青

第二辑　故事里的成长密码：深刻的教育思想

61　孜孜以求，谱写华章
——记广东省特级教师周华章

67　勇立潮头　搏涛敏行
——记广东省特级教师何勇涛
74　让我们自由、自主地感悟语之趣、文之味
——记广东省特级教师林明
80　为生长而教，建构生长型语文课堂
——记广东省特级教师丁之境
85　弃官从教，成就大写的教育人生
——记广东省特级教师胡立根
90　以“三心”守候教育　做教育的有心人
——记广东省特级教师具惠兰
96　做一名学生喜欢的优秀教师
——记广东省特级教师何泗忠
102　与时俱进，做一个学者型历史老师
——记广东省特级教师欧阳国亮
105　跨世纪的教学求索　铸就今日教育专家
——记广东省特级教师张玉彬
114　为学生创造一个有生气、有情怀的语文世界
——记广东省特级教师楚云
119　孜孜以求，做一名幸福的语文教师
——记广东省特级教师李代权
125　用教育的“真情与深思”诠释教育使命
——记广东省特级教师陈洪义
132　执着教育梦　幸福满人生
——记广东省特级教师谭诗清
136　因为热爱，所以坚守
——记“广东特支计划”教学名师邱海林
142　不负使命，为学生提供优质的教育服务
——记广东省特级教师张颖
148　不忘初心，坚守瑶山教育
——记广东省特级教师莫艳辉
153　从“个性化”到“素养”
——记广东省特级教师胡雪峰
159　敬业矢志不渝　奉献无怨无悔
——记广东省特级教师唐培辉
163　怀着诗心和匠心行走在教育的路上
——记广东省特级教师向敏龙

166 格物致知，愿做一根永明的蜡炬
——记广东省特级教师谭琼念
175 用温润快乐的情怀谱写幸福的教育人生
——记广东省特级教师蔡小红
180 博雅智慧的教育追梦人
——记广东省特级教师张洪平
186 做个深受家长信任、有仁爱之心的“四有”好老师
——记广东省特级教师许书华
192 不忘初心　抱守朴素　幸福为师
——记广东省特级教师李锦清
196 始终坚持“三心育人”
——记广东省特级教师陈进文
201 用特别的情怀　润泽特别的天使
——记广东省特级教师李敬梅
208 用爱与责任书写三尺讲台的幸福篇章
——记广东省特级教师刘彦

第三辑　故事里的成长密码：精湛的教学技能

213 做一名幸福的地理老师
——记广东省名教师王万里
217 以仁爱之心、匠人精神在教育行业深耕不辍
——记南粤优秀教师陈昔安
222 热爱、执着、坚持，追求有温度的教育
——记广东省名教师曾丽秋
226 师风化雨润心田，师德优雅显魅力
——记广东省名教师伍文庄
232 以科学理性的精神温暖每一个成长少年
——记南粤优秀教师朱建山
238 构建富有人文关怀的语文课堂
——记广东省名教师朱美仙
244 扎根农村教育　做学生成长与教师发展的领路人
——记南粤优秀教师詹赵雄
249 三尺讲台勤耕耘　潜心教研育桃李
——记南粤优秀教师张美兰

256 在教学与科研中享受教师的幸福
——记广东省名教师刘崎
262 重视专业成长　争做“五能型教师”
——记广东省名班主任高飞
266 扎根山区　努力实现教育梦
——记广东省优秀乡村教师陈燕平
270 执着追寻人生美丽的蜕变
——记广东省名班主任刘洁贞
275 有道的教学　实现“名师”之梦
——记广东省骨干教师夏四平

第四辑　对话里的成长智慧：学习、反思、坚持

281 “明师”才是好老师
——全国模范教师郝洁访谈录
284 “教文”与“育人”实现教育教学的圆融一体
——广东省特级教师杨青兰访谈录
289 借力成长　收获别样的教育人生
——广东省名班主任刘舒玉访谈录
292 对教育教学“学无止境”的自觉追求
——广东省骨干教师周华访谈录
295 追求“成人、成才、成功”的教育
——广东省特级教师林亮访谈录
298 自觉钻研，精益求精，努力做一名研究型教师
——广东省骨干教师叶翠玲访谈录
301 与时俱进、勇探索、善反思、勤笔耕，助力教师专业成长
——江门市名教师黎康丽访谈录
304 不断地完善自己，走专业发展之路
——广东省骨干教师陈运鸿访谈录

307 后记

第一辑

人生没有最高峰，只有崇高的教育理想

很多读者一看此句，也许会发现，“人生没有最高峰”，好像很熟悉，对的，它就是朱永新教授其中一本书的书名，就叫《人生没有最高峰》，书名就像作者的追求，人生没有最高峰，只有永不止步的教育理想和追求。

如，岭南名师林伟老师的名师格言中说道：“站起来是一座山，内心充满激情和自信。坐下来是一本书，有丰富的涵养，能让人读而不烦。躺下去是一条路，能帮助到别人和引领别人。”林伟老师立志高远，献身教育事业，把“以师为本，奉献为荣”作为终生奋斗的目标。又如，叶译老师在教书育人中做到了真教育：“教育的真谛是源于生活，服务生活，并超越生活。”……在所有岭南名师身上，都体现了“只有崇高的教育理想”的真正含义。

用一生谱写生命华丽的篇章

——记国家“万人计划”教学名师林伟

引言： 什么是真正的教育？全国模范教师林伟老师认为，教育就是唤醒。理想的教育，就是用生命唤醒生命，用潜能激活潜能，用生命提升生命，用快乐传递快乐。30年来，林老师勤于反思，乐于求学，凝结出“适合学生的教育才是好教育”的教育理念。在工作中，他潜心研究教学，改革课堂教学，着力激发学生学习的内驱力；坚持以研促教，把课题问题化，把工作科研化，努力成为一名学者型教师，以此提升自身的专业素养。

林伟，中学正高级教师，二级教授，硕士生导师，享受政府特殊津贴。自1990年从事教育工作以来，先后担任团委书记、政教处主任、副校长、教学处主任、科研处主任、教师发展处主任、学校学术委员会秘书长等职务，现为深圳市第二实验学校校长助理、广东省名教师工作室主持人、广东省中小学新一轮“百千万人才培养工程”名教师培养对象培养项目导师组数学学科专家、广东省普通高中教师培训指导专家、深圳大学教育硕士研究生导师、深圳大学数学与统计学院数学教育学科客座教授、岭南师范学院客座教授、广东第二师范学院兼职教授、湛江师范学院数学与计算科学学院客座教授、深圳市首届课程改革专家、肇庆市中小学名教师和学科带头人培养项目实践导师、深圳市数学学会理事。

先后主持国家、省、市级课题12项，在《数学通报》等刊物发表论文200多篇，出版《数学教学论》《师者行者——一位正高级教师教育教学研究与实践》《思维学导式数学教学概论》等专著9部。有两项科研成果分别获得广东省第一届和第八届普通教育教学成果二等奖和一等奖，有一项获得教育部第一届国家级教学成果二等奖。

先后被评为国家“万人计划”教学名师、全国教育系统劳动模范、全国模范教师、广东省特支计划教学名师、广东省基础教育系统名教师、广东省南粤教书育人优秀教师、广东省师德建设先进个人、广东省教师工作室主持人，并荣获全国“十杰中小学中青年教师”提名奖、第二届全国教育改革创新优秀教师奖、全国科技优秀教师称号。

教育部将其事迹拍成了电视片《师德启思录》并作为电子教材向全国发行，中国教育电视台、中国教育报等10多家新闻媒体对其做了报道，《中学数学》《少男少女·教育管理》杂志将其作为封面人物介绍。

名师格言：站起来是一座山，内心充满激情和自信。坐下来是一本书，有丰富的涵养，能让人读而不烦。躺下去是一条路，能帮助到别人和引领别人。

一、立志高远，献身教育事业

1990年8月，自湛江师范学院（现岭南师范学院）毕业后，林伟老师被分配到雷州市乌石中学任教。第一次上课时，面对一双双求知若渴的眼睛，林老师突然明白了“神圣”两字的意蕴，感受到了沉甸甸的责任。因此，从踏上讲台起，他便决心当一名好教师。在和学生相处的过程中，他意识到：教师是太阳，给了别人光和热，同时也照亮了自己。最重要的是，教师是人类文化的传递者。在工作实践中，他深深感到：只有把自己的才智无私地倾注在工作和事业上，这样的生活才有价值，才有意义。于是，他开始精心备课，熟悉教材，了解学生，虚心请教年长的老师；认真听课，无论是课内还是课外的展示课、研究课等各种公开课活动，他都积极参与，尤其是评课环节，他更是一丝不苟地倾听。就这样，林老师对教学有了自己的体会：教学，无论是哪一科，最重要的是激发学生的学习兴趣，引导学生质疑，让学生学会主动探究；教学，不仅是教给学生知识，更重要的是教会学生探究知识，使学生具备动手动脑的能力，学会创造。

随着教学时间的推移，林老师的奋斗目标也越来越清晰：把成为一个学者型教师作为自己的人生追求。那怎样才算得上是一名学者型教师呢？林老师认为，要做一名学者型教师，既要“教”，又要“研”，还要“写”。且“教”是“研”的前提和基础，“研”是“教”的总结和提高，而“写”则是“教”和“研”的概括、升华。“教而不研则浅，研而不教则空。”教师只有以研究者的心态置身于教育情境，以研究者的目光审视自己的教育理论和现实，以研究者的精神不断发现问题和解决问题，才能成为自觉的实践者。对于如何成为学者型教师，林老师也给自己提出了明确的要求：心灵追求高尚，事业追求卓越。具体为热爱学生，热爱教学，诚实待人，把精力凝聚在专业工作上，教学、育人、科研精益求精。

总之，“以师为本，奉献为荣”是林伟老师终生奋斗的目标。

二、潜心研究教学，改革课堂教学

如何将自己获得的知识重新组合授予学生，如何调动学生学习数学的兴趣，如何让学生在数学课上尝到学习的快乐，是数学教师面临的最实际的问题。对此，林伟老师在教学创新的道路上苦苦求索，不断追求。

为了改变课堂低效的局面，促进学生学习内驱力的提升，林伟老师总结出“思维学导式教学”，在课堂教学中体现出直观性，化虚为实、化静为动，从而调动学生的兴趣，激发学生学习的主动性和积极性。除此之外，他还提出了“低、小、多、快”四字策略。“低”是“低起点”，就是要摸清学生相关知识、基础、能力和心理准备的实际，将起点设置在学生努力一下就可以达到的地方，使新的知识产生联结，形成网络。“小”即“小步子”，就是根据学生的实际，确定能达到的教学目标。教学步子要小，把教学内容按由易到难、由简到繁的原则分解成合理的层次，然后循序渐进，把学生受挫的可能性减到最小。“多”即“多活动”，针对“学困生”注意时间短、记忆容量小、概括能力差的特点，改变教师大段讲解的倾向，导向师生活动交臂进行的方法。这样不仅调节了学生的注意力，更重要的是，学生大量参与学习活动，自我表现的机会多了，能力也得以逐渐提高。这种良性的循环极大地促进了学生各方面的发展。“快”即“快反馈”，就是在每一层次的教学过程中，既有教师的“讲”，又有学生的“练”，还有教师的“查”。这种快速的反馈，既可以把学生取得的进步变成可见的事实，使之受到鼓励，乐于接受下一个任务；又可以及时发现学生存在的问题，及时矫正乃至调整教学的进度，从而有效地提高课堂教学的效益，避免课后大面积补课的现象。

林伟老师认为，只有真实的教学，用知识的力量来征服学生的教学，才能真正激发学生的学习热情，才是学生需要的，这样的课堂也才是充满智慧和活力的。在数学教学上，他一贯追求的是：讲究数学学习的规律性和科学性；重视学生学习习惯的养成和学习兴趣的激发，遵循学生的学习规律和身心发展的规律；重视学生的自身体验和感悟；坚持学生学习的主体地位；重视学生思维方式和思维能力的培养，倡导“过程重于结果”的数学教育理念。在20多年的教学实践中，林老师逐步形成了自己的教学特色：思维过程教学和概念学导式教学。

正是在这些探索和实践中，林伟老师取得了突出的教学成果。他教的学生参加1994年、1995年广东省高中毕业会考，合格率达到100%；与其他老师一起辅导学生参加“祖冲之杯”数学竞赛、“华罗庚金杯”数学竞赛、全国初中数学联赛、湛江市数学竞赛，先后有80多人获奖；他教的学生参加1996年中考，数学平均分为120多分，优秀率达65%，比湛江市平均分高出50多分。除担任数学教师之外，林老师还多年任教毕业班。2000年，他任教的高三（1）班有3人高考突破700分，有32人考上本科。2003年，他任教的高三（4）班高考上线率达到93.8%，班级数学平均分高于当地重点学校数学平均分。2012届高考本科率达100%，重点率达88.1%；2015届高考重点率达100%。

在公开课、竞赛课中，林伟老师也获得了众多荣誉。1996年11月，他执教的《同类项》一课荣获了广东省青年数学教师优质课评比三等奖。1996年12月，他参加“三讲一上一评”竞赛课荣获了第一名。1998年，他执教的《指数函数》一课在中国教育电视台展播，并于同年荣获第三届全国“十杰中小学中青年教师”提名奖。2008年11月，在学校申报广东省教学水平督导验收评估时，他被推荐上了一堂示范课——《算法案例》，受到专家组的好评。2010年6月，他执教的《余弦定理》公开课，得到了深圳市专家的肯定，并作为示范录像课被送往广东省教育厅。2012年，他的课例《空间几何体的结构》在深圳市中小学优质课例视频资源征集及在线展播活动中荣获优质课例视频质量奖，并由九洲音像出版公司出版向全国发行。2012年，他参加广东省教育厅主办的“广东省2012年南粤名师大讲堂——走进惠州”送培下乡系列活动，进行了“同课异构”，得到了高度赞誉。2013年，他为教育部“影子校长”跟岗培训的校长们上了题为《等差数列的性质与应用》的公开课，教学效果良好。

三、脚踏实地，以科研助教研

林伟老师认为，只有把课题问题化，把工作科研化，教育科研才能亲近教学，才能走进课堂，借助科研的力量、群体的智慧，以研促教，使自己的职业生涯焕发出别样的光彩。

是否积极投身教育科研，对一个教师的成长与进步具有至关重要的影响。教育科研是教师成长与进步的杠杆，也是教师加速成长与进步的必由之路。林伟老师的成长与进步，也得益于教育科研的滋润与支撑。在20多年的科研道路上，林老师以课题为船，以学习为风帆，走出了一条“学习—实践—反思—总结”之路。

林老师重视课题研究。他认为，课题要更多地关注自己的教学实践，从实践中来，在实践中“做”，在思考中超越自我。每研究一个课题，他都向自己提出更高的要求。首先，思考选题目标，做到“四要两不要”，即要具有超前意识、要提出独到见解、要有创新的思路、要服务于教学实际，不要好高骛远、不要重复他人。其次，思索课题实施的计划，努力做到“三性”，即构思的逻辑性、观点的科学性、过程的完整性。就这样，林老师从最初参加市级课题“学导法”的研究，到主持市级课题“培养问题意识与问题思维”的研究，再到自己独立主持省级课题“高效课堂”的研究，他在科研中思索，在科研中提升。

在主管学校教研工作时，林老师坚持多个“结合”，即把深入课堂听课、帮助教师磨课、自己上引路课、外出看课观摩等，与开发教学案例、总结教学经验和规律相结合；把读书阅刊、同事交流、问题争鸣等学习研讨活动，与总结教学经验、撰写教学论文相结合；把整体教学视导总结、录像或现场教学评优总结、教学质量评估总结、优秀论文评选总结等，与总结教学经验教训、调查教研工作相结合；把设计专题研究方案、实施专题研究、总结专题研究成果，与撰写教学论文、著书立说相结合；把准备教材教学辅导、各种专题教学讲座、骨干教师课堂培训、教学干部培训等讲稿，与著书立说、撰写教学论文相结合……在教研与科研的多个“结合”中，追求学校教学教研工作的更大的提升。

学习、实践之余，林老师说，他最重要的一件事，也是最大的爱好，就是及时反思、整理和总结，及时坐下来，将自己在教学和教研工作中获得的认识、经验、体会，通过提炼、升华，记录下来，形成文字。这些年来，他一共撰写出了约900万字的教学教研经验总结。

回顾30年的奋斗拼搏之路，林伟老师总结道：“刻苦学习，为我的潜心实践指明了方向，为我的反思总结打下了坚实的基础；潜心实践，为我的刻苦学习提供了广阔的运用空间，为我的反思总结提供了取之不竭的题材；勤于反思总结，为我的刻苦学习不断增添新的动力，鞭策和敦促我去进行更深入的研究与实践。”就是在“学习—实践—反思—总结”这个螺旋式上升的循环往复、不断深入的研究过程中，林老师成长着，丰富着，提高着。

对于未来的专业发展，林伟老师表示，他将安安静静读书，认认真真教书，自自在在写书。不刻意成名成家，顺其自然才是真，保持自然才是好。在读书、教书和写书中，感悟生命。

新时代教师的专业追求：主动、互动、灵动、触动

——记国家“万人计划”教学名师叶译

引言： 作为新时代的老师，一定要有专业的追求，不仅限于自身的专业，还要融合其他专业，做一名跨界教师；不仅关注学生的当下，更要着眼于学生的未来。叶译老师坚持着成为一名教学名师的职业理想，课堂教学注重方法，竞赛辅导注重实效，在专业学习和课题研究中不断创新，不断锻炼自己的教学能力，并形成了“主动、互动、灵动、触动”的教学风格，带动学生主动经历观察、操练、讨论、质疑、探究的过程，让学生感受到英语学习的快乐，获得全面发展。

叶译，国家级高层次人才，教育部党组联系的高级专家，广东省基础教育同时享受国务院政府特殊津贴和入选国家“万人计划”领军人才的第一人。湛江一中培才学校副校长，中学英语正高级教师（教授），首都师范大学硕士生导师。2016年被评为广东省特级教师和广东省中小学新一轮“百千万人才培养工程”首批名教师培养项目优秀学员；2017年入选“广东特支计划”教学名师，成为粤西地区首位也是唯一一位入选者，获省财厅30万元资助，同年被评为广东省名教师工作室优秀主持人；2018年入选国家“万人计划”领军人才之教学名师，是广东省基础教育英语学科首位也是唯一一位入选者，获中央财政及省财厅各50万元资助；同年被教育部遴选为首届中小学名师领航工程学员。承担过5项省级科研项目，其中广东省教育科研“十三五”规划重点课题1项（获省财厅5万元科研经费资助），科研成果（第一完成人）获2017年广东省教育教学成果奖一等奖；出版2部个人学术专著，在国家级、省级教育教学期刊发表英文及中文论文20多篇；曾到

世界著名的美国哥伦比亚大学访学；主张“主动、互动、灵动、触动”的“四动”教学理念在广东省内外有较大影响。

一、挑战自我：与英语教育的结缘

与英语教育的结缘，是叶老师面对职业方向时挑战自我的一次选择。

20世纪80年代，因为学习外语的难度很大，许多人视英语如畏途，因此，叶老师所在的地区从未有人能被广东外国语师范学校（现广东外语艺术职业学院，简称省外师）录取。是选择英语教育，还是继续年少时的理工科梦想？一向乐于挑战的叶老师选择了“啃硬骨头”。因为他坚信：只要主动学习，没有什么能难倒自己。

顶着全区有史以来第一个考取省外师的“光环”，叶老师只身来到广州。身处陌生的环境，他学会了自主管理学习，学习的主动性更强，并形成与他人积极互动交流以获取更多、更新的信息的好习惯。在省外师读书期间，他喜欢与老师、同学交朋友，积极交流探讨问题，喜欢质疑、提问，善于反思与总结，读书与生活都富有激情。从中专到大专这五年，他除了认真学习英语专业知识外，还主动参与了大量课外兴趣活动，练就了过硬的技能：书法、摄影、象棋、唱歌、跳舞、足球、乒乓球、羽毛球、演讲等。这些技能的培养使叶老师充满灵气，富有创新精神，也为他后来成为一名受学生欢迎的老师奠定了坚实的基础。此外，求学过程中的成功体验，也触发了叶老师对英语教育的浓厚兴趣，使他坚定了自己的职业选择。

二、教学名师：工作奋进的动力

1990年7月，从广东外国语师范学校毕业后，叶老师回到了湛江市，并以优异的成绩被分配到湛江第一中学任教。当时有一位前辈对他说：“一个单位中，优秀的人最终未必可以成为领导，但他可以追求成为一位名教师。你有过硬的专业技能，也关爱学生，所以你要努力成为名师啊!”这一席话，令他醍醐灌顶，也成了他工作奋进的动力。为了这个目标，叶老师始终默默地努力着。

叶老师说，刚站上讲台时，他对英语教育充满了激情和憧憬，渴望把自己的知识传授给学生，力图传达自己的教学理念。因此，他勇于承担大大小小的公开课，这给了他很多锻炼的机会，让他在压力中积累经验，不断磨炼，不断成长。1992年，叶老师在湛江市青年教师英语优质课比赛中脱颖而出，荣获全市第一名。1993年，他所带的第一届毕业班中考英语平均成绩分别位列湛江市第一、第二名，这使他向成为名师的理想征途迈出了第一步。之后，叶老师成了学校的英语科组长、英语学科带头人，并于1998年9月被评为湛江市教坛新秀，每一年都被评为学校先进教师或先进科组长。

随着教学实践的丰富，叶老师感受到广泛学习和及时充电深造的必要性。2009年，叶老师在沉重的教学任务和繁重的管理工作的压力下，毅然报考了英国利兹大学英语教学硕士。2012年10月，叶老师被遴选为广东省中小学新一轮“百千万人才培养工程”第一批名教师培养对象。在为期三年的培养学习中，叶老师积极参加每一次研修，认真聆听专家及教授们的讲座。通过听课观摩、评课议课、互动交流、专家引领等，叶老师对自己的教育教学有了更多的思考、更深刻的认识，并促进了自己的教学风格的形成。同时，也坚定了他争取做教学名师的职业理想。

“工欲善其事，必先利其器。”要想真正成为教学名师，必须要有过人的教学能力。为此，多年来叶老师不断地在英语课堂上进行探索和实践。

（一）课堂教学注重方法

从教以来，叶老师总是虚心请教有经验的教师，并不断进行摸索，逐步形成一种具有个人特色的教学方法：激发求知欲，落实教学目标，强化训练双基，形成语言能力。

叶老师在英语教学中一直倡导改革创新，努力营造活跃的课堂气氛，教学语言形象生动，并辅之以幽默风趣的表情，使学生在“学中乐，乐中学”。教学目标明确，重难点突出，注意培养学生的听、说、读、写能力。叶老师的课堂善于调动学生学习的积极性、主动性和培养学生的创新精神和实践能力，既面向全体学生，又兼顾两头，注重因材施教，用不同的教学方法培养尖子生和悉心辅导“学困生”，满足不同学生的需求，使他们学有所得。叶老师所教的学生英语学习兴趣浓厚、“双基”扎实、知识面广。叶老师所授之课深受学生欢迎且获得同行好评，所带的班级英语成绩每一年都名列全市前茅。

（二）竞赛辅导注重实效

叶老师认真钻研竞赛教材，独立编写竞赛辅导资料，总结每次竞赛的经验教训，已逐步形成了一套行之有效的竞赛训练方法：重视“双基”，开拓智力，扩大词汇，强化阅读，专项训练，听写结合。

1992年，叶老师第一次辅导学生参加广东省英语竞赛，林涛同学以满分100分荣获全省第一名，创造了这项比赛的新纪录。叶老师也因此被评为广东省英语竞赛优秀辅导教师。1997年12月，叶老师辅导学生参加“全国中学生（初二组）英语能力竞赛”，取得了前所未有的佳绩，在全市前十名中，湛江第一中学占了七名，并且囊括了全市前五名，13人参赛全部获全国特等奖，获奖人次之多及等次之高均列全省之首，叶老师也被评为全国中学生英语能力竞赛优秀辅导教师。在多年的竞赛辅导实践中，叶老师总结提炼出“导师制教学法”。他在做学生导师的时候，不但教会其知识，让其在竞赛中取得优异成绩，而且还教会其如何做人，使其身心健康成长。

三、学术研究：在专业学习和课题研究中不断创新

“学而不思则罔，思而不学则殆。”新时期的优秀中学教师，必须把“教学型”名师和“学者型”名师双重角色完美结合起来。因此，从教以来，叶老师非常注重业务进修，积极主持并参与各项课题研究，以此不断地提升自己的教育改革创新能力。

2003年至2004年，叶老师在广州大学参加了广东省第二批中学英语骨干教师培训，以优异的成绩结业并被评为优秀学员。2009年，叶老师考取英国利兹大学，次年以优良的成绩毕业并获英语教学硕士学位。在参加省“百千万人才培养工程”培养期间，叶老师于2013年4月到香港职业训练局高峰进修学院参加高端研修，于2014年11月赴世界著名的美国哥伦比亚大学教育学院参加“基础教育领导创新高级研修班”。

新课程改革实施后，叶老师积极主动参与课题研究，先后主持并参与“英语分层教学法”“导师制教学法”及“英语多重活动教学法”等课题实验并取得圆满成功。

四、个人教学主张：建构主动、互动、灵动、触动的英语课堂

叶老师的教学风格是主动、互动、灵动、触动。“主动”，就是在英语课堂教学活动中以“趣”激发学生强烈的求知欲和参与学习活动的热情，让学生主动预习、主动思考、主动提问、主动参与、主动学习，让知识的掌握、能力的培养以及思想品德的形成，通过学生自身的努力得以实现。“互动”，就是在愉悦的英语课堂氛围中，让教学活动成为师生之间、生生之间的一种人际关系相互影响的过程，成为师生与教材之间互相对话的过程，成为每一个学生的自我概念形成和发展的过程。互动的形式多样，包括师生互动、生生互动、与资源和环境互动，使学生在主体与客体的相互作用中获得全面发展，进而培养其包括言语沟通、交际、协调、合作等在内的互动能力。“灵动”，就是以生动的教学语言、智慧的教学手段、巧设的教学场景、积极的师生互动、充满灵气的创新思维，生成一种活泼灵动、有序高效的课堂。“触动”，是指学生主动探究获得成功的尝试，让学生在多元评价中体验成

功，坚定信心。学生成功的体验是构建“主体性”英语课堂教学的保证。要让学生多方感触到成就感，教师必须创设多元评价标准，从而带动学生主动经历观察、操练、讨论、质疑、探究的过程，最终让学生在成功的尝试中感受到英语学习的快乐。

五、他人眼中的叶老师

（一）导师眼中的叶老师

孙新（特级教师，珠海南水中学校长，首批广东省中小学教师工作室主持人，广东省中小学“百千万人才培养工程”名教师培养对象实践导师）

2013年冬天，我接到省教育厅的任务，对即将来工作室跟岗的7位英语教师进行专业指导，其中一位便是叶译副校长。

与叶校相处的日子，让我对他有了更多的了解，他沉稳而不乏幽默，严谨而颇具理性，真诚而充满睿智。其人其事，点点滴滴，令人印象深刻。

1. 他是乐观的学习者

叶校是在不断的学习中成长起来的，无论是早期省外师的起步，还是后面英国利兹大学的成就，这期间都饱含了他对专业知识的渴望和热情。博览群书，通晓中外，终积小溪成江海，在这个过程中他忍受了寂寞，付出了努力，但始终以乐观的心态去面对一个个挑战，在专业发展的路上一步步向前迈进。在不断的学习中厚积薄发，终有所成。他发表的论文及专著不仅证明了自己的所学所悟，更使得广大同行获益匪浅，这正是一位乐观的学习者予人予己的快乐与幸福。

2. 他是勇敢的实践者

叶校出生于教师之家，多年来他带着前辈的厚望，在教育教学中不断探索，大胆实践，“主动、互动、灵动、触动”的教学风格让他的课堂充满活力，也让更多的学生可以尽情享受到英语学习的快乐。

3. 他是积极的探索者

“路漫漫其修远兮，吾将上下而求索。”带着勇气与坚持，叶校在教育研究的路上不断向上攀行。“英语分层教学法”“导师制教学法”及“英语多重活动教学法”等课题实验的圆满成功更使他如虎添翼，驰骋在教育广袤的田野上。20多年的岁月里，他与教研相伴，且思且行，硕果丰厚。

（二）同事眼中的叶老师

郑军（特级教师，湛江第一中学校长，首批广东省中小学教师工作室主持人，广东省名教师）

我与叶译老师师出同道，同教外语，共事已经25年了。我们并肩奋斗在育人的沃土上，仿佛相识在今天，因为他每天都能给我带来新鲜的喜悦，更因为叶老师曾说过“教育事业是老师今天雕刻学生明天的事业，教育事业天天有新的内容，天天有新的突破”。叶老师天天都带着教育热情收获学生的进步。

1. 他很有才华

叶老师的学问做得好，这是公认的。对我来说，尤其敬佩他化腐朽为神奇的思维方式。叶老师的书教得好，也是学生和家长公认的。他语言精练，做事精干，这充分地体现在课堂上，学生自然能感到课堂的效率和他的魅力。叶老师的管理做得好，这是同事公认的。近几年，他从主任被提拔到培才学校副校长，是对他的付出和才华的回报，因为他为培才学校的迅速崛起作出了很大的贡献。我一直认为，他不但是我的朋友和同事，更是学生的良师益友。他改造了自己，改造了英语课堂，改造了学生的学习方式，点燃了学生的学习热情。

2. 他很有情趣

不爱父母、不爱家人的老师，何谈爱学生？不爱生活的人，哪会懂得对学生进行人文关怀？叶老师不仅把学校管理得很好，也把他的小家经营得温馨和谐。他懂生活，爱生活，总会让自己的生活井井有条、丰富多彩。他的言行举止熏陶着学生，传递着一种健康向上的正能量。教育的真谛是源于生活，服务生活，并超越生活，叶老师在教书育人中做到了真教育。

用“信念、努力、坚持、奉献”创造了教育奇迹

——记国家“万人计划”教学名师郑贤

引言：不同于大多数教师，全国模范教师、国家级教学名师郑贤是“半路出家”当老师的，她从教不到10年，便获得了作为老师的极高荣誉。回望郑老师27年的奋斗历程，“信念、努力、坚持、奉献”是她一路走来的真实写照。温塞特说：“如果一个人有足够的信念，他就能创造奇迹。”从教伊始，郑老师就立志要当一名出色的、学生喜爱的老师，且“十年如一日”地坚持、拼搏、追求，无私奉献，用爱浸润每一个孩子的心田，最终创造了教育奇迹。

郑贤，任职于广州市海珠区实验小学，是信息技术中小学正高级教师，广东省特级教师。全国五一劳动奖章获得者、国家“万人计划”教学名师、全国模范教师、“国培计划”专家、第16届亚运会火炬手、广东省最美教师、广东省劳动模范、广东省首批名教师、广东省和广州市历任名教师工作室主持人、南粤教坛新秀、广州市优秀专家、广州市优秀教师、广州市好教师、羊城公德公益百星。

指导学生参加全国、省、市、区小学计算机竞赛，获奖人数1300多人次，曾被《羊城晚报》刊文《创造教育奇迹的人》。

撰写出版《教育的真谛是爱》《孩子王手记》《一起走过的日子》《玩转3D世界》等专著，曾获国家级、省级、市级、区级教育教学奖励百项以上，其中教学成果《文化融入小学信息技术课程的设计与实施》获得2019年广东省基础教育教学成果一等奖，撰写的论文《基于STEAM的小学“3D打印”课程设计与教学实践研究》发表在中文核心期刊《中国电化教育》，并获广东省优秀教学论文一等奖。《少男少女·教育管理》杂志将其作

为封面人物介绍。

一、从工厂主管到小学教师

在成为名教师、特级教师之前，郑贤老师曾有过一段“丑小鸭”求学的青春岁月和一段“打工妹”的艰辛时期。18岁时，由于高考失败，郑老师到了一家工厂打工。但她并不甘心就这样工作下去，而要改变现状，唯一的出路就是读书、高考。因此，工作几个月后，她重新拿起了书本开始备战高考。工余时间、午休时间、完成每天的工作量后等着下班的时间，她就静静地坐在车间的角落，如饥似渴地拿着书看，分秒必争地握着笔运算。就这样不懈地坚持着，郑老师再一次冲刺高考，最终考上了大学。

大学毕业后，郑老师进入了一家自动化仪表厂。在七年半的时间里，郑老师从一个情报资料员逐步成长为生产部门的主管、工艺质量科的科长。郑老师为人亲和，担任主管期间，她关心员工，是员工们的贴心“大姐姐”。也是在和员工的相处中，她有了要当一名老师的念头。当时，在她主管的部门有两名女员工，由于个人原因，后来都转行当老师去了。每次相聚，当听到她们描述在学校与孩子们相处的趣闻乐事，看到她们自豪地说，孩子们都亲切地称她们“老师”时，郑老师都心生羡慕，同时想做老师的念头总不时在她的脑中闪现。

1992年，一个偶然的机会，郑老师看到了一则招聘广告：广州市海珠区教育局向社会公开招聘教师。第二天，她便独自去公招现场，报名应聘。经历了重重的有惊无险的报名、面试、试教，凭着10年有余的社会工作历练和经验，郑老师应聘教师职位成功了。1993年1月初，她按照海珠区教育局的任职通知，到了海珠区同福中路第一小学任教。从此，郑老师的人生有了新的转折，开启了人生新篇章。

二、初出茅庐，辅导竞赛，“一举成名”

刚跨入教坛，郑贤老师就给自己树立了一个目标：要通过自己的奋斗，用比别人多一倍、两倍甚至更多的时间去工作、学习，尽快地缩小差距，用自己的努力创设一片属于自己的蓝天！抱着这一信念，她尽心竭力地做好每一件事。1993年，寒假结束回校后，学校领导给她布置了一个任务——培训学生参加两个月后举行的市级计算机LOGO程序设计比赛。当时的郑老师没有任何教学经验，也没有接触过LOGO程序设计，但她把这项任务当作一个证明自己的能力并获得领导和同事认可的机会，全力以赴，积极备战。首先，郑老师购买了相关书籍，并制订了详细的自学计划。然后，郑老师在学校内挑选了三名学生进行培训。就这样，郑老师每天晚上看书自学，钻研相关知识，到了第二天放学后辅导学生。结果这几位初出茅庐的师生，竟在比赛中获得了广州市一等奖两名、三等奖一名的好成绩。

这一成功不仅让郑老师尝到了甜头，也让她有了事业发展的方向。在立足课堂教学的同时，她把更多的精力和时间用在了辅导学生竞赛培训方面。20多年间，她培养的学生参加全国、省、市、区的小学计算机竞赛获奖人数达1300多人次。为此，郑老师曾被《羊城晚报》专题报道为“创造教育奇迹的人”，还获得了广州市优秀教师和南粤教坛新秀的光荣称号，受到了广州市人民政府颁发的“二等功”奖励。

三、立足课堂教学，深入课题研究，成为专家型老师

面对荣誉，郑贤老师有着清醒的认识，她说：“辅导学生参加竞赛，让我‘一举成名’，但作为一名教师，只有立足课堂教学，面向全体孩子，才会有教育的生命力。”

刚踏上讲台，郑老师也有过迷茫：“为什么教课外活动小组的孩子能学得出色，而课内的孩子的教学效果就逊色很多？反差怎么会这么大？”为此，她积极反思自己的教学。其间，一次代课的经历让她对课堂教学的认识如蝉蜕变。当时学校有一位数学老师生病住院了，学校安排郑老师去代课。因为郑老师缺乏教学经验，所以学校要求她尽可能边听课边上课。正是在听课中，郑老师明白了：术有专攻但教无定法。每一个学科的知识领域虽然不同，但教学的方法却是一脉相承、互有相通和各有特点与风采的。从那以后，每当学校有公开课、研讨课，无论是哪一学科，只要没课，郑老师必去听课。虚心求学、善于反思、刻苦钻研，使郑老师从一个不懂上课的新手迅速成长为教坛新秀。从教学第三年起，郑老师就开始上市公开课，并多次在省、市优质课和现场课比赛中获得一等奖。

在教学中，郑老师以“让爱沁入每一个孩子的心田，让每一个孩子都能不断超越自己”为教育理念，精益求精，不断提高自身素养，扎实做好常规教学，让学生学会自主探索、学以致用，并逐渐形成了自己的教学风格——“亲和与激情”。同时，她积极开展课题研究，每年都围绕研究专题，完成“六个一”：一份专题研究计划、一份专题研究课课前简介、一节汇报课、一份优秀的教学设计、一份优秀的教学论文、一份专题研究总结。在研究过程中，她以理论学习为先导，以探索实践为主线，把敬业爱生融入提高课堂教学质量之中，在课题研究中形成了自己的教学特色，取得了丰硕成果，成了研究型、专家型教师。她被评为了全国模范教师、广东省特级教师、广东省

名教师，在2018年还被评为广东“最美教师”和国家级名师。

四、甘为绿叶，力助青年教师成长

2010年3月，郑贤老师获得了广东省教育厅的认定并授牌首批广东省中小学教师工作室主持人。同年6月，在省、市、区各级领导、专家的亲切关怀和指导下，工作室举行了挂牌仪式。从此，郑老师肩负起对省、市、区信息技术学科骨干教师的培训重任。在没有减少日常教学工作量的前提下，她经常给青年教师讲课，并与他们一起备课、研究教材、探讨教法等。在这些过程中，她都会毫无保留地把自己的见解、看法与青年教师交流，并在教育教学方面给予他们指导。她一共承接了五批广东省小学信息技术骨干教师培养对象和三批农村教师以及一批广西国培班的跟岗培训，通过集体备课、双向听课、说课评课、教学案例分析、课题研究和专题讲座等多种形式的学习和培训，促进骨干教师和农村教师的专业发展。她有近百个徒弟，在她的精心培养下，这些徒弟现在有的成了当地的名教师，有的成了学科带头人，有的成了教学能手，更有一位成了广东省小学特级教师、广东省名教师工作室主持人。可以说，“红花吐蕊昨日芳，今日绿叶衬新人”是郑贤老师工作状态的最好诠释。

“玩物理”成名师

——记国家“万人计划”教学名师熊宏华

引言：教师是新课程改革的研究者和践行者。面对新课程提倡的学本原则，熊宏华老师将物理教学植根于生产、生活实际，并切实发挥实验在物理学科中的作用，以学生的实践代替教师的演示，让学生经历从感性认识到理性认识的过程。熊老师认为，新课程所崇尚的情感是符合人性的，为此，他不断挖掘物理学科的人文内涵及丰富的外延，并将之呈现在课堂中。从教39年，熊老师追随着教育政策，不断调整眼界和教研方向，以拾得物理学科教学前沿的智慧，更好地服务学生。

熊宏华，中学物理正高级教师，国家“万人计划”教学名师，“广东省特支计划”教学名师，广东省特级教师，广东省特级教师协会常务理事，广东省普教系统“百千万人才工程”教育专家，广东省中小学教师研训专家库成员，清远市高层次人才，清远市“三名工程”首届教学名师，清远市物理教育学会副会长，清远市督学，清远市首批中小学名教师工作室主持人。

曾任教于湖北黄冈市团风中学、黄州区第一中学。先后荣获黄冈地区先进教育工作者、黄冈市新长征突击手、黄冈市优秀教师、黄州区师德标兵、湖北省师德先进个人等称号。

从教39年，其教学业绩优异。在课堂教学中，不断探索探究式教学法，注重物理思想方法的渗透，形成了以生为本的互动式教学模式。教育科研成果丰硕，主持有省级课题“新课标下高中物理探究式教学的实践研究”和“高中物理教学中物理思想方法渗透的实践研究”，前者荣获广东省第七届教育科研成果二等奖、清远市第二届教育教学科研成果一等奖，后者荣获清远市第一中学教育教学科研成果一等奖。出版了《物理教学前沿的智慧》《高中物理思想方法》《身边的物理学》《高中物理重难点解析》《高中物理1+1》

等专著，主编了系列丛书《高中物理精典讲练》中的高一、高二物理2个分册。先后在《中国教育报》《物理教学》《中学物理教学参考》《物理教师》《中学物理》《广东教育》等20多种学术期刊上发表教育、教学论文百余篇。先后赴广州十六中、深圳市华侨城中学、佛山三中、重庆育才中学、江门陈经伦中学、花都实验中学、英德中学、连南民族高级中学等几十所普通高中讲示范课或作专题报告。

某年的5月29日，离高考只有几天时间了，是最后一天上课的日子。如何上好最后一堂课？熊老师做了很多准备，可仍旧没有拿定主意。课间，熊老师来到教室外，上一节课的老师还在进行教学。上课铃响，拖堂的老师略带歉意地离开，学生们抓紧时间上洗手间，收拾上堂课用的课本资料，找出这节课要用的课本资料。看着这样忙碌的情形，熊老师突然心生一个想法。他定定神，悄然走向黑板，写下："没有嘱咐只有祝福，祝福同学们不知不觉考上理想大学。"看到这句话，教室里一下子安静下来，接着是学生"好暖心""好感动"的感慨，掌声继而响起，淹没了一切言语。熊老师温和地环顾教室，他和学生之间好像有了一种默契，不需要说话，大家很快进入了自习的状态。焦虑迎来平和，忙乱迎来淡然，紧张迎来自信。下课离开后，熊老师身后的教室依然安静。

他不知道这是什么效应，只觉得似乎是读懂了学生的心，打动了他们。他说，现在都在谈课改，追求高效，而懂得学生，以此为基础去做教学设计，才会赢得高效。

熊老师教的是物理。他自己就是从兴趣开始走向物理之路，关于弄懂学生学物理的心，坚持新课程所提倡的学本原则，并没有让熊老师为难。如何学习和教授物理，他不缺乏灵感，寓学于"玩"是他的特色之一。

一、从一段天线开始物理路

物理源于生活又用于生活。熊宏华迷上物理，是因为生活中的一件小事。在20世纪70年代末的一个傍晚，满屋子人围在电视机旁等着热播的电视剧，有人想把电视机的画面调清晰一点，可是反复调天线方位，画面效果都不是很理想。后来又有人将天线升高了一大截，图像质量得到了显著改善。经常给大家讲故事的张大爷问几个读书娃，这电视天线是不是架得越高越好？大家都说，那当然。张大爷半信半疑，未必吧？大爷的疑惑引起了熊宏华的思考。第二天他去问物理老师，没有得到满意的答案。于是他找了几本《无线电》杂志，自己查资料，慢慢悟出了道理：电视节目信号搭载于无线电波几乎是沿直线传播，天线的高度以能避开其与信号发射台之间的障碍物为宜，过高反而会因过长的馈线电阻使信号大幅度衰减。

这是熊宏华最早的物理探究体验，他在其中得到了探索解惑的乐趣。那收获让他定下志向：长大后成为物理老师。兴趣是最好的老师，带给他智慧、动力，使得他在一程一程的努力中，收获了不凡的成绩。

二、好老师助展学科魅力

在熊老师眼里，一个好老师的衡量标准除了考试成绩之外，还要懂得身教重于言教，要有爱，要授人以渔，要看老师对学科内在的人文内涵挖掘和呈现做得如何，是否能让学生感受到学科本身的魅力，激发学生的学习热情和兴趣。而他要求自己做到。

三、"玩物理"激发兴趣

熊老师的课是新颖而又亲切的。他认为，物理教育必须根植于生产、生活实际，要培养学生善于从生活情景中抽象出物理模型，进而用物理知识分析解决生产、生活中所遇到的实际问题。这样的课会让学生很有兴趣，从而发挥他们思考的主动性，结果也能让他们印象深刻。

有一次，熊老师到广东省英德市的英西峰林游玩，意外发现两处沟渠灌溉设施很有物理创意。人们都知道水往低处流，如何让水往高处走？如果不采用外力，不消耗其他能源能行吗？熊老师回到课堂，如此问同学们。同学们讨论的结论是，不可能。到了周末，他就带了学生前往英西峰林，去到他发现的特别之处。他们在田畔中的一处主、支河道交汇处，看见主河道清澈的河水在哗哗流淌。大家发现原本主河道的水面比支河道的河床稍低，但水潭中央安装了一个水轮机，圆形水潭中呈环流状的河水使叶轮在水面下有节奏地旋转，这使水潭中的水有向上喷涌之势，水位明显升高。正是这动态的高水位使河床较高的支道有了源源不断的活水。老师抛出问题：有外力对水做功吗？能用机械能守恒定律做出解释吗？在同学们争论不休时，一个同学索性跳下水去，用木棍将水轮机卡住，水位即刻回落到支河道的河床以下，支河断流。大家终于意识到，水本身的动能造成了水往高处走的现象，是没有消耗其他能源的。也许通过在课堂上的讲解，学生也能得到结论，但在实景中，会让同学们得到更为深刻的理解，甚至是记忆。他们也许会一直记得，高中的时候，物理老师为了一个问题，把他们带到了湖光山色、泥土芬芳之中。

熊老师关注学生参与课堂教学、自主学习物理的过程，充分利用物理内容不失时机地培养学生的各种思维能力。一次讲《透镜的应用》课时，熊老师给学生发了几支体温计，同学们疑惑：体温计和透镜有什么关系？他没有正面回答学生，而是要求学生看看体温计的结构，想想读数时会遇到什么问题。同学们从中得出了一些结论，熊老师肯定了他们，但没有进一步追问，而是要求学生自主探究，课后写一篇题为《体温计中的几何光学知识》的短文。几天后，同学们提交了短文，五分之二的同学达成了共识：体温计中有凹面镜和凸面镜效果，会使人看到又粗又亮的水银柱。这次探究与交流，让学生很受启发，他们明白物理与生活是密不可分的。

“这就是‘识物明理’。要让学生亲眼目睹，在实景中感知；要亲身体验，要自主探究，在实践中感悟。这些都可以让学生体会出学习的乐趣和成就感，使学生在学习中会学，在学习中乐学，激发学生求知的源动力。”他还组织编制了校本课程《身边的物理学》，将学生熟知的生活素材与物理知识结合，呈现物理在高科技领域的运用，透析物理的人文内涵，拉近物理与学生的距离。

四、重视学生感性认知

人的认知都是从感性到理性、从具体到抽象、从特殊到一般、从简单到复杂的过程。熊老师认为感受性教学在其中有重要意义。熊老师经常举的一个例子：美国的教师让学生画苹果，会给学生一人发一个苹果，学生看、摸、闻，甚至咬上几口后才画。画第一次不像，第二次不像，第三、第四次才像。而中国的老师就是直接告诉要点，画个示范，学生马上就能画得像。但是美国学生在学的过程中获得了充分的感性认识，从感性到理性，虽然费时，但画出来的苹果是有生机的，为今后临摹打下了基础。而中国的是从理性到感性，违背了认知规律，单一刻板，甚至让学生感到枯燥乏味，会消磨学生的学习兴趣。

实验是获得感性认识的重要环节。熊老师提出，物理老师要充分发挥实验在物理教学中的重要作用，有条件做分组实验就不要用演示实验替代，有条件做演示实验就不要用多媒体动画来替代，要让学生在实验中注意观察实验现象，鼓励学生在观察中发现问题和提出问题。要尽量让学生自主收集实验数据，设计实验数据表格，让表格满足数据分析和处理的需求。他还提倡学生用身边常见的生活器具来做实验，让学生在物理实验的成功中获得成就感，增强自信心。他也鼓励学生像科学家那样，自己设计实验。

五、做真正的探究式教学

学生得到了充分的感性认识后，老师要引导学生从感性认识上升到理性认识，也就是引导学生进入探究过程。熊老师是敏锐的，清楚一种教学方式应该达到的效果，他不会随大流走入形式主义中，并且会直接指出有问题的教育现象，进行修正。当新课程探究式教学的理念进行实践时，很多地方出现了两种极端的倾向，一种是随意性很强的“作秀式”探究，讨论的问题没有深度，没有针对性，追求表面形式，堂上轰轰烈烈，堂下一无所获；另一种是单调刻板的“八股式”探究，用形而上学的观点将探究过程分为“三段式”或“四段式”，使得教学过程机械化、程序化，反而压抑了学生的主观能动性。课堂教学模式有由传统的“满堂灌”演变为“满堂闹”或格式化的“满堂问”的趋向。针对这一现象，熊老师申报了课题“新课标下高中物理探究式教学的实践研究”，这个课题很快被广东省教育厅立项，赢得省、市两级教研部门的大力支持。

对于课题的开展，他们形成了一套成熟的做法。一些典型的课例，由课前发挥科组集体智慧共同设计，课堂集中听课，课后师生共同评议。一方面听课老师各抒己见，谈观点、谈建议；另一方面，通过随堂测试、问卷调查、个别座谈，倾听学生心声了解教学效果。他们集中进行了30多节专题研讨课例。最后，无论是从横向还是纵向比较，进行探究式教学实验的那届学生参加全市统考时，平均成绩优于其他届学生。老师们也更理性、更全面、更科学地认识了探究式教学。

六、崇尚符合人性的情感

熊老师认为新课程所崇尚的情感一定要符合人性，并且是健康的，能使人与人、人与自然、人与社会和谐相处的感情。他曾听过一堂新课程观摩课，课题是“匀变速直线运动与汽车行驶安全”。课堂采取的是探究式教学法，师生配合默契，课堂气氛活跃，但遗憾的是老师最后只在黑板上写了“上海速度”“上海高度”几个大字，解释说，上海是我国的窗口城市，两道题所反映的上海速度和上海高度可以激发学生的爱国情感。而熊老师认为课题所要体现的是：遵守规则，珍爱生命。

物理学有丰富的外延，美学、哲学等在物理学中都有所反映。熊老师会引导学生运用物理学中的美学内涵分析并解决问题。“还要传之以道。”哲学是世界观、方法论，这不是一个空泛的论断，它有着丰富的内涵，很多哲学观点在物理现象、物理规律中都有很充分的体现。“对立统一”之道、“对称思维”之道都在熊老师的课中得到运用。在讲“牛顿第三定律”时，他让玩具遥控直升机悬停在讲台的上方，引导学生分析：飞机在空中处于平衡状态的奥妙何在？飞机受力情况如何？与重力平衡的力何以产生？通过分析，学生明白：旋转的螺旋桨对空气有一个向下的推力，而力的作用是相互的，即空气对螺旋桨也有一个反作用力，这个反作用力的方向是向上的，于是对立产生，使得飞机平衡统一。学生还说因为这样，能更好理解政治课讲的“矛盾”“对立统一”方面的知识。

七、与时俱进成名师

熊老师这些年，任教学段从小学到初中再到高中，学历晋升从中师到专科再到本科，专业成长从市名师到省名师再到国名师，他追随着教育政策不断调整眼界和教研方向，努力提升自己。1981年，熊老师还是个小学语文老师，他心念着物理老师的梦想，于是争取到一个物理专科进修的机会，最后如愿以偿成了乡镇初中物理老师。他非常珍视这份工作，他甚至花了近三个月的工资买了一套《十万个为什么》分发给学生看。面对书中涉及的五花八门的问题，熊老师组织了若干个学习小组，通过查找资料、交流讨论、科学引导、适度点拨等方法帮助学生解决问题，学生们在这个过程中，活学活用物理及其他相关知识的能力显著增强。1991年，他组织学生参加了首届全国中学生应用物理知识竞赛，有21人获奖，其中有1人获全国二等奖，那可是当年湖北省唯一一个获得国家级奖项的农村中学学生。

两年后，熊老师又上了一个台阶。他争取到湖北大学物理本科学习的机会。这次，他通过竞聘成了县重点高中的物理老师。从初中物理老师到高中物理老师，他很快进入了角色，并形成了有效且有特色的教学方式。他发现高中物理中很多概念抽象难懂，必须设法让学生获得充分的感性认知，这样才能上升到理性认知。于是他给学生设计了很多实验。当年总是给他做助手的物理课代表夏金松，后来成了华中科技大学教授、博士生导师、武汉光电国家实验室首席科学家，夏金松回忆那时的情形：“是熊老师的言传身教为我后续发展奠定了基础、指明了方向。”

之后，熊老师被调入清远市第一中学，在新课程改革的政策下，他承担起了更大的责任：全市高中物理教师的新课程培训任务。他带领一个团队潜心开展新课程实施的科学研究工作。他立足课堂，渗透新课程理念，大胆开展探究式教学的实践与研究。2016年，《中国学生发展核心素养》总体框架发布，意味着课程标准要重新修订，课改进入新的阶段。熊老师又组建了新的团队，并向中国教育学会申报了题为“物理教学优化与学生核心素养培育的实践研究”的课题。

熊老师分别在2015年、2016年被评为广东省“特支计划”教学名师、国家“万人计划”教学名师，荣获研究经费奖励百万余元。熊宏华名师工作室成立，组建了一个教学科研团队。他作为主持人，带领着团队一起进行物理教学的实践研究。

新课程定下了三维目标：知识与技能，过程与方法，情感、态度与价值观。针对每一个目标，熊老师都有深入的思考和实践经验。他在著作《物理教学前沿的智慧》中，集结了“探寻教学的有效途径”“追求理性的高效课堂”“诠释鲜活的生动实例”“促进教师的卓越发展”“自我提升的重要环节”等五个方面相关的文章近50篇。这些文章是他多年来教学、科研的成果，呈现了物理学科教学前沿的智慧。

任教学段从小学到初中再到高中，学历晋升从中师到专科再到本科，专业成长从市级名师到省级名师再到国家级名师——这“三部曲”是熊老师不忘初衷，与时俱进的客观写照。

教育艺术的本质在于激励、唤醒和鼓舞

——记国家“万人计划”教学名师严开明

引言： 现代教学论经历了从关注“教”向关注“学”的转变，主张教育者要信任教育对象，并肯定教育对象的内在价值，让“学”成为一种自觉、主动、独立的行为。从教24年来，严开明老师一直坚持“教育艺术的本质不在于传授本领，而在于激励、唤醒和鼓舞”的理念，致力于唤醒学生内心深处的动力。无论是在日常教学中还是在竞赛教学中，他都善于运用“激励、唤醒、鼓舞”策略，帮助学生筑梦、追梦、圆梦，这让他的教育之路花繁叶茂，桃李满枝。

严开明， 中学正高级教师，现任教于广州市第六中学。国家“万人计划”教学名师，全国优秀教师，广东省特级教师，广东省“特支计划”教学名师，南粤优秀教师，广州市优秀教师，广州市名教师，广州市劳动模范，入选2016年十大“广州榜样”，广州市特级教师工作室主持人，广州市青少年科技教育协会计算机专业委员会主任。曾于2009年在人民大会堂参加“全国教育系统先进集体和先进个人表彰大会”，受到党和国家领导人的亲切接见。

严开明老师从事教育教学工作已经24年了，回首这24年的经历，他感触最大的是德国教育家第斯多惠说的这句话：“教育艺术的本质不在于传授本领，而在于激励、唤醒和鼓舞。”这也是他在过去教学实践中一直坚持的教学理念。怎样才能提高教学质量？不在于教师传授多少知识，而在于教师能否唤醒学生内心深处的动力，让学生心甘情愿地去钻研，奋不顾身地去学习。

一、“激励、唤醒、鼓舞”策略的探索缘起

对于中学信息技术教学，有老师感叹道：“总是很纠结——学生不想学，只想玩，而我，就希望学生努力学，别老惦记着玩。我感觉我和学生就像是走在两条平行线上，我努力地让他们学，而学生却努力地逃避我的屏幕广播，敷衍地完成堂上作业，只求能留下一点时间玩电脑，看到这样的情景，真的是又急又气啊！”其实，造成这个现象的原因是多方面的：

一是信息技术课程在中学不是中考、高考科目。学生普遍对非高考科目的信息技术课的重视程度不足，是抱着来放松调节的心态走进信息技术课堂的。

二是学生对上课内容不感兴趣。上课铃响过了，学生才缓慢步入课堂，课上有的学生还带其他科作业来做，课堂教学的有效性得不到保障，既影响了信息技术教师的工作积极性，也影响了学生学习本门课程的积极性，造成恶性循环。

三是学生毕业于不同的学校，初中时各校由于师资、设备、学校重视程度等原因，造成初中课程松紧不一，少部分学校连选修部分的内容都讲了，有的却是“放羊式”，上信息技术课就是上上网，甚至课程只是在课表上出现，导致学生信息技术基础较薄弱。因为各校课程开设的差异，造成学生的认知差异越来越大。这样多层次起点的课堂，无疑给高中教学造成了很大的困难。学生水平参差不齐，教学内容众口难调。

这些现象在严开明老师的课堂也会出现，如果学生不在状态，无论教师讲什么，都是低效的。怎样才能有效地提升学生的兴趣，激励、鼓舞、唤醒学生的学习动力，让学生爱上信息技术课程，主动学习？这是严老师从教以来一直在思考、探索、研究的问题。

二、日常教学中的“激励、鼓舞、唤醒”策略

经过20年的课堂观察、教学探索，根据教育心理学理论，严开明老师制定了即时互动反馈、积分升级策略，从这两个策略出发，针对各个教学环节设计具体的教学评价规则和策略，并且开发为教学软件“知新信息技术教学评价系统”（简称知新系统），在日常教学中应用，取得了很好的效果。

（一）即时互动反馈策略

布鲁姆指出：“教学是否有效，取决于它能否成为一个‘自我矫正系统’，而要使教学活动成为有自我矫正功能的系统，及时的反馈必不可少。”学生希望通过老师的评价，能得到肯定和鼓励。计算机网络教室具有得天独

厚的优势，反馈过程可以全员参与。知新系统可以帮助教师在课堂提问（选择题、非选择题、抽号等多种形式）、课堂管理、作业、作品评价、学习情况等方面尽可能给予学生即时的反馈。

（二）积分升级策略

1. 积分策略。积分不等同于分数。知新系统的积分是把学生的课堂表现、学习过程、作业情况等量化成积分并累加，这样比较容易激发学生积极上进的一面，让他们不知不觉地融入这个积分游戏中。

2. 升级策略。为了在课堂上给学生制造成功感，知新系统采用了升级制度。例如，只需20分便可以升为1级，要升到2级，便要50分，级别越往上升，所需积分越多，难度亦呈阶梯上升，这样给学生一个努力的希望、一个奋斗的目标，同时积分升级也成了他们课后的谈资。

知新系统得到了全国60多所学校（高中、初中、小学）的自发推广，各校教师反馈的现象毫无二致，让各学校老师感到非常不解和神奇，虚拟的积分就真的有那么大的吸引力吗？很多老师写下了使用过程的教学叙事，其中一个案例写道："下课铃响了，我登录教学评价系统的教师端，等待学生过来上课。不一会儿，远远听见学生们如百米冲刺般的跑步声，接着是气喘吁吁的声音，学生们进来教室第一件事情就是打开教学评价系统的学生端进行登录，做完此事之后，如释重负地大声对我说：'老师，我终于登录赚了10分了，害我跑得累死了。'自从用了此系统后，学生迟到的现象基本上没有了。而且，上个班的科任老师，有一次很费解地对我说：'一到周四第三节课，学生们一下课就急不可待地冲出去了，你的课堂到底有什么这么吸引他们的地方啊？'我听了乐不可支，跟她解释了一通之后，她一脸羡慕。"

上一个班还没有下课，下一个班已经蜂拥而至。"老师，我终于登录赚了10分了，害我跑得累死了。"多么熟悉的现象和话语，在严开明老师的课堂里多少届学生不知重复多少次了。为什么不同学校的情况毫无二致？是因为学生在其中尝到了其他课堂所没有的成功的喜悦。学生追求的到底是什么？不就是因为激励、唤醒和鼓舞了他们的干劲吗？如果还能发现更多的这一年龄段的学生的心理需求并且给予满足，那么课堂不就充满吸引力了吗？

2018年，凝聚了严开明老师20年心血的《信息技术课程教学评价策略》一书正式出版。

三、竞赛培训中的"激励、唤醒、鼓舞"策略

除了日常教学之外，严开明老师还身负信息学奥林匹克竞赛教学任务，教学内容难度大。经过多年的思考和探索，严老师逐步走向以教师为主导、

以学生为主体的教学模式，奥赛内容只是载体，培养学生的能力才是根本。

（一）创造机会，授人以渔

在竞赛培训中，严开明老师充分相信学生的能力和潜力，更创造机会去培养。英国教育家斯宾塞说："在教育中应该尽量鼓励自我发展，应该引导儿童自己去探讨，自己去推论。给他们讲的应该尽量少些，而引导他们发现的应该尽量的多。"必须充分调动学生的内驱力，引导学生积极有效地参与学习的过程，增强学生的自主意识，在教师的指导下，使学生逐步形成自主学习能力，成为积极主动且全面发展的人。

建构主义学习理论认为，知识不是通过教师传授获得的，而是通过学习者在一定的情境下，借助其他的帮助，利用学习资源，通过意义建构的方式去获得的，并在意义建构中进行创造。提倡以学生为中心的学习，学生是知识意义的主动建构者；教师是教学过程的组织者、帮助者、指导者和促进者，利用情境、协作、会话等学习环境要素充分发挥学生的主动性、积极性和首创精神，最终达到使学生有效地实现对当前所学知识的意义建构的目的，更重要的是促进学生自主学习能力的提升。

严开明老师开始是小步扶着走，先对一些必备的基础知识进行教学，引领学生入门，培养他们的学习兴趣；然后，逐步放手，准备各种学习资源，如电子教程、历届学生讲课视频等，让学生在教师的指导下进行自主学习。在这个过程中，根据"学习金字塔"原理，通过组织组间互助、分组讲课、分组学习、组间竞争活动等方法，培养学生自主自立的学习能力、实践能力、创新能力，化被动学习为主动学习，通过师生、生生互动，促使师生、生生合作，集思广益，优势互补。

（二）罗森塔尔效应

严开明老师认为，作为教师，如果能懂一些常见的心理效应，并且会灵活运用，对教育教学是大有裨益的。

罗森塔尔考查某校，随意从每班抽3名学生共18人，然后将他们的名字写在一张表格上交给校长，并极为认真地说："这18名学生经过科学测定全都是智商型人才。"事过半年，罗森塔尔又来到该校，发现这18名学生的确超过一般学生，长进很大，再后来这18人全都在不同的岗位上取得了非凡的成绩。

无意间，严老师也当了一回罗森塔尔。小玥是2001年入学的学生，在初一上学期，他一直都不起眼，上课躲在人群中，成绩也不引人注意，处于中等偏下的水平。是什么让严老师看中了小玥？因为在初一上学期末，他要求每个学生写一份总结，在总结中小玥写道："自己除完成基本练习外，还不时向集训队的同学请教一些高精度运算的问题。”这个细节让严老师看到了小玥的勤奋、毅力和上进心，觉得他是个可造之才。一天放学后，严老师把他叫到了科学馆503室单独谈话。严老师跟他说，老师很欣赏他，希望他能担当起领头人的责任，给其他同学做个好榜样，尽管现在他还不是最厉害的，跟其他同学还有距离，但相信经过努力后，他能实现老师的目标。尽管将信将疑，小玥还是点了点头。

此后，在上课之时，小玥一有进步，严老师就表扬他，给他鼓劲，制造机会让他表现自己。他也慢慢有了自信。

初一下学期，上学期还不起眼的小玥奋起直追，很快脱颖而出，同学们都很钦佩他。2002年6月，小玥不负严老师所望，在广州市队选拔赛中拿到了名额。但第一次参加省决赛的小玥发挥得不好，很不开心。临回广州前一天的晚上，严老师跟小玥单独谈了很久，一边安慰他，一边鼓励他要厚积薄发，成为六中信息学小组的下一个领头人，将来参加全国赛。那晚的情景，严老师特意记在心中，因为他知道，这是小玥成长的拐点。经过多年的历练，到了高二，小玥终于力压群雄，代表广东省参加了全国决赛，夺得全国第33名的佳绩。

思及严老师，如今在微软研究院工作的小玥这样写道：“我记得严老师在对我们的教育中非常注重方法。鼓励和激励是他的两大法宝。在我刚刚接触计算机编程时，由于抽象思维不强，一开始跟不上，学不会，渐渐变得懈怠，成绩落在了后面。严老师没有放弃对我们这些后进学生的关注。每一次的上机编程课，他都会观察每一名同学的进度。每当我取得了小小的进步，他都会表扬我。这些表扬对于一个年幼的学生是莫大的鼓励，让我在精神上不再惧怕学习，最终帮助我提高了成绩。这时候，严老师的鼓励转变成了激励。他时常跟我描述几位年长师兄的先进事迹和他们在全国、全省取得的成绩，将他们树为榜样，激励我去争取更大的成就。当时的我并不清楚这些鼓励和激励的意义，只是懵懵懂懂地向前冲。现在我回过头去看，才明白严老师的良苦用心。严老师先进的激励教育理念对我起到了巨大的作用。”

不只是小玥，很多学生成长的关键事件，严老师都记得很清楚，因为里面有严老师对他们付出的心血。每每回想起这些案例，严老师总是阵阵感动。“教育艺术的本质不在于传授本领，而在于激励、唤醒和鼓舞”，是从根源上影响学生的学习目标、学习态度。

老师的表扬、鼓励、激励可以刺激学生思维的热情，引起他们对潜在能力的肯定、对理想的追求、对成功的自信和把握。唤醒学生的内心动力，应对挑战，取得进步后能建立自信，获得正能量，再去建立更高的目标，应对更高的挑战。周而复始，从而建立一个良性循环。

四、“激励、唤醒、鼓舞”策略的教学效果

廿载心血育芳华，守得梦想花绽开。因为这些教学理念的运用，严开明老师的竞赛教学成绩一直位居全省前列。20多年来，严老师培养了一大批信息学程序设计优秀学生，这些学生中有人曾获亚太信息学奥赛国际金牌，入选国家集训队和国家信息学奥赛预备队；164人次获全国联赛省一等奖以上奖项，其中73人次获得大学保送资格；1300多人次获省、市级以上奖项，多人获全国、省、市级学生个人第一，一批学生被保送或加分入读清华、北大、浙大、复旦等名校。广州六中曾6次获信息学奥赛广东省学校团体总分第一名（获全国联赛全省学校团体五连冠、2016年省决赛学校团体第一），在教育部有保送政策时期（2001—2013年），广州市培养的信息学竞赛保送生人数中，六中所占的人数最多，已成当地佳话。而且学生学习后劲足，六中信息学小组学生中学毕业后，有的参加国际大学生程序设计竞赛，夺得了全球总冠军；有的参加国内IT届最有影响力的“百度之星”程序设计竞赛，夺下了“百度之星”冠军。他们中有很多人正在为全球计算机的发展贡献自己的力量，推动科技的进步和发展，对此，严老师感到非常欣慰和自豪。

2015年，严开明老师入选为国家“万人计划”教学名师，是全国第一个入选“万人计划”的信息技术教师。2016年，《走进广州好教育丛书·好教师系列：用程序编织梦想——严开明信息技术教学探索之路》由北京师范大学出版社出版，书中内容是严老师在教育教学中实施“激励、唤醒、鼓舞”策略的心得总结。

在学做好老师的路上享受着教育之幸福

——记全国模范教师温利广

引言：教师是教育的行者，起于梦想，归于追求。而带着幸福感去做教师，不仅能在教育教学过程中使自身魅力十足，还能让教育教学变得更精彩，更有意义。在25年的教师生涯中，温利广老师怀着“一辈子学做教师，做一辈子的教师”的信念，坚定扎根农村教育，用心育人。面对教育，他不断求索，总结了教师专业成长的“五字经”——想、做、恒、写、爱；面对课堂，他精益求精，形成了“以情优教，以趣渡学”的教学风格，致力于追求科学精神和人文精神相统一的化学课堂。同时，他还积极发挥名师的示范引领作用，助力青年教师成长。在“学做好老师”之路上，温老师一路前行，一路成长，也一路享受着教育之幸福。

温利广，中学正高级教师，广州市花都区花东镇北兴初级中学化学教师、教导处主任。曾获得全国模范教师、全国中学化学实施新课程先进个人、广东省特级教师、“广东特支计划”教学名师、广州市劳动模范、广州市名教师、羊城最美教师、广州好人、广州市花都区化学学科带头人、花都区十佳青年教师等荣誉。系中国化学会会员、广东第二师范学院兼职教授、广东省及广州市名教师工作室主持人、广州市化工协会中教专业委员会委员、广州市中学化学教研会委员。先后被聘为广州市基础教育教师培训教学专家和全国多所高校“国（省）培计划”项目教学专家或实践导师。已出版专著2册，发表文章30余篇；教育教学成果获市级以上奖励70多项。广东电视台、教师报、花都电视台等媒体曾多次报道他的先进事迹。

一名长年驻守乡村学校的教师，如何成长为广州市花都区学科带头人、广州市花都区优秀共产党员、广州市劳动模范、广州市名教师、广东省教师工作室主持人乃至广东省特级教师、“广东特支计划”教学名师、全国模范教师和中学正高级教师？一名自认为“底子差”的普通教师，如何通过努力荣获广东省教学成果奖一等奖、广东省中学化学实施新课程教学能力大赛一等奖乃至被评（聘）为广东省中小学教师发展中心兼职教授和全国基础教育化学新课程实施先进个人？广州市花都区花东镇北兴初级中学的温利广老师用实际行动作出了精彩的回答。作为一个已有25年教龄的教师，温老师的座右铭很朴实，很简单，那就是——一辈子学做教师，做一辈子的教师。这既概括了他为人师者的内涵，也明确了他努力的方向。

一、扎根农村，躬身教坛勤耕耘

怀着“做一个好老师”的朴实理想，1995年，温老师毕业后便投身到教育行业中，在广州市花都区偏远的农村中学当化学老师，一干就是20多年。

“当时，农村学校的条件很差……现在回想起来，我当时唯一可以引以为傲的事，是既不去随大流，也不去指责。我恰恰利用了别人抱怨和发牢骚的时间来看书、学习和研究，从而不断提升自己。”这是2014年9月温老师做客广东电视台现代教育频道《教育热点面对面》节目时说的一番话。秉持着“办法是人想出来的，没有条件就自己创造条件”的信念，温老师克服了客观环境的不利因素，花大量的时间去研究和学习，实现了个人专业能力的不断成长，并悟出了有助于教师专业成长的“五字经”——想、做、恒、写、爱。

温老师是怎么理解和践行这“五字经”的呢？他认为，“五字经”中，第一个字是“想”，包括两层含义：一是要不甘平庸；二是要确定目标。一心想做好老师的温老师，20多年来刻苦研读，不断提升自己，并做好科学的职业规划和及时调整自我发展目标。第二个字是“做”，将想法付诸实践，扎扎实实进行学习和研究。第三个字是“恒”，包含着选准方向、坚持不懈的意思。温老师要求自己做事不能半途而废，要静下心来，将事情做到最好。第四个字是“写”，就是让“写”成为习惯和学会怎么“写”。温老师认为教师必须具备成果意识，要学会把之前想过的、做过的转换成文字，运用先进的教育教学理念和科学理论及时梳理和提炼自己的教学经验。最后一个字是“爱”。温老师认为“爱”是做到前面四个字的前提，是教育的基础，教师要有对教育事业的钟爱和对孩子的关爱。

温老师就这么一步一个脚印走出了一名长年驻守农村学校的教师的成长之路。他先后主持完成了多项省、市级规划课题的研究工作，成果获市级以上奖励共70多项；出版专著2册（共50多万字），在《化学教育》等刊物发表文章30余篇；近年来积极倡导“有道”教学，连续两次参加广东省中学化学实施新课程教学能力大赛，均荣获一等奖；先后共200多次应邀在全国各地举行的教育教学研讨会上承担公开课或作专题报告，被誉为“实力派教师”“研究型教师”。但是，温老师并没有因此而骄傲自满，他始终将自己定位为“成长中的教师”，时刻提醒自己要不断充电、不断学习，他认为只有这样才能配得上所获得的荣誉。

二、诗情“化”意，上学生喜欢的课

“我，一团火，灼人，也将自焚，只要炉火燃起，就会带来光明，哪怕最后化作灰烬……”课堂上，学生们朗读着这首名为《火》的小诗。该诗是温老师根据名诗《我》改编而成的，其实也是温老师教书育人工作的写照。在温老师的化学课堂上，常常会出现“诗”中有“化”的教学环节。例如，通过在化学教学中融入《火》这首改编的诗，他教育学生要像大诗人臧克家那样待人热情如火，化生命为火，“灼人”而甘愿“自焚”，借此让学生充分感受到了“有情”“人文”的化学，诗情“化”意，相得益彰，也使教学富有启发性和人文性。

“温老师的化学课很有意思，虽是化学课，有时却感觉是在上语文课、音乐课或历史课，45分钟不知不觉就过去了，让人意犹未尽。”“温老师讲课风趣幽默，总能抓住我们的思维，同学们都很喜欢上他的化学课。”“课后，他和我们就像朋友一样相处，关心我们的学习生活。”……在学生口中，温老师为人严格而慈祥、工作既认真又负责。多年来，由于温老师授课巧用心思，他的化学课深受学生的欢迎和同行的好评。

“以情优教，以趣渡学”是温老师根据多年教学实践摸索出来的特色课堂教学经验。“有情、有趣、有效”是他一直倡导并践行的教学风格主题。在他的化学课中，将富含哲理的古诗词、名言警句和学生喜闻乐见的相声、小品等节目融入课堂教学中已成为常态。他将复习课的内容以改编后的化学相声表演的形式呈现在学生面前，这种做法融知识性与趣味性于一体，让学生在生动有趣的情景中学习化学，从而实现“以趣渡学”的目的。2016年9月，广东电视台现代教育频道以《走进名师工作室——温利广：不忘初心，上学生喜欢的课》为题对温老师进行了专题报道。

三、立人立德，关注人性的养成

温老师非常重视上好化学第一课，他告诉学生：“世界上没有绝对安全的化学药品，有的只是安全的使用方法”，“一个无德的人掌握的科学技术越多，可能就越危险，这样的人不配学化学”。他常常跟学生说：“环境污染不是化学的错，而是一些无德者的错。”他把化学教学跟环境教育结合起来，以研究性学习的方式展开，连续15年指导学生开展环保小课题实践活动，目的是培养学生的环保意识和社会责任感。这其实就是科学之德。

在长期的教学实践中，温老师对自己的化学教学追求有了新的定位：追求科学精神和人文精神的统一。他深刻地体会到：养成“人性”比学会知识更重要，只有具有足够的人文素养和丰富情感的人才能真正理解科学技术的价值，才能正确运用科学技术服务社会和人民。他坚信，这样的教学追求可以帮助我们跳出“应试”的框框，使课堂变得更有内涵、更有品位。

四、春风化雨，心系学生的成长

2015年12月，温老师被评为广东省特级教师。他的学生的微信“朋友圈”中，出现了这样一条信息：“尊敬的班主任温利广老师被评为省特级教师，作为他的学生，好像也沾光了。温利广老师有素养，有才情，对工作，对学生非常用心，一丝不苟，无愧于省特级教师的称号。当年如果没有温老师，就没有今天的我……”原来这位同学是温老师第一年当班主任时带的学生。当年该生家庭贫困，家里靠种田和种番薯维持生计，作为五姐妹中的老大，初三的她面临辍学的窘境。温老师了解她的情况后，两次上门家访，劝说她的父母，并主动联系校长，向校长申请减免她的大部分学杂费，她才得以继续她的学业。现在她已是一名护士，可以说是温老师的努力与关怀改写了她的命运。

“突然间，觉得为人师的一切付出和辛苦都是值得的！”温老师感叹道。这条发布于“朋友圈”的信息，让他既意外又温暖，也让他更加深刻地体会到教师这一职业的意义。

自1996年9月至2004年8月，温老师连续8年做班主任，也连续8年被评为学校的优秀班主任，所带班级共8次被评为校先进班集体。作为班主任，他要求自己“用行动实践自己所讲的道理”。在教育学生要关心别人、关心集体之前，他首先要求自己对学生关心入微，对工作高度负责。“我最喜欢温老师做我们的班主任”，这是众多学生的心声。每年，他所带的班级活动最多，班风优良，学生最团结，成绩最好。

走上管理岗位后，温老师同样受到学生的尊敬和爱戴。“温主任，知道您今年又‘管’初一，我们都想回去重读初一了……”这是广州花都区北兴中学2017级初二年级学生共同的心声。其实，温老师并没给这届初二学生上过课，他只是作为驻级领导在这届初二学生读初一时，给他们开过级会和座谈会，并与个别学生谈心。“没想到他们能如此肯定和信任我，这让我再次感受到了做老师的价值。”温老师说。

五、责任担当，示范带教培育新人

作为省特级教师及省、市名教师工作室主持人，温老师充分发挥名师的示范引领作用，做师傅、带徒弟，乐于接受别人的观摩和学习，并经常在省内外巡回讲学。近6年来，他所主持的工作室共承担了9批次省、市级骨干教师培养对象跟岗学习的指导任务。现在，大部分学员都成长为当地的初中化学骨干教师和学科带头人，如学员邱惠芬老师因教学教研成绩突出，被聘为中山市化学教研员，学员高庆老师多次在省、市级教学研讨会上开设讲座。除培养省教育厅派来的学员外，温老师同样重视对本区域的工作室成员（第一梯队）和工作室成员培养对象（第二梯队）的带动和培养，每年均会组织工作室成员围绕某个主题开展学习研讨活动。在这个平台上，本地区一批中青年化学骨干教师迅速成长起来。例如，工作室成员广州市第十六中学的胡绮妙老师被评为广州市越秀名教师，并多次在省、市级教学比赛中荣获一等奖；工作室成员广州市花都区雅居乐中学的洪接年老师先后被评（选）为第三届花都区化学学科带头人、广州市初中化学中心组成员和广州市省级骨干教师培养对象。

提起温老师的责任与担当，工作室的老师们更是赞不绝口。在2016年上半年学员跟岗学习期间，由于妻子身体不适须住院治疗，温老师每天晚上都要留在医院陪护和照顾她。连续11天，他每天来回奔波于医院和学校之间。尽管如此，他还是精神饱满地坚持上好示范课和为学员开讲座，坚持听完所有学员和成员的汇报课并组织评课交流活动。“其实我只是在尽一份‘师傅’的责任，做自己该做的事，与‘高大上’无关。”温老师这样说。受他的影响，所有学员都能克服困难，坚持完成跟岗学习任务。

工作室成员广州市花都区实验中学的青年教师陈贤芳在她的博客中这样写道：“虽然名师工作室是以学科名义建立的，然而在这里，学员和成员们不仅学到了化学教学的专业知识，更从温老师身上看到了什么是‘人格魅力’，什么是‘孜孜以求’，什么是‘毫无保留’。”在学科教学和做人做事等方面，温老师从来不和学员说大道理，而是用自己的亲身经历和实际行动启发、引导学员，让他们逐渐明晰优秀教师应具备的各种涵养。

六、赢得口碑，各类媒体争相报道

从教25年来，由于在教书育人过程中的突出表现以及实实在在的教育教学效果，温老师赢得了广大学生、家长、同行、领导和专家的高度认可，同时也被各类媒体广泛关注。他发表的论文、制作的课件、专题报告、教学反思、读书心得等被相关网站多次引用。

近几年来，广东广播电视台、广州日报、花都电视台等媒体多次报道温老师的事迹。2014年9月，他作为优秀教师代表应邀做客广东电视台现代教育频道《教育热点面对面》节目；2014年10月《广州师训》杂志封面三以《温利广——名师风采》为题介绍他的先进事迹；2015年9—11月，他在广州市“寻找羊城最美教师”活动中高票当选“最具有教育智慧老师”，并作为唯一的获奖教师代表在颁奖典礼上发言；2016年9月，广东电视台现代教育频道以《走进名师工作室——温利广：不忘初心，上学生喜欢的课》为题对他及其所主持的工作室进行专题报道；2017年7—8月，教师报连载温老师撰写的《平台、追求、境界——基于工作室促进教师专业成长的实践与感悟》；2012—2018年，花都电视台、花都电台及今日花都报等媒体先后以《温利广：善教能研有爱的全能教师——记全国模范教师温利广》《乡镇教师温利广获广东省教学成果一等奖》《三尺讲台，一片丹心：乡村教育的坚守者——温利广》等为题报道他的事迹。

时光飞逝，转眼间，温利广老师已走过25年的教师生涯。回首过去，他恍然发现——原来一个人爱着教育，教育也会以同样的方式回爱他！诚如他在一篇文章中所言：“当我伏案看书时，在整理教学思路时，在辛劳之余写文章时，在与学生谈心交往时，在指导青年教师时……我并不觉得累，因为在这个过程中，我是在享受教育之幸福！”

砥砺前行 勇于超越 收获别样人生

——记全国优秀教师宋朝华

引言：从吉林省长春市到广东省珠海市，从热血青年成长为经验丰富的老教师，从新任教师成长为校级领导，26年来，全国优秀教师、珠海市名教师宋朝华老师经历良多，也收获良多。从教以来，宋老师一直坚守着“做一名受学生喜爱、帮助学生成长、得到家长和社会认可的好教师”的初心，积极投身教研与科研事业，自觉提高自身教育教学素质，并在追求专业成长的路途上，不畏挑战，砥砺前行，勇敢地跨越了模仿适应阶段、反思提升阶段、平台积累阶段、创造井喷阶段等四个阶段，收获了别样的精彩。

宋朝华，珠海市文园中学副校长，中小学正高级教师。广东省中小学名教师工作室主持人、广东省新一轮中小学“百千万人才培养工程”名教师培养对象，曾入选“广东省特支计划”教学名师，曾获全国优秀教师、珠海市名教师等荣誉称号以及广东省五一劳动奖章。出版了两部论著，多篇论文获奖。主持或主要参与省级德育创新项目“学生参与式德育管理模式的实践与研究”“以教改为抓手提升学校德育工作内涵”与珠海市科技局重点课题“初中数学活动课的实践与研究”、珠海市教育局重点课题“初中数学‘综合与实践’课程的研究与开发”及“初中有效课堂教学策略研究及应用系统开发”等课题研究，其中“初中有效课堂教学策略研究及应用系统开发”获得珠海市研究成果二等奖。

1993年毕业于东北师范大学数学系后，宋朝华老师离开生活了20多年的长春，毅然来到珠海，成为珠海市南屏中学的一名数学教师。如今，26年过去了，她从热血青年成长为经验丰富的老教师，从新任教师成长为校级领导。26年以来，她先后任教于乡镇学校、区属学校、市直属学校，从未离开过教学的第一线，并且保持着大学时选择教育专业的那份初心：一定要做一名受学生喜爱、帮助学生成长、得到家长和社会认可的好教师。

在长期的学习、实践与创新中，宋朝华老师自觉、主动地提高自身教育教学素质。在不断实现自我监督、自我调节和自我超越的同时，乐业精神和敬业精神对她也起到了非常重要的作用。她深深地体会到，只有以乐业和敬业为前提，才可能爱业、精业、创业，直至成业。教育是她从小向往的行业，对她而言，教育工作绝不只是谋生的手段，更是能够发挥才能、实现个人价值的平台。多年的工作经历告诉她，人生中坚持一项自己热爱的工作，并为之努力，为之坚持，为之奋斗，为之拼搏，并不是一件难事，因为你乐在其中。

回顾26年，宋朝华老师的专业成长经历可以分为四个阶段：模仿适应阶段、反思提升阶段、平台积累阶段、创造井喷阶段。

第一阶段——模仿适应阶段（1993—1997年）

1993年，宋朝华老师毕业并被分配到珠海市南屏中学，一个城乡接合部的完全中学，在此教了一年高中。后来高中部改制为职业教育，从那时起，她开始了初中数学教学。在这期间，她实现了两个转变：一是由师范生到教师的角色转变；二是教学知识向教学能力的转变。

学校非常重视新入职教师的培养，在这里，宋老师得到了很多资深数学同行的悉心指导，在备课、听课、评课以及承担各级公开课的过程中，不断学习老教师的教学和管理经验，努力摸索教育教学规律和中学生的年龄特征、心理需求等，逐渐站稳了讲台，为日后进一步提升专业素质打下了坚实的基础。

1997年，宋老师担任班主任的第一届学生毕业了。这个班三年以来，一直保持年级总平均分和数学成绩领先的好成绩，中考成绩不出意料，再次夺冠，并荣获香洲区优秀团支部称号。宋老师也获得了珠海市先进教师的光荣称号。仅仅4年的教学经历，让她尝到了作为教师的酸甜苦辣。“不忘初心，方得始终！”她深深地体会到，对于青年教师而言，看似很大的困难其实都是暂时的，都是可以克服的。只有坚持不懈地认真学习，积极主动地虚心请教，踏实勤奋地投入实践，及时深入地开展反思，才是通往成功的捷径。

任教4年后，在学校的大力培养下，凭借个人较好的素质及刻苦努力，宋朝华老师已然成为学校青年教师中的佼佼者，荣获珠海市优秀团员、珠海市香洲区巾帼建功立业先进个人、珠海市先进教师等称号。

第二阶段——反思提升阶段（1998—2003年）

1998年后的四五年间，宋朝华老师处于反思提升阶段，就是傅道春教授根据马斯洛的需要层次理论划分的“教师需要的发展期”，这个阶段教师职业成就意识的自我培养非常重要。

1997年7月底，宋老师生下可爱的女儿。9月1日，因学校急需数学教师，她又返校承担了一个班的教学任务，产假一共才休了40天。状态着实调整、恢复了一段时间。其间，她积极参加珠海市说课比赛等各级各类的教研活动，迫使自己多动脑，促进身体及思维状态尽早得到恢复，争取进一步的提升。但是，她发现自己的理论水平和现代教育理念认知阻碍着自身的成长。

1996年4月，国务院学位委员会通过决议设置教育硕士专业学位，并于1997年开始招生试点工作。教育硕士专业学位在我国的设置，为中小学教师获取研究生学位开辟了渠道。1999年，在宋老师的积极申报和学校的推荐下，她继续进修、深造的愿望得以实现。1999年4月，她顺利考取了华南师范大学数学系数学教育硕士，并于2003年完成答辩，获得了数学教育硕士学位。同时，在这3年多的时间内，她系统地学习了新知识，掌握了学科的前沿，教育科研能力得到了培养与提升，这为她后期有效、快速地成长打下了坚实的基础。从此，她的教师专业成长列车驶上“加速快线”。与其说她运气好，不如说是坚定的教育信念、职业理想和成就事业的执着成就了她。先进的教育理念和现代教育技术的学习，使她的教学实践有了明确的目标和方向，科学、有效的教学手段和方法，大大提升了她的教学质量和教研能力，使她成了学校的骨干教师。她撰写的论文、教学设计、教学实录等获得了各级各类奖励。

在获取硕士学位的学习过程中，宋老师的学习成果也在教学工作中得到了充分的实践，她的专业发展进入了一个极速提升轨道，这让她的专业能力和专业水平在同行中脱颖而出，有了一定的知名度，成为学生、家长、同事公认的好老师。

第三阶段——平台积累阶段（2004—2010年）

在快速提升之后，宋朝华老师的专业发展进入了一个平缓的发展期。年级组长、两个重点班的教学任务，使专心教研成为一种奢望。同时，高级职称的到位、教育系统给予的肯定也逐渐磨蚀她的斗志，“主动发展”的根本动因减弱，宋老师进入了教师发展的“高原平台期”。

但是，她遇到了再次奋起的契机。2008年4月，宋老师担任学校的教务处主任，负责管理教学全面工作。之前，她担任了8年的年级组长，在年级管理方面具备充足的经验和有效的策略，但对教学管理却不太了解。当时，王桂莲副校长分管宋老师的工作，王副校长曾是一位非常优秀的教务主任，在其悉心指导下，宋老师的教学管理工作慢慢步入轨道。同时，由于教务工作的需要，宋老师不得不大量学习和阅读相关的文件、书籍，提升自身的业务水平和专业素养，以具备组织和引领教师开展教研活动的能力。在这个过程中，她积累了大量的管理经验和研究方法。例如，2009年，学校申报并立项了珠海市级重点课题“初中课堂有效教学策略研究与应用系统开发”，身为教务主任，宋老师承担了课题中心组组长的任务，那是她第一次做课题，完全是在摸索中前行。非常庆幸的是，课题组的专家顾问给予了她大力支持和悉心指导，从研究目标的确立、开题报告的撰写、研究步骤的制定等等，事无巨细，她都在专家的指导下稳步推进，边做边学，收获极丰。2012年课题结题时，她已完全掌握了做课题的方法。同时，学校以此课题为抓手，大力开展了课堂教学有效性的研究和改革，100多名教师参与该课题的研究和开发工作，全校教研氛围浓厚，教学质量提升很快，一跃成为珠海名校，社会美誉度得到大幅提升。另外，受此课题成果的正面影响，非中考科目也开展了课堂教学有效性的研究，目标定位在“让学生上了高中后不再补习初中的政治、历史、地理、生物”，改变了这些学科原有的课堂教学模式，学生主体性得到了更好的体现，教学效果得到了提升。

在带领老师们做课题的过程中，宋老师最大的感触是：“科研兴教”的力量太强大了。从此，她对科研的态度从被动参与到主动投入，真正开始了教师专业发展的新阶段。

第四阶段——创造井喷阶段（2009—2016年）

“机会总是留给有准备的人。”公开课、专业培训、专业进修、教研活动、论文评比、专题讲座等等，每一次教研活动，宋朝华老师都当作一次提升的重要机遇，做到“认真把握，积极准备，全身心投入”。比如，珠海市教育局教研中心开展了学校校本教材开发的评比活动，宋老师通过阅读大量校本课程的相关资源，对1999年《中共中央　国务院关于深化教育改革全面推进素质教育的决定》中正式提出的三级课程、三级管理有了更深入的了解，进一步明确了校本课程对素质教育发展的重要意义。在积极动员和组织老师们开发校本教材中，宋老师一边学习，一边与老师们一起摸索探究，共同开发。虽然过程中遇到了很多困难，但是在领导的支持和老师的坚持下，20多位教师参与并开发出自己的第一册且有一定质量的校本教材，如一位历史教师结合珠海新建的绿道工程和对珠海历史的了解开发了《骑行绿道，图说珠海》；一位生物教师通过观察校园操场上的鸟类及珠海野生鸟类的知识开发了《珠海野生鸟类》；一位爱看电影的地理教师开发了《看电影、识地理》；一位心理教师开发了《校园人际关系》。这些校本教材都获得了市级奖励，学校也获得优秀组织奖。通过此次活动，宋老师收获了初级中学开发校本教材的经验，并及时撰写了相关的论文，获得广东省级教育学会论文评比一等奖。

这一次的成功经历使宋老师对自己的研究能力有了一定的认识和自信，对开展教育教学改革产生了浓厚兴趣，可以说，这是她专业发展的一个重要里程碑。从此，她专业发展进入了“主动要求发展”阶段。

2012年，宋老师结合一直比较关注的数学综合与实践活动课型的实践与研究，申报课题“初中数学活动课研究与应用系统开发”，被深圳市科技局立项为市级重点课题，于2014年顺利结题；2013年，担任分管德育的副校长期间，组织德育团队的成员完成了《校园安全读本》的开发；2015年主持并申报省级创新项目“学生参与式德育管理模式的研究与实践”，2016年顺利结题；建立和完善《学校校园安全管理机制》，受到“广东省安全文明校园”评估组好评，成为兄弟学校争相学习的样板；等等。每一项工作、每一个活动都是她开展研究活动的对象和机会，科研的习惯思维使她的工作质量和效果得到很大的提升。她的科研活动扎根学校，扎根教学实践，具有前所未有的创新精神和能力，而她的教学风格和模式更具个性。

2015年，宋朝华老师通过了广东省新一轮中小学“百千万人才培养工程”名教师培养对象的评选，开始了为期三年的专业学习。同年，她还被评为广东省中小学教师工作室主持人。作为省“百千万人才培养工程”名师培养对象，她在专家、导师的指导下，在优秀同伴的互助互学中，孜孜不倦地学习教育教学理论，乐此不疲地深入开展课堂教学研究，提升了科研成果的数量和质量。与此同时，她开始重新审视、反思和提炼自己的教学风格，进入自我提升、自我追求、自我超越的境界。作为省名教师工作室主持人，她不断地学习，提高自身的专业素养，从而为省级骨干教师提供更有质量的支持与服务，而频繁的讲学、示范课和教学经验、教学论文等的分享，又很好地促进了她的专业发展。可以说，她的专业发展进入了创造井喷阶段。

作为一名教师，在26年的教育生涯中，宋朝华老师收获了很多，也实现了自我价值。她说：“我从未对自己当初的选择——珠海和教育事业后悔过，我爱珠海，我爱教育！”

躬身平凡岗位，拓宽方寸讲坛

——记全国优秀教师杨穗福

引言：如何提高自身的教育科研素养，努力向科研型教师转化，是中小学教师在专业发展和成长过程中面临的一个现实问题。从教以来，杨穗福老师“躬身平凡岗位，拓宽方寸讲坛”，紧密结合科研与教学，于实践中思考、前进中积累、继承中创新，屡屡创造出新的成果。在长期的教育教学实践中，他坚持学生多元发展探索，满足学生个性化发展需要；融合课程资源，构建和完善历史特色教育活动课程体系；梳理学习的规律，让历史感性与学习理性融合在一起；紧跟时代步伐，努力践行教师职业事业化。

杨穗福，1984年7月毕业于华南师范大学，一直任教于广州市第一中学，至今36载，担任特色发展处主任、广州市一中外国语学校名誉校长。

现任社会职务有：第三届广州市特级教师协会副会长，第六届广州教育学会中学历史教学研究专委会副理事长，广州市荔湾区中学历史教研会理事，广州市荔湾区人民政府督学，广州市名教师工作室主持人，华南师范大学历史文化学院兼职硕士研究生导师，华南师范大学教育学部兼职教授。是广州市“百千万人才培养工程”教育专家培养对象，《走进广州好教育丛书·好教师系列》个人教育专著出版对象之一。曾获南粤优秀历史教师、荔湾名师、广州市基础教育系统名教师、广东省特级教师、全国优秀教师等荣誉称号。

名师格言：学习细节的反馈是用来服务于对每一个学生个体的关注，服务于对每一个教学行为的调控。当我们醒悟到这一点的时候，人们常说的细节决定成败，才真的能够决定成败。

杨穗福老师是一名历史老师，但又不仅仅是一名普通的历史老师。他是一位综合发展的科研型教师，长期坚持钻研专业，在科研与教学紧密结合取得个人优秀成绩的同时，还充当着学校和区域教育科研带头人的角色。在奉献的同时，杨老师也收获了很多，其中既有社会和同行对他的肯定，也有个人能力的提升。从自己的成长历程中，杨老师悟出了这么一个道理：学习不在迟早，而在于坚持，重在思考与应用。在成长的过程中，他不断增强社会责任感，尽力做好服务于教育发展、服务于学生、服务于同行的工作。并且，渐渐地，他发现自己开始习惯反思，探寻教育的发展问题，返璞归真，自觉地思考并开始了新的实践，以更好地理解党和国家对教育发展的指示，让学生的成长更加符合教育规律。

一、坚持学生多元发展探索，满足学生个性化发展需要

在杨老师看来，教育不能只为一科之私，而要时刻关注学生各方面的发展，这才符合终身教育的理念。中学是基础性教育，专业发展的含义已经不仅仅局限于所教学科的范畴。特别是在新课程背景下，对教师的综合素质提出了新要求。杨老师对事物有着深入探究的热情，一直尝试学习各种新事物，做起事来自然得心应手。他将这种探究热情融合在工作实践中，便成为其创新的源泉。

例如，早年广东省一级学校评估把历史专用教室列为硬件要求，刚开始时，历史专用教室是一个新鲜事物。杨老师当时就思考这个历史室的功能及设计，结合自己的一些实践经验，把开展学生历史摄影和课堂表演等综合实践活动的设想引入了历史室，引入了未来的课程体系。其撰写的论文《历史室的功能及其设计》（1996年）体现了后来新课程的促进学生多元发展等理念，为此获得了广东省中学历史论文评比二等奖和广州市中学历史论文评比一等奖。因为这篇论文所表现的超前思想，杨老师还在1999—2000年获邀承担人民教育出版社课程教材研究所课题“九年义务教育初中历史教材的现代化”的子课题“历史活动课中现代教学手段的运用”的研究，他组织了课题组，带动所在学科教师积极参与课题研究，后来参与此课题的好几个老师都有了自己的研究成果，可以说是推动了一个教师团队的专业化发展。

同期，他辅导学生开展课外学习活动，在1990年获广州市中学历史知识竞赛高一甲组总分第三名，1993年获广州市中学中国近代史知识竞赛高二团体总分二等奖等优秀成绩，并协助广州市历史教研会策划和组织了广州市中学生历史黄埔夏令营活动。2009年，他从弘扬荔湾文化的高度协助先行先试的荔湾区成功组织了首届广东省中学历史教学网“魅力荔湾”DV创作大赛，并承担“魅力荔湾”赛区的启动和培训工作，助力荔湾区成为全省的示范。他指导学生创作的作品《阅读华林》获得一等奖，自己获得个人突出贡献奖和最佳组织奖，并在观摩会上发言，向全省推广经验。同时，他成功策划了广州市第一中学历史学科活动课程建设，这一课程获得了第二届荔湾文

化精品课程一等奖。

二、融合课程资源，构建和完善历史特色教育活动课程体系

新课程改革形势下，在初中和高中历史教学中引入历史剧编演活动，符合素质教育的要求和新课程标准的理念，是课堂教学的有益补充，具有积极意义。早在10年前，杨穗福老师有效指导所教高二历史班的学生开展把历史戏剧元素引入课堂的实验。其间，由学生编创的历史剧《完璧归赵》获得了第一届广州市中学生历史剧创作表演大赛一等奖，为此，杨老师率领学生代表广州市赴香港参与两地的交流演出。随后，构建并主持了荔湾区科技计划项目“创设历史情景，提高中学历史教学质量的应用研究”和广州市中小学教学领域进一步深化素质教育专项课题“历史剧编演及其在中学历史教学中的应用研究”，带领科组全体同事开展探索，开创了学校历史剧编演活动的一片天地，形成了一批学生创作的文化精品。在同事们的共同努力下，至今连续5届保持了广州市历史剧创作表演大赛一等奖的荣誉。在课堂探索、课程建设、资源形成、网站建设等方面，杨老师也取得了实绩并具有开拓性、创新性，得到了专家的高度评价。由于成绩突出，杨老师还获邀在“2011年广东省普通高中历史课程改革新阶段经验交流展示会”和“2012年台、港、穗历史教学研讨会”上作主题发言，主题分别为《历史教育的新舞台》《小舞台演活大历史——广州市中学生历史剧编演的课堂内外应用》。

近年，杨老师担任广州市首批中小学名教师工作室主持人，主持和组织学员进行课程开发工作，结合自己和全市10多所兄弟学校开展中学生历史剧编演活动的优秀研究成果，形成了有14万字的书面材料和一批视频材料的广州市中学教师继续教育网络课程——《中学生历史剧的创作和应用》和《中学生历史剧的演出与优秀案例》。这一网络课程已经在2016年初开始每学期上线投入培训使用，服务于全市教师的在线选修，完善了这项延续10年的广州市历史特色教育活动的培训体系。

三、梳理学习的规律，让历史感性与学习理性融合在一起

教育是为学生的发展服务的，而在教师的实际教育教学任务中，既要努力把学生送进最好的高一级学校深造，也要发展学生的各种能力，培养其适应未来社会的优秀品格和本领。对于这个有着时间和精力冲突的两难问题，杨老师认为有两个认识要解决：一是两者的冲突是否不可调和？如何才可以调和？二是教师的教学是否付出最大的努力？而同时这种努力是否以学生为主体，教学的过程是否努力做到符合教学规律？这是目前客观存在的普遍问题。

对于第一个问题，许多老师会认为是可以调和的，学习需要张弛有道，学习思维需要多方面的培养，各种能力需要融合才能升华。但在升学的压力

下，也有许多教师慢慢倾向于分数的得失，并且越来越容易产生急躁心理，有的还采取简单随意的方式来对待学生和教学过程。杨老师认为，以目前的基础教育局面看，教师在根本上还是要练好自己的“内功”，掌握好学科教学特征和把握好学习过程的规律对减少学生的学业负担起着关键的作用。在教学中，引导学生掌握好学科特征和学习规律，其实就是给学生提供一个发展的空间，让他们可以有更多的时间去学习薄弱的学科，去学习其他感兴趣的东西。例如，杨老师特别向学生强调：第一，重视概念准确完整的解读，重视并经常讨论非历史概念的含义。这在今天命题的情景多变和语境多变特点下很有实际意义。第二，阶段特征清晰，具体知识正确“存放”和“提取”于各历史时期（阶段）和地理空间之中，使所学知识用得上，用得准。第三，要重视和积累自己的错误，通过归因分析改善学习。并根据历史考核能力要求，概括出要让学生掌握和体会的几个学习要领——时空感、程度感、关联感、时政感。在历史教学的过程中，杨老师不断根据学生的情况总结出能够引起学生重视的独特法则，如“有分才有分”（前者指分解，后者指分数，即正确的回答），不论是阅读还是做题，要学会分清事物的层次。特别在做题时，通过分解可最大限度地获取有效信息，经过分类梳理后，保证能够从多角度、多层次思考和回答问题。引申到人的能力品质，就是学会观察事物的细节，懂得通过分解问题来解决问题。他每教一届学生都会在原有总结的基础上加以改进，如2010届的“121学习法”和2013届的“答题要诀”，并编成顺口溜，如“概念完整分内外，从属并列不交叉，史实有序存因果，历史程度阶段划”；“二寻答项方式辨，概念解分目标现，草拟大事时间轴，历史长河分段牵”，努力让学生更好地提高学习效益，所以，学生日常做作业时并不感到有压力。

杨老师自觉站在学生多学科发展需要的角度上，做到不挤占学生的时间，以一定的能量守恒与螺旋式上升的能力发展渐进观，耐心调控自己的教学，在每学年的后期结合实际情况加强研究。例如，针对广州市“一模”情况归纳出学生问题一览表，让学生自我对照，并撰写《解答主观题的自我对照》《谈2013年广州市二模历史测试中的历史材料阅读方法与应用》《近期主观题训练中得到的启示》，以供学生和同行参考。这些做法经常得到学生的称赞，学生也尤其敬佩杨老师耐心、负责和认真的精神。所以，作为教师，只有自己有了研究的精神，才能够给予学生更多的空间，而不是去做一个干扰学生学习节奏的“勤奋的教书匠”。

四、紧跟时代步伐，努力践行教师职业事业化

教师常常会面临一个问题，即教师到底是一份职业，还是一份事业？这

涉及“职业”和“事业”两者有何区别的问题。对此，杨穗福老师曾有过深入的思考。他根据自己的观察和对教师评价的实践，发现当前在没有行政管理性和其他外在的压力与要求下，把教师当成职业的特征主要表现在以下几个方面：一是不自觉更新教育观念，培养学生时只关注任教学科的业绩，甚至只关心分数；二是不愿意承担学科之外的其他教育工作，综合能力和拓展能力不强；三是不勤于更新和补充教学资源，教学文本年年不变；四是不主动改变传统的教学方法，手段单一，以讲完课为任务；五是不注重课堂学习的细节，未能做到关注每一类型的学生；六是不重视教育教学总结，缺乏深入研究教育教学问题的能力。这些显然是不符合现今国家和社会对于教师的要求的。因此，他认为，即使把教师当成职业的人也需要自觉学习，只有这样才能从思想和业务能力上跟上教育发展的步伐，避免沦为严格标准要求下的不及格教师。但其实，教师不只是一份职业，它还是一份事业。只有把教育工作当作事业，教师才会自觉地制定出明确的专业发展规划，不断更新教育观念、重视教育科研、提升专业素养。

实现教师职业事业化，还需要教师紧跟时代发展的步伐，关注教育热点，并采取相应的行动。大数据时代的来临，让工业化时代的思维方式和操作模式发生变化成为可能。信息技术与网络平台结合，可以把预想的做法设置为可自动执行的流程，可以不遗漏地把关键的细节呈现在常态之中。可以说，人们的观察与思考已经逐步实现智能化。例如，现在有越来越多的教师可以接触到多种学生作业平台，在布置任务环节，教师能够方便地设置题型、题量和分值；作业平台则能够显示学生完成的信息，能够自动批改、客观反馈并进行数据统计，如果是更为优秀的平台，还可以帮助学生形成正确的和错误的数据轨迹，从而帮助教师跟踪学生的优秀表现和学习疑难。这样，传统教学中的一些举措将由设备代劳，在这种新形势下教师应该转而在哪些方面开展更好的教学活动呢？基于对这一问题的思考，近几年来，杨老师主持了“数据采集技术在课堂教学的应用”课题研究。这一应用研究可以形成对学生关注的三个层次——当堂关注、同类关注、跟踪关注，可以为学生提供个性化的表现机会。对于教学手段智能化的转变，杨老师更看重的是教师的学生观能否得到触动。他说：“学习细节的反馈是用来服务于对每一个学生个体的关注，服务于对每一个教学行为的调控。当我们醒悟到这一点的时候，人们常说的细节决定成败，才真的能够决定成败。”

“躬身平凡岗位，拓宽方寸讲坛”是杨穗福老师教育生涯的真实写照。在教育教学中，杨老师始终保持着学习新事物和勇往直前的热情，在实践中思考、前进中积累、继承中创新，从而不断创造出新的精彩。

以茶入课，温润学生的心灵

——记全国优秀教师谢燕玫

引言：谢燕玫老师为广东人，在珠海市香洲区从教28年之久，多年来始终兢兢业业磨炼教师技能，专注于提升教学水平，注重培养学生英语“听说读写看译”的基本技能，融合语言的工具性和人文性，着力打造有趣高效的课堂，提高学生运用语言的综合水平，把陪伴自己成长的功夫茶文化渗透到课堂中，营造茶话式平等融洽的师生关系氛围，如茶一般浸润学生、工作室成员，尽自己最大的努力为他们的成长提供助力。这种教育的热情如同茶叶一般，历久弥香。

谢燕玫，华中师范大学教育硕士，广东省珠海市南屏中学英语高级教师，全国优秀教师，广东省特级教师，广东省“百千万人才培养工程”初中名教师培养对象，省、市、区名教师工作室主持人，曾挂职副校长。带领成员一起完成了区级以上课题10多项，在研国家级重点课题2项：“初中英语语法混合式教学的微课程开发和应用研究”“初中英语写作混合式教学发展学生高阶思维的实践研究”。论文、课例获区级以上奖励60多项，有部优课例1节、省优课例2节，在省内做关于备考和教学讲座、示范课20多场。

一、历经洗濯磨淬，锻造教学本领

（一）草根家风　勤劳勤学

谢燕玫老师出生在广东潮汕家庭。浓郁的潮汕文化——功夫茶文化让谢老师从小养成了温婉和顺、谦让明理的性格。谢老师的父母安分守己、与人为善，在生存条件艰苦的年代，他们敢于与各种困难作斗争，顺应天时地利人和勤恳劳作。谢老师在这样的家风渲染下，多年来始终保持着勤劳乐观的草根本色。从小到大，谢老师像庄稼一样自由生长，农村的成长经历启发了谢老师：教师要遵循学生的成长规律，平等地对待每一个学生。

读书是农村娃走向外面世界的路，谢老师的哥哥姐姐们当时没有条件读大学，但他们鼓励并资助谢老师好好读书。高考时谢老师如愿以偿考上了长春师范大学英语系。长春师范大学四年的专业浸润，黑土地的四季滋养，东北人豪爽大方性格的影响，让谢老师的个性中融入敢闯敢拼的要素。毕业后，谢老师接过英语老师们的接力棒，带着对教育的满腔热忱和干劲勇闯珠海，成为特区教育追梦人。

（二）躬耕南湾　打好底色

工作第一阶段是适应期。谢老师带着北方的热情和对家乡的眷恋，踏上了珠海这片热土。

谢老师在城郊的南屏中学、湾仔中学潜心耕耘12载，犹如茶农守护着茶园，经历风霜雨露。农村中学的经历锻造了优秀教师的耐力，打造了较好的底色。大学毕业时，谢老师才21岁，教的却是与自己年龄相仿的十七八岁的高中生。初为人师的谢老师不记得被学生气哭多少回，但工作第二年，她便被评为“市优秀班主任”。这样迅速成长的能力，谢老师谦虚地认为这是不少前辈悉心指导自己的结果。

12年的砥砺前行，12年的披荆斩棘，谢老师在初中、高中不同的年级、班级中实践教学策略，积累了成功的经验和失败的教训，在不断的公开课、研讨课、比赛课中如泡茶一样过滤杂质，经历苦涩。功夫不负有心人，谢老师将自己打造成一位富有实战经验的优秀教师，课越上越有味道，恰如茶后口中留下的醇香。

（三）酣战市区　奋力提升

工作第二阶段是谢老师的奋力提升期。又一个12年，在高手如云的市区学校看到比自己优秀的同行都在努力，谢老师始终不敢懈怠。这段时间里，谢老师忘我地学习工作，完成了在职研究生学历；担任了10年班主任，是全市为数不多的担任了20年班主任的优秀女教师；带了5届毕业班学生，培养了小吴、小李等中考英语满分的学生；成为区学科带头人并被连续聘任3届；有两次境外的学习、工作经历，出色完成英方学校10年级和6所小学汉语教学任务，多次参加英国领事馆举办的教师专业发展培训活动，开阔了自己的视野，增长了自己的见识，为加强中英学校的教育和文化交流做出贡献。

良师益友助力谢老师的专业成长，让她被评为“学生最喜欢的教师”、市级青年骨干教师、市级名师、省级首批骨干教师培养对象、区和市工作室主持人，有10次年度考核优秀，是省培和国培优秀学员。

让谢老师引以为傲的是她倾注大量心血管理的班级，多次被评为“学校最温馨班级”。谢老师尊重每位家长，和家长平等对话，沟通融洽，家长会犹如茶话会，让人感觉到教育的温润、清新。谢老师从教已有28年，有长达20年的班主任工作经验。她培育了10届毕业生，所带班级凝聚力强、班风正、学风浓、成绩好，师生关系融洽，如茶水交融。谢老师用爱心关怀学生，用智慧引导学生，动之以情，晓之以理，导之以行，多年来培养了几十名被评为市、区的“优秀班干部”“优秀团干部”“三好学生”的学生，引导了较多的“后进生”找回自信、发奋图强、稳步前进。谢老师的带班秘诀是：不断自我归零，带好每个新班级，做到“客至心常热，茶常新”。这种教育的热情如同茶叶一般，历久弥香。

二、“听说读写融合，温色香味俱全”的茶性课堂

法国著名作家福楼拜说：“风格是思想的血液。”苏联著名哲学家别林斯基也认为“风格是思想的浮雕”。著名特级教师于漪也曾说：“教出自己个性的时候，才是学生收获最大的时候。”教学风格的追求与形成，绝不是一种教学技术，而首先是健全、良好人格的养成，是德行的生长。没有健全、良好的人格就不会有真正的风格，就不会成为令人尊敬的名师。真正的名师一定是一个教学艺术家，而风格正是作为艺术家所持有的在教学中一贯表现出来的一种“韵味、格调或风貌”，是一种境界，是教师对某种教学技艺精益求精、千锤百炼以至达到炉火纯青的地步。

南粤地区人们喜欢茶，谢老师的家乡潮汕地区功夫茶家家飘香，茶文化和教学有异曲同工之妙，茶艺师好比教师，茶客犹如学生，茶的品种犹如课堂主体——不同课型，不同内容的课。四年来，作为省初中名教师培养对象，谢老师有幸听取了很多名家如李希贵先生的讲座指导，努力通过强化教学主张这一内核来打造自己的教学风格——“听说读写融合，温色香味俱全”的茶性课堂。

谢老师认为上好课宛如品一杯好茶，要具有色香味。故而，她把“听说读写融合课堂，温色香味茶话英语”作为自己始终追求的教学风格。她认为，泡茶水的质量犹如教师的知识源泉，得有源头活水和好水才能激活一壶好茶，水质水温特别重要，冲泡方法就如教学方法，不同的茶叶有不同的茶性，顺应茶性泡出来的茶，才能最大程度发挥茶的口感、香气、汤色。犹如“三适”教育连环，环环相扣：适性教育，丢不得；适量教育，比不得；适时教育，急不得。上课对情绪、节奏和环节的拿捏就如把握茶的浓度、温度，太热太冷、太急太慢都达不到效果，凉掉的茶或隔夜茶，往往还有害。

茶有颜色，课有语境；茶有温度，课有广度和深度；茶有味道，课有趣味，英语有语味。英语教学离不开语言文化，英语不会很有深度，但是有温度有宽度，学好英语终身受益。正如诗人陆游论学诗那样："汝果欲学诗，功夫在诗外。"谢老师营造平等对话的课堂氛围，就如广东人喝早茶或功夫茶一样的气定神闲、轻松和谐，追求如茶一样甘醇、有温度、"色香味俱全"的课堂呈现，让效果足以温润学生成长的心田。

品茶需回味，英语课堂与英语文化亦是如此。在英语教学课堂中，谢老师会适当地讲单词背后的文化，当遇到学生比较难记住的单词时，也会通过拆分、联想等发散思维方式帮助学生掌握方法，引导学生由意义到文化，由文化到思维，学生便掌握了词义演变的规律，对词汇学习产生兴趣。在学习相关单词及其用法的时候，谢老师举一举英语中有趣的句子提高学生学习的兴趣，强化记忆。例如，Never trouble troubles till trouble troubles you（麻烦没来找你，就别去自找麻烦）。第一、第四个trouble是动词，第二、第三个trouble是名词。这样就把trouble的动词、名词用法都包括了。

要让教学有温度、有效度、有味道，就得像泡好一壶好茶那样，从选材到火候，用心酝酿才能温润心田。那么，如何把英语课泡成为"色香味俱全"的好课呢？谢老师认为，要根据不同类型的课设置情境，让学生不知不觉浸泡在英语学习的情境中。

第一，课前预热需要有香味、有色泽，引人入胜，课中品味在于内容的丰富和营养，课后留给学生的不仅要有单词、句型，还应有经典的《灰姑娘》等励志故事和《未被选择的路》等诗歌。谢老师追求"色香味俱全"的茶性课堂，希望课堂有温度、有特色、有光彩、有内涵、有品位。能在学语言、启心智、品味语言文化中让多元生命得到润泽，让学生喜欢英语学科，每天能期待英语课堂，并说，"This is my cup of tea."（这是我很喜欢的）。

第二，课中节奏要把握好，语言重点需要聚焦。重点的内容往往不适合平铺直叙，最好寓教于乐，配以故事、游戏这些小"佐料"搭配主菜。温故知新，呈现、操练目标语言，针对每节课需要学习的单词、短语、句型、篇章等设计好教学过程，用好听说读写的策略。以学生为中心，进行小组合作，"兵教兵"，当堂评价，激发团队精神。课堂上，若能用好相关幽默故事、游戏，就好比喝茶过程有花生米、饼干等茶点增加味道。

第三，课尾得让学生静下来回顾。正如喝茶喝到后面是比较平淡的，课堂前面、中间可以适当热闹，到后面一定要有留白和沉淀，留时间给学生安静地思考、回味，进行适当的书面表达训练输出能力，写的能力更能体现思维的敏捷性、条理性和表达的灵活性。

第四，课后让学生、家长留有余味。现如今是“人人皆学、处处能学、时时可学”的信息时代，谢老师经常在下课时把满意的板书、课堂生成拍照放在学生和家长的QQ群，方便学生课后复习、回味，让课堂得到延伸，做得“客至心常热，人走茶不凉”的长期浸润。

三、倾心共育桃李，俯首甘为人梯

桃李不言，下自成蹊。成为名师和工作室主持人之后，谢老师秉承“倾心共育桃李，俯首甘为人梯”理念，创建学习共同体，提升整合信息、上下沟通等团队管理能力，学会先接纳、认同不同成员的个性，因势利导，欣赏和尊重年轻人的才华。谢老师办公室里挂着“饮水思源，上善若水”等书法作品条幅，时刻提醒自己不忘初心，要像帮助过自己的前辈一样帮助年轻人。谢老师在担任科组长期间，带领全科组的老师扎实开展教研，中考成绩优秀，涌现了4名区学科带头人，2名市级名师和省级名师，这些让科组有资格申报省示范教研组。

近些年来，谢老师主持区、市、省工作室，有条不紊地开展各项工作，组织了60多次教育教学活动，其中送教帮扶薄弱学校30多次。2016年为全市初中英语教师做了“基于2016年中考反馈，探析英语备考策略”讲座，被称作是很接地气的中考反馈宝典，犹如普洱茶般温润甘醇；而同年的“同课同构”活动，也让在场的老师了解并感受到了珠海教育的创新性和多元化，犹如单枞茶的清新。谢老师和工作室成员携手共进，一起磨课，一起展示。在谢燕玫老师工作室顾问、名师们和所在单位的栽培下，50多名青年学员又快又好地成长，比如第九中学的邓媛媛、第八中学的孟爱琳、紫荆中学的陈慧、文园中学的邱果、湾仔中学的顾奕文、第五中学的黄小莉等优秀学员，有的已经成为本区最年轻的校级领导或学校中层干部，有的成为区学科带头人，有的课例获得部优奖项，有的取得省、市、区课题立项，有的获得省计算机软件制作二等奖，有的获珠海市微课制作、论文比赛一等奖，优秀年轻学员成为谢老师的学习标兵和工作追兵，推动谢老师保持终身学习的状态。作为珠海市“名特优”送教下乡骨干成员，谢老师经常送教下乡，2009至今到乡镇学校上课讲座有10多场次，听课师生累计有几千人次，培养了一批乡镇骨干教师，和斗门、阳江、茂名、韶关等地的英语名师、同行成了好友，大家在“朋友圈”里互相鼓励，共同进步。

2016年，谢老师到阳江实验学校支教，挂职副校长，负责教师教研培训和初三年级作文辅导，经常上示范课，一学期听课50多节，议课笔记1万多字，被采纳的合理化建议10多条，比如倡议温馨办公室评比，为教师配齐精致书柜等，处处为师生着想，把如茶甘醇的教学风格带给认识的每一位师生，让更多师生分享珠海特区和工作室的优质资源，积极促进阳江首批中小学名教师工作室成立，让更多名师发挥示范、引领、辐射、带动的作用。阳江实验学校的校长说谢老师像一条鲶鱼，搅动一池教研活水，营造出良好教研氛围。上善若水，水尝无华，相荡乃成涟漪；石本无火，相击而发灵光。

谢老师常怀感恩之心，一有机会就回报这些年来教育部门对她的培养，2016年响应区教育局师资均衡的号召，回到更需要名师的郊区南屏中学，这是谢老师参加工作的原点，也是专业成长的新起点。谢老师负责教研室工作，在洪明利校长等学校领导的大力支持下，聚焦教师专业成长，不遗余力培养青年教师，通过开展行政参与集体备课、师徒结对“青蓝工程”、校际联动、假期读书分享等活动提升教研水平，举办“名师大课堂”，请进省内各科名师、专家进校园上课、讲座，资源丰富，师生受益。近年来，教研室组织大家积极参加教研活动、课题研究和比赛，学校教科研氛围更加浓郁，在学科教学和“一师一优课”等比赛中捷报频传，学校近年来获得的成绩不断增多。

珠海市海纳百川，百舸争流，多元共生，开放创新，谢老师把成长中不同地方的好要素融合，对课堂投入了如泡茶一样的耐心和热情。她的教育方法和故事被广为传播，广东省百千万公众号、广东教学、珠海特区教育公众号、珠海特区报、阳江日报等媒体共10多次报道过谢老师和其工作室团队的教育方法和先进事迹。但谢老师不骄不躁、不矜不伐，始终保持着广东人乐观务实的性格，感受、享受、热爱教师这个职业。

修炼语言的艺术，把握语言的温度，探寻教育的美丽

——记全国百佳班主任李上青

引言：“使卵石臻于完美的，并非锤的打击，而是水的且歌且舞。”教育是慢的艺术，这种艺术的呈现，需要合适的温度。37 ℃是人的正常体温，37.2 ℃的教育不会发烧，也杜绝了冰冷，仅比人体正常温度高0.2 ℃，而教育的美丽就在于这微妙的0.2 ℃，自然温暖，恰到好处……从教22年，李上青老师用温润的语言打动学生，追寻教育的美丽；用教育的智慧营造和谐的班级环境，构建温雅的班级；用温暖的课堂，为学生提供合适的教育，让语文课堂成为学生的精神园地；创建温仁的团队，引领青年教师共同成长。对于教育教学，她有着温馨的希冀：要做有温度的教育，语文应回归智慧的追求。正是因为如此，李上青老师看到了教育的美丽和魅力，塑造了美好的教育人生。

李上青，现为东莞市松山湖第一小学级部主任，全国百佳班主任，全国教育科研成果一等奖获得者，“和谐中国　知荣明耻”时代先锋人物，广东省班主任专业能力大赛一等奖获得者，广东省中小学名班主任，广东省中小学名班主任工作室主持人，广东省中小学班主任专业能力大赛省赛评委，广东省班主任专业委员会副秘书长，广东省小学语文青年教师教学竞赛一等奖获得者，广东省语文教育委员会专家委员，广东省教育专家库成员，广东省“百千万人才培养工程”名教师培养对象，南粤优秀教师，广东省骨干教师。主持国家级课题“小学开放式作文教学的实践研究”并获得国家级教育科研成果一等奖，主持“班级故事型班会课研究”“提高小学语文阅读教学的实效性”等多个省级课题，获奖论文50余篇。

教育理想：追寻37.2 ℃的教育，做温暖人心的教育者。

一、温婉的她

白衬衣，黑裙子，丸子头，娇小的她颇具南方女子的温婉气质。她就是李上青老师，学校语文教研组长、团支部书记。本科学历，中山大学汉语言文学专业，小学语文高级教师。

从教22年，光环不少，却始终低调。湛江市岗位立功女能手，湛江市劳动模范，湛江市师德标兵等称号是对她职业道德的赞许；广东省骨干教师，广东省“百千万人才培养工程”名教师，广东省中小学名班主任，广东省中小学名班主任工作室主持人，全国百佳班主任等称号是对她专业能力的肯定；吴川市教育系统演讲比赛第一名，湛江市青年教师教学竞赛一等奖，湛江市优秀班主任专业能力大赛一等奖，广东省班主任专业能力大赛小学组一等奖等成绩是对她专业水平的认可；《中华传统文化精选读本》主编之一，主持国家级教育科研课题1项、省级2项、市级2项，在国家级、省级、市级教育教学刊物发表30余篇论文是她科研能力的见证；湛江市督学，广东省语文教育委员会专家委员，广东省班主任专业委员会常务理事等身份是对她专业素养的嘉奖。她的个人专题讲座“给幸福一个理由”“追寻有温度的教育”“沟通，从心开始”“实施分层框架，构建育人体系”等在省内外多地进行交流分享……

当有人问起为何甘愿做一名教师时，她莞尔一笑：因为爱。是的，因为爱，所以选择；因为爱，所以坚守。她认定：做一名纯粹的一线老师的幸福感无法抗拒！

二、温润的语言

她说：追寻37.2 ℃的教育，教育者要有温润的语言。苏霍姆林斯基曾说过：“语言是率领人们冲锋陷阵的统帅，是拨动人们心灵琴弦的乐师……是争取人们灵魂的战士……”从老师口中吐出的不足为奇的几个字，对学生可能产生巨大的影响。言轻意重的“指令”、欲擒故纵的“激将”、春风化雨的“称谓”、曲径通幽的“批评”都是最易打动学生心灵的话。教育者，修炼语言的艺术，把握语言的温度，才能看到教育的美丽。

三、温雅的班级

她说：班级应该有温度，有温度的班级充满温情、尽显雅趣、和谐奋进，有温度的班级是学生健康成长的亲情家园、文化佳园和精神乐园。为构建温雅的班级，她不遗余力。

首先，她十分重视班级文化建设。

她的班级，每一面墙壁、每一扇窗户、每一根柱子、每一张桌子都会说话，学生浸润在优美鲜活的环境中；“做自己的主人，做有素质的中国人”是她的班训；“把一件事做到底”是她的班级共同的坚持；“知心姐姐信箱”“会走路的记事本”“你的心语我知道”“五行少年谁争锋”“今日大讲堂”等，不同的形式，都有共同的目标——构建团结奋进、和谐雅趣的班级。

其次，她也积极开展各类主题活动。

在实践中，她开拓创新了四类主题活动：主题月活动、年级主题活动、社会实践活动和主题观影活动。丰富多彩的主题活动，充实了学生的学习生活，丰富了学生的精神世界，让学生在活动中快乐成长。

再者，她注重开展“五个一”养成教育。

在多年的班主任工作实践中，她探索了“五个一”的养成教育路径：“每日一语”“每日一诵”“每日一善”“每日一故事”“每周一小结”。我们知道：任何成功的教育都应该是自我教育，即学生能进行自我反思、自我监督、自我评价，从而使他律变为自律。“五个一”让学生学会做自己的主人。借“五个一”打造班级的软文化，不断优化班级的德育基因，营造温馨、和谐的班级氛围。她带的班集体常常被评为省、市级先进班集体。

最后，她在探索实践中创新了班会课的模式。

她是一个乐于思考、大胆创新的人。她结合自己的工作实践，探索出一种新的班会课模式——班级故事微型班会课。这个课型诞生于她的“三分钟班级故事分享会”。

她说，她很庆幸，因为她是班主任的同时，也是语文老师。不然，她就不会有此发现，她的这个课题也不会诞生。作为语文老师，我们都渴望学生能把作文写好。也许我们会认为：只要学生多读多写，作文总能写好的。其实不然。哪怕写得再多，如果不用心去写，那也是徒劳。如何激发学生写作的欲望？如何让学生由“我要写”变成“我想写”？在一次日记的批阅中，一个学生的故事给了她启发。于是，一种全新的、鲜活的、可持续发展的写作题材被她挖掘了出来——写班级故事系列。从那以后，她班的日记本变成了“班级故事系列本”。她让学生每天把当天班中最触动自己的人或事写下来，也可写写自己的感受。她也欢迎家长通过班级微博或微信群写写自己和孩子之间的故事。从那以后，她班上每节语文课前便有了特殊的三分钟——三分钟班级故事分享会。每天一些能反映班级发展动态的典型故事，一些令人感动的故事，一些让人受教的故事便在这特殊的三分钟中呈现了。学生们通过读一读、讲一讲、评一评、辩一辩、演一演等形式把故事再现，而她适时的点拨也发挥了一定的导向作用。自从有了这三分钟，她惊喜地发现，写好下一个班级故事已然成了学生的一种追求，“作文求真”不再是劝告，而是学生的自我要求了；她更惊喜地发现，哪怕她外出学习不在班级一段时间，她也能很及时、很全面地了解班级的发展动态；而最令她惊喜的是，班级的管理模式已经在不知不觉中由制度约束变成自我管理，做好自己成了学生的内部驱动力，因为学生知道，自己很有可能会成为下一个故事的主角，自己的某个言行很有可能会成为下一个三分钟交流的焦点。更关键的是，通过课前三分钟的分享，学生的价值取向有了标准，思想情感得到了熏陶。后来她发现，“三分钟班级故事分享会”基本可以替代班会课了。至此，她的“班级故事微型班会课”便成型了。现在，她又开始探索“三分钟晨会”“课前一分钟演讲”等微型特色德育活动。她用教育的智慧，构建了温雅的班级。

四、温暖的课堂

她说：语文是有温度的，语文课堂也应该有温度。

曾几何时，我们的老师为了打造一节好课，精雕细刻，比赛时循规蹈矩地表演一番；为了调动学生的积极性，不停地发奖；为了体现教学的现代化，多媒体课件中声、光、电一起上……我们的课堂热闹了。但这只是热闹，不是温度，因为学生少了心灵的碰撞以及思想的火花。

曾几何时，为了冰冷的应试教育，有些教育者只顾眼前的利益，漠视了学生们自由之思想、独立之精神、健康之体魄。

她认为：有温度的课堂，是课堂在课堂之外的课堂，是语文在语文之外的语文，是从知识超市到精神园地的课堂。

让课堂成为知识超市。

在教育的过程中，我们是让有差异的学生忍受听不懂的、统一标准的教育，还是让所有的学生都享受适合自己的教育呢？答案是不言而喻的。教育就是要实现从让学生忍受标准的教育到让学生享受适合自己的教育的转变。

人不仅是有差异的，而且还是有感情、有潜能的，教育应尊重人的个性差异，挖掘学生的潜能，并发挥到极致。要真正从行动上尊重学生的个性差异，就应该依据学生的情感发展需求，提供丰富多彩、深浅不一的教育，把课堂变成一个知识超市，让学生各取所需。

她是这样想的，也是这样做的。为了了解学生所需并使其能各取所需，她设计了四步阅读教学法：自学导航——自由质疑——共同分享——小结升华。每一步中，都渗透了各种形式的读、不同层次的读、个性洋溢的读，在读中理解，在读中感悟，在读中升华，课堂也在读中升温。在教学中，她大胆实践开放式作文教学、主题阅读教学、群文阅读教学、思维导图教学。这样的实践，让她的课堂更有生命力，也让语文教学更有温度、深度和广度。

让课堂成为精神园地。

毋庸置疑，我们今天的课堂发生了深刻的变化，不再是教师讲、学生记的单向传输，教师已不能只传授已知的知识，还要与学生一同探索未知的知识。教师一次“充电”终生“放电”的时代早已结束，不仅自己先要拥有“一桶水”，更要成为“自来水”和带领学生寻找“水源”的人。因此，大量读书、不断学习、到处取经便成了她教育生活的常态。

作为一名语文教师，她对语文的理解有独到之处。她认为，任何一个人成长的过程，都离不开文字、文章、文学、文化，因此都离不开语文，所以语文就是生活，在生活中学习语文，把生活和语文融为一体，语文课堂要生活化，语文的外延也是语文。

“课前三分钟，大家都轻松。”她上语文课，对课前三分钟情有独钟。她用这三分钟，让学生感受学习语文的乐趣。三分钟故事分享会、三分钟即兴演讲、三分钟“你说我秀”、三分钟“百家讲坛”……课堂的温度便在这三分钟得以定格。

她说：“语文课，既要把学生带进文本，也要把学生带出文本。文本只是课堂的一根导火线，一根能激发学生阅读兴趣的导火线。而大量阅读才是提高语文素养的基本途径。”于是，各种形式的读书分享会、好书推荐会便贯穿在她的语文课堂中。课堂的温度便也得以守恒。

五、温仁的团队

她是广东省中小学名班主任李上青工作室的主持人。该工作室于2015年2月挂牌成立，工作室现有成员15名，学员45名，实践基地10个。在工作室建设中，她和工作室的小伙伴们携手共进，出版专著1本、合著2本，发表论文139篇。成员中，1人获评广东省名班主任、1人获得广东省班主任专业能力大赛一等奖、5人获评湛江市中小学名班主任工作室主持人、5人获评湛江市中小学名班主任培养对象。工作室注重贯彻党的教育方针，落实立德树人的教育思想。结合全体成员的工作实际，为提升德育工作的针对性、实效性、科学性、艺术性，现在，工作室的伙伴就“微德育”进行了认真的理论学习及实践探索。通过渗透式、生活化、实践化、综合化、学术化的育人方式，观察“微现象”，发现“微问题”，搭建“微组织”，创造“微平台”，开发“微产品”，实现“微体验”。她说：这个团队要成为经师团队、人师团队，更要成为仁师团队。她和她的同伴积极开展、参与各种交流学习活动。他们的团队到佛山市顺德区参加班专会交流活动；到广州参加班主任工作论坛活动；到北京参加工作室联盟活动；到哈尔滨参加工作室的共同体活动；到市内外上班会展示课、开展专题讲座。这是一个温暖、仁爱且奋进的团队。

六、温馨的希冀

近年来，她追随着“百千万人才培养工程”的队伍，跟随着“省名班”的脚步，带领着工作室的伙伴，足迹遍布深圳、广州、杭州、上海、南京、北京、哈尔滨、台湾等地，一路走来，南北教育的差异，海峡两岸教育理念的融通对她触动很大。赴台研修，历时半个月，绕宝岛一周。她的足迹到了台北、嘉义、高雄、台东、宜兰等地，参访了台北大学、华梵大学、东海大学、佛光大学、台北市立大学等大学，也拜访了大安小学、永安小学、瑞祥小学、竹崎小学、东海附设小学等小学……她受到了“全人教育”理念的冲击，得到了“觉之教育”的启示。同时，两年对外交流访学的不平凡经历开拓了她的视野，丰富了她的思想，更坚定了她坚守家乡教育的决心。

她说：我们都是教育者，我们都是语文人。要做有温度的教育，语文应回归智慧的追求。教育者的心灵温度要守恒。37.2 ℃是教育者的最佳心灵温度，既杜绝了冰冷，也没有发烧，这是爱的温度。保持这爱的温度，会让自己心静如水、圆通似水、上善若水。有了这爱的温度，会让自己多了热情，少了功利；多了疏导，少了堵塞；多了等待，少了急躁……保持这爱的温度，才能看到教育的美丽和魅力！

第二辑

故事里的成长密码：深刻的教育思想

笛卡尔说："我思故我在。"苏格拉底说："每个理念只是我们心中的思想。"柏拉图认为："理念是完美的永恒存在。"对我们老师来讲，就是要在长期的教育实践中创造属于自己的思想。

教学主张植根于教育思想，是教育理念的深化与聚焦。从这个意义上说，教学主张是个性化的，但又具有普遍的意义和价值。名师的创造性就在于寻求属于自己的教育思想，而提炼教学主张就是一个探索的过程。提炼教学主张的过程是教师进行自我发现、自我认识、自我改善、自我塑造的过程。提炼教学主张的目的不是为了外在包装，打造一个品牌，而是为了提升教育教学的内涵，凝聚教育教学的精神，提升教育教学的品质，提挈教师生命的成长及专业发展的自觉。

孜孜以求，谱写华章

——记广东省特级教师周华章

引言：王国维在《人间词话》中说："古今之成大事业、大学问者，必经过三种之境界。'昨夜西风凋碧树，独上高楼，望尽天涯路'，此第一境也。'衣带渐宽终不悔，为伊消得人憔悴'，此第二境也。'众里寻她千百度，蓦然回首，那人却在灯火阑珊处'，此第三境也。"为人师者，应追求"创新""献身""孜孜以求"这三种境界。周华章老师，从最初的一名懵懂迷惘的"学徒"，逐步成长为小有成绩的"运动员"，进而修炼成领跑中心城区的"教练员"，这当中不但体现了他的"创新"意识和"献身"精神，也体现了他对教育事业的"孜孜以求"。正因为对教育事业的"孜孜以求"，他战胜了无数困难，得到了不断的提升，也推动着他向着更高的目标前进。相信他会沿着梦想之路，谱写更辉煌的人生华章。

周华章，广东省特级教师、中学正高级教师、广东省名教师培养对象、教育部义务教育质量监测广东省骨干督学、江门市专家工作室主持人、江门市名师名家、江门市学科带头人、江门市优秀教师。《语文教学通讯》《少男少女·教育管理》杂志将其作为封面人物介绍。

多年致力于中考备考研究，并组织全市中考评卷。曾参加广东省中考命题工作。参与和主持市级以上课题10项，作文教学研究成果获市级以上奖励5项，其中获广东省教育教学成果一、二等奖各1项，获国家级奖励1项。50余篇论文发表于《中学语文教学参考》《语文教学通讯》《新作文·作文教学研究》《少男少女·教育管理》《语文知识》《语文教学与研究》等专业期刊，多篇论文被中国人民大学书报资料中心复印并转发于《初中语文教与学》杂志。公开课获市级以上奖励30余次，受邀赴省内外讲座60余场次。出版专著《初中作文教学中的过程化训练》，参编教学用书16种。

蓦然回首，周华章老师跻身语文教师行列至今已30年了。在中学语文教学与研究这条道路上，他从最初的一名懵懂迷惘的“学徒”，逐步成长为小有成绩的“运动员”，进而修炼成领跑中心城区的“教练员”。

一、初成“学徒”，勤学苦练渐成长

1990年秋，怀着“跳出农门”的欣喜，周老师踌躇满志地回到母校——一所农村初中任教。

很快，他发现，以小学教师为培养对象的中师教育根本无法满足初中语文教学的需求。他的语文课简直就是“课文解剖”，从字、词、句到段落结构一一讲来。学生听得辛苦，他讲得也费力。虽然“三字一话”等教学基本功还算扎实，但就研读课文、研究学生、研究教法而言，他还得从头再来。而且，由于农村镇中的所谓语文教研活动不外乎统一教学进度、听课评课之类，想站稳讲台就得靠自己积极自觉地努力。

于是，他开始了整整一个学期的“学徒”生涯，自觉地奏响了备课三部曲：先是反复研读课文，记录阅读的疑惑和障碍；接着反复阅读教学参考书，在此基础上备出初步教案；然后调课去听其他教师如何上课，并及时调整自己的教学设计。

在昔日恩师们的指点下，他找来前几年的各种试题，仔细分析题型和考点，并以此为每次上课的精要内容，不敢有丝毫懈怠地反复训练。很快，他的教学成绩使他一跃成为全镇的佼佼者。他也因此连年被评为镇级优秀教师，年度考核连续5年获得“优秀”等级，还于1994年被评为县级先进教师。

二、名师指路，“苦练内功”，成为不断前进的“运动员”

虽然不久周老师就先后担任了学校的语文科组长和教导处主任，但他时常惴惴不安，因为他总觉得自己当时为人所津津乐道的教学实践，离真正的语文之道还有相当大的差距。相对闭塞的乡镇初中并不能给他更多的答案。但几个关键人物的出现，使他如同在迷雾重重的旅途中遇到了指路明灯。

1994年，著名特级教师胡明道老师在一次县级教研活动中走进了他的视野。胡老师以理论与实践相结合的方式展示“看他走”“扶你走”“帮你飞”三部曲，让他第一次懂得了“单元教学法”的含义。此次会议期间，他第一次接触到了全国中文核心期刊《语文教学通讯》。该刊为他打开了一扇窥望外部世界的大门，把无数素昧平生的优秀语文教师的事迹和研究成果展现在如饥似渴的他的眼前。

于是，他也开始尝试以单元为整体，根据编者所提示的课文类型确定其教学重点，挖掘每篇课文独特的教学价值。随着实践的深入，他逐渐明白了若干年后才看到的“教材无非是个例子”这句话的深意——重要的不是每篇课文学了什么内容，而是通过课文这个“例子”让学生在听、说、读、写、思等各方面增长了什么；通过对每篇课文的学习，各方面都有所增长，初中三年的语文学习就能达到理想的状态。在若干年后，看到上海陆继椿老师“一课一得，得得相连”的观点，他深以为然。

1996年，他现场聆听了魏书生老师的精彩讲座。魏老师以哲学家的视角和教育家的智慧，启发他以更高的立足点审视他所从事的工作。他突然领悟到课堂并非教师展示个人风采的场所，而是教师帮助学生在各自原有基础上取得最大限度发展的舞台，学生才是学习活动的主人。从此，他从课堂主讲的位置上悄然隐退，他的课堂成了学生听说读写能力的训练场。

于是，他所任教班的学生思维格外活跃，不仅教学成绩在全镇名列前茅，而且在校内作文竞赛中常常夺走70%以上的名次。1997年，语、数、外三科联赛单科有18人进入全县前20名。他觉得自己俨然就是一名不断经受历练的“运动员”，在语文教学的赛场上崭露头角。

2001年，他调入了江门市实验中学，不久便结识了江门市中学语文教研员曹殿成老师。曹老师以渊博的学识和深厚的学科功底使他懂得了“厚积”与“薄发”的关系，警示他从课改初期纷繁迷乱的“假语文”“泛语文”现象中思索语文的“真谛”。

2005年，他开始得到广东省初中语文教研员冯善亮老师的指点。针对当时语文课改中出现的种种远离语文本真的流弊，冯老师告诫他们要“尊重常识，回归文本，以读为本”，应当基于真实的学习问题设计“学程”，贴近学情设计和实施语文教学……那种朴实、执着的态度确实令他警醒。

两位优秀“教练”扎实、稳重的作风深深地影响着他。他认识到：课改不应是将传统的做法推倒重建，而是在“扬弃”传统语文教学优秀经验基础上的改善与优化；课堂的活跃不应仅仅理解为表面的喧哗热闹，更应看重学生思维的活跃与交锋。本着这种观念，他以朴实无华的公开课连获校、区、市一等奖，并代表江门市参与了2006年广东省文学作品阅读现场教学大赛，以一等奖第二名的成绩刷新了江门市中学语文教师参与此类竞赛的记录。自此，受人民教育出版社、省教研室和市内外教育部门邀请，他先后30余次赴省内外执教研讨课或送课下乡，他的这种不尚花哨、求真务实的作风一直深受好评。2009年1月，核心期刊《中学语文教学参考》选他为封三人物，并刊登了他题为《本色·生活·语文》的个性简介。

一项项成绩的取得让他这位不断前进的“运动员”越来越紧迫地感觉到“修炼内功”的必要。在两位优秀“教练”的指引下，他一方面认真钻研了叶圣陶、于漪、钱梦龙、李镇西、程翔、宁鸿彬、洪镇涛、郑桂华、王尚文等教育名家的著作，从越来越多的专业杂志、优秀教师课例录像、课堂实录中汲取精神营养；另一方面仔细反思自己和他人的教学实践，从中发现缺憾，针对性地予以优化，并尝试改变常规做法，力求教学行为的最优化。

于是，他的一系列“对症下药式”论文先后诞生：《刍议语文多媒体CAI运用的缺憾及优化对策》《初中语文校本教研常见缺憾的归因及对策刍议》《名著阅读教学的常见误区及矫治对策略谈》《文学作品阅读教学中背景知识简介的常见缺憾及其优化策略》《浅谈学生主体性在语文学习中的充分发挥》……这类论文基本上都遵循一个思路：罗列现实教学的缺憾与不足—分析归纳成因—提出优化对策。因为他深知：一线教师不可能具有专家学者那样深厚的理论修养，不宜奢求在理论体系的“高大上”方面有所建树；但由于天天都能置身课堂这个“实验室”，时常都能进行观察、实践和反思，所以也拥有专家学者们所缺乏的优势。

作文教学一直是困扰广大语文教师的“老大难”问题。在多年尝试的基础上，他摸索出“基于多向交流的重写反省式作文教学的实践”经验。由于受传统语文教学“好文不厌百回改”的思想和德国中学流行的“脱钩教学法”的启示，他的实践着眼于三点：一是将初中六个学期的作文训练目标按文体细分为若干循序渐进的点（即“钩子”），让学生每次训练都力求能脱“钩”而上；二是多次修改才完稿；三是在每次重写前，应在充分交流基础上，听取小组成员、组外同学、语文教师和班外其他人员的评价和建议，形成修改意见。因此，每次作文不再只是“一题一遍，评改了事”，而是瞄准训练目标，务求人人过关。该项作文教学成果获得广东省第七届教育教学成果二等奖，被江门市蓬江区教研室邀请在区内大力推广。他也受省教研室邀请在全省初中语文骨干教师培训班上作专题推介这项教学成果。

三、“两维并举”，做一名勤勉不息的“教练员”

2009年9月，他被选拔成为江门市蓬江区中学语文教研员，开始扮演起指导全区240余名中学语文教师的“教练员”角色。

他清醒地意识到，教研员不同于行政领导，也不应当高高在上地发号施令，要想胜任“研究、指导、服务”的职责要求，首先得在中学语文教育的方方面面都取得更大的突破，一直走在一线教师的前面，才能赢得他们的信任和追随。其次得给他们切实有用的帮助，引导他们攻克长期困扰的难题，激发他们参与教研活动的热情和兴趣。

为此，他“两维并举”地开展了勤勉不息的“教练”工作。

其一，努力提高个人业务素养，力争各方面都给一线教师良好的示范。

为了获得更多专业理论，他系统钻研了王荣生、韩雪屏、余映潮、程红兵、洪宗礼、黄厚江、程翔等名师的专著，并写下了20万余字的读书笔记。为了保持一线教师特有的现实感，尝试或印证关于一线教学的各种新的设想，他坚持到区内各中学借班上课。7年来，他累计上课70余节，积累了近30万字的教案、课堂实录和教后反思。为了激励自己不停地探索与思考，他坚持参与各类业务竞赛，连续7年获得江门市年度论文评比一等奖，平均每年发表教学论文3篇，先后获评第六届“语通杯”全国中语“教改新星”提名奖和全国语文教师第十届“四项全能教师”。

在改进以前作文教学实践基础上，他提出了“以过程化训练优化初中作文教学”的构想：从宏观层面构建了初中三年六个学期的训练序列，综合考虑单元人文主题、文体技能训练点和年级特点设置每次训练的内容；从中观层面设计了每次作文训练的全过程，即写前指导—初稿成文—多向评议—修改重写—多向评议—形成定稿—发表归档；从微观层面根据不同课型设计了每堂课的教学环节。这个构想很快申报成为江门市“十一五”规划课题和广东省“十二五”规划课题，并于2013年和2016年先后顺利结题。他已经带领全区骨干教师编制好了初中阶段40余次作文训练的序列内容，并开发了相应的教案、课件供全区语文教师共享。课题论文《中学生写作素材的发掘与积累策略探析》发表于《课程教学研究》杂志，并被中国人民大学复印报刊资料转载。课题研究成果经省教研室推荐参与全国中语会举办的优秀教学改革成果（2009—2013年）评比并荣获国家级三等奖。他三次在北京师范大学组织的全国作文教学研讨会上执教了研讨课并作主题讲座，得到与会专家和教师们的广泛好评。2016年9月，他又成功申报了广东省“十三五”规划课题“学情视角的初中作文过程化训练”，致力于贴近学情实际，对症下药式地制定作文教学训练的目标，有效解决作文教学全过程中的真实问题。

其二，深入教学一线，在摸清教情基础上想方设法地开展教研活动。

教练员有效训练的前提是准确地把握运动员的情况，教研员工作的有效开展也必须以把握教情为基础。通过师资情况统计、问卷调查、数据分析、座谈交流、听课评课等方式，他很快掌握了全区中学语文教师的现状。针对语文教师们普遍致力于应试训练而忽视素质培养、偏重于教学实践而忽略理论学习的现实，他开展了三方面的教研活动。

一是狠抓备考研究，引导科学备考。既然考试成绩是教师们关注的焦点，他就以此为突破口，通过中考备考研讨、质量分析、复习课研讨、模拟试题征集、复习资料编写等活动，揭示了近几年中考试题“考什么”和“怎么考”，让大家明白平时教学应当“近为考试，远谋发展”，考试大纲其实源自语文新课标，是对学生语文素养的基本要求。7年来，全区中考成绩一步一个新台阶，各项指标一直位于全市各区、县前列。

二是改革教研模式，落实全员培训。针对常规的随机听课活动辐射面小的不足，他将全区划分为六大片区，每周到一个片区开展全员教研活动。着眼于教师们语文教育能力的提升，他们通过专题讲座、主题教研、同课异构、观课评课、读书报告、送课下乡等灵活的方式，有计划地对全区中学语文教师分批培训。7年来，全区累计开展片区教研活动近百次，各种类型的磨课、听课、评课超过700节，教师们获得了更多的交流、学习与展示的机会。此外，他搭建了区域网络教研平台，使全区语文教师的交流突破了时空局限，为教师们的互动提升拓宽了渠道。

三是举办业务竞赛，树立正确导向。针对全区青年教师偏多的实际，他组织开展了各种类型的业务竞赛活动，如复习课研讨、青年教师汇报课竞赛、优质课大赛、录像课例竞赛、模拟试题评比、骨干教师论坛……7年来，全区60余人次的中学语文教师获得市级以上公开课、录像课例奖励或展示。

从教30年来，他已经实现了从一名“学徒”到一名“教练员”的角色转变，从当年那个惶惑无助的“愣头青”成长为小有名气的广东省特级教师和教授级高级教师，2017年又获评江门市蓬江区拔尖人才、江门市专家工作室主持人和江门市名师名家。但他深知，无论哪个角色，他所取得的成绩与这些角色的要求相比，还有巨大的差距。他将一如既往地勇敢攀登，矢志超越。

勇立潮头 搏涛敏行

——记广东省特级教师何勇涛

引言：当今社会是一个学习型社会，“学不可以已”。教师亦如此，长期有效的学习是支撑教师职业发展的重要力量源泉。何勇涛老师从教以来，始终坚持学习，努力修炼语文“内功”，博纳众长，从众多南粤名师身上汲取驾驭课堂的技巧和智慧，在摸索中不断成长，形成“一睹读本，启发悟性”的语文教学风格——以诵读、熟读、精读、略读、读写启发悟性，体悟课堂教学的思想。从教多年，何勇涛老师在自己的精神家园里笔耕不辍，常学常新，学新悟新。

何勇涛，现为江门市新会区教研室主任、中学语文教研员和新会区教育学会会长；是新会区名教师，新会区第四批、第五批优秀中青年专家和拔尖人才，江门市名医名师名家，江门教育专家，广东省“百千万人才培养工程”名师培养对象，广东省特级教师，广东省正高级教师；是新会区基础教育课程改革实验项目的设计者和教育教学质量管理的执行者，也是新会区创建推进教育现代化先进区自评报告及成果文集的主要撰写者。正式发表文章350多篇，主编参编中学语文教辅60多部，论文课例获省市一、二等奖18次，主持或参与国家级、省级、市级规划课题8个，获得江门市高考教研工作先进个人称号5次。个人事迹刊入《新会名人辞典》《新会侨报》《少男少女·教育管理》《广东教学》等报刊。《少男少女·教育管理》杂志将其作为封面人物介绍。应邀到内蒙古、福建、贵州、广西等省区以及广州、深圳、梅州、湛江、珠海等城市做学术报告30多场。是华南师范大学兼职教授、五邑大学硕士研究生导师和广东省有较高知名度的中学语文教研员。

名师格言：启发悟性，守正创新。

一、好学纳众长

江门市是人文荟萃之地，丰厚的文化底蕴、优质的教育基础、浓郁的研究氛围，造就许多名师，何勇涛老师就是在这个圈子中汲取了专业成长的正能量。

新会区原中学语文教研员梁洪汉是引领何勇涛老师进行教研的导师，何勇涛老师常与他一起听课，一起交流，并从他身上感悟到：要做有教学风格的语文教师，要勤学习，善学习。在梁老师的引领下，何勇涛老师开始对以读为本、启发悟性的教学风格与个性有了深入的思考。

梁卫东老师是广东省首批中学正高级语文教师，何勇涛老师经常听他上课，耳濡目染，获益良多。尤其是梁老师善于点拨、善于启迪的教学能力，让何勇涛老师赞叹不已。

他常想，什么时候也能像梁卫东老师那样，用智慧启迪智慧？

何勇涛老师发现，学生对经典文本的丰富内涵和智慧表达还有隔膜，不可能那么容易理解，如何才能启发他们的悟性，直抵文本的核心？

他从曹殿成老师身上得到启示。曹老师是人教社教材培训专家，主张通过巧妙的点拨，凸显语文教师帮知识、帮能力、帮人文的“三帮”价值。

南粤名师荟萃，陈传和、梁卫东、曹殿成、郭铭辉、余妙霞、魏羲之、张耀荣、王土荣、冯善亮、林荣秋、李绪强、邹寿元、罗易……在他们身上，何勇涛老师不仅学到了驾驭课堂教学的技巧和智慧，更重要的是，体悟到了课堂教学的思想。

“在培训过程中，我常常反思自己，是不是像吴颖民、田慧生、季平、黄牧航等教授那样在教育中发现艺术，唤醒自身，激励自己，执着前行？”

“与教授的对话激发了我奋力追赶的心愿，科学的成果启迪了我智慧前行的心绪，改革的蓝图感动了我炽热的心灵，团队的协力并肩开启了我试图超越的心海，鲜活的思想承载了我统筹兼顾的心翼。”

这是何勇涛老师参加省“百千万人才培养工程”时的心得摘录。何老师常常外出参加各级各类培训，每次参加培训，他都会切记体察，及时反思。在他看来，学习就是享受，过程就是提升，他愿意“沉浸在学习、交流的氛围中，慢慢品味，不断地提升自己”。

二、修炼兼内外

和大多数的老师一样，何勇涛老师心里也有一个梦想，也想成为行业的翘楚，也想成为学生敬仰的名师。何老师决心修炼好自己的语文学养功力，激活生命，让自己的教学教研成为生命健康成长的沃土。

在何勇涛老师看来，真正要做好一名优秀的语文教师，特别是名师，非得要修炼好几门武林绝活，才能行走于江湖。

他认为，语文教师要志于道，据于德，依于仁，游于艺。如果拥有了良好的职业道德、丰盈的人文素养，就具备了作为现代语文教师的基本素质；如果学习了扎实的教育理论、渊博的学科知识和心理学知识，就具备了作为现代语文教师的基本知识；如果获得了学习能力、科研能力、解决问题能力、写作能力、组织教学能力、协作能力、表达能力和沟通能力，就具备了作为现代语文教师的基本能力；如果掌握了研读教材、撰写教案、课堂教学、学法指导等教育教学方法以及会说一口标准的普通话，会写一手漂亮的好字，就具备了作为现代语文教师的基本技能。

他提出，作为一名现代的语文教师，要练就自己的拿手绝活。从教师整体发展的角度来说，老师要读几本看家的书、读几本经典的书、读几本看不懂的书、读几本专业外的书、读几本天地间无字之书，既要读文史类的容易读进去的“软书”，也要读哲学理论、自然科学等不容易读进去的“硬书”。因为书是知识的泉源，是人类进步的阶梯，读一本好书，就是和许多高尚的人谈话。读书要品味语言，就像剥开一只柑橘，咀嚼一枚橄榄一样，只有一口一口又一口地去品，才能咬出文字内涵的汁水，嚼出语句构成的质感，感受语言的张力，尝到真正的语文味。

除了读书，何勇涛老师认为现代语文教师还要努力修炼好一门出众的技艺，把语文课塑造成一门真正的艺术。朗读教学，要像韩军老师，他上公开课朗读《大堰河——我的保姆》，全场似无人般寂静，有学生在擦眼泪，有老师已红了双眼，连韩军自己都几次掏出手绢来拭去眼角的泪，全诗读完，掌声雷动；阅读教学，要像李百艳老师，她领着学生从“仿佛若有光”的文字“小口”，“复前行，欲穷其林”，慢慢走进魅力语文之门，走进“豁然开朗，土地平旷，屋舍俨然”的语文桃花源；写作教学，要像于漪老师，或娓娓动听地描述学生习见的自然景色、生活场景，或富于感染力地讲述一个能够引起学生深思的社会事件、文化现象，或要求学生从新的角度阐发某篇学过的文章的内涵，来唤起学生们的真情实感，激发他们的真知、新知。

他是这么想，也是这么做的。从新会出发，近年来，何勇涛老师在新会一中、华侨中学、实验中学、东方红中学、创新中学、会城侨中、陈瑞祺中学、大鳌中学等学校上课讲学，在会城中心小学、大鳌中心小学教师培训会上主讲专题讲座，担任梁卫东名教师工作室和张耀荣名教师工作室指导专家；慢慢走向江门，在陈经纶中学、新会一中、江门一中、培英高中作全市的备考讲座，被恩平市广播电视大学、台山市华侨中学等学校邀请去讲学，被江门市教育局聘请为全市高中语文新教材培训的主讲教师；然后走出江门，到珠海市李兆南中学讲学，被人民教育出版社聘请为高中语文教材培训专家到内蒙古的巴彦淖尔市、乌海市和福建省泉州市参加高中语文教师教材培训。近两年，何勇涛老师以广东省“百千万人才培养工程”名师身份到梅州丰顺、兴宁和深圳开展名师支教或示范活动，到贵州开展名师巡回大课堂活动。2016年11月，广西平南县高中校长、名师研修团50多人到新会学习，特别邀请何勇涛老师主讲“名师成长的智慧修炼”专题讲座。2017年2月，何勇涛老师应邀在江门全市教研会议上主讲“过专业而充实的教研生活”专题讲座，介绍自己的教研工作经验，得到全市与会教研员和专家的好评。

在工作中，何勇涛老师积极履行教研室主任和语文教研员教学研究指导和教学管理的职能，投身课改，探索发展新思路、新途径、新举措，在教科研方面充分发挥示范引领和辐射作用。2015年7月，由时任局长现为新会区副区长的梁风琼主持、何勇涛老师负责撰写申报的《新会区基础教育课程体系改革实验项目》被省教厅立项为广东省基础教育课程体系改革实验项目，并获得150万元研究资金，使新会区成为全省17个实验区之一。2017年，何勇涛老师和同事们一起努力续写了新会高考的新辉煌：重点入围人数743人，本科以上（含体艺类单考单招）入围人数2951人，均创新会历史新高，有2位考生被北京大学录取。教研室荣获区教育工作先进单位、区高考工作特别贡献奖、区高考特优生培养特别贡献奖和江门市高中质量管理一等奖、江门市初中协同教育质量管理一等奖。他用自己的智慧和大家的努力提升一个区域的教育质量。

何勇涛老师还积极提炼教学教研心得，在《语文月刊》《广东教育》《素质教育大参考》《教师博览》等刊物上发表《优化中学语文课堂教学的三条路径》《教研核心素养的修炼》《语文教师有效提升专业技能的三条路径》《文学作品阅读中的悟性培养》等文章300多篇，参与开发《初中作文实验教程》《南方新课堂·金牌学案》《高考阅读评卷报告》等初、高中语文教辅60多部；主持、参与“中小学实效性阅读与写作教学策略研究”“初中语文校本教研写作教学专题研究”“教师专业发展评价的行动研究”“江门市基础教育课程教材教学改革发展问题研究”等省市规划课题6个。

三、感悟明师道

在多年的教育教学实践中，何勇涛老师逐渐形成了“以读为本，启发悟性”的语文教学风格。

他认为，读是由语文学科特点所决定的，阅读教学要“字字未宜忽，语语悟其神”，作者的思路，文章的脉络，都宜求之于本文，不宜舍本文而他求。在语文教学中要体现以读为本的思想，“要让学生充分地读，在读中整体感知，在读中感悟语言，在读中培养语感，在读中锤炼文笔，在读中陶冶情感”。学生语文能力目标的提升，关键在于“以读为本”的训练。

启发悟性，意为启发对事物理解、分析、感悟、觉悟的能力。学习是通过顿悟实现的，学习就是对情境整体关系进行仔细了解后的豁然开朗，通过问题情境的内在性质有所顿悟的方式解决问题，是经过“突变”学会的。顿悟学习的核心是要把握事物的本质。因而他主张阅读要强调悟性的启发，强调在阅读中加深理解和体验，受到情感的熏陶，获得思想启迪，享受审美乐趣。

以读为本，启发悟性，就是在读的过程中启发感悟文章的精妙，打通由读写到体悟的路径，提升自己的悟性，从而较快地提升语文素养和综合能力。

（一）诵读启发悟性

诵读是一种眼、口、耳、脑多种生理机能共同参与、协调动作的阅读，它能训练语音，再现课文情境，加深理解，培养记忆力、语言感受力、口头表达力，增强语感。明代王守仁在其《教约》中说道：“讽诵之际，务令专心一志，口诵心惟，字字句句，演绎反复，抑扬其音节，宽虚其心意，久则义理浃洽，聪明日开矣。”可见，若得诵读其法，那是受益匪浅的。

诵读课文不仅是理解欣赏的基础，也是语文学习必不可少的环节，正确、流利地朗读也是学生基本的语文能力。教师要指导学生通过诵读，体会文章的情感美，把无声的语言，化作有情有声的言语，叩击学生的心灵，使之产生共鸣，并抓住形象引发学生去想象、去感受、去领悟，从而实现对文学作品的深层感悟。

（二）熟读启发悟性

粤教版高中语文教材主编陈佳民教授曾说：“熟读可能是医治现代文阅读教学中学生阅读少、只理解不记积的偏方。”何勇涛老师也认为，熟读侧重于对文章的熟悉和理解，反复地读是最重要最有效的手段。

熟读不一定要像朗读那样声情并茂，可以是大声朗读，也可以是轻声细语，还可以是默读，读出文章的意境美，如临其境，如见其形，如闻其声，产生怦然心动的体验，学生有了心得自然就有新的感悟。在某种程度上，可以说，熟读是“悟性”培养的基础，点拨启发是“悟性”培养的关键。

（三）精读启发悟性

所谓精读，就是要仔细地阅读，有时是反复地阅读。精读的目的是要掌握书中的重点，攻克难点和深究疑点。从语言入手，品词析句是启发思维悟性的有效途径，学生只有在不同词语、不同句式、不同语序的比较中才能发现课文中语言运用的妙处，品评语言的意蕴和情味，从而对语言和语境有所感悟。

精读的要求在于咬文嚼字，细琢细磨，努力去理解每一篇文章的精蕴，认真去揣摩每一篇文章的写法，从中启发悟性，得到读书作文的必要知识。

（四）略读启发悟性

所谓略读，指快速阅读文章以了解其内容大意的阅读方法。换句话说，略读是要求读者有选择地进行阅读，可跳过某些细节，以求抓住文章的大概，从而加快阅读速度。

在略读中，教师启悟的要点在于，指导学生先要整体快速阅读，弄清文章的体裁及大致内容。读说明文，则先弄清说明对象和说明中心；读议论文，则把握中心观点；读散文，则看懂描写对象，抒情基调；读小说，则抓住中心人物和中心事件；读科普和社会科学类文章时，则应快速掌握“成就或成果、性能或影响、用途或目的”等；读应用文，则应重点了解文体（如书信、广告等）、事件、时间、地点。

阅读的速度和能否快速捕捉信息的能力直接影响到工作效率和学习质量。在读书之始，通过略读对全书的概貌有一个了解，以便分清主次、难易。经过这样的训练，学生才能删繁就简，提高认识，启发悟性，以后在处理类似的问题时就更为从容了。

（五）读写启发悟性

阅读是吸收，是认识世界，发展思维，获得审美体验的重要途径；是写作的前提，是知识的储备阶段。写作是运用语言文字进行表达和交流的重要方式；是认识自我，进行创造性表述的过程；是阅读的延伸和发展。只有广泛阅读，学生才能积累语言，才能提高语言的表述能力和接受能力，也只有勤于练笔才能实现知识的迁移运用。由读到写，由写到读，读写同进，相依相生，相得益彰。古语云：“读书破万卷，下笔如有神。”“劳于读书，逸于作文。”这都是说明读写两者紧密相连，如影随形，不可割离。

叶圣陶先生说：“课文是例子。”“例子”意味着什么呢？“例子”意味着隐含规律，“例子”意味着是一种示范。学生目前的语文教材，内容丰富，多是脍炙人口的精品；体裁全面，小说、散文、诗歌、传记、新闻等一应俱全，既是很好的阅读教材，也是很好的写作教材。教师要学会发挥阅读教材的综合效应，在指导学生提高阅读能力的同时，提高写作能力，让写作教学切实有效。

语文教师无论工作多么忙，也要有自己的精神家园，哪怕是一块不大的自留地。近年来，何勇涛老师先后被《新会教育》《新会文艺》《梁启超研究》《广东教学报》《语文月刊》《创新作文》《语文周报》《语文报》《作文报》《少男少女·教育管理》等报刊聘为编委会成员或特约撰稿作者，并被选为新会区教育学会会长和新会区文学协会的常务副会长。他在自己的自留地耕耘，从容自适，自得其乐。

何勇涛老师认为，所有的大智慧都会在终点相逢，殊途同归。道法自然，循道而行，方成大器。

让我们自由、自主地感悟语之趣、文之味

——记广东省特级教师林明

引言：语文，是重要的交际工具，也是人类文化的重要组成部分。因此，语文教育既是一种语用教学，也是一种文化教学，需要语文教师具备深厚的文化素养、优秀的教学能力。在语文教育的道路上，林明老师正是以此严于律己，坚持阅读，不断提高自己的文化素养；坚持教学研究，不断更新自己的教育观念、提高自己的教学水平；坚持教学实践，不断探索有效的教学策略，让学生在语文学习中感受文化的魅力、获得审美的能力。

林明，任教于梅州市曾宪梓中学，高中语文正高级教师，广东省特级教师，广东省中小学名教师工作室（2018—2020）主持人，卓越指导教师工作室主持人，嘉应学院教师教育专业兼职指导教师，福建省优秀教师，梅州市首届嘉应名教师。先后主持或参与了“以自媒体为媒介，开展专题读写活动教学”等10多个省级、市级课题，其中省级、市级重点课题各1个；主要学术论著有《语有趣，文有味》《融合：自媒体与专题读写活动教学》等8部；在《中国教育报》《语文月刊》等报纸杂志发表论文、文章近50篇；3个教学科研成果分别获得省、市的一、二等奖。《少男少女·教育管理》杂志将其作为封面人物介绍。近6年林老师学生在报纸杂志上发表作品超过100篇，多位学生高考语文成绩名列全市前十，多届学生成绩由分班时的倒数提升至毕业时的前三名。

一、阴差阳错与语文教育结缘

1983年，他通过高考被动录取到师范院校读中文专业。之所以说“被

动”，是因为他本不喜欢语文，更没有想过要做一名语文教师，因为当时他的高中语文老师看他写的文章连文句都不太通顺，字又不端正，不经意间奚落了他一番，从此，他就觉得语文高不可攀了。他当时的愿望本来是想做一名历史学家，因为高考填报志愿的问题阴差阳错成了语文教师，此后，这个世界少了一名历史学家，却多了一名优秀的语文教师。

但是，从他知道自己的录取专业是语文的那一刻开始，他也就心满意足了，因为他认为，他是在农村长大的，能考上大学，脱去“谷壳”，成为有单位、“吃国家粮”的人，就已经很了不起了。

他的第一学历是大专，1985年8月开始走上教师这个岗位，还没有上岗，他就已经开始了做语文教师的学习。他认为，语文教师必须首先是个阅读底蕴深厚的人，正如罗曼·罗兰所说“要播撒阳光到他人心里去，你得先自己有”，所以，在阅读上，你也必须得先于学生、广于学生、深于学生。他觉得自己肚子里没多少干货，那时他所读的龙岩师专刚复办不久，图书馆里的藏书很少，于是他将图书馆里的文科类图书尤其是文学类的图书基本看了个遍，算是恶补了一点东西。他告诉我：“可以肯定地说，我的语文底子就是在两年的大学学习和阅读中打下的。也是从那时开始，我就觉得自己也可以当一名语文教师，甚至是优秀的语文教师。”事实上，那时他已经开始喜欢上了教师，并且确立了自己的目标——争取成为特级教师。30多年来，他一直朝着这个目标坚定不移、专心致志地努力着，虽然今天他已经是个特级教师、正高级教师，但还在一直完善自我，因为他觉得自己离“卓越”还很远很远。

毕业后，他在农村中学先后待了近12年，他从来不认为农村中学的教师就比城市中学的教师低人一等，一个教师要成长为名师，地域等客观要素并不是决定性的东西，人对教育理想的追求，并以坚毅的信念主动努力去达成目标才是根本。离开了这一条，一切都是浮云。因此，当时全县农村中学第一个发表论文的是他，第一个获得课堂教学奖的还是他，毕业仅仅3年，他的名字就为全县中学语文教师所熟知。

自此，他一发不可收拾，以致曾经有3次转行到其他行业工作的机会，他都一一婉拒，一门心思做他的教育事业去了。在他心里，教好书，育好人，为国家培养尽可能多的合格甚至优秀的人才，已经成了他终生追求的目标和境界。

在他获评“特级教师”后，他的学生曾经采访过他，并问了这么一个问题：在您看来，一名优秀的教师需要具备什么样的个人素养和能力？他的回答是这样的：第一，对生活有尊严，充满乐观、自信；第二，对家人和家庭有关爱和担当；第三，对教育有自己的理想和追求；第四，对学生有爱的情怀和责任；第五，对同事和领导能分享、愿合作；第六，对教育教学的学识和能力永不满足；第七，对教育科研有自己的精气神并能精益求精；第八，对新事物能满怀喜悦接纳；第九，对阅读能保持良好的习惯；第十，对身心有健康理念并能自我调适。这对今天的青年教师而言，很有借鉴意义和价值。

二、于语文教育之路孜孜以求

他在总结自己的语文教育成功经验时说，除了阅读，就是持续不断地开展教育科研活动，这是一个教师成长与发展的两条根本路径。工作两年后，他就承担了当时语文界达人颜振遥先生主持的课题“语文自学辅导”的子课题研究工作。“语文自学辅导”这一课题的思想在那时无疑是超前的，首先，它主张学习是学生自己的事情，即必须调动起学生的视觉、听觉、触觉，甚至味觉、嗅觉等感官，调动起他们的手脚和头脑，不断积极主动提出疑问并寻求解决疑问的方法，这是第一重要的；其次，这里的“辅导”，是教学的主要行为，教师的任务是必须挖空心思培养学生对阅读和写作的兴趣，让学生愿意学，最佳状态是喜欢学。

这种理念一直影响到今天的他，让他从来没有停止过语文教学探索、尝试的脚步。尤其是被评（聘）为副高级教师后的长达15年的时间里，他先后主持了4个省、市级课题，其中省、市级重点课题各1个，由此产生的科研成果十分丰富：不仅他的学生的语文学习成效显著，而且他本人著述颇丰——出版了6本学术著作；从2004年在《中国教育报》上发表《反思目无学生的教学细节》，到2018年再次在该报发表《你会做读书笔记吗?》，2019年在《教学研究与管理》杂志发表《试析学生审美情趣和审美能力的培养》，共计发表30多篇论文或文章。

4年前，广东省实验中学特级教师、正高级教师罗易老师赠送他一本亲题墨宝《墨谈》，当他读到罗老师主张的“教育是我的宗教，课堂是我的教堂”时，他受到了强烈的震撼，因为罗老师传递给他的，是对教育、对学生如对宗教般的虔敬和执着。由此，他想，一个优秀的教师，对待课堂教学，必然更看重“唤醒”和“点燃”，以至让学生脑洞大开，思维由混沌变得灵活，知识和视野由狭隘变得宽广，精神由粗俗变得高雅。

俗话说，泰山可不是堆的，火车也不是推的，一个教师的教学理念或风格，不是一夕速成或外力培养而成的，而是自我长期教育教学实践、感悟、积淀、凝结而成的！我们想，这也是林老师语文风格形成的最好写照。他发现，自己所追求的理想语文教育理念就是30多年前颜振遥老师的“自学辅导”。虽然，今天“辅导”换成了“引导（指导）”，粉笔加黑板变成了“互联网+”，学生获取知识早已不仅仅依赖教师，而有了丰富多彩的平台和途径。他认为，今天的语文教育，需要教师和学生同成长、共发展，因为在学校教育中，教师和学生同为主体，“教”和“学”总是相伴相生的。同时，学生需要教师引导来自主阅读、自由表达交流，因为没有自主阅读，想要提升语文素养，那是连神仙也无法帮助他的；而没有自由表达，哪会有思想的温度、厚度和广度？基于这个认识，他提出了自己的语文教学理念：让我们自由、自主地感悟语之趣、文之味（这里的“我们”包括学生和教师）。简称“‘二自’语文”。

那么，“‘二自’语文”如何落实在语文课堂教学中呢？他认为必须找到一个支点。因此，从2012年开始，他连续7年开展了“以自媒体为媒介，开展专题读写活动教学”（简称“融合教学”）的科研实验教学，并以“读·写·秀”活动教学模式的实施作为支点，以验证是否能够有效践行自己的教育理念。

他认为，“读·写·秀”既是一个独立的“语文活动”，也是教学的方法、方式和手段，更是教学要达到的目标。阅读是基础，没有读，就做不到有感而发，就不能触景而作；写作是吐纳，是人类表达情感、宣扬思想的最重要的途径。阅读和写作是“秀”的先决条件，“秀”归根到底就是展示学生的阅读、写作的成果和素养。它的行动规则是：先读后写，先写后秀，先读后秀，边读边秀，秀后读写。

回顾走过的路，他隐隐感到，崇尚个性自由的他，似乎在不断地希望自己的课堂也能成为“教堂”，是一个能够让学生自由、自主地成长、发展的圣地。事实上，他做到了这一点。很多学生这样评价他的课堂教学：上大林老师（这是学生对他的昵称）的课最舒服，因为老师表达幽默，课堂没有压迫感，给我们创造了太多自由学习的空间，太多的自主展示和发挥的平台。

他认为，语文课堂结构是树状结构，一方面，课堂教学既要有所预设，更要生成，没有生成，就没有语文课堂，它最考验教师的学识和智慧；另一方面，要不断创造让学生得到更多展示的机会，因为这样做有助于学生不断获得成就感，进而培养学习语文的兴趣。事实上，他的语文教学往往是天马行空的，常可能出现的情况是由文本的某一点具体分析之后，从天南地北、古今中外、历史与现实等方面延伸开来，学生畅谈自己的观点和见闻，也不知什么时候，他又一句“话说回来……”“同样的道理……”将学生又拉回到文本分析中来，学生也才猛然发现自己已经和老师一起神游了一番。在他看来，语文课堂教学就是要关注学生在语文素养上的“所需”（即所缺），以平等的态度与学生分享自己的阅读体悟，要适度延展文本内容（即要善于发现文本中的“矛盾”“裂痕”，不但要告诉学生写了什么，还要告诉学生没有写什么），同时，要积极发掘并适度放大学生在课堂中的优秀表现。而一到下课铃响，往往一句“欲知……如何，且听下节课分解”，又勾起了学生的向往和期待。

他几乎不布置课后作业，但可能会有学习任务要求学生完成：每周写一篇随笔（有语文老师叫“周记”，对此说法他极不赞成，在他看来，周记的内容多半是随意的，还不如叫“随笔”，更符合“语文”的本色）；每月阅读一本书并完成下达的任务群。这样做，是因为他认为教会学生阅读和写作，让阅读和创作成为学生的生活习惯是语文教师和语文课堂教学的使命。

一位考上大学的学生对他说：“我可能不是您最好的学生，但您一定是我遇到的最好的老师。”说到动情处，他常说：“实话说，我感到了压力和惭愧，也使我战战兢兢，如履薄冰，因为直到今天我仍然觉得自己并不是一个优秀的教师，顶多算得上合格，这不是谦虚。”他就是这样一个低调而谦虚的人！

三、悟得真谛再出发

在不间断的教育教学实践中，他渐渐发现：如何引导学生“悟”出文道、世道、人道，是语文教学必须追求的境界。他认为，如果“读·写·秀”强调外在、显性，重在吸收和吐纳，那么，“悟”就强调内在、隐性，重在内化、裂变，学生由“读·写·秀”活动中悟出“文”道——语言文字表达之道、“世”道——为人处世之道、“人”道——身心修养之道。而“悟”，则贯穿于“读·写·秀”三个教学环节全过程，必须尽力做到读后能悟、写后能悟、秀后能悟，读中有悟、写中有悟、秀中有悟，努力通过“读·写·秀”，读出趣、写出味、秀出美、悟出道！这也是他的“‘二自’语文”的最新研究成果。

于是，他把语文教学的中心和目标锁定在培养学生健康的审美情趣和创造美的能力（这也是教师专业素养中最好的、最顶得住竞争力的），教给学生表达美、创造美的方法这个语文教学的核心上。他进一步阐述道：落实在语文教学中，即以“读·写·秀”为平台和方法，引导学生发现、品味、探究、感悟语文（语言、文字）之美，让学生自主、自由地感悟语之趣（情趣、理趣、乐趣）、文之味（文字、语言运用之道）。

如今，林老师已经站在一个新的起点上，他承担着广东省中小学名教师工作室主持人的重任，带领他的学员们完成“怎样度过你的高中生涯”这个课题并顺利出版了相关论著后，又开始了“文学梅州经典诗文选读”的研究工作，因为他深信：梅州的，也是广东的；广东的，也是全国的！

他其实一直行走在教育的路上！

为生长而教，建构生长型语文课堂

——记广东省特级教师丁之境

引言：“语文为何”与“语文何为”，是语文教学的两个核心问题，也是追求优质、高效的语文课堂的语文人必须思索的问题。在这两个问题的思索中，丁之境老师尝试用生长来诠释语文教学，构建了生长型语文课堂。他的语文课堂顺应了儿童的生长规律和语文学习的规律，主体指向学生，过程指向自主，目标指向生长；不仅着眼于学生当下的语言、思维、精神的生长，还为学生未来的生长积蓄了能量。在生长型课堂构建的过程中，丁之境老师也形成了自己的教学风格，创出了自己的语文课堂教学新境界。

丁之境，现为广东实验中学语文正高级教师、广东省特级教师、广东省中小学名教师工作室主持人、广州市“百千万人才培养工程”第三批名教师培养对象实践导师。曾获得广州市十佳青年语文教师、广东省教育厅岗位排头兵、第六届“语通杯”全国中语“教改新星”等荣誉称号，在广东省初中语文教师作文教学大赛中荣获一等奖。2017年6月，成为全国中文核心期刊《中学语文教学》扉页宣传人物，该刊《成长之路》栏目以《探寻语文课堂教学之境》为题展示了其专业成长的历程。教学成果《“言文统一”教学观指导下的初中文言诗文教学策略研究》在广州市教育研究院首届教育教学成果评选中荣获一等奖；教学论文、教学案例等多次在省级评选中荣获一等奖；多次应华南师范大学、广州大学等高校之邀请担任“国培计划（省级培训）”“省级骨干教师培训”等项目的授课专家；在《中学语文教学》《语文教学与研究》《语文月刊》《青年文摘》《羊城晚报》等报刊上发表教育教学论文、教学案例、文学作品50余篇，2篇教学论文被中国人民大学复印报刊资料全文转载；主持或参与多个省、市级重点课题；主编及参编教辅图书多种，撰写专著《语文·生长》，并由花城出版社出版；《少男少女·教育管理》杂志将其作为封面人物介绍。

一、爱上语文是一生的事

丁之境老师说，因为爱所以爱，这也许是他职业选择的唯一理由……他已记不清楚是从何时爱上语文的，但他清晰地记得这样的画面：小学时，每天放学都要到老师办公室进行口头作文，随便说，说完了跟着老师一起回家。山上的狗尾巴草，还有师生行走聊天的剪影映进了那轮橘黄的落日里。初中时，老师要求每天都要在本子上写日记，随便写，摘录自己喜欢的话语，记录自己的心情，本子上的一笔一画跳动在课桌上那闪烁的烛光里……

于是，他固执地认为自己的生命是应该与那些曼妙的文字相伴的，固执地想成为像他之前的那些语文老师那样的教师，所以他的高考志愿从头到尾填的都是师范大学中文系。丁之境老师回忆道，当年他以优异的高考成绩开启了“半床明月半床书”的大学生涯。大学期间他如鱼得水，先后担任学校校报学生主编、学生会主席。因成绩优异、表现突出，毕业时接到了学校留校工作的通知，但他得知要到校长办公室从事行政工作，与自己所好相去甚远时，他毅然放弃了这个机会，选择到广东实验中学做一名语文老师。他想把自己对语文的爱传递下去，想把方形文字根植在每个学生的心里……

二、构建生长型的语文课堂

爱语文不等于就会教语文。初登讲台，丁之境老师追求的语文课是唯美的，是诗意的，他恨不得把所有美好的文字、情感、作品一股脑儿全给学生，希望在文学的熏陶下每个学生都能成为学识上的富翁、精神上的贵族、情趣上的雅士。但他渐渐发现语文课上自己讲得太多了，进而意识到一旦教师用自己的精彩代替了学生的精彩，课堂就会陷入停滞状态，师生就会停止生长。“学然后知不足，教然后知困。”语文课应该是什么样的？语文为何？语文何为？他开始思考这些之前从未思考过的问题。下班之后，他贪婪地与名著对话、与名家交流，从孔夫子、夸美纽斯、杜威到苏霍姆林斯基，从实用主义、建构主义、人文主义到多元智能……其中美国哲学家、教育学家杜威的观点对丁老师的影响颇大。丁老师说，当读到杜威的“教育就是不断地生长，在它自身之外，没有别的目的”这句话时，他有一种醍醐灌顶的感觉。他还想起了在《庄子·寓言》中读过的一句话——“万物皆种也”，这句话讲的是万物化育的规律：天地化育万物，万物遵循其自身的规律，蓬勃生长，生生不息。在多年语文教学实践的基础上，丁老师师法自然，遵循教育之道，开始尝试用生长来诠释自己的语文教学。

用生长来诠释语文，不仅仅因为“人”具有生物生长的特性，更在于一种教育观的转变，即从“教师中心”转到“儿童立场”。丁之境老师尊重每个学生，尊重每个生命的自我生长。他说：“教师只能帮助学生成长、引领学生成长，我们不可能取代学生成长，更不可能命令学生成长。我们能做的只能是给学生提供生长的土壤和展示的舞台，让每个生命以其自然之伟力促使自己提升。”尊重的前提是理解，他曾在文中饱含深情地说：“深深理解孩子的成长之痛，感同身受地去贴近每一个拔节的生命，尽最大的可能为孩子拔除痛苦，这就是教育的慈悲心。”他对孩子的理解和尊重是深入骨髓的，他会为一个学生点滴的进步而欣喜若狂，他在爱学生的同时还不忘提醒自己要给予学生光辉的灿烂与自由。

在这样的教育观引领下，他认识到教学的最终目标是促进人的发展，每个生命个体都具有生长的需要。有此认识，建构生长型语文课堂，对他而言，便成了一件自然而然的事情。他说：“我一直在努力，希望自己的语文课能带给学生智慧的启迪、愉悦的享受、永恒的生长。我希望自己的每节语文课，都是孩子们自由精神的尽情舒展，是课堂生命的自然绽放。”他是这样说的，更是这样做的。他的语文教学有几个鲜明的特点：

一是重视学生生长欲望的激发和呵护。让学生喜欢上语文，点燃学生语文学习的热情是丁老师一贯的追求。他很认真地说：“一个语文老师最重要的不是把一节课设计得如何完美，而是引导学生喜欢阅读、喜欢思考。我真的不在意我的课是否完美，但我在意学生们是否因为喜欢我而喜欢上语文。”

二是重视课堂生长点的寻找和发现。他说：“教师在备课时务必要思考的问题是‘学生的思考点在哪里？我们要从哪里出发？最后我们要去到哪里？’教学必须从学生的‘起点’出发，去寻找合适的教学策略。”他的很多优秀课例都是从学生的疑惑开始，从学生的生长需要出发的。在这样的课堂上，学生开始生长，课堂开始生长，最终生长出了无限的精彩。

三是重视学生生长空间的打开和拓展。他早已不满足于教读一篇篇课文的教学方式，而是有意识地建构自己的课程体系。他这样描述自己心目中的理想课堂：“在言语实践中提升学生智慧，在情感体验中丰富学生心灵，在精神涵育中发展学生思想。”他尝试着将阅读、写作、听说、语文活动融入日常教学，他带着学生共读一本书，共写一篇文，进行专题写作、深度写作，开展课前5分钟微作文分享，编印班报，排练课本剧……注重让学生在一个个具体的语言实践中领悟、掌握语言的特点和规律，获得必要的言语经验和语用方法，从而提升他们的言语能力。他的课堂通过大量的语文实践活动、大量的阅读写作等途径，为学生的生长拓展出巨大的空间。他的课堂不仅着眼于学生当下的语言、思维、精神的生长，还为学生未来的生长积蓄了能量。

在构建生长型语文课堂的过程中，丁之境老师侧重于文言文教学和作文教学改革，并取得了显著成效。针对文言文教学低效、僵化的弊端，他总结提炼出了初中文言文“四文一体”的教学模式，该教学模式依托语言文字，以语言文字为纽带，将文字、文章、文学、文化四者融合为一个整体。该教学成果提高了文言文课堂教学的效率，增强了学生学习文言文的兴趣，提升了学生的语文成绩和语文素养。该教学模式成为广东实验中学初中语文教学的一个特色，并在广州市教育研究院首届教学成果评审中荣获一等奖。针对作文教学低效、无序的痼疾，他明确提出了初中阶段写作教学“三结合”的教学主张：将写作和阅读相结合，将写作和活动相结合，将学生自由写作和教师课堂写作教学相结合。该教学主张重视学生写作兴趣、写作意志、写作意图、读者意识的培养，重视学生写作过程的指导，有助于学生形成写作经验，丰富写作积累，切实提高了学生的写作能力。该教学成果也产生了一定的影响，丁老师先后受邀在广州市白云区、海珠区、越秀区乃至全市教研活动中开设讲座。

三、在共生共长中走向卓越

万物并育而不相害，丁之境老师觉得教育的最美样态也应如此，学生之间、师生之间、教师之间应该共同生长，相互滋养，使得成长更丰富多彩，使得教学生态得到优化。

丁之境老师认为，教育应该具有滋养人性的功能，从他的几位学生回忆语文课的文章里，我们可以看到这种滋养对学生精神生长的哺育作用。对学生精神发育的滋养，一个很重要的方式是他和学生共同写作。“师生共写”是他作文教学的一个常态，直接用老师和学生的写作实践，帮助学生形成正确的写作认识、激发学生的写作兴趣、揭示写作思维过程、教授学生写作方法、培养学生的生命敏感、丰富学生的心灵世界……在教和写中，丁之境老师和他的学生一起蓬勃生长。他的学生在学校组织的各项语文活动中大放异彩，在省级报刊上发表了大量作品，在考试中也取得了优异的成绩。在2017年广州市中考中，丁老师的学生倪隽以语文148分的成绩勇夺广州市语文单科第一和总分第一，他任教班级中135分以上高分人数占全年级的80%以上。

教学相长，好的教学不只是滋养学生，还是滋养教师、丰富教师的过程。在和学生共同写作过程中，学生在生长，教师也在生长。丁之境老师在省级报刊上发表了大量文学作品，他是这样认识写作的意义的："写作渐渐成了我的生活常态，并且使我实现了突变式的成长。在写作中安顿自己不断奔突的灵魂，让自己变得更具清醒、更具张力，也更有希望。"

因教学业绩突出，他先后成为广东实验中学首批名师工作坊坊主、广州市"百千万人才培养工程"名教师培养对象实践导师、广东省中小学名教师工作室主持人。在他周围聚集了一批热爱语文的同道中人，他们以工作室为平台，以团队为力量，以"专家引领、同伴互助、自我反思"为路径，以主题、课例、研讨、培训的有机结合为行动方式，探索语文课堂教学规律，打造生长型语文课堂，为他们成为学校或区、市的名师打下良好的基础。工作室成员陈铿老师在广东省初中语文文言文教学大赛和首届广东省中小学青年教师教学能力大赛初中语文决赛中均荣获一等奖；工作室成员张玉石老师德育工作和语文教学工作齐头并进，先后被评为南海区名班主任、佛山市中小学名班主任工作室主持人；工作室成员许瑞恩老师成为湛江市中小学名教师工作室主持人；工作室成员李科良老师作为教龄才3年的青年教师，在2016年初中语文名著导读教学优秀课例评选活动（现场教学大赛）中荣获一等奖……在语文的殿堂里，他们相互照耀，纵生相长。

丁之境老师的语文教学顺应了儿童的生长规律和语文学习的规律，主体指向学生，过程指向自主，目标指向生长，他的语文教学开始走向精微和深远，在区域内产生了较大的影响。

中山大学教授、博士生导师，广东省作家协会副主席谢有顺说："丁之境老师的语文教学富有文化情怀，重在培育灵魂、塑造人格，他用师生共写的方式引导学生去认识语言的美，观察世界和人心的精微之处，俯身倾听每一个稚嫩心灵的呢喃或呐喊，致力于让每个学生实现真正意义上的精神成人。"

广东省教育研究院中学语文教研员冯善亮老师说："丁之境老师走出了具有自己教学风格的课堂教学之路。他很理性地在自己的课堂上克制自己的浪漫率性，把更多的时间留给学生，让学生有更充足的言语实践机会；他很大胆地删繁就简，整合教材，优化教学内容，精心设计教与学的活动，让课堂变得简约而灵动。他的课堂变得朴实、扎实、厚实。他形成了儒雅的教学风格，创出了自己的语文课堂教学新境界。"

向下扎根，向上生长，这是树的风采，也是追求灵魂卓越的人应有的生命姿态。丁之境老师深深扎根于语文教学这块沃土中，在教与写中蓬勃生长，不断丰富、深化他的生长型语文，必将长成一棵巍巍而立的大树！

弃官从教，成就大写的教育人生

——记广东省特级教师胡立根

引言：成为学者、成为良师、成为大写的“人”，是胡立根老师从教以来的追求。这也是胡立根老师从教30多年的真实写照。学者——胡老师深入钻研，不断探索，形成了对语文的本质、语文教育的特点、语文教学的策略的深刻认识，同时对美学、文学、文化史等方面均有不同程度的研究；良师——胡老师以激发学生“乐学”为起点，以指导学生“会学”为中心，以引导学生“善思”为重点，致力于探索一条科学性与艺术性相结合的语文教学新路子；大写的“人”——胡老师认为，“大写的‘人’，并不是伟大的人，只是让人字正一点，内涵丰富一点，笔墨丰满一点”。胡老师辞官归教，于教学路上孜孜以求，由此成就了其大写的教育人生。

胡立根，国家教育部、财政部国培专家库专家，中学正高级教师、特级教师，广东省劳动模范；首批广东省中小学教师工作室、深圳市首批专家工作室双料主持人，深圳市名教师工作室建设指导小组专家；广东省中语会理事、学术委员。研究领域涉及中学语文教育、中国文化等。10多篇论文被收入《新华文摘》或被中国人民大学复印报刊资料全文转载；出版论著《语文教育价值的叩问与追求》《中国智慧——18堂国学哲思课》《中国智慧——18堂国学修身课》《中国智慧——18堂国学文艺课》；主编出版大型丛书《青少年核心素养经典阅读课》；获广东省教学成果一等奖1项，深圳市哲学社会科学成果奖1项，深圳市教育教研成果奖多项。主要学术观点包括：“教育智能势差”理论、语文教材双重价值论、主体单相虚位对话的阅读观、基于价值建构的写作观、汉民族传统思维的“具象的抽象”观。在全国各地讲学300多场。《少男少女·教育管理》杂志将其作为封面人物介绍。

一、他弃官从教，开始新的人生追求

1980年，专科尚未毕业的胡立根奉命到湖南省湘阴县第三中学实习，刚上了两节高中语文课，实习学校要他去代高中毕业班的政治课，不料竟受到了普遍欢迎。后来，因他分配到另一所学校任教，不得不离开这所学校。离开这所学校的那天，北风呼呼，雪花飞舞。他在前面走，一大帮学生在后面跟，七八里路，气氛沉闷。他上船后，船缓缓离开。伏在栏杆上，看着在寒风、雪花中久久不愿离去、频频挥手的学生，他暗暗发誓，要当一辈子老师，要当个好老师。从此，他也就开始了自己新的人生价值的追求。

1983年，他被选拔为“第三梯队”培养对象，调任湖南省湘阴县团县委书记，也仍然忘不了学生那一双双求知的眼睛。1985年湖南省岳阳团地委要调他去任副书记，他拒绝了；当年8月，地委组织部一位副部长找他谈话，要他进县委领导班子，谈完话他就递交了辞呈，毅然辞官归教。当湖南日报、湖南电视台等媒体报道后，许多人不解，纷纷来信甚至上门追问原因，他的回答竟然只有一句话：“是1980年冬天的那场雪让我发了誓。”从1985年至今，在讲台上一站就是30多年。后来有人问他，后不后悔弃官从教，他说，讲台是他一生无悔的追求；也有人问，那一年半的从政经历对他的教育工作有没有影响，他肯定地说：“有。”因为不一样的经历，让他能站在不同的角度来思考教师的教育教学行为。

二、他善于探索，立志做个学者型教师

（一）夯实语文教育教研的学术基础

作为一个语文老师，他广泛涉猎哲学、美学、文化史等学术著作。例如，为了弄清楚汉语思维的特点，他在1992前后不到2年的时间，埋头阅读几百本相关的学术著作，包括列维·布留尔的《原始思维》、侯外庐的《中国思想通史》、李约瑟的《中国科学技术史》、袁小明的《数学思想史导论》、中村元的《东方民族的思维方法》、申小龙的《中国句型文化》等学术著作，完成了2.8万字的文化史专论《美神精神论——汉民族传统文化心理的新透视》，提出了汉民族传统思维“具象的抽象”的学术观点。该文在《湖南教育学院学报》头版头条发表后，曾被《新华文摘》的“报刊文章篇目辑览”收录。中国寓言研究会副会长陈蒲清教授在修订他的寓言史名著《中国古代寓言史》时，也吸收了这一学术成果。正是这一研究，奠定了他语文教育研究的学术基础，开启了他对语文的本质、语文教育的特点、语文教学的策略等一系列问题的探索。

（二）在全国首倡中学语文教学价值论研究并取得了理论性突破

胡立根老师在语文教学价值论研究方面发表的重要论文有《阅读能力障碍与教材的阅读价值》（1996年）、《中学语文教材教学价值特征简论》（1999年）、《中学语文教师的价值危机与价值重建》（2007年）、《中学教师的专业化建设和价值重建》（2008年）等。这些论文涉及语文教育的本体价值、教材的教学价值、教学行为的价值等语文教育价值论的各个方面，在语文教育界引起了较大反响。

如《中学语文教材教学价值特征简论》一文，不仅是我国第一篇从价值论的角度研究教材的论文，也是我国第一篇全面系统阐述教材价值的专论。该文首次考察了教材作为阅读客体与学生作为阅读主体的双重性问题，首次提出教材的原生价值概念，并将其与教学价值区分开来，发现并详尽分析了语文教材教学价值与原生价值的分离状态，首次提出语文的“水性结构”的观点。该文被收入王荣生博士任总主编、李海林教授任主编、上海教育出版社出版的《语文教育研究大系（1978—2005）·理论卷》一书中。该书从新时期27年（1978—2005年）中我国语文教育研究各领域发表的成千上万的论文中，精选了45篇论文作为我国新时期语文教学理论的代表性论文，该文位列其间。该文提出的语文教材“双重价值论——原生价值和教学价值”已成为语文教材研究的重要理论。该文已成为全国不少地方的语文骨干教师培训教材。

再如《中学语文教师的价值危机与价值重建》一文，2007年发表后，在全国引起很大反响，先后被中国人民大学复印报刊资料2007年第8期（初中版）和第10期（高中版）复印；上海师范大学教育科学研究所将《2007年度语文教育研究综述——语文课程诸层面研究》一文，视为2007年度我国语文教师专业化建设研究的重要成果。

《中学教师的专业化建设和价值重建》一文，在《深圳教学研究》2007年第1期头版头条以“本刊特稿”的形式发表，很快成为各教育网站的热门文章。

论著《语文教育价值的叩问与追求》，由广东教育出版社于2012年12月出版，出版后反响较好，2013年4月连续四周列当当网“教师用书热销榜”前30名。

（三）提出语文教育的“智能势差”理论

2012—2013年发表系列论文共4篇：《试论中学语文教学的智能势差困境及其出路》《中学语文教学应向深层的思维图式与精神图式掘进》《高中阅读教学是重复解剖还是系统训练与海量刺激？》《“基于研究”的写作教学模

式》。系列论文发表之后在全国引起很大反响。胡立根老师认为，在语文教学中，教学内容与学生智能水平之间、教师与学生的学科智能之间呈现一种“教学智能势差”递减的趋势。现行语文教学体系在教学内容、教学重点、根本任务、阅读教学方法、写作教学方法等方面存在的问题加重了这种趋势。“找到了问题，那么接下来需要解决的就是高中语文学习的系统问题；高中语文教学中存在阅读方法和阅读量之间的矛盾问题以及高中语文教学的思维含量不足的问题。”胡立根老师说。他认为，在中学，应加强阅读的系统训练和海量刺激，以写作作为语文学习的杠杆，推动语文学习向深层的精神图式和思维图式掘进，最终走向言语与精神的双重探究与创造。

（四）重视学生语文学习心理流程探讨和审美心理建构

在这方面，他发表过多篇有影响力的教学论文。代表性论文《散文课堂教读思路谈》于1993年发表后，曾被中国人民大学书报资料中心全文复印。韩雪屏教授在其研究新中国50年阅读历史的专著《中国当代阅读理论与阅读教学》一书中，将其视作新中国50年阅读教学研究的代表性论文，曾以将近3000字的篇幅专门推介胡立根老师的阅读教学观，并给予很高的评价。另一代表性论文《文心似水——语文的水性结构对语文教学的启示》（2005年），提出并详细论证“文心似水”的观点。指出整个汉民族传统文化心理，其外柔内刚，其圆转含蓄，其富于灵性，其直觉意会式的整体感悟，自然影响到语文及语文教学，以这种传统文化心理为基本内核的汉语文心智结构，自然充满似水柔情。

这些，应是他对中国语文教育的贡献。

他对语文教学、美学、文学、文化史等方面均有不同程度的研究。在《课程·教材·教法》《中国教育报》《语言文字应用》等刊物发表论文70多篇；获全国一等奖4次，获深圳市哲学社会科学成果奖1项、深圳市首届教育科研成果奖1项。出版论著《语文教育价值的叩问与追求》，主编书籍5部；9篇论文收入《新华文摘》或由中国人民大学书报复印资料中心全文复印，多篇论文收入语文教育研究权威史料；学术观点为多种论著引用。

三、他是一位学者，更是一位良师

在教学中，他力主并坚持“素质为纲，‘生动’（学生动）为主，课内外沟通”的原则，力主以激发学生“乐学”为起点，以指导学生“会学”为中心，以引导学生“善思”为重点，致力于探索一条科学性与艺术性相结合的语文教学新路子。能将学生置于教材、课标及语文学习背景三因素中来设计教学，注重人文因素与技术因素的结合，力图体现预设性与生成性相结合的课堂魅力，试图解决学生主体与教师主导的关系问题。他的教学深受学生欢迎。

近5年来，胡立根老师在北京、江西、贵州、湖南、广东等地讲学作课160多场次，受到很高评价，他的不少课例如《登高》《我心飞翔》等，已作为名师授课经典案例被收入相关教学资料中。

目前，他正致力于探索建立“以‘言语与精神’双重创造为目标、以言语表现为核心、以系列主题为框架、以写带读、读写互动的语文学习新体系”，建立基于中学生阅读实践论、中学生写作实践论的阅读与写作实验教材体系，建立“语文学习通过写作”的语文学习新模式。

胡立根老师多年的教学探索也取得了令人欣喜的成果。

自1998年秋季至2013年，他一直担任深圳市红岭中学高中语文教研组长，为科组建设和年轻教师培养倾注了大量心血。每学期听课40节以上，在教研组开展了一系列卓有成效的培训活动，耐心指导和培养年轻老师。胡老师尤其善于将语文教学寓于活动之中，创造性地开展一列语文活动。如，他于1999年发起在学校每年举办一届语文活动周，形式新颖，极大地丰富了语文教育的内容和形式，很受学生欢迎。2005年开始在语文活动周中举办“文学大观园暨文学才艺展示会”，例如，他将中外文学史分为几十个组块，由学生按班级认领任务，各自构建相关的展示园，组织指导学生将文学史转变成可视可感的具体活动，然后组织全校师生进行游园活动。文学大观园成为校园的盛大游园会，成为学校活动的品牌。2007年，中央精神文明办的《工作简报》曾对此进行推介。多年来，红岭中学语文教研组取得了令深圳市语文界瞩目的成绩。高考语文成绩居全市同类学校之首，红岭中学语文组被誉为深圳市中学语文教学的一支劲旅。

2010年，胡立根老师自我总结说，他有三点追求，一是当一名学者式的语文教师，二是做一名良师，三是做一个大写的“人”。

弃官从教，孜孜以求，成就了胡立根老师大写的教育人生。

以"三心"守候教育 做教育的有心人

——记广东省特级教师具惠兰

引言： 教育是一种"慢"艺术，学生的成长、老师的成长都是"慢"的。因此，教师应该成为一个教育的"有心人"，这样才能于"不变"中掌握主动权，才能抓住教育的契机、把握成长的时机。在教育教学中，具惠兰老师坚持以"爱心"对待每一位学生，以"专心"对待教学和教研，以"热心"帮扶教师的成长。正是这种"有心"，使得具老师能够把握住教育教学的方向，在助力学生发展、实现自身专业水平提升以及帮扶青年教师成长上取得丰硕的成果，在教育这条路上不断前行，不断超越。

具惠兰， 广州市培正中学副校长。中学历史正高级教师，广东省特级教师，首批广东省中学历史学科带头人，华南师范大学兼职历史教育硕士专业学位导师，越秀区教育学会副会长兼历史教学专业委员会会长，广东省基础教育系统"百千万人才培养工程"省级名教师培养对象，广州市基础教育系统新一轮"百千万人才培养工程"教育专家培养对象。主持和参与过10多项国家和省市级教育科研课题研究，先后5次获得省市教学成果奖。著作《高中历史新课程实践随想》由广东教育出版社出版。20多篇专业论文先后在《历史教学》《历史教学问题》《中学历史教学参考》《中学历史教学》等全国核心期刊和历史知名期刊发表。

名师格言： 作为一线教师，我最大的满足是每一位学子都得到应有的进步；作为一名行政，我最大的欣慰是每一位老师都得到应有的成长。竭力促进学生成才和老师发展，成为我毕生为之倾情的事业，我无怨无悔，累并快乐！

一、以“爱心”对待每一位学生

从教30多年，具惠兰老师曾担任10多年高中班主任，尤其是高三毕业班的班主任，在班主任工作方面，积累了丰富的经验。具老师带班注重为人师表、以身作则、关心学生、制度约束、科学管理、心理疏导。因此，具老师所带的班，班风好、凝聚力强、积极进取，连续被评为学校先进班集体，班上多名学生被评为市三好学生、优秀生、优秀干部。尤其是在历届高考中，具老师所带的班上重点线、本科线率总是排在全级前茅。她曾为学校培养了一位全省艺术类状元——李颖，填补了学校在培养高考状元方面的空白；所教班级上重点线约60%，上本科线约90%，超标十几人，为同类学校首位，创下了学校历届之最。为了提高班主任工作实效，具老师还专注于青少年心理健康教育的研究，撰写了《让理想之剑斩断“早恋”情丝》《为了心中的理想》《付出你的一片真诚》等心理教育论文，在市、校获奖和公开发表。具老师积极参加中小学心理健康教育培训，先后获得心理健康教育C级证书和心理健康教育B级证书。她是一位被公认的“学生爱戴、家长放心、领导满意”的优秀班主任。除此之外，她还注重在自己的历史学科教学中，渗透对学生的德育教育，实现寓思想教育于课堂教学之中的目标。

具老师热爱教育事业，关心爱护学生，对学生倾注无私的爱。每逢学生在学习上、思想上和生活上遇到难题的时候，她总是倾尽全力给予帮助。具老师因“一切为了学生”的崇高师德赢得了历届学生和家长的尊敬和爱戴。

如2005届高三毕业班的小敏，毕业6年后（2011年）的教师节，在街上偶遇具老师后，给具老师发送了这样一条短信：“具老师，今天真的非常非常开心，自从两年前丢了手机没了你的电话号码，问遍同学也没能获得您的联系方式，校庆回去也没有见到您，想不到在今天这么特别的日子会在路上遇见您。从来没有忘记6年前当我还是个高三学生，面对学业的困难，面对渺茫的前途的时候，您所给的指导。犹记得我市一模570分，在您正确的指导和鼓励下高考获得670分；犹记得您牺牲午休时间为我们义务补课解疑；犹记得填报志愿的时候您给了我报考广州大学的建议，让我有幸成为第一批四年都在大学城度过的学生，成为第一批吃螃蟹的人。如今大学城是多少高中学生向往的地方啊……所以就算6年过去了，我也已经毕业投入社会工作两年了，但当年的师恩从来没有忘记过一点一滴。写得有点长，实在很感动，这一次会好好记住老师的电话号码，不会再丢掉。今天是老师您的节日，祝桃李满天下的我们最可爱的具老师节日快乐！永远安康美丽！学生小敏敬上。”

二、以“专心”对待教学和教研

新课程实施以来，具老师注重把新课程的理念运用于课堂教学改革中，以此优化课堂教学，改进和完善教学策略和方法，提高教学质量和效益。

经过不懈的努力，具老师的教学思想、教学风格和教学特色已日渐成熟。“在注重培养学生的理性思维能力和良好思维品质的同时，充分重视激发和培养学生的创新精神和实践能力，努力建构体现学生主体性的教学模式。讲究教学的针对性和知识的落实到位，讲究实效和以生为本，严谨而不乏创意……”这些美好的赞美，是历届学生、同行对具老师的教学成绩的充分肯定。

2015年9月，具老师执教了一堂市区公开课《新航路的开辟（下）》，通过设计一系列层层深入的问题，带动学生回顾历史；注重以练带讲，渗透新史观教学，帮助学生多维度、多视野地认识历史，使得学生丰富和发展了历史理论素养，为高考备考奠定了理论基础。这节公开课得到了听课的市区中学历史教研员以及学校老师的高度肯定。

具老师一直承担着高三文科班的历史专业教学工作，虽然已有数不清的高考经历，也取得过骄人的高考成绩，但具老师仍然非常认真地对待每一节课，精心整合每一节课的教学内容，精心设计和施教每一节课，确保每一节课都能让学生有所得，都有助于学生完善知识结构，提高学习能力，提升历史素养。不断完善“以面带点法”“大单元整合法”“材料教学法”“学案导学法”等教法，深得学生的喜爱和认同。授课时严谨清晰、生动活泼，在学生中有良好的口碑。因此，具老师的教学成绩有保障，所任班的成绩，一直名列年级前位。

近几年，具老师专注于对课堂教学策略的研究。她认为新课程实施以来，既存在“穿新鞋，走老路”，教学策略过于单一的问题；也出现了只重形式，不顾效果，教学策略过于形式的现象。说到底，其实就是教学策略采用不当，因材施教缺失的问题。

具老师认为，因材施教的“材”，不仅指学生学习基础和学习能力方面的“材”，还应包括学习目标和学习结果方面的“材”。

以美国认知教育心理学家加涅为代表的“学习结果分类理论”认为，人类的学习结果可分为五种类型，不同的学习结果类型就有不同的教学要求。因此在教学中，可引入学习结果分类理论，对课堂教学目标（即学习结果）进行科学的分类，对照相应的教学要求，结合实际，优化教学策略，提高教学策略的适合程度，真正实现课堂教学的有效和高效。具老师正是以这种

“学习结果分类理论”作为因材施教新的突破点，通过采取灵活适度的教学策略，使课堂变得生动和有效，不仅在学生中获得了良好的口碑，也充分保障了教学成绩。

从教以来，具老师从未停止过对先进教育教学理论的学习，因而她具有较高的教育教学理论水平，能熟练掌握所教学科的理论知识，以此指导自身的教学改革实践，并注重理论提升，积极撰写教改论文。近年来，具老师有20多篇论文在国家级、省级、市级、区级获奖和公开发表，共有5篇论文发表在全国中文核心期刊。其中，论文《促进研究性学习与历史课堂教学的整合》，获教育部主管中学历史教学参考杂志社主办的第四届“全国当代历史教学优秀论文”评选一等奖；论文《学习结果分类理论下高中历史教学策略的优化——以〈新中国初期的外交〉为例》，获2015年广州市中学历史论文年会评比一等奖，发表在全国中文核心期刊《历史教学》，并被中国人民大学复印报刊资料全文转载。在全国四大中学历史教学知名期刊《历史教学》《历史教学问题》《中学历史教学参考》《中学历史教学》上发表论文10多篇。2014年5月出版了一部中学历史教学专业论著《高中历史新课程实践随想》。

具老师主持和参与了10多项国家级、省级、市级、区级的科研课题研究，研究成果先后7次获得了省、市、区级教学成果奖。其中主持的广州市教育科学“十五”规划课题“对中学历史有效教学的探究及实践”综合成果，获得广州市第八届教学成果奖二等奖；主持的广东省基础教育系统“百千万人才培养工程”名教师培养对象专项科研课题“对高中新课程评价机制的研究”综合成果，获得广州市第九届教学成果奖三等奖；作为课题组的副组长、第一成员和课题实施小组组长以及执笔，参与的广东省教育科学“十一五”规划立项课题“新课程背景下发展性互动有效课堂教学模式研究”综合成果，连续获得越秀区科学技术进步奖三等奖、广州市第八届教学成果奖二等奖以及第八届广东省普通教育教学成果奖二等奖；而作为课题组第二成员、理论指导、实验研究以及主要执笔的广州市中小学教学领域进一步深化素质教育专项课题“‘教科培’三维一体促进教师专业化发展的实践研究”课题研究成果，也获得了广州市越秀区首届教育创新成果奖二等奖。2015年4月，由具老师作为课题核心成员以及执笔的全国教育科学“十一五”规划2009年度教育部重点课题“学校文化继承与创新研究”（课题编号：GHA093018）顺利通过了结题工作。2015年9月，由具老师整合、执笔和申报，基于此课题的《“善正教育”高中特色课程的开发与实施》成果，获得了广州市教学成果二等奖。2017年11月，《“善正教育”高中特色课程的开发与实施》课题研究成果，又获广东省中小学特色课程建设方案一等奖。

为了适应教育教学发展的新形势、新要求，具老师积极争取参加各级各类专业和业务进修学习。如参加广州市教育局教研室组织的中学骨干教师赴美国加州大学（洛杉矶学院）关于新课程实施培训学习；参加广东省基础教育系统“百千万人才培养工程”第四批省级名教师培养对象高级研修班的培训学习；参加广州市教育局组织的“广州市——北京大学教育管理者短期高级研修班”培训学习；参加新加坡管理学院的“学校管理与教学创新”培训课程学习；参加广州市基础教育系统新一轮“百千万人才培养工程”第二批教育专家培养对象的培训学习；等等。在专业研究生活中愉悦成长，这是具老师在学校教研科研工作中获得的最大成效。

三、以“热心”帮扶教师成长

具老师除了严格要求自己，还极力把学到的新理论，获得的新感悟及时与众分享，引领学校的老师们共同进步。

具老师凭借自己在教科研方面的经验和优势，经常跨学科指导青年教师的课题研究和论文写作。在具老师的帮助和启发下，许多青年教师无论在课题申报和研究方面，还是在论文写作方面，都有了明显的提高，有的成功立项了课题，有的顺利发表了论文。

除此之外，具老师也定期和不定期召集学校青年教师，开设课题研究和论文写作方面的学术讲座，不仅邀请校外专家讲授，还多次亲自主讲，收到了预期的效果，在学校中，营造了浓厚的教科研学术氛围。

具老师作为学校的教科研领导，想方设法地提升广大教师的教科研意识和水平，促进学校的研教结合，促进教师的专业化成长。在具老师的努力以及大家的支持和配合下，学校的教科研工作开展得有声有色，成效显著。学校的课题申报和课题研究在市区有很高的声誉和影响力，广大青年教师在学校浓郁的教科研氛围中得到了良好的发展。

“具副校长来到培正后，在她的以身作则和引领帮助下，培正的教科研氛围非常浓郁，一下子有了50多个课题正式立项，成为省、市、区中小学的课题立项大户。”“具副校长来校后，起了一种‘鲶鱼效应’……”这正是学校领导和老师们对具老师的美好赞誉。

具老师坚持认为，做行政管理工作最大的忌讳，就是把自己的专业丢弃，把自己的学术丢弃。所以，她时刻提醒自己，无论行政工作多么繁忙，一定要保住自己的专业，保住自己的教学，保住自己的科研。为此，具老师除了常常早出晚归，挑灯夜战，除了争取有更多的时间处理行政事务和钻研教学工作外，就是想方设法提高工作效率，争取用更少的时间做尽可能多的事情，做有益于学校发展和自身素质提升的事情。具老师认为，身为一名主管学校教学教研工作的副校长，自己必须在教学教研方面是一个行家，是一个表率，能在教学教研方面以身作则。所以，具老师热衷于各种教学改革和教学研究活动，大力倡导优化课堂教学，提高课堂教学的效益，并申报和承担了多项科研课题。目前，具老师是多项教育教学科研课题的负责人或主要成员。具老师希望通过自己的努力，将来有机会成为一名教育专家、一名有深厚专业功底的学术型名校长。正是这种对教育教学、对学生的爱和执着，促使具老师不断前行，不断超越。

做一名学生喜欢的优秀教师

——记广东省特级教师何泗忠

引言： 做学生喜欢的教师，上学生喜欢的课，这是每位有理想的教师所追求的目标。从教伊始，何泗忠老师就以“当一个学生喜欢的优秀教师”的要求来塑造自己。他上课幽默风趣，激情四射，教学满意度高，多次被评为最受学生喜爱的教师。他不断探索课堂教学艺术，实现了从“自我表演式”教学到“学生表演式”教学再到“语文悬念式”教学的转变，让他的语文课堂呈现了“百花齐放，百家争鸣”的教学新生态。

何泗忠， 湖南省资兴市人，中学语文特级教师，教授级（正高级）教师，深圳市高考模拟考试命题专家组核心成员，深圳市继续教育课程开发专家、主讲教师，深圳大学、华南师范大学、深圳城市学院兼职教授，深圳大学硕士研究生导师，深圳市名教师工作室主持人，广东省中小学名教师工作室主持人，广东省教育学会评价专业委员会副理事长，“语文悬念教学法体系”的创建者与实践者。

1984年参加工作，先后在湖南省资兴市二中、资兴市三中、资兴市一中、资兴市立中学任教，2009年被调入深圳市第二高级中学，现为校科研处主任。30多年的教育历练，形成了“浮想联翩、旁征博引、幽默风趣、激情四射、天马行空、脚踏实地、悬念迭出、扣人心弦、虚实相生、神妙莫测、民主和谐、师生共鸣”的教学风格，课堂结构奇特、怪异、险峻，上课深受学生欢迎，多次被评为学生最喜爱的教师，2014年，被评为深圳市首批学生最喜爱教师，先后获政府嘉奖4次，立三等功2次、二等功1次。作文教学有方，指导学生发表并获奖作品500多篇。

主持或参与了多项国家级、省级、市级课题，并多次获一、二等奖。出版《赢在师生关系》《语文悬念教学法》《不让学生跪着读书》等专著7部，在国家级、省级刊物发表论文300多篇，并有多篇论文被中国人民大学复印报刊资料转载。擅长演讲，应邀赴全国各地讲课或讲学600多场次。

因工作业绩十分突出，曾获得市十佳青年教师、市十佳教学能手、市教育科研先进工作者、市级教学骨干、深圳市优秀教师、深圳市名师、深圳市首批学生最喜爱教师、深圳市首批年度教师提名奖、深圳市高考工作先进个人、省级优秀教师、广东省特级教师等30多项荣誉称号。

从中学开始，何泗忠老师就立志当一名教师。1981年考上大学后，何老师毅然填报了师范院校。1984年6月，大学毕业的何老师被分配到湖南省资兴市第二中学。第一天以教师的身份走上讲台时，何老师就对自己说，当教师就要当一个学生喜欢的优秀教师。从此，他按照优秀教师的要求来塑造自己。

何老师师德高尚，关心学生，尤其注重对课堂教学艺术的探索。

何老师认为，作为一位中学教师，第一位的，也是最重要的，就是能上好课，站稳讲台。因此，30多年来，何老师在不断的追问与探索中提高自己的课堂教学水平。他的课堂教学经历了三个阶段：由“自我表演式”到“学生表演式”再到创立“语文悬念教学模式”。鲁迅先生的小说《祝福》，30多年来，何老师不知教过多少遍。但随着年龄的增长、时代的变化，以及自身教学理念的不断更新，他每教一次，总有新感觉；每讲一回，都有新教法。

20世纪80年代初，刚参加工作的何老师，上的第一堂公开课就是鲁迅先生的《祝福》。为了上好那节公开课，何老师花了4天时间，写了30多页的详细教案，把课堂中要说的每一句话、每一个字都写下来，并且对着镜子排练教案，拿着手表计算时间，这个环节用几分钟，那几句话用多少秒，他都计算精确。那一次公开课，何老师带领学生按照课前制定的程序进行教学。一切顺着事先设计好的路线推进，他先从小说的环境描写讲起，顺着“典型环境中的典型人物”的思路，再分析小说中的人物形象，重点抓住鲁迅先生对祥林嫂的三次外貌描写分析了祥林嫂的形象，接着套用毛泽东讲的束缚中国妇女的四大绳索——政权、族权、神权、夫权的理论，指出祥林嫂就是被这四条绳索活活勒死的，最后揭示小说的主题——小说通过祥林嫂的悲惨遭遇，控诉了封建礼教吃人的本质。何老师就这样一个内容接一个内容地讲，讲得非常详细，讲得眉飞色舞，可是学生却听得昏昏欲睡，课堂教学陷入“三隔”境地：隔心，师生之间，各思其事，心不能“领”，神不能“会”。隔情，师生虽心系同处，但情感不通，教师悲之欲泣，学生无动于衷；教师慷慨激昂，学生漠然旁观。隔智，教师以为易如反掌，学生视之难于登天；教师滔滔不绝，学生如闻天书。课后，他问学生：“你们听懂了吗?”学生回答道:“老师理论高深,我们却没听懂。”……后来,何老师逐渐认识到,课堂不是舞台,学生不是观众,教案不是剧本,教学不是表演。他意识到,好的语文课堂,不在于教师讲得生动、形象、风趣幽默与否,而在于学生学得积极主动、快乐、高效与否。课堂应该留一点权利,让学生选择;留一点机会,让学生体验;留一点困难,让学生解决;留一点问题,让学生回答;留一点环境,让学生探究;留一点空间,让学生想象。何老师认为,课堂主要是让学生来表演。为此,他也在不断探索着。

20世纪90年代初,何老师调入湖南省资兴市第一中学。一到资兴一中,他就参加了学校的教学比武,他又拿鲁迅先生的《祝福》上了一节比武课。这堂比武课,由于制作了形象生动的幻灯片,采用了大量的故事、游戏等活动,学生情绪高涨,课堂气氛热烈,动静结合,高潮迭起。评委们一致认为,何老师这节课上得很成功。最后何老师夺得了教学比武一等奖。这是一堂主要由学生表演的公开课。然而,何老师没有陶醉在比赛获奖的喜悦之中。随着深入学习和不断反思,何老师发现,他这堂课的活动和游戏大多只是表面上的“繁荣”,外在形式上的活跃,学生内在思维的含量并不高。何老师在探索中,又进入了教学的新阶段。

2003年,何老师应邀到一所省示范性高中上观摩课,上的依然是鲁迅先生的《祝福》。这回,他打破传统教授小说的路子,不再专门分析环境、人物性格,梳理情节,以及揭示小说主题,而是先让学生在课堂上阅读、思考,然后,他向学生抛出了第一个悬念:小说中的祥林嫂在祝福之夜死在了漫天的风雪中,是自然死亡,还是意外死亡?是自杀,还是他杀?问题一提出,课堂气氛顿时活跃起来,学生纷纷发言,展开了一场热烈的讨论。有的说是自然死亡,因为她身上没有伤痕;有的说是饿死的,因为她死前变成了一个乞丐;有的说是冻死的,因为她倒在雪地里……这时,有一个学生站起来说,以上这些说法都只看到了表面,其实,祥林嫂是被人谋杀的,属于他杀。这种看法一提出,教室里顿时静得出奇。

看到学生对课文有了进一步的理解,何老师又向学生抛出了第二个悬念:既然有同学说是他杀,那么,害死祥林嫂的元凶是谁?如果你是公安,你会把谁捉拿归案?学生跃跃欲试。有人提出,祥林嫂是被地主鲁四老爷害死的,因为他剥削了祥林嫂,要把鲁四老爷抓起来;有人则马上提出反对意见,他们认为,小说中明明白白地写到,祥林嫂来到鲁四老爷家后,心情很愉快且白胖了,而且当祥林嫂的第二个丈夫死去,祥林嫂的大伯来收屋,走投无路,第二次来到鲁镇时,鲁四老爷又收留了她,不说鲁四老爷对祥林嫂有恩,但至少不能说他是害死祥林嫂的元凶;又有人说,祥林嫂是被她的婆婆害死的，因为她拐卖了祥林嫂，强迫祥林嫂改嫁，改变了她的命运，要把她的婆婆缉拿归案；这种说法又遭到了另一些学生的反驳，他们认为，祥林嫂的婆婆虽然卖掉了她，但并没有导致她生活不好，第二个丈夫贺老六，很能吃苦，他们还生了一个孩子，导致她的悲剧的是她的命不好，这么好的丈夫，却得了伤寒，又吃了一碗冷饭死去了，他们的孩子坐在门槛上剥豆子，也被狼叼走了，祥林嫂命苦；还有人说，祥林嫂是被柳妈害死的，因为她的阴司故事让祥林嫂害怕，加重了祥林嫂的精神负担，要把柳妈押送法庭；但接着有人反驳说，柳妈不是凶手，因为她自己也和祥林嫂一样，是鲁四老爷家的帮工，阶级出身决定她的阶级意识，她是不会害祥林嫂的，讲故事是因为她自己也相信，出主意则完全出于善意；甚至有人认为，是小说中的“我”害死了祥林嫂，因为“我”没有回答祥林嫂灵魂有无的问题，要把“我”绳之以法。这种看法更是遭到了质疑。学生们唇枪舌剑，一时之间，谁也说服不了谁。这时，有一个学生站起来说：祥林嫂之死，我们很难找到一个具体的凶手，是“封建礼教”杀害了祥林嫂。这时，何老师趁机问了个为什么，学生纷纷响应。有的说，正因为受了封建礼教的影响，鲁四老爷才会那么自私伪善，冷酷无情地逼迫祥林嫂；有的说，正因为受了封建礼教的毒害，柳妈才会在不知不觉中用迷信思想把祥林嫂往悬崖边推了一把；有的说，正因为受了封建礼教的残害，祥林嫂才会一直挣脱不了命运的枷锁。最后，之前首先提出“他杀”的学生站起来说，祥林嫂处在封建礼教这个天罗地网之中，她非死不可，而且祥林嫂的死主要不是因为肉体上的迫害，而是灵魂的灭亡。这个学生一说完，赢得了听课师生热烈的掌声。

整堂课，何老师紧紧抓住学生“好奇”的心理特点，向他们抛出一个接一个的悬念，学生纷纷响应，积极参与，使课堂教学呈现出人与人相遇、灵魂与灵魂相撞、输出信息与反馈信息相融的美妙境界，使课堂教学呈现出“百花齐放，百家争鸣”的精彩生态。

这堂课，运用悬念教《祝福》，给了何老师极大的启发，从此，他开始系统探究语文悬念教学法。经过10多年的实践探索，何老师终于构建了语文悬念教学法体系。

“悬念”，包括两层含义：对于观众而言，作为一种心理活动，指欣赏戏剧、电影等文艺作品时，对故事发展和人物命运的关切及期待的心情；对于创作者而言，就是作者在安排情节和描绘人物时，到了某个关头，故意带住，设下卡子，对矛盾不加以解决，让读者对情节、对人物牵肠挂肚，以达到感染读者的目的的各种手段和技巧。语文悬念教学法，就是将这种心理特点和创作技巧“移植”到课堂教学中来，在教学过程中，在探究教学材料的语言之美、文章之美、文学之美、文化之美、人生之美的过程中，教师采用比较异同法、倒叙追问法、问题诱导法、语言节奏法、开合教材法、故意错误法等手段适时地创设“悬念”，构建一种期待。这种期待使学生产生一种关注、好奇、牵挂的心理，使教学过程成为师生不断想象、不断推理、不断思考、不断质疑、不断批判、不断发现、不断求证、不断享受的过程。语文悬念教学法，是一种教学内容和教学形式兼顾的教学法。既注重教学内容的选点，又注重教学形式的创新；是一种山水教学法，在教学内容上，像山一样厚重，在教学形式上，像水一样灵动。何老师还通过10多年的语文悬念教学法实践，探索出了一个行之有效的悬念教学法程式或模式，即“三悟”模式（如下图）。

语文悬念教学法模式

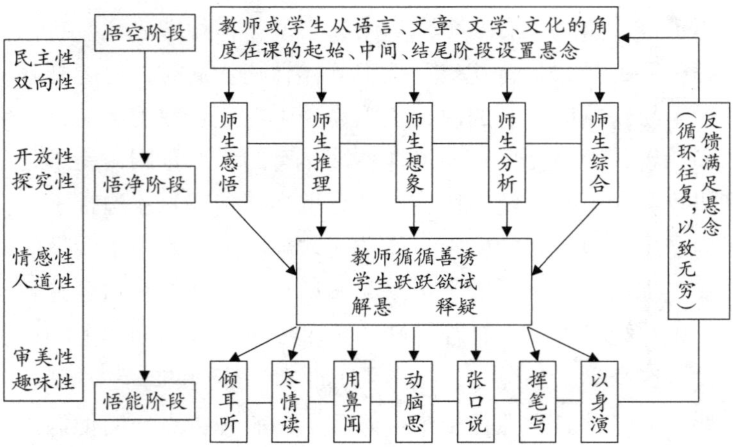

基于10多年的教学研究与实践，何老师出版了语文悬念教学法系列专著。其中《语文悬念教学法》一书，是我国第一部系统阐释悬念教学法并将之运用到语文课堂教学中的教育教学专著，深受全国各地教育工作者的喜爱。

如今，何老师和他的工作室团队，运用他创立的语文悬念教学法在深圳、在全国各地授课，所到之处，皆受到热烈欢迎。他的语文悬念教学法，已在全国许多地市得到推广。

2009年，何老师从湖南省调入广东省深圳市第二高级中学。何老师的课，深受学生欢迎。他的课总能唤起学生的求知欲，点燃学生的智慧火花，能让学生手舞足蹈地（身体自由）、浮想联翩地（精神自由）、兴趣盎然地（生命自由）参与到教学过程中去。他的课堂能最大限度地让学生在“活动”

中学习，在“主动”中发展，在“合作”中进步，在“探究”中创新，在“享受”中达成语言建构与运用、思维发展与提升、审美鉴赏与创造、文化传承与理解的目标。2013年，在学校开展的学生议评教活动中，有一个学生用白居易的《琵琶行》中诗化的语言来评价何老师的课堂教学的每一个环节：

“转轴拨弦三两声，未成曲调先有情。”何老师上课导入十分精彩，采用悬念，扣人心弦，往往是三两声，几句话，就能有效地调动我们学习的主动性和积极性。

“大弦嘈嘈如急雨，小弦切切如私语。”何老师的课堂语言时而低声沉咽，时而高亢激越，这种张弛有度、疏密有致、新颖多变、起伏跌宕的语言节奏，吸引着我们，感动着我们。

“别有幽愁暗恨生，此时无声胜有声。”何老师在教学过程中不会包办一切，不会一味地滔滔不绝，他有时说半句，留半句，或说一句，留一句，有时干脆不说，给我们留下悬念，留下无限想象的空间，此时无声胜有声。

“座中泣下谁最多？江州司马青衫湿。”何老师讲课声情并茂，十分投入，举手投足之间，顾盼神思之际，无不在表达着某种感情。何老师的一颦一笑，一举一动，无不牵动我们的心弦，师生感情同频共振，我们陶醉在他的课堂之中……

现在，何老师成了学校最受学生欢迎的老师。他每年都被评为学生最喜爱的教师。2014年，他还被评为深圳市首批学生最喜爱的教师。在这30多年的教育生涯中，何老师用实际行动实践了他的诺言：当教师，就要当学生喜欢的优秀教师！

与时俱进，做一个学者型历史老师

——记广东省特级教师欧阳国亮

引言：唐代文学家韩愈曾在《师说》中言："师者，传道受业解惑也。"作为一名教师，其根本任务是培养全面发展的学生。而作为一名历史教师，引导学生"读史明智"就是其最重要的任务。欧阳国亮老师一直以"做一个学者型的历史教师"为职业追求，在读书写作、教后反思、教与研相促进的努力中，力求做一个学生喜欢的历史教师。

欧阳国亮，广东省首批、广州市首位被国家人社部、教育部批准的中学历史正高级教师，广东省特级教师，广东省中小学名教师工作室主持人，广州市名教师，广州市优秀教师，华南师范大学历史文化学院硕士生导师、教育学部兼职教授，广州市名教师培养对象教学实践导师，现任广州市第三十三中学校长。欧阳国亮老师任教高三历史学科20多年，其学生高考成绩突出。在教学工作中，他致力于中学历史教育教学方法的改革与创新，承担省级、市级课题研究6项。已在国家级、省级教育教学刊物上公开发表教研与教育管理论文40多篇，2部历史教学专著公开出版发行，其教育科研成果荣获2018年广东省基础教育教学成果一等奖。

名师格言：作为一位历史老师，一生不一定要干成什么惊天动地的伟业，但要像百合，展开是一朵花，凝聚是一枚果；像星辰，远望似一盏灯，近看似一团火。在照亮学生快乐成长的过程中，同时也要照亮自己，成就自己，幸福自己！

广州市第三十三中学校长欧阳国亮来自湖南省永州市，1986年7月大学毕业后一直从事中学历史教学工作。在老家从教17年，其中13年从事高三毕业班的历史教学。2003年8月，年近"不惑"之年的他放弃家乡一所高级中学副校长的职务，应聘到广州市南武中学（广东省示范性高中）任教。

2003年9月至2013年7月，他连续10年在广州市南武中学教高中毕业班，每年都荣获广州市、海珠区高考突出贡献奖。他的专业成长之所以能一步步走向巅峰，得益于以下两点。

“做一个学生喜欢的历史老师”，是他的职业信仰。“学科视野广阔，专业知识丰厚，教学语言幽默，对学生充满爱心”是莘莘学子对他的赞美之词。他讲课深入浅出，充满激情，寓知识性、艺术性和创造性于一体，高考成绩突出，深受学生、家长和学校的好评，被学生誉为“最受欢迎的历史老师”。在历史课堂教学中，他善于创设问题情境，让学生“动”起来，让课堂“活”起来，激发学生学习之“欲”；重视培养学生的学习方法和思维能力，让学生自主取“鱼”，最终使学生学得“渔”技，带领学生品味历史学科的魅力和智慧。他从教30多年，有20多年从事高中毕业班的历史教学。在家乡工作时，历任中学团委书记、办公室主任、副校长等职。来到广州工作后，本想老老实实地教一辈子书。但一流的教学水平和成绩、丰富的教育教学管理经验、较强的文字功底与写作能力，使他在广州这块古老、开放、现代、包容的热土上脱颖而出——在广州市南武中学历任学校教科室副主任、办公室主任、副校长，2013年8月任广州市第九十七中学党委书记，2014年8月任广州市第三十三中学校长。

“做一个学者型历史老师”，是他的职业追求。从教以来，他有“三爱”：一是“爱读书写作”。他认为，要想做一名优秀教师，就必须努力学习，而且要树立终身学习的目标，养成终身学习的习惯。他喜欢读教育经典，比如苏霍姆林斯基的《给教师的建议》、陶行知的《陶行知文集》等；喜欢读教育报刊，比如《中国教育报》《中国教师报》《人民教育》等；喜欢读学科杂志，比如《中学历史教学》《历史教学》《历史教学问题》等。他认为，写作可以丰富自己的教育生活，提高自己的专业水平。写作就是对自己教育生活的记录和刻写。一个喜欢写作的教师最大的幸福在于，无论时光怎样走远，他都能够让教育往事在文字中永在，让教育生命在词语中重现。从教以来，他公开出版的历史教学专著有2部，在国家、省级刊物杂志上公开发表的教育教学论文有30余篇，这都得益于他长期坚持的读书与写作。二是“爱反思”。在教学中他坚持做到“在上课前反思”，对课堂进行预设，重点考虑学生的实际情况与教学内容及方法是否相符；“在课堂上反思”，反思学生的学习过程、学生学习问题的生成与教师课堂调控的对策；“在上课后反思”，主要记录课堂成功和失败的原因，将课堂中生成的火花与灵感即时地记录下来，以不断丰富自己的教学经验，提高自身的教学水平。他认为，教学是反思的基础，反思是教学的升华。教学反思是提升教师专业水平的重要法宝之一，是教师自我成长的重要因素。教师只有通过反思不断更新教育观念，改善教学行为，提升教学水平，才能实现自身的专业成长。多年来，他坚持写教育教学反思，这些反思内容成了他撰写教育教学论文和专著的活水源头。三是“爱研究”。“以教促研，以研导教”是他教育教学工作的原则。“问题即课题，行动即研究”是他多年从事教育科研的宗旨。他始终坚信，基础教育的课题研究应该是“下里巴人式”解决教学实际问题的“草根”行动研究。他认为，课堂是教师的生命舞台，也是教师生成体验与困惑的地方。一线教师做研究一定要去聚焦自己的课堂，在课堂教学实践中去发现自己不断生成的问题，并提炼出有价值的课题开展研究。课题研究作为一种积极的教学思维活动，不管是其过程，还是其结果，都伴随着一种快乐的体验。唯有如此，课题研究对于一线教师来说，就不再是一种负担，而是一种快乐的专业成长过程，是对教育生命的滋养和教育价值的升华。他先后从事省、市课题研究6项，2015年，他主持研究的课题成果——《学生学会学习、拓展潜能、自主发展的实践研究》，荣获广州市基础教育教学成果一等奖。

他认为，教师必须靠敬业乐业和读书写作来成就自己，只有辛辛苦苦地付出，才能获得丰厚的回报。作为一名历史老师，一生不一定要干成什么惊天动地的伟业，但要像百合，展开是一朵花，凝聚是一枚果；要像星辰，远望似一盏灯，近看似一团火。在照亮学生快乐成长的过程中，同时也要照亮自己，成就自己，幸福自己！

回首过去30多年的教育梦，他深有感触地说：“教师是一种特殊的职业，教师是用生命感动生命、用心灵浇灌心灵、用人格引领人格、用心态感染心态的职业。对满怀教育梦想的人来说，教育是一个烂漫的童话，教育是一首动听的歌曲，教育是一段永恒的传奇，教育是一支浓情的笔，教育是一首温馨的诗，教育是一场芬芳的雨。教育虽然平凡，但不平淡；教育虽然辛苦，但很充实……教育期盼教师不断地去改变，教育渴求教师不断地去创新。心若在，梦就在。我相信，未来在追求教育梦想的旅途上，注定不会一马平川。前路漫漫，我会勤奋耕耘、鞠躬尽瘁，与时俱进、不断创新，勇往直前、风雨兼程！”

跨世纪的教学求索 铸就今日教育专家

——记广东省特级教师张玉彬

引言：教育研究需要与时俱进，也需要教育实践和教育调研的沉淀。张玉彬老师从业以来，不断进行自我能力的提升，从未停止思考和研究，始终从教育的本质出发攻克教育难题，倡导以发展学生为核心的教育理念。“宝剑锋从磨砺出，梅花香自苦寒来”，张玉彬老师如今已成广东省教育科研的领跑人，成为名副其实的教育专家。

张玉彬，广东省深圳市福田区教育科学研究院学术委员会主任、课程与教学部部长，西南大学教育管理学硕士，美国布朗大学访问学者，广东省特级教师，中小学正高级教师，全国化学新课程实施优秀个人，陕西师范大学、广西师范大学、云南师范大学、玉林师范学院、深圳大学、深圳城市学院教师培训特聘专家，广东第二师范学院兼职教授，广东省化学会理事，广东省普通高中教学水平评估专家，教育部基础教育课程中心新课程远程培训核心团队专家，教育部考试中心、广东省考试院特聘专家，广东省中小学教师继续教育专家库专家，深圳市第六届党代表，深圳市地方领军人才，深圳市化学教育委员会副主任委员，深圳市第一、第二届教育科研专家工作室主持人，深圳市教师继续教育优秀教师，深圳市福田区首届首席教师，深圳市福田区首届教育科研先进个人。在《中小学教材教学》《中小学教师培训》《新课程研究》等刊物上发表教育教学论文百余篇，编著或参与编著了《理想课堂的构建与实施》《中小学课堂“学”与“教”》《中小学课堂教学百问百答》等10余部学术著作。

“路漫漫其修远兮，吾将上下而求索。”张玉彬老师1986年开始成为一名人民教师，至2019年，已是跨越世纪从事教学研究与教学探索，是坚持了数十年的教育科研人。

一、理论与实践的沉淀和生香

（一）千里之行，始于足下

1986年7月，张玉彬老师从师范专科学校毕业，被分配到江西省九江市第八中学（现更名九江市实验中学）任教。至1992年7月，张玉彬老师在九江八中完成了初中、高中的化学大循环教学，中途还担任了高中班主任、进修了江西师大的本科学习。但在九江八中工作之前，张玉彬老师所有的教育理论体系均来自书本和高校老师的课堂，并未真正站在讲台上进行过完整的、长时间的教学实战，对教育问题的思考多为"纸上谈兵"。被分配到九江八中参与教学工作之后，张玉彬老师像海绵吸水一般，不断吸收实战教学的养分充实自己，发展自己的教学能力，完成了由"纸上谈兵"型教师到实战型教师的蜕变。当然，想要不断精进自己的教学水平，单纯扎根于教学实践是不够的。张玉彬老师在九江市教研室听了北京一个专家的高考化学备考讲座后，立下"未来我也要站在化学教学的学术讲台上"的远大目标。千里之行，始于足下。张玉彬老师仍然不忘积极学习教学理论，坚持做教学研究，此间曾在《九江师专学报》等多家刊物公开发表教育教学论文。

1992年8月底，恰逢百年名校九江一中选调教师。张玉彬老师通过试教和面试，调入九江一中。最初三年，张玉彬老师担任初三3—4个班的化学教学，课时最多的一年每周有18节课。期间，张玉彬老师大胆地进行课堂教学的新尝试，启动以化学用语为基础的章节整体教学，力争后进学生化学用语基本过关；利用课余时间给学生辅导化学，激发学生进一步探索化学奥妙的热情，鼓励优秀学生参加全国初中化学竞赛。皇天不负有心人，张玉彬老师的付出得到了回报，其学生在初中化学竞赛取得全市最好的成绩，九江一中化学中考成绩连续几年蝉联全市第一。1994年5月，28岁的张玉彬老师被授予九江市首届十佳青年教师光荣称号，这也是当时九江市区唯一入选的老师。

1998年6月，张玉彬老师竞聘为九江一中总务主任。虽然担任琐事缠身的总务主任，但他并不愿放弃自己热爱的教育事业，在负责行政工作的同时还兼顾10—12节课的教学工作。4年下来，杂事缠身，公务繁忙，张玉彬老师愈发感到教学力不从心，花在教学上的时间越来越少，投入教学反思、教学研究等活动的精力越来越少，为了继续追寻自己的教育梦想，张玉彬老师决定放弃总务主任工作。此后，张玉彬老师被调至学校科研处，负责课题研究、研究性学习、新教师培养等工作。这也是张玉彬老师迈出教学研究的关键一步。

科研处的工作给张玉彬老师的教学之梦注入了新鲜的血液。到科研处后，张玉彬老师仍然承担2—3个高中班的化学教学工作，但工作的重心与实践型教师或行政型教师相比，有了巨大的改变。他的教育理论学习更加系统。张老师每天坚持阅读大量的教育教学报刊，如《中国教育报》《中国教师报》《课程·教材·教法》等，了解最新的教育教学资讯，加深对教育教学的认识与理解。他的教育实践在坚持每节课后撰写教学反思的行为支撑下，逐步系统化。他的教学反思并没有固定的模式，形式多样，内容繁多，如记录学生在上课时所提问题引发的思考、教材处理的亮点和不足、教学的组织和管理等，这对张玉彬老师教学能力的提升有很大帮助，其对某些教育问题的思考在反思中慢慢形成一个问题体系。此外，张玉彬老师积极推进研究性学习工作。他认为：科研工作是一个全新而有意义的工作。为了让研究成果与现实紧密结合，张玉彬老师与同事探索出一整套研究性学习开展的策略和方法，这在今天仍然有一定的借鉴和指导意义。在上课期间开展学科内研究性学习，暑假开展学科外研究性学习；集中进行研究性学习选题、方法和结题培训；每个班有重点课题和一般课题，学校层面主要抓重点课题，一般课题只需要在学校备案，由各班老师分别负责；重点课题开题、结题、展示由学校科研处统一组织进行。

前期的理论与实践为张玉彬老师获得更广阔的舞台打下了坚实的基础。2004年4月，张玉彬老师经过深圳面向全国的选拔考试，以笔试、面试第一名的成绩调入深圳市福田区担任化学教研员。他走进学校听课、调研、上课，与一线老师研讨、碰撞交流，对新课程课堂教学和高考进行深入的研究，与国家教育部、省教育厅专家进行探讨和对话，逐渐在深圳市、广东省乃至全国化学教育界绽放光彩。

（二）明德笃学、践履惟新

张玉彬老师从一位名不见经传的化学老师，到走上全国化学教育界的舞台，这与他明德笃学、践履惟新的行事风格密切相关。

张玉彬老师曾在文学刊物《莲花山》发表长篇叙事诗《永恒的记忆》，直言母亲对自己一生的深刻影响。在张玉彬老师的印象中，母亲是一个固执而自信、吃苦耐劳、坚忍不拔、做任何事情都很专注的人。比如从小学教师转行当铣床技术工人，再做工厂副厂长，这个大跨度对人的心理承受能力、技能的考验难度可想而知。但她吃苦耐劳的精神以及做事的专注度，使她顺利完成职业的转变。张玉彬自小就在母亲身边，这种精神的感染力是强大的。无论做教师，还是做教研员，张玉彬老师往往也如母亲一般专注和锲而不舍——专注于教育教学实践、专注于教育教学研究。

正是家庭的影响，尤其是母亲的影响，张玉彬老师让自己在任何环境中都时时保持一颗向上、向学的心。一方面，他不断提升自己的学历，从九江师范专科学校，到江西师大本科学习、西南大学攻读教育管理硕士，他从未停止学习的脚步。纸上得来终觉浅，张玉彬老师不仅从学历上提升自己，进行比较广泛而系统的教育学学习，逐渐积累完善自己的教育学认知系统，从“学科”走向“课程”，还向身边的人学习，从自己的研究领域之外的书籍中汲取精神养分。

孔子言：“三人行，必有我师焉。”在职业选择的道路上，张玉彬老师经历了九江八中、九江一中、深圳市福田区教研员三个重要阶段，每一个阶段都会遇到不一样的优秀同行。《论语·公冶长》中言：“敏而好学，不耻下问。”张玉彬老师正是这样一位善学、好学者。他认为，自己虽然原来在九江八中走过初中、高中的大循环，已积攒了不少教学经验，但到了重点中学九江一中，是一个新的开始。身边的同事都是优秀的人，自己仍然需要保持虚心学习的心态，“择其善者而从之”。他抓住一切学习的机会向周围人学习：听同事的课是必不可少的学习项目，与同事交流教学问题是必不可少的学后反思过程。比如，九江八中的化学组老组长黄翠鹃老师是引导张玉彬老师入化学教学之门的重要老师。在黄老师的引导下，张玉彬老师通过化学教研会议、集体备课、教学反思、教学建议、教学设想等一系列的教学活动，迅速摆脱“纸上谈兵”的习惯，以教育理念与教育实践相结合，让自己的教学水平更上一层楼。又如，九江八中的陈美玉老师是张玉彬老师在班主任工作上的领路人。在陈老师的引导下，张玉彬老师深刻理解真诚的爱对教师进行教学工作、育人工作的重要性。

20世纪80年代，中国化学教育界享有盛誉的化学教育名师廖可珍先生任教于九江一中，张玉彬老师到九江一中任职时廖先生已退休，但他仍然坚持在化学实验室进行一些实验研究。张玉彬老师慕名而去，向廖老先生请教问题。廖老先生不愧为教师中的翘楚，给张玉彬老师的建议皆堪称教育箴言，比如：“要成为一个好的化学老师，一定要热爱化学实验，一定要浸在化学实验室。”“要成为一个优秀老师，一定能够集众家所长，吸收大家的优点，最终才能跳出自己的习惯思维模式，形成自己的教学特色。”廖老先生的教导可谓字字珠玑。从后来张玉彬老师的研究来看，他的教学思想、教学方式，甚至事业发展都受到了廖老先生的深刻影响。

张玉彬老师自认为自己并非“少小多才学，平生志气高”的天赋异禀之人，故而他始终保持阅读的习惯。仅仅阅读自己专业领域的书籍是一种专业能力的提升，但是，时间长了便会禁锢自己的眼界。所以，张玉彬老师也从其他领域的书籍中寻找人生启发、教育启发，从而滋养生活，引导自己解决生活中、事业上遇到的困惑。

少时的张玉彬曾遍览《唐诗三百首》《马克思恩格斯选集》《列宁选集》《青春之歌》《狂人日记》等书籍。成年后，张玉彬老师仍然保持阅读的习惯。他虽为化学教师，却不仅仅读专业书籍，更读与专业关联甚微的人文社会科学书籍，可谓是博览群书。张玉彬老师曾说，他所阅读的两本人物传记——《丘吉尔传》《李斯列传》给了他至关重要的思考和启示，甚至影响了他的人生发展的轨迹。

22岁时，张玉彬老师读《丘吉尔传》，得到的是对自己职业技能的思考。丘吉尔从一个战地记者到逐步被英国人民知道和认可的政治家，是从他的文章和演讲开始的。写作使人的思考更加深刻和精准，演讲使人的语言更加精炼和缜密。张玉彬老师认为，写作和演讲是人得到更高平台发展的两翼，二者缺一不可。所以，他决定抓住写作和演讲这两个基本东西，让其成为事业发展的基石。

30岁时，张玉彬老师读《李斯列传》，得到的是职业平台的启示。李斯为战国时期楚国人，曾协助秦始皇统一六国。他年轻时，曾是一名郡县小吏。一次，李斯发现官衙厕所中的老鼠，吃得差，每有人或狗经过都担惊受怕地躲藏起来，生存环境非常差；而粮仓里的老鼠，有吃不完的粮食，因住屋中，所以不担心人与狗的侵扰。于是李斯感慨地说："人之贤不肖譬如鼠矣，在所处耳。"于是他跟随荀子学习帝王之术，谋求更好的发展平台，学成后根据自己对时局的预估，选择了跟随秦始皇，最终成为帝国之丞相。张玉彬老师认为，人的发展和平台的高低有很大的关系，因而生出了寻找更高平台的心。因此，张玉彬老师在2004年8月调入深圳市福田区担任化学教研员，在更广阔的平台从事自己喜爱的教学研究。

二、由点及面的教育研究

从事教育研究仿若一种情愫，一直伴随着张玉彬老师的教学工作。从教以来，他从未停止过对教育的思考和研究，为的是实现自我的成长和作为教师的价值。至今，他已发表了100多篇学术论文，尤其是在2005年至2017年，其间正式出版了学术著作12本，总字数多达300多万字，甚至2014年腰椎间盘突出严重到影响行走的情况下仍不停止研究和写作。由点到面的教育研究让张玉彬老师的研究水平不断提升、不断走向纵深，走向更为广阔的天地。

（一）教学研究的专业化发展：化学考试命题研究

到深圳后，张玉彬老师以教研员的身份从事教育事业，工作虽有所变动，但他的方向一直很明确。他认为：教研员最基础的工作是“教学研究”，离开“研究”谈“指导”和“服务”都是无根无基的空中楼阁；撇开考试谈教育，至少在中国是一个不可能的话题。基于这个基本认识，张玉彬老师在深圳工作的第一个切入点是对考试学的研究，尤其是对化学中、高考命题的研究。

张玉彬老师明确目标后马上着手广东省化学考试命题的研究。他对广东省高考化学命题进行质疑，并提出改进建议，对不同的考点和模块进行了精细化研究和分析，编制了若干有关三聚氰胺和与载人航天相关的中学化学原创试题，撰写了大量的试题分析和应试策略方面的文章，并发表在《化学教育》《化学教学》《中国多媒体教学学报》《中学生数理化》《广东教育》《考试报》等刊物上。张玉彬老师的一系列研究在广东省内外产生了较大的学术影响，也因而成为广东省高考化学复习的“金牌讲师”，并常为深圳市全体高三化学教师开设高三备考讲座。

此外，张玉彬老师还对百余份深圳市各高中学校化学新课程模块考试试卷进行研究，形成两万余字的研究报告《高中化学新课程纸笔测验研究报告》。该报告成为深圳市高中化学教师培训的重要材料，张玉彬老师将它浓缩为6000余字的《高中化学新课程模块测试试题质量评析》，发表在化学教学核心期刊《化学教育》上，并被中国人民大学复印报刊资料《中学化学教与学》转载。以此为基础，张玉彬老师又对高中化学新课程命题提出建议，近两万字的《高中化学新课程模块验收纸笔测试命题建议》在2007年全国化学课程改革经验交流会上被评为“全国实验区高中化学新课程成果评比”评价类一等奖。

2007年8月，张玉彬老师作为广东实验区唯一的基层化学老师受到教育部基础教育课程教材发展中心的邀请，加入教育部新课程远程培训化学核心专家团队，为即将进入新课程的省份的化学教师进行远程培训。在化学专家团队，张玉彬老师与全国化学课标组组长王磊教授、北师大刘克文教授和胡久华教授等老师朝夕相处，共同谋划化学新课程改革，和湖南、新疆、江西等省区的一线化学教师在线进行交流。这个经历让他思维更加开阔，思考问题的角度更加多元，受益匪浅，也为他接下来的化学课堂研究打下了坚实的基础。

对考试的研究促进了张玉彬老师的职业发展，也扩大了他的学术影响，提升了他的学术地位，并在后来走向更有深度的教育研究提供了坚实的基础。

（二）教学研究走向纵深领域：化学课堂教学的研究

考试问题自然是中小学教育的难点问题，张玉彬老师多年来都致力于解决这个问题。2006年5月，张玉彬老师应深圳大学师范学院的邀请，为中学教师讲授《新课程背景下的有效课堂教学策略》，由此引发张玉彬老师对化学课堂教学的重新思考：眼里只有考试的教学研究并不是真正的教学研究，这样的研究会让教育走向功利，丧失了教育的本质——“人的发展”。为此，张玉彬老师的深刻反省促使他开始寻找新的研究增长点和发展契机，开始回归教育的本源……为了回归教育本真，张玉彬老师的研究重心开始发生转移，从化学考试试题的研究转向化学课堂的研究。张玉彬老师在化学课堂教学方式、化学实验两个方面几乎同时开展研究：

一方面是回归教育根本，进行课堂教学方式的研究。

张玉彬老师开始由关注知识和考试过渡到更加关注学生的兴趣和情感，由关注教师精细分析讲授逐渐过渡到更加关注学生的课堂活动和积极参与，由关注考点的教学和试题训练到更加关注化学在生活中的回归和应用。由此，他提倡把课堂的时间和空间还给学生，让学生在真实的情景中进行化学学习，在公开课教学时提出化学课堂教学的学生“三动”，即“动脑想、动口说、动手做”，倡导个体自主学习和小组合作学习相结合的教学手段，推行“化学课堂导学式教学”的教学模式，传播“教师为指导，学生为主体”与“先学后教，以学定教”的教学理念。在一系列的研究与实践下，张玉彬老师凝结出多篇论文成果，如《新课程背景下化学课堂教学方式的重建》发表在《中小学教材教学》上，并被中国人民大学复印报刊资料《中学化学教与学》全文转载；《新课程背景下化学课堂教学的实践与思考》发表在《中学化学教学参考》上；《化学优质课堂教学方法与策略》《高中化学校本培训指导手册》等专著相继出版。与此同时，张玉彬老师经常在各种研讨会和学术讲座上表达自己的观点：“课堂教学研究是一线教师最有价值、最接地气的研究；抓好课堂教学，才是抓到了教育的根本；课堂要开放，领导和教研人员要走进课堂，如果每节课都是高质量的课，高考中考的问题就不是问题。”

另一方面是回归化学学科本身，进行中学化学实验研究。

化学是一门以实验为基础的自然科学，离不开实验教学。张玉彬老师通过实地调研考察发现化学教学与学生的化学学习存在诸多问题：学生化学试题越做越多，化学实验越做越少；教师讲授越来越多，学生自主合作探究活动越来越少。化学教学急功近利，缺乏对化学教学真正的认识，缺乏化学课程观，缺乏对学生精神世界的关注，缺乏对学生思维深广度和创新能力的关注，缺乏对学生未来发展和可持续发展的关注……为此，张玉彬老师做了一系列的调研工作，撰写了“探究性化学实验的实施策略”“绿色化学思想在教学中的体现”“中学化学实验的改进准则”等主题学术论文，在全国化学研讨会等学术会议中呼吁教师对化学实验教学的重视。2013年1月，张玉彬老师的化学实验教学专著《中学化学实验的实践研究》由广东教育出版社出版。华南师范大学化学与环境学院分析研究所所长梁勇教授在这本书前言中评价道：“这部专著内容丰富，应用面宽，实用性强，提供给读者的不是死记硬背的教条，也不是无边的‘题海’，而是启发心智，碰撞出思想火花的实验规律总结与阐释，是化学实验方法、技巧、改进、设计的实践智慧。”

（三）教学研究的横向扩展：跨出化学学科，着眼教育改革

教育，是一份与时俱进的长远事业，既要顾眼前，更要顾长远。所以，教育改革需要动态向前，教师必须在教育改革中不停止学习的脚步。

近年来，张玉彬老师受教育部基础教育课程教材发展中心、中国化学会化学教育专业委员会、人民教育出版社、广东省教育研究院等多家单位邀请，在全国各地做了“化学教学疑难问题研讨及教学建议”“化学新课程课堂教学设计研究”等数百场学术讲座，积极推进化学课程改革。

张玉彬老师在推行化学课程改革中，不断对基础教育观察与思考，对中外学校文化比较、中外经典教育思想、教师的职业发展、课程开发与实施、课堂教学方式等主题进行深入研究。从张玉彬老师的研究范围看，他不再局限于化学学科的发展，也涉及教育思想、教育文化的研究，也跨出国界，着眼世界教育哲学的研究。随着研究的不断深入，张玉彬老师逐步跳出化学学科研究的苑囿，走向更广泛的天地，跳出化学学科看教育。但张玉彬老师身为化学教师，始终不忘推荐化学教育的改革和发展，他的终极目的还是希望自己能够“从化学中来，到化学中去”——从化学教育研究走向综合的教育研究，又回归化学教育研究，即在广度上把握化学教育的研究现状后，在宏观的教育背景现状下，寻求化学教育的新发展。

三、教育科研的领跑人

在广泛而系统的学习、深入的教育调研之后，张玉彬老师以一线教师的需要为研究的基点，准确把握一线教师的需求，从而逐步建构起自己的课堂理论体系，组建自己的教育研究团队，开始自己的学术辐射。

2011年9月，张玉彬老师成为深圳市首届教育科研专家工作室主持人；

2015年，深圳市教育局又成立了深圳市张玉彬第二届教育科研专家工作室。2016年9月，顺德北滘镇教育局成立了深圳市张玉彬教育科研专家工作室顺德北滘工作坊。张玉彬工作室秉承“追求卓越、提升自我、区域辐射”的工作理念，以“研究、成长、辐射，做有历史责任感的教育领跑者”为建设目标，以“主动、严谨、创新”为工作要求，以中小学课堂教学方式研究为抓手，促进工作室成员课堂教学能力和教育科研能力的快速提升，为教师的专业成长搭建舞台、提供引领。深圳市张玉彬工作室是以深圳市一线骨干教师为主体，跨学科、跨学段研培一体的教育科研团队。首届工作室研究成果“深圳市中心城区义务教育阶段课堂教与学方式现状与对策研究”荣获深圳市第三届教育教学科研优秀成果一等奖，第二届工作室“中小学合作学习的理论与实践”荣获广东省“十三五”科研规划课题优秀成果。

张玉彬老师的首届工作室在3年周期内培养出4名市、区名教师工作室主持人，5名全国、省、市级骨干教师，在课题研究、科研成果推广、工作室自身建设等方面取得了深圳市教育科研工作室和名教师工作室的多项第一，成绩斐然，为教师发展搭建了很好的平台，提供了教育科研对教育实践具有指导作用的成功范式，探索出了教育科研团队成员专业快速发展的有效路径，实现了教育科研成果立足深圳、辐射全国的教育科研愿景。《新课程研究》《教育教学论坛》《深圳特区报》《南方教育时报》等报刊和深圳市教育局官网都曾对张玉彬老师的工作室团队及研究成果进行过介绍和报道。工作室形成了较为完善的规章制度和丰硕的教研成果。

教师教学水平、科研能力的提升没有捷径，只有秉着“衣带渐宽终不悔，为伊消得人憔悴”的精神，坚持不懈地努力，时时以教育的本真鞭策和警醒自己勿忘教育初心，方可获得成功。从张玉彬老师的经历可以看到，他从入教师行业开始，为了自己的教育理想，为了实现自己的生命价值，从未停止过探索前进的脚步，他一直兢兢业业，永远怀揣教育激情，从未懈怠。著名演讲家、教育家、书法家李燕杰教授曾赠予张玉彬老师一幅墨宝，上写“山阻石拦大江毕竟东流去，雪辱霜欺梅花依旧向阳开”，这正是对张玉彬老师“生命不止，奋斗不止”的精神写照。

为学生创造一个有生气、有情怀的语文世界

——记广东省特级教师楚云

引言：《义务教育语文课程标准（2011年版）》指出："语言文字是人类最重要的交际工具和信息载体，是人类文化的重要组成部分。……语文课程是一门学习语言文字运用的综合性、实践性课程……工具性与人文性的统一，是语文课程的基本特点。"这一表述澄清了语文教育工具性、人文性各执一端的片面认识，同时也肯定了人文性在语文教育中的重要地位。语文教师应重视语文课程的人文性，要尽力将学生带入一个开满鲜花的语文世界。广东省特级教师楚云主张，语文教学要接地气、育情怀。在教学中，她带领学生静下心来感受语言文字的丰厚意蕴与生活中的真善美，致力于帮助他们成长为有温度、有深度、有情趣、有个性的人，从而为学生创造一个有生气、有情怀的语文世界。

楚云，广东省中学语文特级教师、正高级教师，广州市中学十佳青年语文教师，广东"特支计划"教学名师，广东省教育教学成果奖（基础教育类）一等奖获得者。现任广东实验中学初中部语文科组长，广州市初中语文教研中心组组长，广东省中语会副秘书长，广东省初中语文教师工作室第二、三批主持人。《语文教学通讯》《少男少女·教育管理》杂志将其作为封面人物介绍。曾被《羊城晚报》"教育过江龙"栏目以《省实感性老师楚云：教育是一场拔河》为题进行宣传报道。教学论文、教学案例多次在省级大赛中荣获一等奖，曾多次应华南师范大学、广东第二师范学院、星海音乐学院和韶关学院之邀担任省内外骨干教师培训班的授课专家，在《语文教学通讯》《中学语文教学参考》《语文学习》《语文月刊》《广东教育》等刊物上发表教育教学论文、教学案例等文章20余篇，主持或

参与11个省市级课题，参编教辅资料6种，已出版的著作有《我们的五彩青春季》（与刘中礼合编）和《从此爱上语文》（独著）。

名师格言：语文要培养的是鲜活的生命和有趣的灵魂。这样的语文多么美好：她有温度，温暖着我们自己和学生的生命；她有韧性，终将让我们的心灵不死、情感不枯、思想不老；她有磁力，引领着我们发现文化、灵魂、生活和自然之美；她有重力，牵引着我们不断沉淀，放慢脚步，向下扎根、向上生长。

一、与语文教育结缘

楚云老师说，当语文老师对她而言其实是水到渠成的事情。从小，她就对语文情有独钟。她酷爱阅读，从小巧的连环画到厚重的大部头，无论什么类型的书本，只要拿起来就不愿放下；阅读时她喜欢朗诵，逢到佳句美文，总要用自己的声音把它们表达出来；朗诵完她定会批注、摘抄或是剪贴。

有了阅读的储备，自然要发之于外让人知晓。于是，她便埋头写作，且笔耕不辍。楚云老师回忆道，整个中学阶段，语文都是她引以为豪的学科——用功最深，成绩最棒，学得最轻松，获奖最多。也因为这样，她担任了语文科代表，被聘为学校的广播员，有时还客串联欢会的主持人，可谓是班级和学校的“红人”。不仅如此，在家时，楚云老师还以木门为黑板，“威逼利诱”弟弟妹妹坐下来，让他们跟她学习字词，听她声情并茂地诵读课文，再回答几个简单的问题，直到确认他们都“略有长进”才通知下课。日复一日，这样的上课场景成了楚云老师家中常演常新的剧目。

1995年，楚云老师从湖南师范大学毕业，真正成了一名语文教师。在家乡的一所幼儿师范学校里，她带领学生阅读经典著作、编写文学社刊、练习朗诵演讲、表演课本剧，在学校师生的面前，把《琵琶行》朗诵得跌宕生姿，把《雷雨》和《稻草人》演绎得扣人心弦。2000年10月，楚云老师参加湖南省郴州市中等职业教育优质课教学竞赛，荣获公共课一等奖。2001年9月，楚云老师被评为湖南省郴州市的“百佳教师”。

2002年，初露锋芒的楚云老师做了一个重大抉择——南下广州。她被调入广东实验中学（以下简称“省实”）初中部，由一名中专语文教师变成初中语文教师。回忆起第一次站上省实讲台时的经历，楚云老师说，当时她有些忐忑，也有些恍惚，似乎自己又成了刚刚走出大学校门的青涩学子。并且在那个瞬间，儿时读书的画面、给弟妹上课的画面、在幼师带着学生排练课本剧的画面……一幅幅都飞速地从她的眼前闪过。但凝视着讲台下一张张稚气的脸庞，她也暗暗打定主意：要努力做一位优秀的中学语文教师！

二、追求最好的语文教育

面对语文教育，楚云老师也曾感到彷徨，其中最大的迷茫是："在行云流水的教学形式之下，我究竟要追求什么呢?"在不断的反思和实践中，楚云老师领悟到：语文学习活泼多样的形式固然重要，然而，活动形式不是语文教学的追求目标，它只是一张标签，让学生用心地感受和品味语言文字，传承民族文化精神才是语文教学的中心，才是享受语文学习之乐的基础，才是语文学习获益的根本所在。因此，最好的语文教育是对情感的触动、对心灵的点燃、对思想的激发。语文教学不是高挂在枝头随风摇摆的红灯笼，而是浸润在师生思想灵魂中的一条鲜活的河流。抱守着这一信念，楚云老师在教学中带领学生静下心来感受语言文字的丰厚意蕴与生活中的真善美，致力于帮助他们成长为有温度、有深度、有情趣、有个性的人。

为了让语文教学走进现实生活、点燃学生心灵、涵养学生情怀，楚云老师明确了三个教学方向。第一，营造情境，培养语感。一方面，她充分运用文本中的语言信息——一个标点、一个字词、一个句子或一个话题，引导学生咀嚼领悟语言形式的秘妙所在，由文字感受文章，由文章触摸文学，由文学领略文化，由单篇文章延伸至整本书阅读；另一方面，她利用丰富多彩的实践活动将语文课堂与生活体验关联起来，例如看电影写影评学配音、做行者拍视频写游记、观古物进自然做课件、访亲友知历史写传记等等。第二，开发课程，涵养情怀。她认为，教材不是唯一的课程资源，教室不是唯一的教学阵地。跨学科知识、大量的报刊、古今中外的经典著作、影视网络、时政新闻、标牌广告、各地风土人情等等，都能成为我们课外学习的资源。第三，多元评价，鼓励创新。为了释放学生的个性与创造潜能，她努力改变以智商测试和学科成绩作为唯一选拔标准的做法，而是寻求更加多元、更加多维的评价方式。例如，将过程性评价与终结性评价相结合，将自评、互评与他评相结合，将书面测试与口语测试相结合，将定性评价与定量评价相结合。这些做法对学生的全面发展产生了积极的导向作用。

为了更好地落实语文教育，促进学生全面成长，近几年来，楚云老师一直坚持做着以下几件事：一是带领学生一起写日记。日记的名字随着阶段的推移而改变，如初一、初二的"随想"和初三的"中考倒计时日记"等。二是和学生、家长一起阅读。建立阅读共同体、和家长学生共同写读书笔记、和学生三年竞读100本书、举办读书沙龙、邀请家长进课堂和师生聊读书、举行省实"朗读者"活动、开展读整本书的课题研究等。三是开发语文校本课程。譬如，2009年至2016年，楚云老师先后独立开设的校本课程有《文化大观园》《动画电影背后的文化现象》《用第三只眼睛看世界》《诗歌诵读与赏析》《影视欣赏》《别样的诗歌，同样的情怀》《游走古今中外》《趣味语文1+1+1》等等。

展望今后的语文教育，楚云老师坚定地说："不接地气不能走心，不育情怀不能长远。凭借语文这方天地，我要和学生一起修养出宁静、深沉而富有感知力的心灵，打败时间，提升生命的质量。"

三、引领青年教师专业成长

2012年，楚云老师被评为第二批广东省中小学名教师工作室主持人。对于"楚云工作室"，楚云老师有着清晰的定位。她说："一个人走可能走得很快，一个团队走才能走得更久、更远。作为学习型、研究型的专业共同体，教师工作室建立的主要目的是团结和激励更多的老师投身于教学研究，并促进更多年轻老师的快速成长。它能借助主持人以及学员的示范、辐射和指导作用，实现资源共享、智慧生成、全员提升的目的，培养一批师德高尚、造诣深厚、业务精湛的教师。"为此，楚云老师广泛地学习、热情地实践、深入地思考，努力由专业型、经验型教师向智慧型、研究型教师转变，从而更好地发挥示范及引领作用，实现工作室成员优质、快速成长。

从2012年10月到2017年10月，"楚云工作室"开展了六期跟岗培训活动，为促进青年教师素质的提升、加快青年教师专业化发展发挥了积极的作用。"楚云工作室"的研修理念是"个体实践+提炼反思+协同发展=幸福成长"。主持"楚云工作室"工作期间，楚云老师综合考虑了自己的教学特色、学员们的学习需求，以工作室所在的广东实验中学为主阵地，向广州市越秀区的名校辐射，与深圳、珠海等广东省内教育强市的部分中学合作，通过多向听课、评课磨课、上研讨示范课、分析教学案例、反思教学经验、开展课题研究和专题讲座等形式，借助"同课同构"和"同课异构"的不同策略，带领学员们扎扎实实地开展培训活动。此外，在跟岗培训期间，"楚云工作室"制定了严格、细致的跟岗培训计划，建立了专门的博客、QQ群、微信群，还系统地收集、整理了学员们的教学课件和录像、教学设计、教后反思、读书笔记、工作记录、培训总结等各种资料，为学员老师们构建了一个储备丰厚的专业成长资源库。

"教师的专业化发展程度取决于教师自觉、自主学习力的大小。作为一线教师，工作繁忙琐碎、身心压力大，这是一个不争的事实，没有人能够回避。面对这种现状，凡是自觉、自主地多想一点、多学一点、多做一点的教师总能比别人飞得更高、看到更美的风景。只要有了强大的学习内驱力，就没有任何困难能阻滞我们在专业发展之路上前行的步伐。”在总结“教师工作室”的工作感悟时，楚云老师如是写道。的确，教师自我发展的自觉性，是专业快速成长的内驱力。只有激发青年教师专业发展的自觉性，才能促进他们的优质、快速成长。

晏子曰：“为者常成，行者常至。”面对教育，楚云老师始终有一颗恒心与诚心：“始终认为学生毕业后怀念我的语文课是我最大的欣慰，教学相长是我最大的快乐，而以润物细无声的姿态，用生命的韧性与热情对学生产生正能量的影响，帮助他们做更好的自己则是我最大的梦想。”她也是这样积极践行的，在语文教育这方天地，她致力于帮助学生树立一种终身学习的信念，让他们在学习的过程中找到自由、尊严、勇气、信心和热情，成长为最好的自己；致力于因材施教，全面展示自己的个性化创造力，用课程来育人。为实现这些愿景，楚云老师一直在努力，一直在往前走着。

孜孜以求，做一名幸福的语文教师

——记广东省特级教师李代权

引言：教师的使命是引导学生的精神成长，启迪他们对于人生和世界的美好情怀，为他们的幸福人生奠定良好的精神基础。由此可见，教育的根本目标是促进学生的幸福和发展。然而，只有教师“幸福地教”，才会有学生“幸福地学”。“做个幸福的老师”一直是李代权老师的梦想与追求。在30多年的为师路上，他也这样实践着：他本着“做个好老师”的信念，勤恳工作，勇于创新，做出业绩，一直享受与学生谈心的幸福、成为学生“师傅”的幸福、做学者型教师的幸福。

李代权，清远市第一中学语文教师，广东省语文特级教师，广东省第一批省管教育专家，清远市“三名工程”首届名教师；中国少数民族作家学会会员，广东省作家协会会员，清远市文艺评论家协会主席。

从教30余年，善于调动学生学习的内动力，擅长强化学生学习的意志品质，形成了“亲生乐导，启发善导”的教育教学风格。公开出版专著4部，有50多万字的教育教学文章、文学作品在《中国教师报》《中国文化报》《名作欣赏》《中国东方少年》《作品》《班主任之友》《南方日报》等报刊上发表。代表作品有教育专著《与你谈心》、长篇传记文学《将军梦》。《与你谈心》得到中国杰出教育家魏书生先生题词肯定，《将军梦》曾经荣获50年（1949—1999）中国侗族文学“风雨桥奖”、散文《江月小酌》入选公开出版乡土教材《清远文学读本》。2011年在《清远日报》开设名为“慧心父母”的教育专栏，引发广大家长的共鸣。2012年8月29日，《南方日报》刊登了题为《读书跟吃饭一样重要》的人物访谈，专版报道李代权老师；2017年1月10日，《南方日报》刊登了题为《实施理性的家庭教育，把握教育孩子的契机——对话首届“全国优秀书香之家”获得者、广东省语文特级教师李代权》的人物访谈；2018年，《少男少女·教育管理》杂志将其作为封面人物介绍。

李代权家庭于2014年4月被中国新闻出版广电总局表彰为首届“全国优秀书香之家”。

名师格言：一个老师有写教育文章的追求，就会去思考一些其他老师可能不会去思考的问题，就有可能帮助学生解决一些其他老师可能解决不了的问题。

2015年10月9日，“清远市教育系统道德讲堂活动现场观摩推进会”结束，《南方日报》记者采访李代权老师时问道：“作为一名老教师，多年来您的梦想是什么？”李老师当时的回答是：“做个幸福的老师。”

李老师回忆道，他7岁那年，父亲在“五七”干校强制改造，母亲独自养育四个子女而交不起他的学费，一位罗姓女教师面对他渴望读书的目光主动为他垫付了学费，她的善举让他萌生出“努力读书，长大当老师”的梦想。后来，他当了老师，来到粤北，“做个好老师”又成了他的梦想，成了他矢志不移的追求。

人们都很在乎职业幸福感。其实，职业幸福感与职业优劣关系不大，它与工作态度和工作成果密切相关。孔子的至理名言“居之无倦，行之以忠”所表达的就是这个道理。

李老师从教30多年，本着“做个好老师”的信念，勤恳工作，勇于创新，做出业绩，一直享受着为人师的乐趣和幸福。

一、与学生谈心的幸福

20多年前，李老师曾做过一个简单的试验：高三上学期某次月测前不久，他布置自己任教班的学生写作文。他给两个班的作文题不同，在审题上一难一易，作文写下来，审题难度大的那个班有10多篇作文跑了题，审题难度小的那个班没有一篇作文跑题或偏题。在接下来的月测中，两个班的作文情况刚好相反，上次作文写难题的班没有人的作文跑题，而上次作文没人跑题的班却有十几篇作文跑了题。李老师从中感受到了教训的巨大作用。

高考备考是一个不断试错与消除错误的过程。在备考过程中，教训无时不在，无处不在。课堂上回答老师的提问没答到点子上是教训；做练习出现失误是教训；学习时间安排不当而导致学习效率不高是教训；学科协调不好而导致学科成绩不平衡是教训；在模拟测试中或心理过分紧张，或时间分配不当，或答题不规范等情况导致不必要的丢分是教训……虽然每一个教训都是一份珍贵的礼物，但是，有不少学生对于教训总是不敢面对。不重视甚至害怕教训是学生备考的硬伤。

严重影响学生学习成效的硬伤有很多。例如考试成绩出来时一些同学喜欢叹息："如果我认真检查一下，那道题就不会失分了""如果有多一点时间写作文，我的作文分数就不会这样低了""如果模考前细心整理一下曾经做错的题目，我的这科成绩就不会这么差了"……可是他们"如果"过后并没有去追究其中的"为什么"，导致下次考试错误依旧。又如，有不少学生学习时习惯泛泛而学，听课时习惯泛泛而听，回答老师提问时习惯泛泛而谈，考场上答题时也就只能流于泛泛而答。再如，有些学生对老师缺乏应有的尊重，不信任老师，反感老师对自己的批评，很容易与老师形成对立，且一旦与老师形成对立就不再听那位老师的课……

怎样尽可能地解决学生这些严重影响学习效率甚至危害学生健康成长的问题呢？李老师在实践中发现，在课堂上实施群体教育，效果并不好，与学生进行个别谈心才是解决问题的最好办法。

由此，李老师开始深入关注和思考学生的学习品质，并逐步研究怎样通过与学生谈心来矫正学生的学习行为，提高学生的学习效率。

在研究中实践，在实践中研究。特别是2006年李老师担任年级级长之后，面对一个年级30个班的学生，施教面的扩大使他对学生学习品质的思考研究和谈心研究进一步深入，并因此写成了教育专著《与你谈心》一书，于2010年公开出版，2013年修订再版。

教师与学生谈心是学问，更是艺术。李老师与学生谈心旨在从心灵上打动、感化和帮助学生，让学生明白做人的道理，改正自身的不足，帮助学生解决学习上的疑问，掌握学习的正确方法，强化学生的学习内驱力。他的谈心曾让许多缺乏自控力的学生提高了自控力，让一些对高考失去信心的学生重新燃起冲刺高考的信心，让少数无法与父母沟通的学生萌生出对父母的感恩之心。他的谈心也帮助过许多学生找到了正确的备考复习方法，缓解了备考过程中出现的焦虑心理，摆正了模拟考试的心态，提高了高考的应试能力。他还曾多次通过谈心，让与班主任发生矛盾冲突的个性极强的学生主动向班主任道歉，与班主任握手言欢。

《与你谈心》出版后，李老师的谈心面得到无限放大。之后，他陆陆续续收到了来自广东省内外学生和家长的一千多条短信和无数个电话。这些短信、电话或咨询备考方法，或探讨备考问题，或感谢这本书给予的帮助，彰显了这本著作的实效。这是李老师用智慧帮助学生所得到的幸福的回报。

二、成为学生“师傅”的幸福

30多年前，李老师走上中学语文教学岗位没多久，就产生了对作文教学的困惑。他费尽心思讲作文之法、写作之道，学生却不会将理论与实践有机结合；他分析了许多名家作品、鉴赏了很多优秀作文，学生仍旧视作文为精神负担。后来他发现，这也是广大语文教师的困惑。中学的作文教学像一只苦涩的青果。李老师苦恼、思索，他逐渐认识到写作文也是一门“技术活”，语文老师只向学生灌输“写作理论”而不做实际操作，就如同书法老师不示范写字，美术老师不示范画画，音乐老师不示范唱歌一样，找不到做“师傅”的感觉。于是，他开始向叶圣陶学，向朱自清学，向夏丏尊学，学习他们毫不懈怠地“下水”为学生写作文。

李老师说：“我以前给学生讲作文，只是在黑板上罗列一些作文理论，然后较为盲目地灌输给学生。在20世纪90年代初，当我开始动手为学生写示范作文时才知道，那些理论中有些根本就没必要讲，也找到了那些必须讲的理论应该怎样讲的方法。”李老师通过有针对性的作文示范给学生作文以较好的操作依据，这使得学生能够很好地把课上老师所传授的作文理论与自己的写作实践有机结合。这样的作文教学才教到了点子上。李老师认为，下水作文是他的作文教学中理论与实践相连接的桥梁。

刚开始写下水作文时，李老师提着笔，面对空空的白纸，也曾脑子空荡荡的经受无从下笔之苦。他不由得感叹：“写一篇作文真不容易，难怪学生害怕写作文。”但是，他认为，事情的“难”与“不难”是两种掺杂着主观心理因素的认识状态，在一定的条件下，“难”的状态是可以向“不难”的状态变化发展的。因此，老师在作文教学中如果能激发和帮助学生去寻找作文的“路径”，学生怕写作文的状态就会向乐写作文的状态转化。带着这种信念，李老师坚持写下水作文，并逐步找到了感觉，下水作文在他手里由滞涩的浆流变成了汩汩的清泉。同时，在他的作文示范铺就路径的引导下，他的学生也勇敢攀登，把对写作文的畏惧丢在了“大山”的脚下。下水作文成了他消除学生害怕作文的不良心理的良方。

“下水作文解放了我的作文教学，也提升了我的追求。”李老师在写下水作文的自我感化下开始写散文、写随笔、写杂文、写长篇传记文学，开始向各级报刊投稿，并发表和出版作品。至今，李老师已在《中国文化报》《东方少年》《作品》《青年作家》《南方日报》等报刊上发表散文300多篇；公开出版长篇传记文学《将军梦》（与人合作）、散文集《一座莽山与一条长河》等著作，其中《将军梦》于2000年荣获50年（1949—1999）中国侗族文学“风雨桥奖”，并被选入《清远当代文学史》。散文作品《诗意地垂钓》被湖北省名师鲁修贤编写为期终试题，并编入其教育专著《生动的文章更要用心去读》公开出版；散文作品《江月小酌》入选粤北乡土教材《清远文学读本》，并公开出版。

李老师有个习惯，写完一篇散文后，喜欢在班上读给他的学生听，托学生指正，给学生分享，让学生开心，潜移默化地引导学生喜欢语文，热爱作文。

李老师的作文教学一直事半功倍，效果良好，这与他的示范作文和文学创作对学生潜移默化的感染是分不开的。

学生唯有“亲其师”，才能“信其道”。多年来，在李老师这位带头写文章的“师傅”的影响和指导下，一篇篇颇具灵性的学生作文像长出羽翅的小鸟，由冬天飞向春天，飞向夏天，飞向收获的秋天，让他享受到了做“师傅”的幸福。

三、做学者型教师的幸福

魏书生先生说：“（教师）写文章就是抓住机会、利用机会、进行科研、增长能力的有效途径。”李老师说，这句箴言让他明白了一个道理：一个老师有写教育文章的追求，就会去思考一些其他老师可能不会去思考的问题，就有可能帮助学生解决一些其他老师可能解决不了的问题。这也是他作为一名教师，乐于进行教学研究，勤于写作教育文章，努力让自己成为一名学者型教师的原因之一。

自1999年发表第一篇教学论文之后，李老师陆陆续续在《广东教育》《名作欣赏》《高中生之友》《班主任之友》《现代教育报》《考试报》《广东招生考试》等报刊发表了100余篇教育文章。

教研离不开阅读，不论再忙，李老师每天总要抽出一定的时间来学习，而且坚持不懈。在他的带动下，李老师的家庭也养成了良好的阅读习惯。因此，李老师的家庭从2012年至2014年连续被清远市委宣传部、广东省委宣传部、国家广电总局分别授予清远市十大书香之家、广东省优秀书香家庭、首届全国书香之家的光荣称号。

李老师在阅读中丰厚学识，在教学研究和教学实践过程中提高教育教学水平。经过多年的努力，李老师的教学博采众长，自成一体，形成了“启发善导，舒卷自如”的语文教学风格。在教学中，他根据教学目标的需要，信手拈来，旁征博引，放得开，收得拢，如天上的行云，舒卷自如，让学生在浓郁的人文熏陶中，得到语文美的浸润和感染。他的课妙趣横生，深入浅出，深受学生欢迎。

在2012年至2016年担任清远市高中语文名教师工作室主持人期间，结合课题研究成果，李老师主编了教育著作《锵锵双凤鸣》，并由中国文联出版社出版。该书受到校内外广大师生的好评，产生了良好的社会效应。

而今，李老师已年过50，但仍在致力于做学者型教师的路上拓展自己的发展空间，不断感受成功的幸福。

李老师曾经在日记中写道："如果将学生比作鲜花，那教师则是绿叶。用葱茏的绿叶去托起一朵朵璀璨夺目的鲜花，这是我的人生信条，也是我的幸福。"

"做个幸福的老师"这份梦想伴随李老师走过了30多年的为师之路。当有人问他从教30多年的切身感受时，他的回答是："只要挥洒汗水，奉献智慧，做出成绩，就会收获幸福。"

用教育的“真情与深思”诠释教育使命

——记广东省特级教师陈洪义

引言：真正的教育不仅应该具有效率和效益，更重要的是要具有灵魂，具有坚定而明确的价值追求。面向所有人的教育，对教师来说是一种境界，是一种道德，是一种教育能力。这就需要教育工作者牢记教育初心，砥砺前行，除了要爱岗敬业，还要勇于探索，敢于超越。陈洪义老师用教育的“真情与深思”诠释了教育的使命。近10年来，他积极开展“情思历史”教学实验，课堂教学中追求一种“情知相融，情思相促”的教学效果，深受师生们的喜爱。

陈洪义，广东梅州人，现为广州市增城区荔城中学教师，中学历史正高级教师，广东省特级教师，广东省中小学名教师工作室主持人，广东省历史学科带头人，广东省中小学新一轮“百千万人才培养工程”名教师培养优秀学员，教育部“国培计划”高中历史骨干教师，中国教育学会特约观察员，《中学历史教学参考》特约研究员，华南师范大学和岭南师范学院特聘教授。曾获全国特色教育优秀教师、市直百佳共产党员标兵等荣誉称号。主持省级课题4项，其中重点项目2项。研究成果获广东省普教成果特等奖和国家基础教育成果奖各1项，广东省中小学教育创新成果奖4项，湛江市基础教育成果一等奖1项。在《历史教学》《上海教育科研》《现代中小学教育》《教学月刊》《中学历史教学参考》《中学历史教学》《广东教育（综合）》《师道》《课程教学研究》等刊物发表论文100多篇，多篇成果被中国人民大学复印报刊资料《中学历史、地理教与学》全文转载，出版著作7部。

陈洪义老师，是一位有教育情怀，有教育思想的名师。近10年来，他积极开展“情思历史”教学实验，在课堂教学中追求一种“情知相融，情思相促”的教学效果，深受学生欢迎。课例多次获得省和国家级教学评比特等奖、一等奖，多次应邀参加送教下乡活动，曾在扬州、珠海、深圳、广州、韶关等地进行异地观摩授课和讲学，受到同行的高度认可与肯定。其事迹多次被《广东教育》《师道》《中学历史教学参考》《湛江日报》及中国教育学会官网、湛新网、碧海银沙网等报道。“情思教学”研究成果在2017年广东省教育教学成果奖（基础教育）评比中荣获特等奖和2018年国家基础教育成果二等奖。

一、不忘初心，做一个有信念的教师

陈洪义老师，1997年7月毕业于湛江师范学院（现岭南师范学院）历史系，在湛江师范学院附属中学任教至2016年3月。2016年3月由于教学教研成绩显著，他被调入湛江市教育局教育研究室工作，负责全市高中和初中的历史教研工作。23年来，陈洪义老师不忘初心，在教育一线认真履责，用心诠释教育使命。2009年至今，他一直坚持“情思历史”的教育实践与探索，教育教学教研成果显著，在《历史教学》《上海教育科研》《现代中小学教育》《教学月刊》《中学历史教学参考》《广东教育》《课程教学研究》等刊物发表论文30多篇；课例获国家级特等奖1次、一等奖2次，省级一等奖4次、二等奖5次；研究成果获省教育创新成果奖4次，省基础教育成果特等奖1次，市教育成果一等奖1次。出版专著4部——《基于课堂的情景探究式历史教学研究》《梦想与坚持：做一个有信念的教师》《情思历史教学概论》和《师范生眼中的情思历史：陈洪义情思历史课堂观察与评析》，还编辑了“情思历史课例”光碟。由于教育教学成果显著，陈洪义老师获得了众多荣誉与成绩，主要包括：广东省中小学新一轮“百千万人才培养工程”优秀学员（广东省教育厅，2016年6月），广东省中小学名教师工作室主持人（广东省教育厅，2016年4月），广东省历史特级教师（广东省人民政府，2016年3月），首批中国教育学会特约观察员（中国教育学会，2014年5月），湛江市优秀教师（湛江市教育局，2012年9月），全国特色教育优秀教师（教育部中国教师发展基金会，2012年7月），湛江市直机关百佳共产党员标兵（中共湛江市直属机关工作委员会，2012年7月），湛江市高考先进工作者（湛江市招生委员会，2011年10月），湛江市市直机关优秀共产党员（中共湛江市直属机关工作委员会，2011年7月），教育部“国培计划”高中历史骨干教师（北京师范大学，2010年11月），被聘为湛江市校本研修专家组成员（湛江市教育局，2009年5月），湛江师范学院优秀共产党员（中共湛江师范学院委员会，2008年7月）。

近年，湛江市建立了7个实验基地和26个专项实践项目，对“情思历史”进行深度的实践与探索，全市以研兴教的历史教研氛围越来越浓厚，带动了全市历史教育质量的整体提升。湛江市教育局教育研究室主任张勉评价说：“陈洪义老师像一位辛勤的园丁，十年如一日在教研这块小小的园地里，精心培育他心爱的‘情思历史’这枝花苗，为她锄草、浇水、施肥、修剪，精心呵护，默默耕耘，静待花开……”“功夫不负有心人”，如今“情思历史”这枝花苗终于绽放出绚丽的花朵，散发出醉人的花香。从陈洪义老师情思历史的教学思想凝练的过程，我们看到了一位历史教师应有的工匠精神和治学品质。《中学历史教学参考》《广东教育（综合）》《师道》《湛江教育》以及《湛江日报》《湛江晚报》，中国教育学会官网、湛江碧海沙网、湛江新闻网等多次对陈老师的事迹进行了专题报道。

二、扎实行动，深化理论与实践研究

围绕“情思历史”的架构，陈洪义老师进行了长达近10年的实践探索与理论研究。他主持广东省教育厅科研项目4项，其中重点项目2项，进行了1000多节课例实验和50多次教学展示与送教活动；成果获省创新成果奖4次，课例获国家级、省级、市级奖励多次，专著《情思历史教学概论》由东北师范大学出版。对于“情思历史”实践和研究成果，教育部基础教育课程中心副调研员何成刚教师、陕西师范大学任鹏杰教授、北京师范大学林辉锋教授、广西历史教研员夏辉辉、广东历史教研员魏恤民、北京历史特级教师张道林、江苏历史特级教师唐琴、浙江历史名师孙双武老师均做出了高度评价并向广大一线历史教师推荐学习和运用，受到了广大历史教师的热切关注。

《情思历史教学概论》以“情”统领全书要旨，以情思之源、情思之本、情思之志、情思之策、情思之魂、情思之情、情思之思、情思之依、情思之鉴为高瓴支柱，全面展示历史教学多元要领，其中涉及了传统教育、教育学、心理学、课程观、师生观、教学观、范式内涵和特点、教学模式和设计思路、课堂评价、课例分享等方面的内容，这些内容从理论至实践建立了系统的教学体系。从学术观点上，“情思历史”提出，学生参与教学活动的心理成分有两大要素：一大要素是情感要素，它包括兴趣、动机、意志、信念等，以“情”概之；另一大要素是思维要素，它包括感知、思维、记忆、想象等，以“思”概之。教学过程正是以这两大心理要素为基础的情意过程和认知过程统一发展的完整结构。情思教学就是有意识地把“思”的心理过程和“情”的心理过程统一于教学活动之中，实施品德、智能、情意统一的教学。从实践操作上，“情思历史”提出一种为情感而教、为理解而教、为思考而教的教学主张，有利于学生历史学科素养的培育。江苏省历史特级教师、正高级教师唐琴评价道：“‘情思历史’的提法新颖而别致，既有学术的理论支撑，也有作者教学的创新实践；含有改变传统历史教学弊端的雄心，也饱含历史教育以人为本，触摸学生心灵，帮助学生在历史课堂获取情感体验和收获人文关怀，这是陈洪义老师‘在教学中反思，在行动中研究，在实践感悟中成长’的智慧结晶，值得历史老师学习。”北京五中历史特级教师张道林评价说：“著作理论准备充分，运用传统教育、当代教育和心理学理论熟稔，旁征博引，解读精当，构建起‘情思教学’理论基石；概念辨析准确，‘情’为何物，‘思’之内涵，‘情景’与‘情境’，‘思维’与‘思想’等用语解释凝练，明白晓畅；设定的‘情思教育’目标高远，教材观、教学观、课程观高屋建瓴，追求价值实现，突出人文精神；‘情思课堂’流程展示清晰，课例丰富具体，示范效果明显，‘情思历史’与学科核心素养相融；书中洋溢着探索创新求真思辨精神，主题立意创设情境，启迪思维诠释史料，方法路径了然于眼前，切中当前历史教学之流弊。”

三、聚焦课堂，探索出“情思”模式

“情思历史”的内涵：“情思历史”作为一种情境探究型教学，它所追求的不只是“情境”与“探究”，“情思历史”中两个关键的字，一个是“情”，一个是“思”，这两个字强调的不是情境教学与思维教学的简单叠加，而是有更深一层的内涵——“情”不只是情景和情境，还包括情感；“思”也不只是思考和思维，还包括思想。具体来说，它追求的是一种基于情境的“情思相融、情思相促”的历史课堂。在“情思历史”课堂设计中，要求教师准确把握历史课堂的“情”与“思”的衔接点，灵活运用教与学有效的“脚手架”，唤醒学生课堂主动学习的意识，提高学习效果。陕西师范大学《中学历史教学参考》主编任鹏杰老师认为“风格即人格，课堂即人生，教学即人学”。“情思课堂”把课堂当作学生人生成长的学堂，把知识的丰富性、思想的内蕴性和生命的生长性融于一体，赋予历史课堂灵性和智慧，有效凸显了学生的学科素养。

下面结合图1具体说明“情思历史”课堂设计的原理与基本流程。

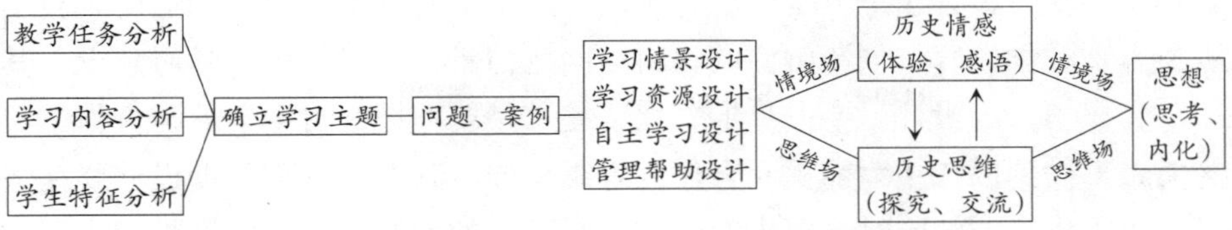

图1 “情思历史”教学课堂设计基本流程

从图1可知，“情思历史”教学设计的起点在于教师对教学核心目标的准确定位，这也是“情思历史”教学成功的关键。而教学核心目标的定位基于对教学任务、学习内容和学习者特征的准确分析。教学任务分析主要表现为备课中教师对课标进行深入的剖析与理解，在理解的基础上把握课标对学生核心素养发展的具体要求。学习内容分析主要表现为：一是教师要从整体和全局的角度把握历史课程的编写意图和目的要求；二是教师要宏观分析和把握历史课程内容各单元的顺序排列与内容逻辑结构；三是教师要微观分析本课在本章（单元）中的地位和作用，把握本课历史知识的背景、发展过程以及与社会生活之间的联系，同时，把握本课的重点、难点和学生易混淆点、易错点，把握本课新知识和学生原有知识认知结构之间的内在关系。学习者特征分析主要表现为：教师要了解和把握学生学习特点，重点是要把握学生的现有的认知结构和心理特征，尊重学生的起点水平，包括认知水平和能力水平，关注学生的认知特征、情感特征、意志品质特征和行为特征。教师在全面分析教学任务、学习内容和学生特征的基础上，基于本课核心素养的培育任务，确立本课教学的核心目标，形成教学立意，在历史与现实之间寻找本课教学的突破口和切入点，以主题统摄课堂教学整个过程。主题不等于教材中的课题，它是在“一课一中心”的理念下确立的历史学习的“课魂”，是与教材内容紧密相关的基于学生历史素养发展的教学核心目标的体现。基于教学主题，借助社会生活或历史案例设计历史问题，激发学生的历史兴趣和解决历史疑问的意识。然后通过相应的学习情景设计、学习资源设计、合作学习设计和管理帮助设计创造条件帮助和促进学生的课堂学习。这些设计与帮助其积极意义就是搭建学习课堂学习的“脚手架”。教师在设计时必须把握几个点关键：其一，学习情景设计要与当前学习主题吻合，使学生有身临其境的感觉，以激发学生学习的动机，使学生把注意力集中到当前的学习主题上。学习情景是促进学生主动建构知识意义的外部条件，属外因，教师要把握教学内容、教学目标与创设情境的关系，做到有的放矢。其二，学习资源设计尽可能丰富与鲜活。历史学习资源指在历史教学活动中教师的教和学生的学所需要和所运用的各种“自然物质”。学习资源设计要求教师开阔视野，善于把乡土气息、生活、历史等各种形态的资源运用到教学中，丰富教学内容，创造鲜活的材料与问题情景，激发学生的学习意识。其三，合作学习的设计，要避免形式化，尤其是要把握好自主学习与合作学习的关系，做到以自主为前提，合作为思维延伸。其四，管理帮助设计要在强调学生主体地位的同时，突出教师在各个环节的引导作用，做到教师主导和学生主体的“双主”协调发展。“情思历史”作为一种教学范式，以问题切入为教学突破口，借助生动的历史情景，创设学生体验的历史情境场，让学生在体验中感悟；通过丰富的历史材料营造思维场，诱导学生在问题探究思维能力，提升历史认识，营养人生智慧。

何成刚博士认为“情思历史”是立足于历史学科特点和历史学习规律，在长期的课堂实践中提炼出来的情思教学法，它对有效改善学生的历史学习状态和提高学生历史核心素养方面是有积极意义的。

四、聚焦理念，形成鲜明的教学风格

就教育而言，教育是有温度的事业，是塑造“人”的事业。关注“人”，服务“人生”，是历史教学的灵魂之所在。核心素养下的历史教学的价值追求就在于突显“人”，张扬“人性”，“情思历史”主张从“情”与“智”的生成和发展来突显其历史教育的价值和功能。“情思历史”的价值取向体现为“怡情”和“益智”，既关注学生的情感与生命成长，又关注学生思维与能力的提升，“怡情”和“益智”课堂教学的表现形式为智慧课堂，包括知识课堂、智力课堂和生命课堂。“情思历史”的课堂操作流程：主题立意—创设情境—情思互动—思想生成。整个教学流程中有几个核心的词语，分别是“立意、情境、情感、思维和思想”，这几个关键词构成了一暗一明两条课堂教学主线，暗线以情感培育和发展为线索，明线以能力和思维提升为线索，两条线相互交融和促进。在一明一暗两条主线的课堂交互中，情境是方式，是途径，而情感和思维发展是目的。每个教学环节与步骤的艺术都聚焦为学生成长过程中的“怡情”和“益智”两大特征，具体如图2所示。

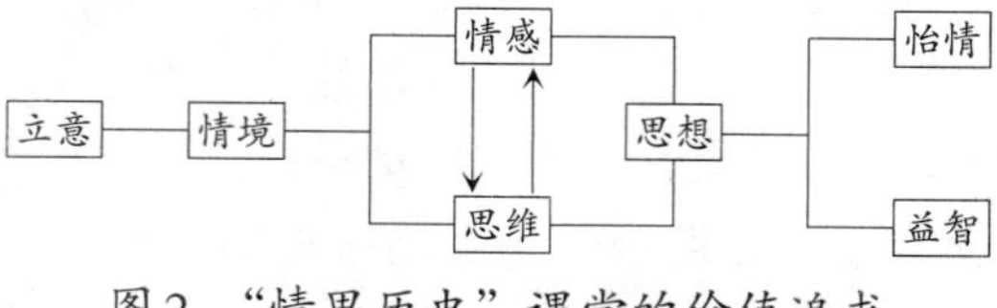

图2 “情思历史”课堂的价值追求

按照奥苏贝尔的有意义学习理论，有意义的课堂设计必须从学生现有的认知结构出发，也就是从学生现有知识的量和组织结构出发，尊重学生的起点水平，包括认知水平和能力水平。“情思历史”作为一种新的教学范式，在尊重学生现有水平的基础上，从学生的“最近发展区”，寓学以境，以情诱思。这种教学范式的意义在于促使学生在课堂学习动机、问题解决和协作交流等方面显示出较大的优势，尤其是在课堂学习中情境和思维交互渗透营造出学生成长的强大发展场，有效促进学生“情智素养”的发展。整个操作的教学理念是“为学生的学习注入动力，从而激发学习活力”——把课堂还给学生，让讲堂变学堂，让教育回归本真，从知识传授型课堂向自主合作探究型课堂转变，激活思维，生长想法，最终，让课堂回归学生的世界，让历史课堂变成“灵性生长的舞台”。“情思历史”促进课堂走向深度学习，关键在于教师基于课堂主题学习这一清晰目标为学生的学习搭建“脚手架”，帮助学生穿越“最近发展区”，其关键点表现在：第一，发掘教学内容的“情”“思”因素，准确把握“情”“思”的最佳结合点，这是实施“情思历史”教学的前提；第二，创设计生动的学习情境，营造融洽的“情思”交流环境，这是“情思历史”教学的有效保证；第三，选择适宜的教学组织形式，促进学生的“情思”的发展，这是实施“情思历史”教学的重要条件；第四，共创引人入胜的活动，满足学生情思表现的需要，这是实施“情思历史”教学不可忽视的环节。

教育部基础教育课程教材发展中心副研究员何成刚博士认为，历史教学主张的可为，最重要的是将理念落到实践，让理念具有很强的可操作性。基于此，他认为：“‘情思历史’，一种为情感而教、为体验而教、为理解而教、为思考而教的教学主张，其本质内涵在于人文关怀。”

执着教育梦　幸福满人生

——记广东省特级教师谭诗清

引言：中国梦，是中国共产党第十八次全国代表大会召开以来，习近平总书记所提出的重要指导思想和重要执政理念。教育梦，是实现中华民族伟大复兴这一中国梦的基石。教育部前部长袁贵仁认为，教育梦可以用四句话来阐释，那就是“有教无类、因材施教、终身学习、人人成才”。要实现教育梦，教师就要心怀大爱，不仅要爱教育，也要爱学生；就要孜孜以求，不断学习他人的长处，提升自己；就要创新求变，形成适合自己、适合学生的教育教学方式；就要学无止境，在书海中浸润，汲取丰富的养分。

谭诗清，特级教师，广东省中小学名教师工作室主持人，佛山市省级基础教育领军人才，佛山市教师教育发展促进会副会长；佛山科学技术学院、广东第二师范学院、韩山师范学院兼职教授，佛山市南海区学科带头人、区高层次人才；曾获南粤优秀教师，南海区十佳教师等荣誉称号；长期担任初三毕业班物理教学工作，经验丰富，成果突出。指导学生参赛，多人次获全国一等奖。主持多项省级、市级立项课题并结题，30多篇论文在省级以上专业刊物发表或获省、市、区一等奖。主编或参与教材、教辅用书编写10本，出版2本个人专著《格物致理　探索前行》《教师领导力与物理有效课堂的构建》。近年来，多次受省教育厅之托参加“南粤名师大讲坛”活动，近百次应邀到省内外学校上示范课并开展专题讲座，受到好评。

教学主张：关注学生心灵，润泽生命成长；激发学习兴趣，提高学业成绩；培养多种能力，为可持续发展。

研究方向：课堂教学有效性的研究和骨干教师培养的研究。

一、心怀大爱——让他爱上教育

1984年7月，谭老师从湘南学院毕业后被分配到湖南省安仁县最偏僻的乡村中学——华王中学任教，全校只有6个教学班、10多位教职员工。学校简陋的校舍、昏暗的煤油灯、落后的教育教学理念让他感到窒息，更让他感到前途渺茫。或许为了打发空余时间，又或许是因为自己对文学的爱好，他自费订阅了大量的书报杂志，如《人民文学》《文学青年》《辽宁青年》等，并坚持写教学随笔和生活日记。就是在这种艰苦与坚持中，谭老师发现自己的文学修养有了较大的提高。物理课堂上，逸闻趣事、唐诗宋词他常常信手拈来，比如在讲到"能的转化"一节时，他背起了李白的《将进酒》："君不见黄河之水天上来，奔流到海不复回！君不见高堂明镜悲白发，朝如青丝暮成雪……"学生为谭老师的博闻强识所倾倒，也被诗歌中宏大的气势所感染，从而积极参与到课堂讨论中，并说出了文学和生活中许多有关"能的转化"的现象。受此启发，谭老师琢磨：能不能在每一节新的物理概念课上，都背一首相关的古诗或讲一个相关的物理故事？于是，他调动自己的文学积累，把文学和物理结合起来，收到了很好的效果。昔日抽象、枯燥的物理课变得生动有趣。极大地调动了山区学子的学习兴趣。同学们惊呼，物理课还可以如此上！他所教班的物理成绩也直线飙升。一年之后，全县30多所学校中考物理排名，学校物理成绩由原来的全县倒数第一名上升为顺数第五名。谭老师也因教学成绩优秀被评为县优秀教师。初次的成功也让谭老师坚定一辈子做教师的信念，从此义无反顾地爱上了物理教学，爱上了教育。

二、访遍名师——让他脱颖而出

20世纪80年代初，国家进入了改革开放的新时期。在此背景下，谭老师有了充分施展拳脚的舞台，在家乡工作的13年中，他凭着自己的课堂魅力和优秀的教学成绩，从偏僻的乡村初中调到县重点初中，最后成为湖南省重点高中——安仁县第一中学的物理教师。这期间，他拜访了全县的物理名师，从他们身上学到了许多东西，他的教学方法也日臻成熟，教学风格逐步凸显。如谭老师拜安平中学的物理名师张大喜老师为师，虚心向他学习。张大喜老师那科学严谨、深入浅出的教学风格深深地影响了谭老师。在随后的教学中，谭老师把每节课都当成一件艺术品精心打磨，他的教学受到学生和领导的一致好评。

在县城实验中学工作时，谭老师成为郴州市物理学会会员，这使他有了更多的机会参加市、县的教学研讨工作，与市、县优秀教师交流，对自己业务水平的提高帮助非常大。在湖南省重点中学——安仁一中5年多的时间里，谭老师从事的高中物理教学，让他体会到初高中物理教学的差异，使他能站在一个更高的平台审视初中物理教学。

三、执着追求——让他创新求变

1997年9月，谭老师被调入广东省佛山市南海区盐步中学，刚开始他很不适应，这里的目标教学和精讲多练的教学模式与他在湖南的挥洒自如的教学风格格格不入。他常常因恣意发挥而耽误了学生做练习的时间。学生的学习兴趣有了，但因练习时间和强度不够，考试成绩平平。他困惑、纠结，但他不气馁。经过多年的艰苦摸索，他找到了两种不同教学模式的平衡点，即"四环节"教学法：激趣导标、启思导学（自主、合作、探究）、精讲点评和巧练导悟。本教学模式以预为先导、学为主体，全员参与、师生互动、当堂消化、前后衔接。一位专家说过：做老师真好，只要你努力，并找对了方法，很快可以出成绩。确实，没过多久，谭老师所教班的物理成绩又在同年级中遥遥领先。

四、书海探索——让他渐入佳境

谭老师明白，一个人要想可持续发展，必须坚持不断学习和进行教学研究。多年来，他如饥似渴地阅读了大量的教育教学、心理、文史哲类书籍。教育类——《给教师的建议》《魏书生文集》《如何成为优秀教师》《教师的专业成长案例集》，以及柏拉图的《理想国》和夸美纽斯的《大教学论》等；教学类——《走进名师课堂——初中物理》《初中物理课堂教学艺术》《给物理教师的110条建议》等；心理类——《改变心理学的40项研究》、亨特的《心理学的故事》等；哲学类——《人间宗教》《佛学入门》《南怀瑾全集》《周易的智慧》等；历史类——《中国智慧》《先秦诸子百家争鸣》；等等。

正因为有了书香的浸润和专家的引领，近年来谭老师收获良多。多年来一直担任佛山市南海区物理中心教研组组长；30多篇教育教学论文获省级以上奖励或在省级以上报刊《中学物理》《中学物理教学参考》《中学课程辅导》《中学生学习报》发表。因教学业绩突出，2008年谭老师被评为佛山市首届基础教育系统名教师；接连五届（2004年、2007年、2009年、2012年、2015年）被评为南海区名师；接连两届（2005年、2009年）被聘为佛山市骨干教师。2011年被评为南海区十佳教师；2012年被评为南粤优秀教师并成为广东省中小学名教师工作室主持人；2014年被兼聘为佛山市南海区中小学名教师工作室主持人，2014年起享受南海区高层次人才特殊津贴；2015

年被评为特级教师。他主持的广东省中小学名教师工作室，2015年6月和2017年12月接连两届均被评为广东省优秀名教师工作室，谭老师也被评为优秀工作室主持人。

2012年10月至2017年11月，谭老师主持的工作室迎来了五批共48位省级骨干教师跟岗学习，在和他们交流、学习的过程中，谭老师的专业水平也不断得到提升。2014年1月，佛山市南海区成立首批中小学名教师工作室，他被兼聘为区中小学名教师工作室主持人。2014年2月，他主持的省级课题子课题结题，因课题成果突出，得到与会专家的高度肯定。2014年5月，申报的省级课题"初中物理教师的专业成长——基于省级名师工作室个案研究"通过审批，2016年5月顺利结题。2015年4月，申报的省级"强师工程"课题"教师领导力与物理高效课堂的研究"通过审批。

近年来，谭老师近百次应邀到河北、湖南、海口、大连、广州、深圳、揭阳、河源、湛江、江门、顺德、禅城、三水、南海等地上公开课或进行专业知识讲座，广受好评。

作为老师，谭老师认为，自己是幸运的，他得到了很多的关怀、支持和鼓励，他很珍惜这些难得的机遇，并表示要加倍努力工作和学习，以回馈学生和社会。

因为热爱，所以坚守

——记“广东特支计划”教学名师邱海林

引言：教育的过程首先是精神成长的过程，然后才是科学获知的过程。真正的教育是用知识来充盈人生，启迪人心。所以，在教育中，教育者的终极使命就是把受教育者引到自我教育的道路上去。邱海林老师以自己对教育事业的热爱，30多年如一日，坚守教学一线，倾心教书育人。在教育教学中，他坚持因材施教原则，充分尊重学生人格，平等对待每个学生，使学生从思想上获得启迪，自觉投入到学习中去。作为语文学科带头人、省市名教师工作室主持人，邱老师带领学校教师、工作室成员潜心钻研教材，开发校本课程，一心一意培养德智体美劳全面发展的社会主义建设者和接班人，为推动教育事业发展、实现中华民族伟大复兴的中国梦助力。

邱海林，中学语文正高级教师，现任教于广州市第二中学。是“广东特支计划”教学名师、广东省中小学名教师工作室主持人、广东省新一轮“百千万人才培养工程”首批名教师培养对象、南粤优秀教师、广州市高层次人才、广州市基础教育系统名教师、广州市优秀教师、广州市第二中学首批学科带头人。从教30多年，共任教高中毕业班17届，培养数十名学生考入清华、北大、复旦等重点高校，指导学生在全国、省、市作文和阅读竞赛获奖50余人次，担任班主任的班级有多名学生被评为市级以上优秀学生干部、优秀学生。主持研究广东省“十二五”规划教育课题“普通高中语文教材文言文经典篇目选编与应用研究”“普通高中文言文校本课程的开发研究”，广州市教育局特约教研员课题“新课程背景下构建语文和谐课堂的研究与实践”“高中作文序列化训练有效教学研究”，研究成果《高中语文教材文言文经典篇目选编研究的应用实践》获广东省教育教学成果奖二等奖、《普通高中语文教材文言文经典篇目的选编研究》获广州市教学成果培育项目（基础教育类）培优项目（一等奖）、《基于序列化训练的高中作文有效教学研究》获中国教育学会中学语文教学专业委员会优秀教研成果评比二等奖。在省级以上刊物发表论文50余篇，其中2篇论文被中国人民大学复印报刊资料《高中语文教与学》全文转载，3篇论文被索引；论文《潭深波涛静，学广语声低》获全国中语会论文评比一等奖，《由〈赞美〉教学片断看和谐课堂的构建》获江苏省“杏坛杯”素质教育征文评比二等奖。

邱海林老师热爱学生，无论是在课堂还是在课外，都无微不至地关心学生的成长，尊重学生的人格，平等对待每一个学生，以崇高的师德、精湛的教学艺术和优异的教学业绩赢得了学生的爱戴，近10年来，学生评教满意率始终名列学校前茅。

一、春风化雨，身教心润

邱老师坚持育人为先，以“完善人格，壮大情怀，润泽生命”为德育追求，结合学科特点、学情特点，对学生进行爱国主义、集体主义和感恩精神教育，帮助学生树立正确的世界观、人生观和价值观。他从高一年级开始引导学生开展读书报告、时事报告等活动，让学生在活动中交流思想，提高对社会和人生的认识。每周利用辅导时间找学生谈话，帮助他们解决思想上的困扰。

在担任班主任工作中，邱海林老师十分关注学生的全面发展，为促进学生健康成长指导引路，他认真钻研班主任工作方式，创造性地开展育人工作，以热心、细心见长，教育效果突出。他所带的班级班风正、学风浓，曾多次在学校艺术节、戏剧节等大型活动中获奖，每学期被评为文明班级15次以上，多次被评为学校优秀班集体。他的培优转差工作成效显著，学生黄杜达西、韩雅婧被评为广州市优秀学生干部，他先后帮教德育扣分较多、偏科现象严重等不同类型的进步受阻生10多人，其中凌同学、冼同学考入华南理工大学，李同学考入西北工业大学，韩同学考入同济大学，高同学考入中山大学。

二、理念常新，教艺求精

邱海林老师以“让学生因为我爱上语文”为教学追求，主张学在教前，以学定教。他的课堂教学注重打好基础，培养习惯，严格训练，科学指导，既注重面向全体，预设共性问题，开展全班、小组教学活动，又突出个性化的交流。他坚持对学生实施分层教学，抓好“两头”，做好培优和补差工作。

他积极开设选修课程，指导学生开展社团活动，他的教学风格“严而不滞，活而不逸”，深受学生喜爱。

邱老师以阅读教学、作文教学为突破口，创造性地提出了阅读教学的文本重组与资源整合思想、序列化多维度作文教学体系等理论，并在这些领域取得了丰硕的成果。

邱老师以生本和谐为目标，以文本重组、资源整合为抓手，着力构建和谐高效的阅读教学课堂。2005年，他在全国较早地提出了“构建和谐课堂”的思想，并积极付诸实践，先后在《新课程》《中学语文》《成才导报·江苏教育周刊》等报刊发表了相关论文；2007年，申报的课题“新课程背景下构建语文和谐课堂的研究与实践”被广州市教育局立项为广州市中小学特约教研员课题，并顺利通过结题鉴定。

在构建和谐课堂的实践中，邱老师紧紧围绕“生本和谐”这一目标，尝试通过文本重组、资源整合等方法，努力提高阅读教学效率，收到了很好的效果。由邱老师执教的广州市公开课《拣麦穗》（2010年）、茂名市公开课《荷花淀》（2014年）、河源市公开课《短歌行》（2016年），均受到了与会教师的一致好评。

针对当前高中作文教学教材缺位、计划性不强、训练量不足、训练形式单一等问题，邱老师认为，以序列化、多维度训练为核心，建构科学有序的作文教学体系是实现作文有效教学，进而提高语文教学质量的重要途径。2010年起，邱老师以广州市教育局特约教研员立项课题“高中作文序列化训练有效教学研究”为依托，广泛、深入开展实践研究。在实施高中作文序列化、多维度教学体系过程中，坚持以语文素养为核心，以学生为主体，以教师为主导，以能力训练为纵线，以文体训练为横线，以题型训练为抓手，将“堂上作文”与“活动作文”相结合，突出写作的实践性，尊重学生的写作个性，以阅读和素材积累为支撑，建立经典性、时代性、丰富性和个性化兼具的作文素材库。

邱老师的有效作文教学体系突出评价主体和评价方式的多元化。首先，每次写作抽出一定数量的作文，采取本班教师评价与同年级教师评价、本年级教师评价与其他年级教师评价、教师评价与非师评价相结合的方式，既保证了作文的批阅质量，又实现了教学资源的共享。其次，在评价学生作文时，既注重静态的定量和定性评价，又注重动态的过程性评价，同时遵循自主性、多元性、全面性和发展性原则，鼓励学生对自己的作文知识、作文能力进行自我建构、自我评价，坚持教师评价、学生互评、家长与媒体评价相结合，关注作文评价的各种指标和权重，既要求学生写足要求，又鼓励其写出个性，写出亮点；既注重写作结果，又注重写作过程。“指标＋权重”式评价和描述性评价、档案评价、课堂激励评价等多种方式相结合，有效提高了作文教学的效率和学生的写作能力。

邱老师的作文教学取得了丰硕的成果。2010年至今，指导学生在《语文月刊》《羊城晚报》《新课程报》《课堂内外·创新作文（高中版）》等报刊发表作文50余篇，获全国、省、市作文竞赛一、二等奖50余人次。撰写的课题研究报告《基于序列化训练的高中作文有效教学研究》获全国中语会优秀教学改革成果评比二等奖，在省内外开设作文专题讲座数十次，受到了师生的高度评价。

三、坚守一线，业绩著闻

从教以来，邱老师始终坚守在教学一线，共任教过17届高三毕业班。2013年任教广州市第二中学高三（1）班语文，高考全省理科前100名有7人来自所任教班级；2015年任教广州市第二中学高三（2）班暨“应元计划”班语文，高考全省理科前20名有2人，前40名有4人；2018年任教广州市第二中学高三（18）班暨“应元计划”班语文，高考全省理科前30名有1人，前100名有4人，文科全省前50名有1人；培养数十人学生考入清华、北大、复旦等名校；2013年、2015年、2016年3次荣获广州市高考语文突出贡献奖。

邱老师还积极开展第二课堂活动。近年来，共开设选修课程9门，担任学校文学社、书法社指导老师，指导学生获全国、省、市阅读和作文竞赛一、二等奖50余人次，多次获学校艺术节、戏剧节会演一等奖。邱老师的教学业绩被广东电视台现代教育频道、《中学语文》杂志等媒体报道，产生了广泛的影响。

四、以研促教，研教双兴

邱海林老师十分重视教研对教学的推动作用。近年来，他以教材建设和作文教学为主要研究对象，共主持研究广东省教育规划课题2项、广州市教育局特约教研员课题2项。这些课题源于课堂教学，研究成果在本校教学、市内外教研活动和省市骨干教师培训中被广泛应用，收到了“以研促教，研教双兴”的显著成效，深受学生和同行的好评。

在长期的教学实践中，邱老师认识到，教师不能在教材建设方面缺位。针对当前教材选编一线教师缺位以及教材在实践中呈现的各种问题，邱老师提出教材选编者应重视教学对教材的能动作用，教师应通过教材研究提升自己的专业研究水平。2012年8月，“普通高中语文教材文言文经典篇目选编与应用研究”被立项为广东省教育科研“十二五”规划课题，2014年7月通过结题鉴定；2015年5月，“普通高中文言文校本课程的开发研究”被立项为广东省教育科研“十二五”规划课题，2018年12月通过结题鉴定。

邱老师从一线语文教师的视角，研究课程的开发、教材的选编与应用，取得了丰硕成果。论文《文言文经典篇目的文本选编商议——以三种版本教材的〈项脊轩志〉为例》发表于核心期刊《语文学习》，人大复印报刊资料全文转载；《教材中文言文经典篇目的注释探析——三种版本的〈兰亭集序〉为例》发表于《课程教学研究》；《校本语文教材文言文篇目的选编标准刍议》《对教材文言文练习设计的分析与思考——以三种版本教材的〈项脊轩志〉为例》发表于《语文月刊》；《教材文言文选编应如何标点》发表于核心期刊《教学与管理》，人大复印报刊资料全文转载；《校本语文教材文言文篇目的选编标准刍议》发表于《语文月刊》；《普通高中文言文校本课程的开发研究》发表于《课程教学研究》；《文言文助读系统的选编现状与应用价值》发表于《课程教学研究》。邱老师在教材与课程开发领域所做的研究，对促进语文教材建设、提高语文教学质量和促进教师专业成长起到了很好的推动作用。

邱老师连续2届被聘为广州市中小学特约教研员，连续5届被聘为广州市学科高考研究组成员，以核心成员身份参与广州市“一模”“二模”等大型考试命题20多次，他编制的试题曾获广州市新课程高考命题征集评选一等奖。

2013—2014学年，邱老师担任广州市教育局教学研究室教研员、广州市高二语文中心组负责人，带领中心组成员组织全市高二语文教师开展高效的教研活动，先后10余次到不同层次的学校调研，成功组织了广州市高中古诗文积累与阅读竞赛的预赛和决赛，高质量地完成了广州市高二学业水平测试的命题、阅卷和分析工作。

邱老师乐于分享自己的教研成果。自2010年以来，多次为市级以上教研活动提供教学设计、课件；应教育研究部门之邀，主编、参编教育教学书籍30余本；应省内语文教学杂志之邀，编制练习、试题数十套。邱老师深受广大同仁的好评，为全省高中语文教学作出了较大的贡献。

五、甘为人梯，示范引领

作为学校语文学科带头人、省市名教师工作室主持人，邱海林老师十分重视对青年教师、骨干教师的培养，对教育欠发达地区的帮扶支教。他在备课组、科组建设中积极发挥示范引领作用，以示范带学和远程在线指导为主要方式，着力探索教研共同体建设、教师专业成长的高端路径。他带领团队成员深入研究教材教法，努力钻研教学艺术，着力提高语文教学质量。

近年来，邱海林老师共指导校内青年教师10余人，省市级骨干教师50余人。邱老师帮助他们制定职业生涯规划，从教育、教学和教科研等方面作全面指导，促使他们迅速成长为学校的教学骨干和管理骨干。指导的青年教师姚炜、黄穗远获全国教学技能大赛一等奖，张娜获省优课评比一等奖，曾光被评为广东省“阅读之师”、广州市骨干教师，李丽君获广州市班主任专业能力大赛一等奖，被评为广州市骨干教师；指导的省骨干教师李绪文被评为广东省第十批特级教师，郭跃辉被推选为广东省中语会理事、学术委员会委员。

2014年9月开始，邱老师负责学校的“千校扶千校”帮扶工作，他以自己的省市工作室为平台，多次组织学校老师、工作室成员赴结对学校广东省清远市第二中学、贵州省都匀二中、贵州省福泉中学开展帮扶支教活动，为结对学校开设示范课、研讨课，并亲自开设专题讲座。此外，邱老师还积极参加由民进广东省委和华南师范大学、广东外语艺术学院等高校组织的赴教育欠发达地区的送教活动，开设示范课和专题讲座，受到了帮扶支教学校师生的高度评价。

“天行健，君子以自强不息。”邱海林老师以此为自己的人生航向标，潜心钻研，劈波斩浪，始终将满腔的热忱与爱倾洒在教育这片热土上。回望自己30多年的教育之路，邱老师坚信生活的意义就在于做好当下每一件平凡而又普通的事，就像匠人精神，事无巨细，精益求精。因为热爱，所以坚守，邱老师将始终如一地在教学岗位上发光发热，奉献自己，照亮别人。

不负使命，为学生提供优质的教育服务

——记广东省特级教师张颖

引言：在我国的基础教育体系中，数学教育一直都占据着十分重要的地位。小学数学是小学教育的重要组成部分，为学生提供优质的小学数学教育服务是每一位小学数学教师的责任。张颖老师在30多年的教育教学生涯中，不忘初心，砥砺前行，潜心钻研数学教育，立志为学生提供优质的小学数学教育服务。

张颖，湛江市霞山区教育局教研室小学数学教研员，中小学正高级教师、广东省特级教师。国家教育部“一师一优课”“优课”评审、广东省中小学名教师工作室主持人、广东省（第一批）中小学幼儿园教师、校（园）长研训专家。从教30多年，主持国家级课题1项，省教育科学规划课题4项，荣获广东省普教科研成果二等奖2次，出版专著1部，发表论文30余篇。致力于为学生提供优质的小学数学教育服务。

一、实施素质教育，潜心教书育人

1989年师范毕业后，张老师到武汉市红旗村小学任教，第一个大循环教学，就指导了4名学生考入华中师范大学一附中、武汉市外国语学校。1995年，调入湛江开发区一小任教，兼任区小学数学教研员。2001年以全区竞争上岗最高分成绩聘为开发区一小副校长。2003年，她放弃了开发区优厚待遇，担任了湛江市首个省级课改实验区霞山区小学数学教研员，以做义工的心态，引领本地区的基础教育课程改革实验，解读课标，研究课程，培训教师，转变课堂，服务学生。

（一）放眼未来，潜心钻研

20世纪90年代，基于对素质教育的理解，张老师以任教的四年级学生为实验对象，精心设计每节课的复习、预习、协作活动导学案，开展“以学生自学为基础，以团队共同发展为目标”的自主学习形式的“协作学习”实验。实验效果显著：学生会从教材目录入手联系新旧知识确定学习重、难点进行知识迁移；会独立思考、会讨论、会测评；会写质量分析，会反思；会为了达成团队目标而互助。实验班级的成绩超过了中心城区平均分最高的班级近3分；囊括全区参加省“育苗杯”竞赛和全国“奥数”全部一等奖；囊括全区升市二中指标。

1998年，张老师根据自己对素质教育的理性思考和在教学实践中的体会，撰写了论文《转变观念，实施素质教育》，获得广东省小学数学优秀论文一等奖，并在省年会上宣读，得到李淑贤教授的高度赞赏。文中，她写道：“小学素质教育是提高民族素质的奠基工程；未来社会需要他们具备创造和适应力，开拓与实干精神，通用与复合素质，协作与和合态度；要充分体现学生的主体精神，通过学生的吸收和内化，形成一定的技能和技巧，发展解决问题的思维与能力；教师作为教学的指导者，在制定教学目标时，要认清自己培养者的地位，而不是以被动的受委托者和消极的信息传递者去行动；每一位教师都要正确认识学生的差异性，对每个学生尽心尽职，尊重学生，更要偏爱学困生；要培养学生用数学的眼光去看问题，运用数学的思想判断事物，运用数学的方法参与实践活动；培养学生的数学意识、思想方法、良好的个性和协作能力。”

当今社会需要的是有健全人格和创新精神的人。在校期间，张老师会在每节课的前两分钟拟定一个教育主题读一段短文，对学生进行美育教育。通过潜移默化的影响，良好的公民意识慢慢在学生的心中开花结果。

在基础教育课程改革来临之前，张老师撰写和发表了一系列关于转变观念，实施素质教育的文章，如《现代管理学在学科中的运用——小学五年级协作学习试验研究》《转变观念，实施素质教育》《让课堂教学活起来》《儿童创造能力的早期培养》《让学生在玩中学数学》。2001年，在《湛江教育》发表了湛江市第一篇小学数学课程改革的文章《喜读数学课程标准》，2002年在《广东教学报》发表了文章《面对数学新课程，你准备好了吗?》等。

（二）立足课堂，教书育人

课堂是学生学习的主阵地。从1996年开始，张老师就主动探索自制课件、微课录像，使用“四机合一”开展课堂教学。在执教的《三角形的认识》一课中，引导学生亲身经历“提出问题—假设猜想—操作实践—归纳验证—解决问题”的全过程，在课中增加了“构成一个三角形必须满足什么条件?”这一新内容。此次教学展示获湛江市课堂教学竞赛一等奖，教学设计刊登在《广东教学研究》1998年第10期上。几年后，这种教学模式和增加的内容出现在新课程教科书中。

同年，她创造性设计并执教了以学生为活动主体的户外实践课——《吸烟的危害》。该课入选湛江市编撰的《健康教育》(实验教材)，接受教育部审批的展示课，接待教育部体卫艺司杨贵仁司长一行，得到了杨司长的高度肯定，湛江的健康教育工作及教材在全国得到推广。在杨司长的推介下，次年，教育部组织的全国两千多人的“体健”考察团来到了她所在的学校现场观摩学习，学校成为推进“快乐体育园地”建设的示范单位。

1999年，张老师开展了“儿童创造能力培养”的研究，提出了“让儿童早过识字关，培养自学能力；大量阅读，培养广泛兴趣；正确回答儿童的提问，培养查找资料的习惯；开展实验活动，培养动手能力；明辨是非，培养良好的道德品质；树立远大的理想，培养良好的个性”的新观点，并在一年级开展“综合课”的实验研究。通过一年的实验对比发现，学生不仅在数学上取得了较大进步，识字量也达千字以上，能独立阅读，理解能力和综合素养等方面远远超过对比班。

2000年，张老师接受中国教育学会数学教育研究发展中心多媒体教学研究部和数学教育研究发展中心尝试理论教学研究会的邀请，在“新世纪数学多媒体计算机辅助教学观摩研讨会”上，运用自制课件等信息技术执教了《除法的初步认识》示范课。“十五”期间，执笔撰写的校本课题“以良好习惯养成为突破口，探索素质教育新途径”研究成果获得了广东省第二届普通教育教学成果二等奖。2002年，为广东省小学数学专业委员会第八届年会作示范课《24时计时法》，撰写的教学实践案例《给孩子一片发展的天空》在《小学数学教师》上发表，《让学生在探索与交流中自主发展》在《广东教学研究》上发表。

二、开展课题研究，保障课改实验

2001年秋季开始，我国基础教育领域以前所未有的热情投入了以“为了中华民族的复兴，为了每位学生的发展”为核心目标的基础教育课程改革。2002—2005年，张老师参加了广东省普教系统“百千万人才培养工程”第二批省级培养对象高级研修班的学习。这次学习不仅提升了张老师的教育教学思想水平和教育科研水平，更进一步升华了她作为教育工作者的责任感和使命感，改变了她的教师生涯。

2003年秋，根据上级要求，张老师放弃开发区优厚的工资待遇，调入收入只有原来三分之一的湛江市首个省级第一批课改实验区霞山区担任小学数学教研员，以极大的热情投入到对新课程改革实验研究和对教师的指导培训工作之中。

（一）促进教师专业发展

调入霞山区前的暑假，张老师开始对霞山区课改一年来的情况展开了调研：与实验教师交谈，倾听他们的苦、累和困惑。阅读首批120位教师的实验论文，发现大家对新课程的认识尚处在理论“鸿博”，实践“空虚”的层次。2003年9月2日，开展了首次全区新课程教材、教法培训，并对200多名实验教师进行全员问卷调查，分析全部有效问卷，并做出较为全面的分析报告。接下来，她走遍全区50所学校，深入乡村、海岛开展调研，了解课改实验情况，进行数据分析，发现教学中的真实问题。针对实践中凸显的问题，张老师认识到培训和指导工作迫在眉睫。紧接着，她把工作重点放在《义务教育数学课程标准（2011年版）》解读和课堂教学指导上。根据学校的差异，分别对公办学校、农村学校、民办学校进行有针对性的《义务教育数学课程标准（2011年版）》解读讲座、教材分析、课例分析；组织优秀课例展示并送课下乡……

反思几个月的教研工作，尽管在培训、讲座、指导上投入了大量的时间和精力，但是，平均分配到每位老师身上的时效只能算九牛一毛。一线教师仍然在迷茫中摸索而不得其法，仍然有相当多的教师“穿新鞋，走老路”。张老师认识到，仅靠教研部门的指导与培训，是远不能满足新教材实验的需要的。只有挖掘培训资源，拓宽学习途径，将教师自身专业发展与“校本研训”工作相结合，使教师真正参与到课程改革与建设中，在参与中转变观念，在实践中学习，在反思中进步，才能保障基础教育课程改革实验工作顺利进行。

2003年12月，张老师提出并主持开展了“三位一体区域性校本研训模式及教师专业发展途径的研究”课题研究。2006年，该课题获广东省中小学教学研究“十一五”规划课题立项，第一轮六年新教材实验完成并结题。通过本课题的研究，构建了适应课程改革需要的区域性“校本研训”网络；探索出了适合区域性开展的研训模式和促进教师专业发展的途径；形成了以“区教研会专业引领”“区中心备课组同伴互助”“校本研训促进教师专业发展”的区域性校际合作下的校本研训模式，共同解决学校和教师在教育、教学实践中发现的问题以及遇到的困惑；探索出了“以教材研究促进教师参与学习”“以案例研究促进教师学会反思”“以专题研究促进教师参与研究”的促进教师专业发展的途径。本次课题研究为霞山区小学数学教研会搭建了专业引领的平台，团结了区内精英力量指导全区小学数学教学工作；为数学教师搭建了同伴互助的平台，形成了城区学校、农村学校、民办学校共同参与的区域性“同伴互助”的关系；为基层学校搭建了校本研训的平台，将专题研究与校本研训结合起来，使教师经常地、潜移默化地融于培训与教研之中；实现了工作与研究、学习与培训、研究与培训的真正结合，促使教师成为学习、工作和研究三位一体的专业型人才，为本地区小学数学课程改革的顺利进行提供了从机制到人力的有力保障；为其他学科和地区的课改工作提供了值得借鉴的理论与实践经验。

课题的终期成果《探索区域性研训模式，促进教师专业化发展》转变了教师的教学观念以及学生在课堂中的学习状态，培养了教师团队。该课题成果获北师大版教材课改经验交流一等奖；2009年，获广东省第七届普教科研成果二等奖。

（二）构建优质生态课堂

随着《义务教育数学课程标准（2011年版）》的出版和第四版教材的修订，面对新一轮课改，张老师将研究方向从教师的培养转向对新课标、新教材和数学课堂的研究上。2012年1月，张老师推出一节新课标理念下的新课，并在湛江市全市展示，同时向全市教师介绍了修订后的《义务教育数学课程标准（2011年版）》。为保障第二轮课改的顺利进行，她分别从优质和生态两个层面提出并开展了两项新的课题实验，引领和培训教师提高课堂教学质量，提升学生在课堂中自主学习的能力，发展学生的创新意识和应用意识。

2014年，张老师提出并申请北师大版新世纪小学数学“读懂课标、读懂教材，读懂学生，落实四基四能之实践探索”的课题研究获批立项。在湛江市全市范围内进行新一轮《义务教育数学课程标准（2011年版）》解读，并开展“参与式案例分析”的教材、教法培训，帮助教师把握并在课堂教学中依据《义务教育数学课程标准（2011年版）》，理解教材设计意图，提升教师专业水平，落实四维目标，发展核心素养，为区域内学生提供“优质的小学数学教育服务”。2016年，课题结题并获北师大教材实验年度资源评审特等奖。

2016年，基于中国中小学生核心素养，经过两年的思考，张老师提出并主持了广东省教育科研“十二五”规划课题“构建基于学生发展的小学数学优质生态课堂”，带领6个研修团队、省级骨干教师学员团队、市级指导教师、名教师工作室团队开展课堂教学研修。组织团队反复磨课、上课，把青年教师推到前台，让他们亲身经历组织、展示、评析、现场答辩、撰写案例等一系列研训活动，引领教师向研究型、专家型教师成长。开通了“张颖优质生态课堂”微信公众号，展示青年教师团队的研磨体会、学校的教研活动、推荐教育法规及教学研究等相关文章。组建了“霞山教研吧”，随时研讨教师在教学中遇到的问题。通过本课题研究，提高区域内小学数学教师的专业技术水平，在“基于困惑—开展研究—主动学习—努力改变—创新适应—获得发展”的研究进程中，唤醒教师的使命感，使教师自觉投入构建优质生态课堂的自我教育和学习中，成为有能力、负责任的教育者，为学生提供优质的数学教育服务；构建生态的小学数学课堂，通过教师优质的专业引领和指导，使学生在课堂活动中积极主动地学习，实现学生学习与发展真正统一的和谐课堂。为学生数学素养的发展，生动活泼地、富有个性地成长为有社会责任感、有研究意识、有创新精神、有求实态度和能够合作的人奠定基础。2017年10月，阶段性成果获教育部北京师范大学基础教育课程研究中心举办的新世纪小学数学第十一届教学设计与课堂展示活动教学研讨和现场答辩活动全国一等奖、教学设计与课堂展示活动全国一等奖、团体一等奖。

教育，是为了每一个孩子的发展，更是对国家的未来负责。不忘初心，砥砺前行，为学生提供优质的小学数学教育服务，方能不辱使命，不负重托。

不忘初心，坚守瑶山教育

——记广东省特级教师莫艳辉

引言： 国运兴衰，系于教育；三尺讲台，关乎未来。学校是教育的主阵地，教师是国家教育最具潜力、最富活力的资源，广大青少年学生是祖国的花朵、民族的希望。作为教师，应当不忘初心，坚守教育岗位。莫艳辉老师是一位坚守在瑶山教育28载的初中语文教师。她崇尚“赏识教育”，倡导“愉快教语文，快乐学语文”，形成了“亲切自然，富有激情”的教学风格。28年来，莫艳辉老师始终坚持在教育教学的第一线，在平凡的三尺讲台上默默地耕耘着，如春雨般润泽山里孩子的心灵，引导他们成长、进步。

莫艳辉，瑶族，1973年9月出生，汉语言文学专业，本科学历，1992年7月参加工作，是中学语文高级教师、广东省特级教师、广东省南粤优秀教师、清远市首批名教师、广东省中小学名教师工作室主持人。

莫老师崇尚赏识教育，创设生命课堂，关注学生身心成长，倡导“简单教语文，轻松学语文”，所教学生语文素质提高快、成绩突出，指导学生参加省市征文、朗诵、演讲比赛等均获得好成绩，深得学生和家长赞赏。撰写的《走出范读的误区》等10余篇文章在《语文建设》《师道》等刊物上发表或获奖；《左迁至蓝关示侄孙湘》《终南别业》被评为“一师一优课，一课一名师”部级优课；先后参与5项省级、市级课题的研究，推广成效明显。

作为省市中小学名教师工作室主持人，莫老师积极发挥主持人的引领作用。她指导成员上研讨课，送教下乡，举办专题讲座，做课题研究。成员成长迅速，登上了市级、省级赛课舞台，并获得一、二等奖的好成绩。培养了一批粤北山区优秀初中语文教师，带动了学员学校、区县的语文教研，助推了清远市初中语文教学改革。

被学生亲切地称为“小莫”的莫艳辉老师是初中语文高级教师，清远市首批名教师、清远市中小学教师工作室主持人、广东省南粤优秀教师、广东省特级教师，是一位坚守在瑶山教育28载的初中语文教师。

一、热爱教育，坚守瑶山

莫老师出生在粤北山区的一个党员教师家庭。受父亲的影响和熏陶，莫老师从小就立志当一名像她父亲那样受人尊敬的人民教师。初中毕业时，成绩优异的她填报了原广东省连州师范学校。毕业时，她主动要求回到父亲工作了一辈子的连南最偏僻的号称“小西伯利亚”的盘石乡任教。后因教育教学成绩突出而先后被调到马安中学、民族中学任教。近10年来，很多连南教师为改善自己的工作环境和生活条件而纷纷想方设法调往珠三角地区任教，莫老师却从未动过这样的念头，而是一直坚守在瑶山教育的第一线，多次婉拒了清远、深圳、北京等市学校的邀请，抵住可以转行党校、政府部门的诱惑，心甘情愿地留在她所眷恋的瑶山任教。她说是瑶乡这片热土培育了自己，就应该踏踏实实地做一名扎根瑶区的优秀教师，回报自己的家乡。1992年从师范学校毕业分配工作至今，莫老师甘愿奉献，抵住诱惑，一心扑在教书育人的工作上。28年来，她始终坚持在教育教学的第一线，在平凡的三尺讲台上默默地耕耘着，如春雨般润泽山里孩子的心灵，引导他们成长、进步。

二、尊重关爱，学生信赖

莫老师从事教育工作28年，当了10多年的班主任。莫老师认为尊重、关爱学生是当教师的根本要求，更是管理好班级的保证。她通过观察、谈心，了解学生的内心世界、思想动态、学习状况……当他们有心理上的困惑时，适时地向他们伸出援助之手，进行正确的引导；当他们厌学或学习退步时，及时地和他们一起分析原因，寻找对策，鼓励他们重拾信心，迎头赶上；对犯了错的学生，更是耐心教导，与其促膝长谈，寻找病因，并对症下药……在学习和生活中处处关心学生。对后进生，莫老师尤为偏爱，会给予他们更多的耐心、关爱和辅导，积极地对待他们的每一个闪光点，常鼓励、多表扬。一旦发现他们有反复犯错的现象，莫老师绝不气馁或放弃，而是找出其反复的原因，针对具体情况，因势利导，再给予具体的帮助，不少后进生因此取得让人意想不到的成绩与进步。同时莫老师通过家访，了解学生在家的实际情况，对学生每取得的一点进步都及时告知家长。通常是一届学生带到毕业，不但学生和莫老师成了朋友，家长也成了她的朋友。

莫老师还通过周记了解学生的思想动态，经常切合他们的实际写一些排解困惑和鼓励的话，使之进步。渐渐地，学生把她当成了无所不谈、能为他们排忧解难的最让他们信赖的知心朋友。一名姓朱的男生和他妈妈发生冲突，气急败坏的他打烂了家里不少东西，在与妈妈尴尬对峙的时候拨通了莫老师的电话，寻求她的帮助；一名姓邓的男生因第一次模拟考试成绩不佳而与其父亲发生口角，一气之下，茫然地走向连山（邻县），天黑时才发觉已走到了30里外的太保镇，在惶恐中打通了莫老师的电话，向她求助；一名姓李的男内宿生半夜牙疼得厉害，疼痛难忍之时拨打了莫老师的电话，向她求助；中考前夕班长李同学和她母亲闹翻了，打电话给莫老师说不参加升中考了……七月初，升中考成绩公布，李同学的语文考了120分，是全县语文状元——唯一的一个满分，并且以高分考上清远市第一中学。

莫老师所带的班级无论是思想、纪律，还是学习都是全级最好的，连年被评为校、县先进集体。莫老师用爱心、耐心和恒心赢得了学生们对她的喜爱与信任，学生亲昵地把她称为“辉姐”“小莫”，把他们班称为“我们可爱的家”。每次考试或参加比赛，他们都有句口号“关键时刻，怎能让她失望”。每年的寒暑假或节日小长假，她的学生都会挤满屋子与她欢聚一堂。

三、快乐教学，提高素养

莫老师注重学习，通过阅读教育专著，参加培训，充盈素养。她崇尚“赏识教育”，创设生命语文课堂，关注学生的身心成长；倡导“愉快教语文，快乐学语文”，形成了“亲切自然，富有激情”的教学风格。学生在她创设的轻松和谐的氛围中愉悦学习，快速提高语文素养。她辅导的学生参加征文、演讲比赛荣获省、市奖多项。

从教28年，莫老师一直以培养、提高学生的语文素养为教学目标，运用多种教学手段，通过引导、点拨，唤起学生的求知欲和学习兴趣，让学生在愉快的氛围中学习，把语文学习当成精神上的一种享受。“听、说、读、写”是语文的四项基本功，很多语文教师只重“读、写”而轻“听、说”，而莫老师却格外地重视，因为它们与学生的素养息息相关。连南是瑶族自治县，莫老师学校有1500多人（一大半）是瑶族学生，针对他们受瑶语的影响，说普通话没有送气音，在汉族学生面前自卑，很少开口说话和不敢回答课堂问题等情况，莫老师利用语文课前3—5分钟专门训练学生的听、说能力。从读顺口溜、绕口令或背一首诗、一段美文入手，然后向同学推荐自己喜欢的文章，或是说说新闻，谈谈趣事。或者利用口语课进行成语、故事接龙，朗诵、演讲比赛，讨论、辩论赛，以此增强学生的自信心，提高学生的听、说能力和思辨能力。每次公开课，莫老师所任教班级的学生清晰、流畅的表述常常得到听课者的称赞。她辅导的学生参加省、市、县朗诵、演讲比赛均能获奖。

此外，莫老师还特别注重课堂教学效果。真诚对待每一个学生，使学生乐学、会学、善学语文，在学习中获得快乐与成功。课前，分析学生状况，认真钻研教材，揣摩教学方法，推敲板书设计，琢磨过渡语言……以求学生在每一节语文课上均有所得。课中，莫老师并不局限于教材，而是努力将课堂与社会生活联系起来，与自己个人的阅历联系起来，与学生的实际联系起来，努力开拓他们的视野，培养他们的创新思维以及良好的学习习惯；提倡大胆质疑，发表看法。课余，乐于与学生交流。莫老师外出学习，学生在周记中写道："没有了语文课，感觉就不像上学。"她所教的绝大部分学生会认为语文易学、好学且爱学，学生的语文素养提高得很快。她所任教班级学生学习兴趣浓厚，主动参与学习，课堂气氛和谐、活跃，创设了快乐的生命课堂，经常受到听课教师的赞赏。近年来，逐步形成了"亲切自然，富有激情"的个人教学风格。2013年，省送教下乡到连南，莫老师承担的同课异构课《左迁至蓝关示侄孙湘》获得了语文教学专家孙春成、广东省教研院冯善亮老师、清远市教研院邵献计老师的高度评价。该节录像课参加2014年"一师一优课，一课一名师"活动荣获了省级、部级"优课"奖。

四、潜心教研，扶掖后辈

莫老师认为，时代在前进，教育也必须与时俱进。她特别注重通过积极参加各级各类的业务、理论学习和网络教育提升自身专业素养和科研能力，跟上时代教书育人的步伐。莫老师潜心教研，积极参加课题研究。她主持的市级课题"优化山区初中语文教师课堂言语，构建高效生命课堂策略研究"已于2017年9月顺利结题。此外，莫老师作为主要成员参加的两个省级课题、一个市级课题已经顺利结题。她的论文在《语文建设》《师道》等刊物上发表。

作为清远市名教师，莫老师经常和年轻教师一起集体备课，切磋教艺，指导他们掌握现代教育教学理论和尝试新的教学方式、方法，使他们在实践中不断提高教育教学水平，起到了引领、示范作用。她经常送教下乡，指导乡镇教师怎样给农村的孩子上好语文课，深受大家的欢迎和好评，在同行中发挥了骨干教师的辐射作用，为提高同校、同县语文教师的水平贡献了力量。

2014年，清远市莫艳辉初中语文教师工作室揭牌，她把自己的团队称为“70语文追梦人”。依托自己的工作室，她创造性地打造属于瑶区特色的优秀语文教师队伍，带领工作室成员认真学习研修、积极探讨教学问题，努力研究教学规律，指导他们上县级研讨课和示范课、承担连南县初中语文教师的培训任务和引领青年教师的任务，在教育教学和科研中积极发挥示范、带头、辐射作用。2014年和2017年，在全县初中语文教师培训和全县学科组长培训会上，莫老师分别作了“教师言语美成就灵动的语文课堂”“加强学科团队建设　促进教师专业成长”专题讲座，引起了现场教师们的强烈共鸣。在莫老师的引领下，工作室成员通过自主研读论著、每周QQ群研讨、举办专题讲座、开展同课异构和课题研究活动，教学教研能力得到快速提升，收获满满。3年下来，莫老师和工作室成员在省、市、县级刊物发表文章5篇，省、市级论文获奖11篇；荣获部级和省、市、县赛课奖9人次，荣获市、县优秀指导教师奖17人次；被评为县优秀班主任、优秀教师9人次，4人被所在学校提拔为行政领导，1人被聘为县初中语文教研员，莫老师被评为清远市首批名教师和广东省第九批特级教师。2016年12月，工作室在终期检查中以第一名的好成绩顺利通过，并赢得市教研室专家给予的“高端、雅气”赞誉。

五、畅想未来，逐梦不止

莫老师的付出、努力和取得的成绩赢得了师生、家长和社会的认可，2011年、2016年高票当选为连南县第十四届、第十五届人大代表，同时2016年高票当选为清远市第七届人大代表。在担任人大代表期间，莫老师就连南教育的发展和连南的民生积极进言献策，对稳定连南县教师队伍，防止优秀人才外流和促进民生工程的落实起到了积极的作用。

热爱教育、热爱学生，对工作要求尽善尽美的莫老师通过努力，在教育教学上取得了骄人成绩，但为了适应新时代教育教学的需求，莫老师表示仍会一如既往地从高从严要求自己，表示今后将继续刻苦钻研，积极探索，不断总结经验、得失，努力提高作为一名特级教师的综合素养，在平凡的工作岗位上，倾尽所能，继续为瑶山教育的健康发展献力！

荣誉是对过去的肯定，名师称号却是她永远的追求。莫老师表示，只要教书生涯不止，她追逐教育梦想的脚步就不会停歇。日后，她将带着“广东省中小学语文名教师工作室主持人”的神圣使命，领着年轻上进的语文人再起航！

从“个性化”到“素养”

——记广东省特级教师胡雪峰

引言：人生如白驹过隙，胡老师恒久不变的教育情怀，使她在“素养语文”教育之路上，收获了无数花香，经历了从“个性化”到“素养”的转变。

胡雪峰，本科学历，广东省特级教师，中学语文高级教师，广东省作家协会会员。在《中学语文教学》《语文教学与研究》《广东教育》《教师报》《中国教师》《少男少女·教育管理》等报刊上发表论文、案例30多篇；主持或参与省市级课题研究10项；教研成果、教育教学论文和案例等获市级以上奖100多次；有100多篇（首）散文、诗歌作品发表于报纸杂志；县级以上公开课或讲座53次；出版发行了教育专著《初中语文教育思考与实践》、诗集《春风吹过枫树林》、课题成果编著《伸手摘星辰》和《踏浪归来》。先后荣获广东省第十批特级教师、广东省中小学新一轮“百千万人才培养工程”名教师培养对象、惠州市优秀教育科研工作者、首席教师、惠州教育领军人物、人民教育家培养对象等称号。《少男少女·教育管理》杂志将其作为封面人物介绍。

名师格言：唯有热爱与坚持探索，才能拥抱语文教育之路上的鲜花。

20世纪90年代初，胡雪峰老师初登讲台，便觉“春风花草香”，满是新奇，满是欣喜。“如何更好地教书育人”也成为胡老师一直思索的问题。她想，只有泡在书中、专在教中、勤在写中、乐在育中，努力提升自身素养，才能渐入教坛深处。一晃近30年过去了，胡老师依然与孩子们打成一片，教书育人，读书写诗，“相看两不厌”。

一、语文教育之路：从“个性化”到“素养”

（一）初涉教坛，天光云影清如许

在科组长的悉心指导下，胡老师懂得了如何备课写教案、如何组织课堂、如何发问互动等，并参加了学历进修。边教边学，胡老师还听取了余映潮、魏书生、洪镇涛等教育大家的讲座和公开课，受到了很多启发，也激励着她不断求索。

在教学、听课之余，胡老师尝试着把教学中的点滴体会写成精短论文，其中有几篇发表并获奖了，这让她对语文教育更加充满信心和渴求。如她的论文《人物动作描写有声有色》获得全国精短教学论文比赛一等奖。

但对胡老师来说，触动最大的还是上公开课的经历，她说，一次次检查课、研讨课、竞赛课，就是一次次的历练、思考、彷徨、反思、兴奋与进步。

（二）再上层楼，望教涯为伊憔悴

从2001年至今，胡老师一直任教于广东惠阳高级中学。“广东惠阳高级中学是我专业成长的沃土。”任教期间，胡老师努力钻研，把每一堂课都当作公开课来上，寻求最佳设计与组织形式，并不断反思，不断改进，常为达到自己心中的满意教学设计而熬至深夜。特别是2004年开始全面实行课程改革实验时，胡老师重新树立理念，梳理思路，从新的起点出发，勇往直前。2004年，她所执教的公开课《山中访友》获惠州市一等奖，后在人民出版社总编室和中语会主办的“初中语文教学案例”评比大赛中获三等奖。

在课题研究方面，胡老师的研究中心经历了从“个性化”到“素养”的转变。2005年，她申报了《个性化作文之拓宽学生写作资源》课题并成功立项。这一课题注重学生个性发展，从课堂到课外，从语文教学到育人管理，让她对语文教育研究有了新的认识。2009年，她成功申报的省级课题的关键词还是“个性化”。2012年，她开始对语文素养进行研究，成功申报市级课题“在课堂教学中全面提升学生语文素养”。2015年，她成功申报省级课题“基于人文视域下的初中学生语文素养提升策略研究”和“基于学生核心素养发展的课堂与活动模式研究”，现已全部结题。这些课题全部围绕“素养”。结题论证时，其“界定初中学生核心素养‘314’模式”获得专家的高度评价。这一模式结合教学实际与多年的教育经验，从人与自身、人与工具、人与社会这三个角度把学生核心素养分为三个方面十四点：

第一，自身素养。包括：体能心理、自我教育、交流沟通、艺术审美。让学生具备这些素养是为学生的终身发展奠定基础。

第二，科技素养。包括：知识技能、思维能力、信息技术、实践能力、创新能力。提升和丰富这些素养，为学生将来推动社会向前发展发挥作用。

第三，人文素养。包括：法制民主、合作共处、礼仪规范、家国情怀、国际视野。培养学生这些素养，有利于社会稳定、和谐地发展。

这“三个方面十四点”与2016年9月13日教育部委托课题、中国学生发展核心素养研究成果正式发布的“三个方面、六大要素、十八个基本点”的内容基本吻合。

除此之外，胡老师提出的“化整为零培养学生核心素养，改革常规课堂为‘40＋5’模式”以及开展的创办“海域文化”主题融合的学习活动也获得了一致好评。

（三）灯火阑珊，拾掇真金齐闪烁

在广东惠阳高级中学任教期间，胡老师参加了广东省初中语文文学作品阅读教学设计研修活动、广东省中青年初中语文教师作文教学培训研讨会，以及清华大学卓越女性文化与修养、惠州市教育家培养对象赴港培训等培训学习。2012年，胡老师被确定为广东省新一轮中小学“百千万人才培养工程”名教师培养对象后，她站在新的起点接受了众多专家、名师的教导和教育思想的熏陶。此后，她还赴美国哥伦比亚大学进行了短期培训与考察，这让她开阔了视野，并能从不同的视角看待语文教学，让她的语文教育之路越走越宽，让她有了更高远的追求。

广东惠阳高级中学还积极组织各级各类教研活动，多次承办市、区中考备考会和公开课比赛活动，实施面向社会、家长的教学开放日，开展多种文化节活动，接待省内外考察团来访等。对于这些活动，胡老师都积极参与，默默耕耘，在一节一节的公开课、研讨课中，她成长起来，并初步形成了自己的教学特色。在南粤名师讲堂活动中，胡老师执教的《天上的街市》让学生在“学读，体味诗的音乐美”“交流，品析诗的意蕴美”“吟诵，感受诗的情感美”这三个环节中自主探究交流。惠州市教研员周瑞彬老师如此评价胡老师执教的《天上的街市》一课：教学设计新颖，紧扣诗歌特点，教师亲和庄雅，互动灵活机智，让学生在诗情画意中深刻感悟诗歌的意境与意蕴。

多年来，胡老师的课深受学生的欢迎，学生对她有很大的期待，家长信任她、尊重她。任教期间，胡老师还担任了五年的备课组长和五年的科组长。任职期间，科组成员大力支持她的工作，热情参与研讨活动，这也推动着胡老师不断向前。

后几年，胡老师从学校、区、市、省一级一级上公开课、竞赛课，参加一轮一轮的论文比赛，在学科摸索中耕耘着、沉淀着，收获着、前进着，快乐着、幸福着。

回顾以往的教学，胡老师总结道："基于对语文的热爱和情怀，我才有不竭的动力去探索；基于对教育的责任和梦想，我才能不断地成长；基于对学生的热忱和尊重，我才能不断地坚持学习与研究；基于对现实的冷静和期待，我才能开拓创新，深刻反省。"正是在"认知—开窍—学习—反思—成长"的过程中，在多年磨炼捶打中，胡老师逐步凸显出自己的教学风格。

二、形成个性化的教学风格：亲和庄雅，灵动情韵

胡老师的教学风格的主题词是"亲和庄雅，灵动情韵"。

第一，亲和。

师生关系平等，构成共同成长体，教学设计贴近学生的实际水平而又有发展空间，与学生交流互动时亲切和蔼。

例如，胡老师常给陌生班级上公开课，需在较短的时间里与学生熟悉，这时，老师的亲和力很重要。胡老师常与学生玩互动小游戏，或谈话，或讲故事，或送礼物，或猜谜语，通过这些方式消除学生的陌生感与紧张感。在课堂互动过程中，胡老师以赏识、启发学生为主。备课前，她先向将要上课的班级的老师了解情况，课前再与个别学生见面认识，继续交流了解，课堂上根据学生的情况灵活地调整教学设计，以课堂生成为主。

第二，庄雅。

仪态、教态端庄秀雅，课堂语言质朴典雅，课堂氛围活跃但拒绝低俗，让学生在浮躁的社会现实中保留文雅之气质。

爱美之心人皆有之，孩子也喜欢美丽的老师。每个人的先天条件是无法改变的，但秀雅的气质是靠自己后天的修炼形成的。胡老师在课堂上自然地展现自己典雅的语言、文学的修养、写作的素养，让学生耳濡目染。有时学生受社会影响，把不合适的、欠缺文雅的行为带进课堂，胡老师也不恼怒，只是巧妙地进行引导。

第三，灵动。

能根据语文丰富的教学内容灵活设计课堂教学与语文活动，课堂互动和活动过程灵动、机智。在自然生成的过程中，师生之间是情感、心灵的呼应和对话。

《醉翁亭记》是一篇经典课文，胡老师教过很多次，但是她每次给学生解读的方式都不一样。包括介绍文体"记"，再自悟其理法；以"乐"字为切入口进行全篇阅读；与《岳阳楼记》对比阅读；给多名学生分好段落，让

他们轮流上讲台边诵读边解读；采取裸读、解读与背景解读对比的形式。在形式多变、灵活的教学中，带领学生个性化、高效地掌握《醉翁亭记》这一教学内容。

第四，情韵。

文学作品是有温度的，带领学生在丰富的情感中徜徉，使其能与作家、作品深入对话。文学作品是有韵味的，在品赏之间感受其多彩魅力，在咀嚼之余领略其深长韵致，在审美之中触摸人生之无常、生活之甘苦、社会之繁复，继而能知人论世，练达文章。

例如，在胡老师的带领下，七年级的学生度过了充满诗意的第一学期。首先，学生们每日读《繁星·春水》，课前5分钟配乐朗诵自己喜欢的一首诗，解读一首并与同学一起分享；然后，周末仿写一首或创作一首诗；到了周一语文课上，就朗读自己的作品，师生互动欣赏、点评，再提升、修改，推荐佳作进班级作文集。

三、追求特色高效课堂：活、新、实、美

（一）活——课型多样，资源丰富

课型多样。胡老师的课堂上，有辩论、表演、书写、朗诵等。胡老师致力于让学生活跃起来，启发善诱，循序渐进，让学生越来越喜欢语文。

教学资源丰富。胡老师不拘泥于课文，将身边的文化资源整合成课程资源，让学生大开眼界，积累更多的写作素材，提升学生的思辨能力。

教态自然灵活。胡老师追求端庄，衣着得体，和蔼可亲，说话力争抑扬顿挫，在尊重中鼓励和信任学生，让学生在不知不觉中轻松愉快而又充实地度过一堂堂语文课。

课堂有情趣有理趣。2010届学生谢雨霖说："胡老师对我们的评价中肯，激励性强，有时还很风趣幽默，让我们在意味深长的笑声中学习，我们一点都不觉得累。"胡老师的课堂，深刻隽永的哲理蕴含在娓娓道来的故事中，真情美好的人性点缀在斑斓多彩的生活情景中。

（二）新——教学设计精巧，互动流畅自然

2010届学生钟颖说："胡老师上课的过程总是行云流水般自然顺畅，一气呵成。导入新课很有吸引力，能激趣，注重情景教学，问题设计巧妙，互动交流充分，看似随着我们学生的思维进度在走，以生成为主，却又在老师的掌控、调整之中，环节过渡自然，课件运用得体，不滥用，不依赖。"胡老师的课堂，教学手段与方法都很新颖，不重复，又出其不意，让学生觉得新奇而又兴奋，这样学生乐意参与活动，积极思考，主动发表见解。

（三）实——注重宏观与微观知识的把握

2007届学生谭鹏阳说："在胡老师的课堂上，我们觉得又开心又充实，许多知识点都融合在其中，一点枯燥感都没有。"2007届学生曾琪斐（当年中考语文单科状元）说："到了九年级，我真正明白了老师的良苦用心与教学安排的精心，七、八年级的教学有许多的铺垫，梯度清晰，循序渐进，无论是感悟还是思维，无论是阅读还是写作，我们感觉语文越学越有味，越学越轻松，成绩稳定，成为我们的优势。"

（四）美——诗意美、语言美、板书美

2016届学生严凌菲说："胡老师善于创设情境，让我们自觉进入'对话''互动'，特别是讲散文和诗歌时，常把我们带进唯美诗情之中，感受语言的魅力，胡老师经常设计一些很巧妙的板书，让我们的思路更清晰，理解更透彻。"2004届学生蔡海灵毕业时，专门写了一篇文章评价胡老师的语文教育和带给她的深刻影响，尤其称赞胡老师优美的教学语言和巧妙的板书设计。2010届学生罗溪曦（当年中考语文单科状元）说，最难忘胡老师带他们背诵半部《论语》和学习《唐诗宋词鉴赏辞典》。

白驹过隙，但岁月改不了胡老师的教育情怀，她在"素养语文"教育之路上继续前行，再回眸，不为岁月无情而伤感，只为教育而反思。教海无涯、上下求索是语文教育之路上前行的基石，回眸与反思是审视自己的运行轨道是否良好的必要手段。回首教育之路，胡老师说，她庆幸自己一路上有很多同伴、很多导师的指导，总在随行中闻到花香，俯身拾得花瓣。胡老师也希望，在不久的将来能在语文教育之路上闻到"满架蔷薇一院香"。为此，胡老师表示，她将倾己所有，尽心竭力，争取更好地教书育人。

敬业矢志不渝　奉献无怨无悔

——记广东省特级教师唐培辉

引言：教育是一件特别值得用心经营的事情，正如乌申斯基所说：“（教育）从表面来看虽然平凡，却是历史上最伟大的事业之一。”同时，教育也是一种慢的艺术，一种内心的坚守。唯有甘于平凡，甘于奉献，才能收获教育的幸福。35年来，唐培辉老师坚守教育一线，默默浇灌“希望之花”。他坚持以德为先，以责为重，以生为本，用心探索班级管理方法，精心研究课堂教学，潜心钻研教育科研，赢得了学生、家长、同行和社会的广泛赞誉。

唐培辉，广东省特级教师，南粤优秀教师，中学数学高级教师，清远市第一中学数学学科教研组长及学科带头人。清远市第六、第七届数学协会理事，2014—2015学年度及2017—2018学年度清远市高三备考中心组成员。曾获清远市教书育人优秀教师、清远市模范教育工作者、广东省南粤优秀教师等荣誉称号。参与多项市级课题研究，多篇教学论文发表或获奖。

时光飞逝，日月如梭。从第一个教师节始，唐培辉老师踏上三尺讲台，已35载。在这艰巨而漫长的育人之旅中，唐老师几乎年年教高三，岁岁任班主任。在工作中，他一直以德为先，以责为重，以生为本，坚持做学生人生的导师、技能的教练、学习的楷模、心灵的挚友。他深受学生的爱戴、家长的欢迎，并赢得了广泛的赞誉。

一、春风化雨，润物无声

在10多年的班主任工作中，唐老师密切关注学生的变化，及时把准学生的思想脉搏，循序渐进，注重对学生各方面素质的培养，“扎实、细致、灵活”地开展班级工作。

第一，在“勤”字上下功夫。早上、午读、晚修、星期五以及星期日的晚自修，是学生纪律容易松散的时候。在这些时候，唐老师常常早到位、晚下班，以便及时检查和督促学生。

第二，在“导”字上做文章。结合高三毕业班学生的特点，唐老师经常引导学生处理好与父母的关系、与老师的关系、与同学的关系；引导学生正确认识并处理好读书与考试、读书与锻炼、心理状态与学习实效等方面的问题。并协调学校、家长、社会各方面的教育力量，发挥好纽带作用。

第三，在“联”字上花力气。唐老师经常利用课余时间与学生沟通，与学生促膝谈心。同时，他还经常与家长联系，及时了解学生的思想动向、学习状态、心理状态等等，以充分调动学生学习的积极性。

第四，在“爱”字上用心思。唐老师关爱学生，尤其是学困生，经常过问他们的学习情况，时时鼓励他们树立信心。对于家庭比较困难的学生，唐老师常常伸出援助之手，把爱的阳光洒向每个学生的心间。

第五，在“管”字上讲技巧。一是创设良好的管理环境——把学生从受教育者转化为自我教育者，突出学生的中心地位，实行班干、团干“包干负责制”。二是试行班委竞选制和班干部轮值制——培养学生自主、自立、自强的“三自”意识，以学生的长远发展为根本。三是引导学生开展各种活动，寓教育于活动中——如配合成人宣誓活动，让学生自己设计“肩负起人生应尽的责任和义务”的主题班会；为增强学生的责任感、爱国心而设计“天下兴亡，我的责任”的主题班会……通过这一系列特色管理，学生的综合素质有了大幅度的提高。

正是由于唐老师的不懈努力，他教的每届学生都取得了丰硕的成果。如2003年，唐老师担任高三（9）班的数学教师及班主任。起初，班上学生的成绩并不理想，但经过唐老师一年的悉心指导，这个班在当年的高考中有3位学生考取了优异的成绩（他们的标准分分别是725分、709分和703分），全班考上本科的有38人。

又如，2007年，唐老师担任高三（20）理科实验班的班主任及数学教师。在当年的高考中，该班的数学平均分原始分为117.9分，高出学校理科平均分30分；全市数学单科前10名中，该班学生占了7人，其中，廖欣歆同学以134分夺得全市最高分；全班57人中有55人考入重点本科，胡楚苓和苏雪莹两位同学考入北京大学，开创了清远市第一中学的先河。再如，2008年，唐老师担任数学教师兼班主任的高三理科实验班，全班52人中有48人考上了重点本科，邓卫娟等24名学生考上了复旦大学、中山大学等名校；该班的数学平均分为125分（原始分），至今还没有班级刷新这个纪录。

二、精心施教，形成特色

教书育人，任重道远。唐老师不断探索，与时俱进，坚持在教中研、研中改，形成了“趣、实、活、新”的教学风格。

唐老师依据以人为本的教学思想和自主探究学习的教学理念，确立了“以教师为主导、以学生为主体、以活学为主线”的教学原则，构建了“以应用趣味为先，引趣乐学为宗旨”的教学模式，形成了一套“善于整合、精于提炼、因材施教、重点突出、深入浅出、注重互动、学科渗透”的教学方法，营造了宽松和谐的课堂教学氛围，促进了学生的全面发展。多年来，唐老师所带班级学生的数学成绩，无论是在学校里还是在市里，都名列前茅。

在平衡分班的情况下，2004年，唐老师所任教的两个政治班（共129人）的高考平均分分别为576分和568分，高于学校其他政治班的高考平均分。2005年，唐老师担任高三一个政治班（68人）和一个物理班（64人）的教学工作，其中，政治班的高考平均分为568分，物理班的高考平均分为632分，一文一理均为全校各班平均分中的最高分。2006年，唐老师担任高三两个物理班（共126人）的数学教师并担任其中一个班的班主任，这两个班的高考平均分分别为635分和626分，其中，总分700分以上的全校共有57人，唐老师任教的两个班中就有23人，钟利强同学以808分成为全校最高分。2010年，唐老师所任教的高三（13）班和高三（14）班两个理科班（共114人）的高考平均分均为110分，比学校的第二名高出4分多。2011年，唐老师所任教的高三（23）班和高三（24）班两个理科平衡班的高考平均分为94分（省理数平均分为79.42分），平均成绩居学校榜首。2012年，唐老师担任高三一个实验班——高三（29）班的数学教学工作，在当年全市高考总分前10名中，该班学生占了5名，其中，严卓为同学以673分夺得全市高考总分第一，其数学高考成绩为137分；该班数学平均分为119.3分，比全校数学平均分高出近20分。2015年，唐老师担任高三（6）班文科实验班的数学教学工作，全班学生均考上重点本科，其中胡创欢同学考取全省文科第4名，吴凯欣同学考取全省文科第25名，他们分别被清华大学和北京大学录取。

在学科竞赛上，唐老师所教的学生也取得了不凡的成绩。2009年，唐老师担任高二（19）班和高二（20）班两个理科班的数学教学工作。当年，该班学生参加清远市高二数学竞赛，共有35人获奖，其中，有11人获市一等奖（市一等奖共20名）。同年10月，这批学生参加全国数学联赛，2人获全国三等奖，18人获省一、二、三等奖，唐老师也先后荣获广东省2009年全国高中数学竞赛优秀指导老师奖和清远市数学竞赛优秀指导老师奖。

三、潜心钻研，完善自我

多年来，唐老师坚持走“以研促教，教改助教”的路子，先后有多篇论文在教育教学刊物上发表或获奖。其中，《创设情境与引入新课的策略》荣获光明日报社举办的教育教学论文二等奖、《数学审美教育与探究教学的实践研究》荣获清远市教育论文二等奖、《开放变式拓思路，路路环通启思维——多媒体辅助开放变式教学案例分析》发表于《清远教研》、《数学“变式”教学与“创新”思维的培养》等入选《清中科研》。2007年、2008年，参与《学海导航》多部复习丛书的编写，该丛书于2007年由海南出版社出版发行。2016年，参与“天一六校”校本课程的研发与编写（六校：东莞东华、中山纪中、清远一中、惠州一中、佛山石门、潮阳实验）。先后参与了“高三数学复习中的变式开放教学的研究”及“基于核心素养的高中数学概念策略的实践与研究”两项市级课题研究。

自任教以来，唐老师多次受到省、市、校的表彰。近10年中，10次被评为清远市第一中学优秀园丁；6次被评为清远市第一中学优秀班主任；5次年度考核被评定为优秀。1997年，被评为清远市教书育人优秀教师；1998年，参加清远市第六届中小学青年教师基本功比赛，荣获中学数学科一等奖；1998年，被评为广东省南粤教坛新秀；2007年，被评为清远市模范教育工作者；1998年、1999年、2001年、2006年、2009年荣获清远市高中数学竞赛优秀指导教师奖；2012年，荣获广东省南粤优秀教师称号。

“痴心一片终不悔，心血浇开希望花。”唐老师用真心、爱心和恒心，以自己的涓涓心血，在教育这片热土上，默默浇灌着祖国的“希望之花”。

怀着诗心和匠心行走在教育的路上

——记广东省特级教师向敏龙

引言：“凡是艺术家都须有一半是诗人，一半是匠人。”朱光潜先生说的这句话同样适用于教师。教师若无诗心，便难以感受教育的生动有趣；若无匠心，教育教学则难以出成绩出成果。广东省特级教师向敏龙老师凭着自己对教育事业的执着追求和孜孜不倦的教研精神，怀着诗心和匠心行走在山区的教育旅途上，引领着一批批教师实现专业成长，向学校、社会提交了一份份成绩优异的答卷。

向敏龙，广东省特级教师，中学物理正高级教师，广东省中小学新一轮“百千万人才培养工程”名教师培养对象，广东省中小学新一轮名教师工作室主持人，广东省中小学教师培训入库专家，河源市优秀班主任，河源市青年名师学堂指导教师，河源市优秀中青知识分子，现为河源市东源县教育局教研中心副主任。7次被评为东源县优秀教师、2次被评为东源县优秀班主任，曾到国内的浙江大学、北京师范大学、台湾教育大学和美国的哈佛大学、耶鲁大学、哥伦比亚大学参加名师或骨干教师班的培训和学习。主持或参与省级、国家级课题4项，发表论文20多篇。《少男少女·教育管理》杂志将其作为封面人物介绍。曾到北京、浙江、台湾等省市及广东省内的深圳、佛山顺德、惠州、梅州、揭阳等地讲学交流10多次，均获得专家和教师的好评。

一、辛勤耕耘，锲而不舍

算起向敏龙老师参加工作的日子，整整有23年了。从一所山区的农村学校到县重点中学再到县教研中心；从一名乡村普通教师成长为广东省特级教师、中学正高级教师、省名教师工作室主持人。一路走来，向老师始终怀着诗心和匠心行走在山区教育旅途上。在工作中，他坚持学以致用，带领着他的团队积极引领山区的教师实现专业成长，扎实创新山区教研模式，努力践行精准教研。

2018年，向老师成为广东省中小学名教师工作室主持人，不仅引领他自己的工作室团队的专业发展，还承担了广东省物理教师骨干教师培养对象的跟岗任务。在工作室管理中，向老师坚持“独行速，众行远”的理念，坚持团队的集体行走。他将工作室当作一份事业来做，对教育理想执着追求，辛勤耕耘，锲而不舍。在他的引领下，一大批山区优秀青年教师实现了专业成长，同时，这些山区优秀青年教师也影响着更多的教师安于从教、乐于从教。

二、热心于教，潜心于研

向老师分别在农村学校和县重点中学从教了8年，长期担任毕业班的教育教学工作。他始终对教育充满激情，始终不愿放过一个知识难点，不肯忽略一个学生（教师）的一知半解，不会平淡老套地讲授一堂课（讲座）。为了教好每个学生，他潜心钻研教材，精心设计教法，既注重学生科学素养的培养，也关注其人文素养的提升。在教学中，向老师不仅热心于教，还热心于研。在学校，他既是学科教研组长，也是县学科带头人。在工作中，他将教育目标定位在学生的终身发展的行为习惯和关键能力的养成上，特别是科学思维能力的培育上。在实施高中物理循环教学中，他倡导并实验“理蕴人文、以情诱思”的教学思想，通过“情景创设和人文情怀”去引导学生思考生活和自然现象，以培养学生的良好思维品质，达到立德树人的教育目标。担任多年毕业班的教育教学工作，向老师2008年至2013年连续6年被评为东源县优秀教师，2012年被评为河源市优秀班主任。2008年，向老师所任教班级的黄新权同学代表河源市参加全国中学物理联赛获得二等奖；他所任教的2008届至2013届学生参加高考的物理成绩或理综成绩均列河源市前茅，这对于一所生源较差的山区中学来讲，取得这样的成绩是难能可贵的。

向老师借调到县教研室作为物理教研员后，他意识到全县基础教育还存在一些不足，他改变以往的“三个常规”（常规目标、常规速度和常规方法）来开展教学教研。根据东源县实际，他提出了“低起点，高坡度”的教学科研思维，探寻用科学的思维和方法获得高效的教育教学质量。注意从教学内容和教学方法上加大改革力度，积极探索新形势下物理学习的最优化内容、途径和方法。从2014年起，全县物理科成绩（采用广州一模考卷）由全市垫底的位置，到2015年、2016年和2017年分别上升为第6名、第5名和第3名。2015年，他以建构主义理论和“自主、合作、探究”等学习理论为指导，确定并主持了广东省“十二五”规划课题“山区高中物理模型的构建与实践研究”，并在全县高中学校展开课题实践研究，在教学实践中寻求快速提升教学成绩的途径。4年多的实践研究更新了教师的教学理念，提高了课堂教学效益。近年来，学生的物理素养明显提升了，物理教学的质量大幅度提高。

为推进新课程改革的进程，引领教师专业发展，他常常深入学校调查研究、指导教学、送教下乡，与上课教师共同探讨优化课堂教学的方法，帮助教师提高教学水平和教学效率，为学校提高教学质量提出宝贵意见。每年坚持为教师上示范课，承担县（市）级以上专题教育教学指导报告、讲座，有计划、有效地进行教师培训和具有中级以上职称教师的培养。从教以来，他发表论文20多篇（其中核心期刊4篇），主持省级课题2个，参与省级重点课题研究1项。每年暑假，向老师都承担全县教师的提升培训工作和新教师的上岗培训工作。近5年来，累计共培训教师800多名，培养物理骨干教师18名。2015年，他指导东源县东江中学教师参加省首届物理青年教师教学创新大赛获省一等奖；2016年，指导蓝日光老师参加全国信息技术与物理教学融合优质课大赛荣获全国二等奖；2016年和2017年，分别指导张坤尧老师、谢远青老师参加河源市物理教学课大赛均荣获市级一等奖。在向老师的引领下，有的教师成长为本市首席教师，有的教师成长为南粤优秀教师。

2015年，向老师兼任了东源县教育局教研室副主任，他不仅负责开展全县高中课题研究工作，还通过“抓竞赛促教学”和“高考备考指导”等常规性教研项目来使自己的教研全面发挥作用。例如，从2016年至今，全县三所高中就已申报立项县级课题30项、市级课题10项、省级课题5项。他不仅自己带好物理学科做好课题研究，还组织、落实、指导、督促其他学科做好课题研究。目前，全县教研氛围浓厚，一批年轻教师正在积极成长。在2016年、2017年全市青年教师解题大赛和教学技能大赛中，东源县参赛教师总成绩均位列河源市第二名。在负责分管全县高考备考指导工作中，向老师用策划学原理（以“目标”为起点，以“信息”为基础、素材，围绕“创意”这个核心，展开思维活动与实践活动）指导全县进行高考备考。通过制订科学计划、现场听课评课、面对面的专题指导、统一测试评卷、多方搜集和研究信息，以及认真探讨上级的高考改革政策、方案等，使全县高考备考工作扎实认真，效果显著，全县高考成绩直线上升，2015年、2016年和2017年高考本科上线增长率均列全市第一位。

23年来，不管是作为物理教师，还是作为物理教研员，向老师始终坚持不断学习，用符合时代特征的教学理念去改变一些东西，重视培养学生的科学素养和人文素养。向老师回忆起他的山区教育之旅，说道：“教师虽是平凡的，但是教师从事的职业是富有创造性的，只有在变化中不断创新，教育事业才会充满意义。”

格物致知，愿做一根永明的蜡炬

——记广东省特级教师谭琼念

引言：人恒以“蜡炬成灰泪始干”来称颂教师行业。作为化学老师的谭琼念老师却认为，“蜡炬成灰”是为“尽”，蜡炬有尽而教育无尽，故而她愿做一根永明的蜡炬，不断探索有益于学生终身发展的教育方式。无论是对自我成长的要求还是对学生的教育，她始终秉持“格物致知”的求索态度，在学习中不断突破自我，在教学中不断培养学生“自学、自律、自立”的能力。

谭琼念，广东省特级教师，高中化学高级教师，教育部“国培”对象，广东省骨干教师，江门市第四批名师培养对象，新会区第四批名教师，新会区高中化学工作室主持人，现任新会一中政教处主任。曾获全国高中化学改革优秀教师、江门市三八红旗手、新会区优秀教师特等奖、新会区首届最美职工等荣誉称号。

25年的高中化学教学工作，17年的班主任、年级组长、政教处德育干部等育人工作是谭琼念老师专业成长的印迹，也是她辛勤劳作结出的果实。多年来，谭琼念老师始终秉持吃苦耐劳、勇于开拓的工作态度，乐观坚韧、激浊扬清的独立人格。正因如此，她的教育风格自成特色，在育人工作中春风化雨，在教学工作中格物致知，在科研工作中硕果颇丰。

一、初生的教育新人

（一）梦想树立的契机

谭琼念老师是土生土长的广东新会人。与其他毗邻港澳的珠三角“70后”一样，她是听着香港电台，看着香港无线电视翡翠台长大的。小时候在家，她常与父母一边做着手工业，一边收听香港商业电台的节目。那时，她非常喜欢一档叫“日日好时光”的节目，因为里面有个女主持人的声音非常好听。一次，女主持人在节目中讲到，她人生的理想是当一位老师，但是阴差阳错成了一名电台播音人；她还说，虽然现在她也过得很愉快，但如果有机会，她仍然希望可以当一名老师。这个故事深深地烙在小谭琼念的脑海里，也许就是从那一刻起，她的理想便是成为一名老师。高考填报志愿时，父亲希望她读行政管理，大哥希望她学医，但她坚持自己的内心理想，毅然决然地在每一档志愿里都填了师范类大学。选择化学学科，是因为当时她的班主任是化学老师，是她对班主任尊重与爱戴的延续。最后，在家人反对与惊诧的目光中，她收到了华南师范大学的录取通知书。

这些偶然的契机，让谭琼念老师走上了一条不同的人生道路。谭老师1995年毕业，那时的正牌大学生并不需要自己去求职，因为国家会分配工作。然而谭老师有不一样的想法与追求，想走出一条不一样的路。所以那年三四月份，谭老师便回到新会，在她同学的办公室里，借助一本厚重的全县通讯录记录集子查到了新会最好的中学——新会一中的电话，并向学校打电话说明了意图。电话那头要求她下午去见新会一中的校长。这种做法在当时并不多见，所以正校长亲自接见了她。当年8月，学校突然通知初出茅庐的她直接在这所名校的高三任课。一毕业就任教高三，这仅是新会一中有史以来的第二例，首例是因当时无人可用的迫不得已之举，而她则是学校想调整充实高三师资的人力，是当之无愧的破格录用。

（二）初上讲台的乐与痛

她就是在这样一种情况下踏上讲台的，台下的不少学生已经在新会一中念了五年书，他们比她对新会一中更熟悉。所幸，她第一节课就以鲜亮的容颜、真诚的笑容、对教学的热爱，让学生迅速接纳了她。当然，作为一所名校，学校的教育管理是要有尺度、有保障的。当时学校因为她这一个新手，所有理科科目都启用了分层教学法。在上化学课的时候，采用了A、B走班的形式上课，只有一位老师上A类班，谭老师与另一位老师上B类班，在大考前后的备课或评讲试卷以及答疑的时候，又恢复成原来的行政班上课。一年下来，高考的时候，不管是比B类班的成绩，还是比她执教的行政班，她任教班的平均分都处于同类班的上游，更难能可贵的是，当年化学科新会市的第一、第二名，分别以标准分829分、820分的好成绩，花落她任教的6班与4班。

这一次的大捷是对她一年辛勤付出的最好肯定。大受鼓舞的她以为，接下来，她必然可以在高一年级担任班主任，这样，她就可以带着她的学生更自由地挥洒汗水。然而，那个时候学校还没有扩招，一年级只有7个班的规模，学校并不缺班主任，在这所人才济济的名校里，经验老到的教师比比皆是，所以新的一届，她理所当然轮到高一年级4个班的化学课，却没有机会当班主任。

但谭琼念老师认为，自己虽然没有当上班主任，但是4个班每周16节的化学课，也是广阔的天地。也正是这工作的第二年，她为了证明自己、提升自己，在讲台上用嗓过度，导致声带出了问题，喉咙一会儿撕裂一会儿水肿。她注意饮食，不敢吃任何上火的东西；她注意睡眠，去找音乐老师练习用气发声。中药、西药、打针等方法都尝试了，仍无济于事。当时办公室里有一位快退休的数学老师喉咙不容易发声，声音艰涩难听，所以他仅能上一个班的数学课。谭老师看着这位数学老师，想着自己可能的将来，听着医生说"好转的唯一办法就是不讲话或少讲话"时，她觉得自己前途一片灰暗。后来，被诊断为声带结节的她，毅然去医院做了声带结节手术。两周的短暂休息后，她又可以站在讲台上了，彼时，她无比珍惜。

初入教师行业就经受声带的磨难，谭琼念老师不禁开始思考：做事不能只靠勇气和蛮劲。"蜡炬成灰泪始干"，可是蜡烛长度有限，短暂的燃烧又能照亮多少人呢？有没有一种方法，既照亮别人，又美丽自己？

二、以研促教的科研人

在教学中，年轻的谭琼念老师不断追问自己并寻找答案——如何才能既照亮别人，又美丽自己？这时，通过一个偶然的契机，谭老师慢慢摸索到了问题的最终答案。

1998年3月到2001年3月，教育部基础教育司委托广东省教育厅主持"普通高中综合课程与实验"课题研究，新会一中被确定为课题的实验学校，年轻的谭琼念老师跟随着省教育厅的领导、大学教授学做课题，成为参与课题实验的一员。由于表现出色，课题研究中期，她就获省课题组颁发的成绩显著奖。在2001年3月该课题的结题论证大会上，由她现场执教综合理科研究课，供专家研究分析。她执教的研究课《吸烟危害健康》获得成功，赢得来自全国各地的50多名与会专家的高度赞誉，受到课题组长刘达中副厅长及市教育局领导的多次公开表扬。自此，她参与了省"九五""十五"规划课题的研究，成为学校科研队伍的骨干力量，参与研究的课题成果曾获2001年广东省教育科研成果黄华奖三等奖，还受邀参与广东省高一教材《研究性学习方法指导》《研究性学习指导丛书》（广东教育出版社）的编写，该教材后来成为全省高一年级统编教材。

从1995年毕业到2002年这7年，谭琼念老师迅速站稳了讲台，并逐步走上科研促教之路，通过撰写较高质量的教学论文与发表优质的教学案例，她慢慢对“教得好”“教得妙”有了更深入的认识，对刚入职的疑惑有了更加清晰的答案——以研究型教学优化教学理论，以反思型教学引导教学实践。

多年来，谭琼念老师的教学研究之路从未间断。她不仅做课程研究、教学研究、课堂研究，还做教育管理研究、德育文化研究。正是有了这长时间的锤打磨炼，她被评为广东省特级教师，成立了名教师工作室，助力青年教师成长。

一枝独秀不是春。谭琼念老师带领本区域的年轻人一起奋斗，在提升本地教师的专业素养，提高高中化学的整体教学实力方面尽心尽力，让他们的教育之路走得更远更宽。在校内，她与余丽英、林润森、范小静等多位年轻老师结成教学师徒对子，热心指导他们备课，为他们答疑解难，时常让青年教师来听她的课，帮助年轻老师尽快站稳讲台。在校外，她担任新会区高中化学名教师工作室主持人，与一众年轻人一起研讨交流，其名教师工作室成为培养青年骨干教师基地的摇篮，成为本地区学生化学学科素养提高的宝地。

在德育管理中，她身体力行，同样毫无保留地帮扶后辈，带领出一个个“以德服众，严慈相济”的班主任团队，打造出一支包括广东省名班主任高柏均，新会区名班主任陈志权、林士、蒋志伟、廖中富等业务技能精良的德育专干队伍，为学校的德育工作作出贡献。

三、自成一格的德育人

（一）独具特色的育人方式

2002年，谭琼念老师当了班主任。她之所以喜欢当班主任，是因为她认为只有当班主任才有更多的机会与学生分享自己对成长、生命、人性的理解，创造更多走进学生心灵世界的机会，更好地帮助他们成长，同时也为开拓自己人生的深度与广度提供更多可能。如果说，她是因为一个偶然而实现当老师的梦想，那现在她希望自己也能成为这个偶然，照亮成长中的学生，引导他们向上、向善、向美！

从2002年至今，她担任了2005届、2008届、2011届共三届班主任，历时九年。在班级管理中，她从稚嫩逐渐走向成熟，逐渐形成其自有特色的育人方式：“示范、爱护、严管、宽容”是她的工作法则，“以德服众，严慈相济”是她的班级管理风格。

以德服众，班级作风优良。她所带的2005届（2）班，是生物、化学混合班，其中选考生物的学生生源堪忧，高二分班时，全班有一半的学生学习成绩位于全年级400名以后（全年级共501人），班内聚集了许多后进生。经过谭琼念老师的努力，该班班风得到扭转，并被评为“三优班”。高考时，全班60人，总分平均分581.4分，比全省平均分高81.4分，21人上重点线，42人上本科线以上，本科上线率高达70%，领先于全年级；2008届（4）班，2011届（8）班更是每学期均获评精神文明标兵班、“三优班”。

勤奋务实，届届出“状元”。三届学生中，她以“以校为家、严谨治学”为准则，管理、陪伴着她的学生，学生也取得了较好的成绩。所带的2005届（2）班，高考中单科800分以上共有2人，冯颖瑜同学以总分839分的成绩获得新会市第一名；2008届（4）班，林沃添同学化学科获江门市第一名；2011届（8）班张炫彬同学以理科总分669分名列广东省第69名、江门市第一名；邝绮颖同学以理科总分666分名列广东省第86名、江门市第二名，二人均考入清华大学。

严慈相济，人人成人成才。班级管理中，谭琼念老师既注重学生品行修养的培养，又对他们的学业严加要求。2008届（4）班是化学试验班，高考全班总分平均分为591.02分，45人上重点线，是全年级重点上线人数最多的班，本A上线率达100%；2011届高三（8）班是理科试验班，那一届她担任年级级长，同时兼任理科试验班的班主任。高考中，班平均分达619.28分，全班重点线上线率达100%，630分以上有16人，2人考入清华大学，1人考入中国科技大学，2人考入浙江大学，2人考入南京大学，2人考入南开大学，1人考入厦门大学，22人考入中山大学，10人考入华南理工大学，全部学生考入国家“985工程院校”或“211工程院校”。

10年的班主任工作让谭琼念老师对“亲其师，信其道”的道理深有体会。严慈相济能很好地把学生管好，这毋庸置疑，但孩子必须靠“管”才能成才吗？由此，谭琼念老师又生出新的疑惑：是否有一种教育方法，让学生在教师的引导下懂得道理，从而学会自律自学、自觉发展完善自我呢？

（二）以研促教的德育教育

为了寻找以上问题的答案，谭琼念老师在学校德育工作中不断探求问题的真相。

2011年开始至今，她担任学校政教处副主任、主任。工作的重点，由班级、年级管理转向全校学生的德育工作。积极践行学校“学会生存、学会做人、学会求知、学会实践”的德育理念，紧紧抓住立德树人根本任务等常规教育。此外，她充分挖掘本地德育资源，开创学校德育特色项目“冈州‘仁’”文化教育。

新会，古称冈州。“冈州‘仁’”文化教育，是指课程线、活动线、环境线三线并举，引导本校学子学习“冈州仁者”（陈白沙、梁启超、陈垣等家乡伟人）及这些冈州仁者身上可贵的精神。谭琼念老师组织师生，用陈白沙、梁启超、陈垣等家乡伟人的诗词、思想、故事等为材料编写德育读本，以诗育德，故事育德；通过整合“仁之礼、仁之志、仁之学、仁之美”等系列活动，进行活动育德；通过营造学校环境文化，进行环境育德。总的来说，此项德育特色项目是发挥本土文化的力量引领学生、感召学生、塑造人格，打造青年学子的“强她精神”，努力培养“乐观坚韧，激浊扬清；中立不倚、至正至刚；明远行健、兼济天下；德才兼备、全面发展”的新时代能人。

学校的学生在这种文化浸润下品行不断优化，学业成绩全面提高，学生综合素质走在全市前列。“冈州‘仁’”文化德育特色项目荣获广东省教育厅第二届中小学特色学校建设成果征集活动优秀成果二等奖。

四、课堂教学的哲人

在学校里，她是学校对外公开课的任课常客。学校里的同事说她是“生动形象，自信睿智”型老师；工作室的学员说她的课“具有极强的个人魅力，优雅而激情，亲切细腻，自信睿智”；一起在江门市名师培训的同行说她的课“课堂生动，贴近生活，极具亲和，娓娓道来，透彻精妙”；去杭州嘉庆桐乡高级中学跟岗上课，该校全科组老师听完课，除了肯定她的教学思想、教学方法外，还有一个共同的评价——“讲解透彻，听着舒服，如沐春风”……

但在谭老师看来，她的课就只求一个“理”字，就是引导学生把科学道理理解透彻。如果要说自己的教学风格，那就是“尝试活泼灵动地、春风化雨般，引导学生格物穷理”。

（一）“格物穷理”的课堂探究

格物穷理，即推究事物，穷尽其理。化学是自然科学，是一门满足社会需要的中心科学，是在原子、分子水平上研究物质的组成、结构、性质、转化及其应用的一门基础学科，是材料科学、生命科学、环境科学、能源科学和信息科学等现代科学技术的基础学科。其特征是从微观层次认识物质，以符号形式描述物质，在不同层面创造物质。所以化学学科的特点决定了高中化学学科的教学方向——引领学生学习化学物质的组成、结构、性质、转化及其应用的原理，即对物质变化的“格物穷理”。

基于化学学科教学的特殊性，对于每个知识点的学习，谭琼念老师在进行化学教学活动时总致力于引导学生理解“是什么？为什么？怎么样”。谭老师的化学学科教学的目标在于：让学生在化学学习中做到分条析理、格物穷理；在评论问题时做到据理力争、理正词直、以理服人。

如学习有机物乙酸的重要反应酯化反应时，她这样引导与学生“究理”：

学习内容：酯化反应

【情境思考】为什么酒是陈的香？制作糖醋鱼的过程中为什么还要加料酒？特殊的香味来自于乙酸、乙醇，还是其他物质？

【实验探究】乙酸乙酯的反应。一位学生负责实验，一位学生负责解释操作。

【教师提问】

1. 加药品前，还应检查什么？为什么？
2. 冰醋酸、无水乙醇、浓硫酸该如何混合？为什么？
3. 导气管的末端为什么不能深入液面以下？
4. 为什么要用长导管？
5. 加热时应注意什么问题？为什么？
6. 如何改进防倒吸装置？为什么？

这个内容的学习里，每一个问题都是“为什么”，每一个提问都是直击本质的有效提问，都是严肃的探讨原理原因的过程。在实验解释后还有“穷理”的环节提问：

【教师提问】

1. 观察到了什么现象？
2. 浓硫酸的作用是什么？
3. 饱和碳酸钠的作用是什么？
4. 如何分离乙酸乙酯和盐溶液？

最后，谭琼念老师引导学生归纳实验现象，继续分析正确操作的理由。

正是这样，整节课都围绕着“是什么？为什么？怎么样？”的究理过程，完成高效的探究学习活动。

这一课中，谭琼念老师正是通过“情境引入—大胆猜想—实验探索—实验分析—原理解读”，一步一步带着学生将物质的变化原理梳理通透，培育与发展学生的科学探究与创新意识。

“究理”，就是引导学生找证据。再比如，在学习选修4《水的电离与溶液的酸碱性》时，谭琼念老师设置以下情境要求学生“究理”：

学习内容：水的电离

【情境思考】安全用电常识要求“严禁用湿手触摸电器，不用湿布擦拭电器；发现有人触电要设法及时关闭电源或者用干燥的木棍等物体将触电者与带电的电器分开”。“湿”与“干”的区别在于是否含有水，因为水会引起触电。这是为什么呢？

【任务布置】请进行实验设计，证明“水是一种极弱的电解质”，并绘出实验装置图，学习小组内进行讨论交流，说出你的理由。

【实验探究】根据讨论出的最佳方案，自己组装仪器，动手做出实验。

【原理分析】电流表偏转，而灯泡又不亮，说明了什么？为什么会是这样？

如此一来，化学里的奥秘就被揭开了，而她的日常，就是通过这种“究理”，授之以渔，让学生掌握事物发展变化的分析思维，进而形成化学学科的思维方式。

（二）活泼灵动的授课风格

化学虽是一门理科，但如果每一课的教学，化学教师都以一个方式、一个模板讲解物质发生化学反应的原理，化学课程显然是枯燥乏味的。谭琼念老师并非如此，她引导学生“究理”的过程和方式都很灵动。在她的课堂上，讲石油时她手指学生身上的衣服，学塑料时她随手拿起学生桌上的水杯，讲蛋白质时她借来班上女生的长发就在酒精灯上灼烧……她在课堂上指出的材料与生活息息相关，却又仿佛是信手拈来，学生的学习兴趣总是高涨不歇。

此外，谭老师的课堂还喜欢让学生“动起来”，如学加聚反应时她让学生站起来情景模拟，学习乙烯时她带领学生用乙烯做香蕉催熟的实践活动，学习氯气常用作自来水的杀菌清毒剂时，她引领学生到水厂做“自来水中余氯含量的测定”……

这样的“究理”活泼灵动，既联系生活生产实际，又带动学生去动手、动脑。有时，在谭老师带领学生进行化学实验时，当中可能由于操作的问题或者天气等客观因素导致实验失败，她也从来不回避，一定要去探个究竟。因为成功与不成功，总有可“究出的理”。

（三）“润物细无声”的理念传达

大量的化学故事教育可以渗透化学文化教育，培养学生的品德素养。作为一名化学老师，哪怕是生硬的人生道理，谭琼念老师也可以用化学的方式，把道理贯穿于其中，渗透于无形，那会让学生觉得既有趣又精妙，真所谓“润物细无声”。

比如在学习二氧化硅的时候，谭老师说，砂子、石英、水晶、玛瑙的主要成分都是二氧化硅，它们都是“同出娘胎”的一种物质，然而它们的价值有着天壤之别，这是它们的结晶过程不一样所致。同样道理，大家生而为人，但每个人的成长和成就各不相同。他们只有能像水晶那样经过长时间的缓慢结晶，经过长时间的磨砺，才能放出异彩。在求学、求职、创业等的成长路上，他们也要经得起考验，不要期望一蹴而就，而要学会慢慢地锤炼，在辛勤耕耘中坚持，才能从一颗普通砂子变成磨炼成闪亮的水晶。这些例子信手拈、通俗易懂，又不像教条式说教，学生既容易理解也乐于接受，心悦诚服地跟随着她的脚步徜徉在知识的海洋。

谭琼念老师的课堂风格就是这样，于“亲其师，信其道”中，以活泼灵动、贴近生活的教学方式，坚持引导学生“讲理究理”，“润物细无声”地在教学过程中渗透对学生生命、成长的教学，引导学生养成独立思考、敢于质疑和勇于创新的科学态度。其每一次引导学生究理的过程，其实就是学科核心素养发展的过程，是学科育人价值的集中体现，是学生形成正确价值理念、必备品格和关键能力的过程。张炫彬、邝绮颖、霍雨、黎华杰、李旭文等9位考进清华、北大的一中优秀学子，毕业后，他们都对谭老师的课堂给予由衷的肯定。考上清华大学的张炫彬毕业后对谭老师的评价就是最好的概括：“究天机，乐与有机无机作伴；培学子，巧与原子分子周旋。”

总体而言，谭琼念老师无论是自我的成长还是教育的方式，都是一个“格物致知”的过程。多年来，她在化学教学与育人工作过程中不断思考、不断学习、不断地寻找解决教学困惑的途径，其实可以看成是一位教师为了其教育理想而“格物致知”的过程。她在教学活动中引导学生一次次“究理、说理”的过程，其实是她以自己微薄的力量，努力延长“蜡炬”照亮他人的时长，是解决其教学困惑的具体实践。一路走来，虽充满艰辛，但是她很快乐，也始终保持热忱与活力，做一位深度思考的教研人，做一位育人于无声的引路人。

用温润快乐的情怀 谱写幸福的教育人生

——记广东省特级教师蔡小红

引言：清华大学前校长梅贻琦说过：“学校犹水也，师生犹鱼也，其行动犹游泳也。大鱼前导，小鱼尾随，是从游也。从游既久，其濡染观摩之效，自不求而至，不为而成。”这揭示了教育的最高境界。而要达到这一种境界，情怀必不可少。33年来，蔡小红老师满怀深情、孜孜不倦地行走在教育之路上。她热爱教育、关爱学生，用心播下快乐的种子，让学生开出快乐的心灵之花；她始终保持教书育人的活力，努力让教育焕发出“新生态”；她坚持教学科研质量，并关注青年教师成长，总结出“主题教研＋六个引领”的青年教师成长模式……她是教育的歌者，用温润快乐的情怀谱写着幸福的教育人生。

蔡小红，小学语文正高级教师，广东省特级教师，茂名市名教师、市小学语文学科带头人、市直首批小学语文教师工作室主持人，现任茂名市乙烯小学校长。先后主持开展省级、市级“十五”“十一五”“十二五”规划课题6项，在小学语文课堂教学模式、小学作文教学、课程资源利用、教师专业发展、校本教研、德育工作等方面有深入的研究，初步构建“真善教育”思想，在“真善语文”“真善课堂”“真善德育”等方面开展实践探索，并取得较好的成绩。其课题成果《生本教育理念下的小学语文作文教学研究》《欠发达地区城区学校校本教研与教师专业化发展实践研究》先后获得茂名市教科研成果评比一等奖、二等奖并进行推广，在茂名地区发挥了较好的示范引领作用。

“教育需要宗教般的情怀。”茂名市乙烯小学校长蔡小红老师是这样说的，也是这样做的。在33年的教育生涯中，她满怀深情，带着对教育的膜拜，行走在教育朝圣的路上，耕耘着，成长着。她严于律己，为人师表，相信“一位好教师就是一本好教材”，以“朴实、真善”的教风赢得学生、家长的信任，在教育教学中取得优异的成绩。

一、人之师，情为先

1987年8月，蔡小红老师跨出中师（中等师范学校）校门，走进了茂名石化三小（现市十三小）大门，成为一名普通的人民教师。蔡小红老师来到学校报到的第一天，黄校长问她：“你教美术，还是教语文?”“我想教语文，还想当班主任。”听她这么一说，在一旁已在这学校当老师的师姐急得瞪眼，凑过来说：“不教美术？以后你就知道了，真傻姑娘一个！”“虽然美术是我的特长，可一旦教美术，就当不成班主任了，我想教语文，最想当班主任。”蔡小红老师在心里也打着她的小算盘。就这样，她成了三（2）班的语文老师兼班主任，开始了紧张而快乐的教师生涯。

“亲其师，信其道。”蔡小红老师全身心扑在工作上，除了精心上好每天的语文课，她还特别珍惜每周的班会课、劳动课、活动课，在故事中、活动中、游戏中经营和学生的感情，让学生喜欢她上的课，从而喜欢上她。每天下午的活动课，她都会与学生一起来到球场丢沙包、跳绳、跑步、打乒乓球，就是在“老师加油”“老师赢了”“老师输了”“老师真好玩”的叫喊声中完成老师角色的转化，以玩伴姐姐的角色走进学生的心里，在学生心里开出喜欢之花。周末或是假期，蔡小红老师常常对学生进行家访，从学校边的露天矿石油生活小区到罗村，都留下了她的足迹。

童言无忌，孩子们经常会说：“老师，你住在哪里?”“老师，我们想去你家看看。”“我们想去你家玩。”……每逢周末或是假期，蔡小红老师家里就会迎来小兔子般活泼可爱的孩子们。开始，邻居很是纳闷，经常会向蔡妈妈打听：“怎么你家来了那么多孩子？是谁呀?”

师生的无距离感，让蔡小红老师顺利开展各项教育教学工作，学生的喜欢、家长的认可给她带来了快乐。一个学期下来，如果哪一天，孩子们一早在教室里没有看到她的身影，必定会到办公室寻找，或是会向其他老师打听蔡老师的去向。三年级放暑假前一天，黄校长问：“蔡老师，你下学期是否还跟班上去?”“如果能跟班上去，那就太好了。”她有些忐忑，校长问这个莫非是有家长……她事后听其他领导说，是班长带着两个班干直接找到校长，要求蔡老师继续教他们。

时间过得真快，五年级开学后不久，由于突然生病，蔡小红老师未来得及交代学校的工作就住进了医院。两周后的一个星期天上午，在迷糊中她听到妈妈的声音："你看看，谁来了？"她睁开眼睛，看到了一双双熟悉的小眼睛，一个个熟悉的小脸蛋，而孩子们疑惑、惊奇、关心的神情又让她如此陌生，如此感动！"老师，你哪里不舒服？""老师，你要坚强！"……蔡妈妈说，他们几个来到家里，嚷着找蔡老师，不见着就不肯走。蔡妈妈要到医院送饭，就把他们带到医院来了。

两周后，蔡小红老师病愈回校上课。当她出现在教室门口时，教室里响起了一阵热烈的掌声，学生个个满脸欢笑。下课后，好几个学生往她手里塞东西，"老师，给你。""这是我的。"……打开一看，竟是学生给她写的慰问信，褶皱的纸张、深深的折痕记载着学生的情和爱，温暖无比！忙碌的日子像浪花，悄然落在时间的长河里，蔡小红老师与她的学生度过了4年快乐幸福的时光，顺利把他们送进初中的校门。

直到今天，初为人师的甜蜜依然藏在她心里，充满浓浓的暖意与芳香。

孟子曰："君子有三乐，而王天下不与存焉。父母俱存，兄弟无故，一乐也；仰不愧于天，俯不怍于人，二乐也；得天下英才而教育之，三乐也。"蔡小红老师以她快乐从教的经历阐释做老师"得天下英才而教育之"是快乐的。在一个个平凡的日子里，她快乐着学生的快乐，虽然有时不被家长理解而深受委屈，莫名其妙受家长的气；有时被淘气学生的恶作剧气哭，伤心难受；有时工作不被同事理解，甚至被误解；偶尔无端端被家长投诉到校长那里……可面对这一切，哭过气过恼过之后，她都以有则改之无则加勉的态度对待之，以她热爱教育的情怀包容之。她明白：教师应成为管理情绪的强者，学生不应成为教师消极情绪的受害者。只有教师乐教，学生才可以乐学；只有教师快乐工作生活，学生才可以快乐成长。为心中那深爱的教育事业，深爱着的孩子们，一切苦，皆可为乐！心育，是最好的教育！她决心，让教育播下快乐的种子，开出快乐的心灵之花。

二、教之惑，学为师

2003年，拥有16年教龄的蔡小红老师在教育教学实践中发现：教学技艺并不与教龄成正比。她感觉到越教越不会教，黔驴技穷，在实践中越发感到困惑，职业的倦怠感、危机感让她变得浮躁与焦虑，看着身边退休的老教师，她似乎一眼也看到了人生的尽头：一寸粉笔写春秋，两袖清风话人生。日子忙碌，生活像陀螺，没有了方向……

相由心生，学生们把老师的变化看在眼里。一天活动课上，班长怯怯地问她："蔡老师，你最近变了，你不开心吗？"

“哪变了？”

“你变得没耐心了，爱生气。”

旁边几个女孩不住地点头。刹那间，她惊讶无比，没想到从四年级开始，相处了两年的六年级孩子内心如此细腻。“万物互为师学，天道也。”学生们成了她的导师，对，成了她心灵上的导师！

接下来的几天，蔡小红老师反复思考，作为小学老师，孩子们人生旅途的启蒙人，该给予孩子们什么？正当她百思不得其解时，在中石化九江教育培训中心一个月的学习给她打开了一扇窗：学习是教师自救的最有效途径。于是，她捧起了书籍，有儿童读物、教育教学专著、文学名著、哲学书籍等。她在儿童读物中，寻找与孩子的共同话题，学习与孩子相处的智慧；在教育教学专著中，寻找教育教学的秘籍与灵感，丰富专业素养；在文学名著中，发现美，欣赏美，学习文学艺术，提高文学素养；在哲学书籍中，学习前人的智慧，用哲思、哲理滋养师心、师魂，学会思考世界、思考人生、思考生活……此外，她还订阅了《教育文摘报》《语文建设》《中国教育报》等报刊，认真研读，学习教改信息，及时把握教改动态，与时俱进，紧跟教改步伐，不断更新教学观念，改进教学方法，力求由“教书匠”转变为“学习型”“专家型”教师。“只有爱学习的教师，才能培养出爱学习的学生。”在她的带领下，许多老师也捧起了好书。为了更好地分享读书成果，她组织青年教师开展“星星点灯——读书交流会”。在她和老师们的带领下，许多孩子也爱上了读书，成了小书迷。

蔡小红老师在学习中成长，始终保持教书育人的活力与情怀。工作着，学习着，学以致用，“有机嫁接”，寻找教育的生长点，让教育焕发出“新生态”。她努力学习儒家、道家优秀传统文化，吸取孔子、陶行知等教育家的教育理念，结合长期的实践与思考形成“真善语文”个人教学特色。她决心在教育中播下学习的种子，开出教学相长的花儿。

三、师之路，研为舵

孔子曰：“学而不思则罔，思而不学则殆。”蔡小红老师牢记这一名言，立志向课堂要质量，向教科研要质量。她先后主持并开展了广东省“十五”规划课题“‘多维——自主’课堂教学模式的探讨”、茂名市“十五”规划课题“拓展课程资源，提高学生的语文素养”、广东省“百千万人才培养工程”名教师培养对象学习班专项课题“生本教育理念下的小学作文教学研究”、茂名市“十二五”规划课题“城区薄弱学校校本教研与教师专业发展的实践研究”、省“十二五”规划课题“欠发达地区城区学校校本教研与教师专业化发展研究”。她以问题为导向，以课题为依托，从课堂教学、课程资源开发、作文教学研究、教师专业发展等层面开展研究，促进自身专业成长，其中3项课题分别获得市一等奖、市二等奖、县一等奖。近年来，她的论文、课例多次获得各级奖励，多篇论文在省、市级刊物发表。

2011年6月至2013年5月，蔡小红老师成为茂名市首批市直小学语文教师工作室主持人，她以“引领发展，做一名有专业尊严的教师”为目标，以“寻找教育偶像、我的自画像”为切入口，引导青年教师强化职业信仰，优化职业感觉，明晰成长目标，树立职业理想，以“同题磨课、同课异构、说课评课、课题研究、专题讲座、特长展示、语文论坛、读书沙龙”等为项目驱动，立足本校，联合相关学校，开展全方位、多维度的语文教学研究，探索教师专业发展的模式和途径，总结了“主题教研＋六个引领”的青年教师成长模式，带领工作室老师们共同完成省“十二五”规划课题“欠发达地区城区学校校本教研与教师专业化发展研究”。蔡小红老师工作室被评为市直优秀教师工作室。

两年的工作室实践研究，对蔡小红老师而言，是一次破茧成蝶的蜕变，是她实现自我升华，坚定悟道的过程。“语文课堂是师生的生命场”，这是她的语文教学主张，散发着教育者的温情，接地气，有力量。“让学生成长为有才干、有温度、有情趣、有个性、有品质的人”是她的教学追求，展现了教育者的良知与情怀。她决心，在教育中播下研究的种子，开出思考的花儿。

四、人之旅，善为乐

德国诗人荷尔德林向往“诗意地栖居在大地上”，蔡小红老师追求“臻于至善的教育人生”。她深深懂得：教育是一种学问，更是一种艺术，需要用忠诚和热爱去雕琢；教育的声音，是天籁之声，需用仁心与智慧去谛听，只有听懂教育的声音，才可以成为懂教育的有心人。她身体力行，用善言善行践行“教育人生，与善最乐”的人生准则。

她是青年教师的良师益友。对年轻教师的课例设计、课堂教学、班主任工作、课题申报、专业发展等，她都给予细心的指导。她乐于与老师们分享。近年来，应相关教育行政部门的邀请，她举办各级教育教学专题讲座，如新教师专题讲座“德行于世　成自不远”“怀揣希望上路”，骨干教师专题讲座“也谈教师专业成长”“大德立身，大行立人”“做尊严教师　享职业之乐”“做一名有专业尊严的教师”“梦系教坛　养德修学”等，理论联系实际，深入浅出，展示一个教育者对师德与专业、事业与人生的思考与追求，彰显一个教育者求真、向善、向上的本色。

教育路上，青丝成白发，心中无怨悔。蔡小红老师坚持用温润快乐的情怀谱写幸福的教育人生，做一个教育的歌者！

博雅智慧的教育追梦人

——记广东省特级教师张洪平

引言：一个智慧型教师应当是一个有着自己的教育思想的教师。智慧型教师的“三性”素养主要体现在三个方面：有启发性的教学创造、有导向性的教学价值、有蕴藉性的教育风格。张洪平老师在教学工作中，运用自身的博雅智慧，以行动探寻教书育人的真谛，长期坚持“导学、导练、练悟”三步教学法，抓“四基”促“四能”，运用规范、科学、幽默的教学语言，形成民主、科学、创新的教学风格，受到了学生的欢迎和赢得了家长的肯定。并在不断提升自我专业水平和科研水平，扎实自身的理论知识的同时，不忘引领身边的青年教师成长。在追逐教育梦想的路上，张老师演绎了一个又一个温暖的故事，谱写了一篇又一篇优美的人生华章。

张洪平，茂名市博雅中学教研室主任，中学政治正高级教师，广东省中小学名教师工作室主持人，广东石油化工学院思想政治教育专业教育教学导师，广东省第一批中小学教师研训专家，茂名市第十一届党代表。先后被评为广东省中学特级教师、广东省首批优秀政治教师、茂名市名教师、茂名市第八批优秀专家和拔尖人才。2015年担任政治科组长期间，带领教研组评为广东省优秀教研组、茂名市首批优秀科组和荣获茂名市工人先锋号称号；2017年，张洪平名教师工作室被省教厅考核为“优秀”；张老师长期担任初三毕业班教学工作，教学业绩十分突出，中考成绩多年居茂名市直属学校第一名；43个课例、论文荣获省级、市级奖励；主持和参与21个国家级、省级、市级课题研究；论著《品味教师职业幸福》成为中国国家图书馆正式馆藏图书；编写了校本教材《携手走向智慧与幸福》《成长路上，与法同行》，分别荣获省特色成果二等奖和省特色教材三等奖。

名师格言：师者，传道授业解惑；名师者，立德树人启悱。

从教32载，张洪平老师以行动探寻教书育人的真谛，诠释为人之师的含义，将智慧和激情注入教育事业，演绎了一个又一个温暖的教育故事，收获了一个又一个丰硕的果实。

一、做一个有思想会思考的教育者

张洪平老师一直坚信巴尔扎克说的一句话："一个能思想的人，才真是一个力量无边的人。"的确，生命之所以宝贵，是因为它最终要面对死亡；思想之所以宝贵，是因为它可以让生命永恒。张老师认为，教育不光需要有思想的教育学者，有思想的行政管理者，更需要有成千上万有思想的一线教师。这具有两方面的意义：一是用思想去重塑我们的教育行为，"观念改变，行动改变；行动改变，命运改变"。二是用思想陶冶学子的心灵。只有思想才能滋养丰富的心灵和厚重的人格。倘若有丰富的思想熠熠生辉，倘若有丰富的思想相互碰撞，倘若有高尚、丰富、独到、深刻的思想来鼓舞人心，我们的工作，我们的人生，才更有趣味、更有魅力，我们才真正无愧于上苍给予我们的不可重复，不可替代，无比高贵的生命。

张洪平老师作为人类灵魂的工程师，努力尝试成为思想的先行者。她在工作之余，不断思考和反思，用键盘留驻美丽人生，把所思所想及时写下来，记录阅历，留住历史，品味人生。正因为张老师的持之以恒，论著《品味教师职业幸福》出版了，并成为中国国家图书馆正式馆藏图书（JZ2018-10-979）。张老师认为，对待生活也好，对待工作也罢，幸福的感觉从来就与他人无关，幸福的感觉只能来自于自己的心灵深处，源自于心灵深处对学生、对教育的热爱，来自于默默地耕耘。张老师是一位善于学习、勇于改革、尽心竭力、无怨无悔、乐乐呵呵地耕耘在三尺教坛的老教师，她的身上永远发散着积极、进取、敬业、爱生的正能量。每当看到学生成绩进步，看到学生考上更高一级学校，收到学生问候的话语，内心的幸福感油然而生。张老师常说，每当走进课室，看到学生可爱的模样，一切烦恼就会抛到脑后；看到学生学得愉悦，学得劲头十足，总觉得时间不够用，不想下课，就会觉得自己苦点累点都是值得的。所以，与学生共同成长，张老师觉得是最幸福的。

二、做一个躬耕善教的指导者

依托理念，领航课改。作为广东省中小学名教师工作室主持人，张洪平老师深知只有把满腔的爱心和责任心倾注到学生和教育事业中，才能真正做好教育。张老师积极探索高效的课堂教学路径，实施课内翻转教学模式：先学后教—创设生活情境—内化知识—落实行动。初步实现“让学生带着疑问进课堂—使学生从生活走向道法—引导学生利用所学的知识分析身边的生活现象—使道法走向生活”，让学生领悟道德与法治理论联系实际的灵动。张老师还采取小组合作探究的教学方法来实施教学，教学流程包括“目标定向—自主学习—组内交流—组间交流—教师点拨—总结提升”。巧用“互联网+教学”，拓展知识的内涵和外延。教师的教学行为的转变，逐步改变了学生的学习方式，实现了教师教学行为由研究个人的“如何教好”为主向教师研究学生“如何学好”为主的转变。由于业绩出色，张老师先后被评为广东省中学特级教师、广东省首批优秀政治教师、茂名市名教师和茂名市第八批优秀专家和拔尖人才。

凝练风格，提质增效。在新课改背景下，张洪平老师长期坚持“导学、导练、练悟”三步教学法，抓“四基”——基础知识、基本技能、基本思想、基本活动经验，促“四能”——发现问题能力、提出问题能力、分析问题能力和解决问题能力的提高与发展。张老师认为，要顺利完成三步教学法，必须做到三个“重视”。一是重视内容选择，尤其是教学重点、难点的突破，而改革结构、提高课堂实效的关键是提高教师的文化水平和业务水平。如果教师还是一例一题，学生依然以模仿代替思考，那就谈不上高效率。如果教师连教材都不熟悉，教学重点、难点都掌握不住，即使改革了结构，也是不能提高教学效率的。二是重视时间控制。有的教师不能很好地把控课堂时间，这边磨蹭几分钟，那边耽搁几分钟，宝贵的课堂时间就浪费掉了。三是重视教学语言，教学用语要规范、科学、幽默。张老师形成了民主、科学、创新的教学风格，她上的课深受学生的欢迎和家长的认可，她的课例多次荣获省、市级奖项。

严谨治学，成绩斐然。从教32年来，张洪平老师先后25年担任初三毕业班的教学工作，教学成绩显著，课堂效果良好，所任教的班级每学年平均分都位居同科同级第一名。同时，张老师还注重立足学生主体，促进学生全面发展。她先后开设了校本课程“模拟联合国”“博闻之窗”和“窗外晓声”；开设选修课“政治小论文写作能力的培养”和“茂名环境形势调查”研究性学习；成立了辩论社和摄影协会，学生的参与度极高；指导学生参加省政治小论文比赛、参加广东省模拟联合国选拔赛和参加茂名市组织的“热爱家乡、感恩茂名”摄影比赛，赛绩优异。

三、做一个务实创新的研究者

身先士卒，以研促教。作为广东省中小学名教师工作室主持人，张洪平老师积极带领工作室学员开展课堂教学模式研究和中考备考策略研究，着力提高课堂教学实效；开展初高中思想政治教学衔接问题的研究，助力学生全面发展；开展初中思想品德教师职业倦怠问题的研究，提高教师的职业幸福感。张老师主持的省名教师工作室被省教育厅考核为“优秀”，主持的首批茂名市直属学校工作室被茂名市教育局评为优秀工作室。张老师主持了4个省、市级的课题研究，其中主持广东省教育科研“十二五”规划强师工程课题“初中思想品德教师职业倦怠及应对策略研究”，被广东省教育科研领导小组办公室鉴定为“优秀”等级。作为核心成员，参与研究的教育部、省、市级课题研究有17个。其中，参与的广东省中小学教学研究“十二五”规划课题“欠发达地区城区学校校本教研与教师专业化发展的研究”，于2015年12月荣获茂名市第二届教育科学优秀成果一等奖。

总结反思，助力课改。张老师在工作之余，不断总结反思，在反思中成长。她总结的课堂教学秘诀有五点。

秘诀一：“眼看千遍，不如手过一遍”。张老师在课堂上会给学生留充分的时间进行探究活动，或练或演或议。尤其是议，让学生就时下的热点问题充分发表自己的看法和想法。她认为，如果教师在课堂上夸夸其谈，学生只顾静静地听，往往会导致学生“听时似乎懂了，一做题就会出错”。

秘诀二：“反复是学习的朋友”，新授知识要联系旧知识。张老师认为，学生的旧知识是接受新知识的基础。教学时，教师应尽量帮助学生回顾旧有知识，使学生温故知新。例如，教师在讲解较简单的教学内容时，将知识点的纵向和横向知识进行联系，也可以将学生掌握不牢固的知识和出现次数较少的旧知识进行联系，从而达到查漏补缺的目的。

秘诀三：“纠错教学法”。张老师认为，在教学中不要害怕学生出错，不要过于操心学生的学习，多让学生自主学习，避免学生产生依赖心理。教学要有一定的维度，要为学生提供思维碰撞的机会，该让学生独立完成的习题，不要在练习前去指导、提示或暗示，而是在练习后的讲评环节让学生自主去分析和认识各种错误的原因。教学中诱发出错误，实际上就显露了学生学习中的不足，这时教师再通过讲评纠正，学生掌握的知识就更扎实了。

秘诀四：“真理向前一步就是谬误”。教师要注意授课内容的少而精，明确这一课要教给学生什么，不要贪多求全。张老师认为，要求学生将所学新知一次性巩固或快速巩固是不行的，这是违反学习规律的。这不仅会影响学生的学习进度，而且会挫伤学生的学习积极性，增加学生对学习的畏难情绪。教师应该在以后的新授课中，逐步地、有机地巩固旧知，让学生有个逐步消化、吸收，不断总结经验教训的过程，而不至于纠缠于一处，停滞不前。

秘诀五："关怀中下生"。张老师认为，课堂教学要创设贴切学生生活的情境，充分调动起学生的学习兴趣，使学生尽可能地参与到教学活动中来。教学活动应尽量减少个人活动，增加全体活动。教材的分量、练习的时间、讲解的方法都要根据中下生的理解水平、接受能力和作业完成速度而定，在讲评过程中多启发、引导他们，作业时重点辅导他们。

校本研修，引领示范。张老师开发了3本校本教材，其中《走向智慧与幸福》荣获广东省特色教材三等奖，《成长路上，与法同行》荣获第四届广东省特色成果二等奖。她借力云互动、云协同和"手拉手教研同行活动"，构建幸福课堂模式，并在茂名地区推广应用；与广东石油化工学院文法学院合作，携手高校共研互促，结成教学联盟，示范带学；与高州泗水中学、滨海新区第四中学开展"教研同行"活动，通过线上和线下组织教研活动，促进教育均衡发展；带领工作室成员送课送研下乡，先后到15间学校交流，足迹遍布茂名各地区。

四、做一个合作分享的引导者

打造学习共同体。作为广东省中小学名教师工作室主持人，张洪平老师为工作室科学设计研修内容，共同交流、分享教育教学智慧。将工作室成员和学员成长的路径设定为：个人规划—团队规划—深化研究（行动研究和团队研究）—固化成果（实验、评比、展示）—总结提升（交流、分享、提升、成长论坛）。张老师与工作室学员一道，通过指导管理、团队学习、培训提升、研课磨课、观摩学习、评比竞赛、模拟命题训练、模拟无领导小组实战演练、送教支教等途径，引领工作室学员不断成长。曹狄老师被评为茂名市政治学科带头人，李赛梅老师、吴献老师成长为茂名市政治学科骨干教师，尹亮、唐育文、曾玉华、许田金、杨瑞平等老师成长为所在学校的科组长，其中杨瑞平老师还被评为茂名市优秀教师，陈秀玲、李赛梅、何光丽等老师成长为年级组长；吴丹媚老师的课例荣获教育部级优课，黄娟老师的课例荣获省级优课，曹狄老师的课例荣获省一等奖，崔玲老师参加广东省首届青年教师技能比赛荣获二等奖。何光丽、许田金、杨瑞平、毛兰、苏德余、韦登良等老师都是市级课题主持人。

开展青蓝工程。作为一名负责任的科组长，张老师热心帮助青年教师实现专业成长。梁世旭、颜芸、许田金、黄子君等老师的课例荣获茂名市一等奖，梁世旭、许田金、黄子君、何光丽等老师被评为茂名市直属学校优秀教师。张老师带领的政治科组被评为广东省优秀教研组、茂名市首批优秀教研组，荣获茂名市“工人先锋号”称号，张老师被评为茂名市首批优秀科组长。

示范带学。作为广东石油化工学院文法学院思想政治教育专业教育教学导师，张老师积极开展示范带学，多次为大学生上示范课和举办专题讲座，先后6年担任教育实习校外指导教师，深受实习师生的欢迎。在全国中小学名教师工作室发展论坛上上展示课和说课；被聘为吉林省思想品德名教师工作室联盟第二次年会评课专家；被聘为广东省（第一批）中小学教师研训专家和茂名市教师继续教育中心中小学教师继续教育专家库成员；担任广东省2015年第二期政治骨干教师华师培训班结业论文答辩专家。

教师是人类灵魂的工程师。张洪平老师站在三尺讲台上照亮了别人，也提升了自己。她脚踏实地，厚积薄发；仰望星空，志存高远；种桃种李种春风，种松种柏种永恒。

做个深受家长信任、有仁爱之心的“四有”好老师

——记广东省特级教师许书华

引言： 实现中华民族的伟大复兴，教育是基础，科技是关键，人才是核心。因此，中国梦也是教育梦。换言之，要实现中国梦首先要实现教育梦。许书华老师以做一个学生喜爱、博学多才、见多识广、温柔又严厉、幽默风趣、热心善良、能和学生成为好朋友的老师为自己的教育梦。为实现这个教育梦想，许老师勇立潮头，苦学勤研，敢于创新，三十年如一日，孜孜以求，收获颇丰。提炼出“数学五步连环教学法”和“三自一反馈”的教学模式，为数学教学改革贡献了自己的一份力量。

许书华，广东省特级教师，中学正高级教师，广东省“特支计划”教学名师，广东省中小学名教师工作室主持人，深圳市地方级领军人才，深圳市基础教育系统名教师，深圳市高中数学名教师工作室主持人，深圳外国语学校首批名师，中国数学奥林匹克高级教练员。主持研究“新课标高中数学校本课程开发与研究”等多个教育科研课题，成果丰硕。编写现行高中数学教科书《数学》（北师大版），参编中等职业学校新教材《数学》（北师大版）等。主编或参与撰写《高中数学新教材教案》《高考数学考情透视》等教学用书55本，共计400多万字，数十篇教案入选人民教育出版社、北京师范大学出版社出版的高中新教材教案。主编6本校本课程，其中《高中数学实验指南》获2018年第四届广东省中小学校本课程建设成果一等奖。在《数学通报》等国家核心期刊上发表论文50余篇。曾荣获首届全国高中青年数学教师优秀课比赛全国一等奖，多堂录像课由教育部电化教育音像出版社、人民教育电子音像出版社出版发行，并被选为示范课在中央教育电视台展播，是中央教育电视台特聘高

中数学主讲教师。曾培养出深圳市高考理科状元李迪心、文科状元周可歆等同学；培养北京大学、清华大学、香港大学、剑桥大学、耶鲁大学等世界名校学生超过100人；辅导学生128人次在历届全国高中数学联赛、中国数学奥林匹克竞赛中荣获一等奖。参与“深一模”“深二模”命题近20次，入选深圳市第三批教师继续教育课程建设专家库专家。

教书育人是教师的天职，教师在任何时候都不能忘记，自己不单单是为教书而教书的“教书匠”，而是在教学活动中塑造学生良好精神品格的工程师。许书华老师在中学数学教学一线工作34年，担任班主任工作近20年，热爱祖国，爱岗敬业，模范履行教师职责，遵守法律法规，忠诚于人民的教育事业，认真贯彻执行党的教育方针。做一个学生喜爱、博学多才、见多识广、温柔而严厉、幽默风趣、热心善良、能和学生成为好朋友的老师，是许书华老师的教育梦想。许老师三十年如一日，始终坚守在教育教学一线，严格要求自己诚实守信、正直善良、智慧干练；率先垂范，努力使自己成为学生的表率，影响学生做好一个人。确立以“人”为本的教育思想，重视班集体建设，把培养学生良好的心理品质作为班主任工作的重要组成部分，促进学生健康成长，为学生扣好人生第一粒扣子。

一、蜂集百花而成蜜，蚕蛹破壳始化蝶

因为父亲体弱多病，许书华老师最初的梦想是当一名医生，但从医的愿望终究无法实现。也许是天遂人愿，当年许老师以重点录取线的分数考上了师专。20岁那年，许老师怀着对未来的憧憬和希望来到了江西省临川一中，走上了中学教师的工作岗位。虽然没有实现从医的梦想，但许老师认为教师事业与医生事业有相通之道，那就是：做教师要像做医生那样，一丝不苟。如果医生稍有差错，则可能对人的生命造成危害；如果教师工作失职，则可能影响一个学生的一生。所以，许老师这样定位自己的职业生涯：把教师工作当成自己毕生的事业来做，努力成为一名优秀的教师，爱岗敬业，关爱学生，让师爱如同春风化雨般滋润学生的心田，让学生“亲其师，信其道”，将学生培养成社会主义新时代需要的优秀人才。

初入教坛的许老师，满怀热情，虚心向学，孜孜不倦，不断寻找数学教育的真谛，苦苦追寻教书育人的“秘诀”。他时常静下心来认真反思：优秀教师应当具备扎实的教学基本功，我有吗？优秀教师的语言应该充满魅力，我行吗？优秀教师应有深厚的文化底蕴，我的文化底蕴足够丰厚吗？优秀教师应当有丰富的人文情怀，我具备了吗？是甘居平庸，还是追求卓越？他毅

然选择了后者。于是，许老师苦练教学基本功。“工欲善其事，必先利其器。”许老师选择了“三笔一画”基本功训练，使自己的粉笔字工整、清秀；钢笔字苍劲、隽美；毛笔字遒劲、流畅；简笔画形象、生动。积极参加校级、市级青年教师基本功比赛，屡获佳绩。许老师苦练教学基本功，不仅巩固和提高了自身的“三笔一画”能力和专业技能，而且在潜移默化中为学生树立了学习榜样。

为了提高教学质量，许书华老师广拜名师。每一节课，他都精心思考，请教数学科组长周允文老师，请教既是数学教师又是副校长的卢国兴老师，请教市教研室数学教研员郑旧章老师……同年级的数学特级教师吴立民老师的课更是每节必听，自己消化后再融入个人的见解给学生上课，这一习惯足足坚持了三年。虚心好学，加上名师的悉心栽培，许老师的教学迈上了一个新台阶：从模仿教学到会教学。

而且，许老师甘愿“吃亏”，考试命题争着出，公开课争着上。《椭圆的标准方程》是许老师第一堂获得全市优秀课比赛一等奖的公开课。许老师将自己的成功归功于：首先，有一批师德高尚、教学艺术精湛又甘为人梯的老教师的指导和带动；其次，在平常的教学体验和对学生学习过程的观察中，认识到学生掌握数学知识（概念、公式、定理、法则）不可能一蹴而就，学生的技能与能力的形成也不会一蹴而就，都要有一个过程，因此，在教学中格外重视“过程教学”，引导学生在学习数学的过程中重复着数学发现、发展和创造的历史过程；此外，许老师积极辅导学生参加数学竞赛，工作不到三年，就被选为市数学奥林匹克初中集训班的主教练兼班主任，先后被中国数学会奥林匹克委员会授予中国数学奥林匹克二级、一级、高级教练员资格。

在班级工作中，许老师确立了以“人”为本的教育思想，重视班集体建设，把培养学生良好的心理品质作为班主任工作的重要组成部分。为此，确立了四个做学生工作的原则：一是了解学生；二是尊重学生；三是引导学生；四是激发学生。同时，坚持做到“四勤”，即脚勤、手勤、口勤、脑勤，无微不至地关心学生的学习及生活。重视优化学生的学习环境，全面安排德智体美劳活动，团结和依靠各科老师同心协力，凝聚学校、社会、家庭等多方教育力量，形成教育合力，以促进学生全面发展。许老师所带的班级整体素质比较高，班风、学风优良，年年被评为学校文明班级和先进班级。其中，2015级高二（7）班获评为2017年广东省“红旗团支部”，该班级在2018年高考中平均分达635分，考上清华大学有6人、北京大学有3人、香港大学有2人。

许书华老师说："成功的喜悦激励了我在教学中追求卓越，潜心研究教学艺术。"先后在全省高、初中青年数学教师说课、讲课比赛中荣获四个一等奖，并于2000年11月，代表江西省参加在江苏南京举办的首届全国高中青年数学教师优秀课比赛，最终摘取了全国教学竞赛最高荣誉奖项"一等奖"。多年来，许老师把"夯实基础，渗透思想，内外结合，培养能力"作为数学教学改革的主攻方向和学科教育科学研究的重要课题，并逐步形成了自己独特的教学风格和鲜明的教学特色。践行"品（欣赏数学特有的美）·做（在'做'数学中形成数学能力）·悟（树立数学观和哲学观）"的数学教学理念，并提炼出自己的教学风格及教学模式——"数学五步连环教学法"，即导中求疑（情境导入，引趣生疑）—疑中求解（迫切求知，自发解惑）—解中求用（运用新知，举一反三）—用中求活（新知内化，适当拓展）—活中求实（归纳总结，分类达标）。这一教学模式，既发挥了教师的主导地位，又充分体现了学生的主体地位。许老师应用这一教学模式所执教的三堂录像课被选为教育部基教司组织的向西部地区送课活动示范课，并由中央教育电视台播放、人民教育电子音像出版社出版发行。还提炼出教学模式——"三自一反馈"，即自然的数学、自由的课堂、自主的学生；抓好课堂内、外的反馈及学生的自主反馈，查漏补缺，及时调整，因材施教。该教学模式扭转了传统课堂教学中教师"讲"，学生"听"，受教育者对学科知识缺乏深入思考的局面。"许老师的课堂分明是一个学术报告厅，一个加工场，是师生精神的天堂；你们看，学生在课堂上是多么自由、充实、快乐、幸福。"这是教授们听完许老师的课后给予的高度评价。

二、纸上得来终觉浅，绝知此事要躬行

许书华老师认为，科研能力是一个优秀教师的重要素质，科研工作是教师工作不可缺少的组成部分。于是，许老师先后开展了阅读自学法、布鲁姆的目标教学法、教育部《中学数学实验教材》教学实验、翻转课堂教学等教改试验，获教育部授予普通高中新课程方案试验工作先进个人称号。在国家核心期刊《数学通报》等刊物上发表论文50余篇，参加编写新课程标准《高中数学》及中职《数学》（北师大版）教科书及教师用书，主编或参编教学用书58本近400万字，其中专著《高中数学实验指南》已于2018年8月由民主与建设出版社出版发行。主编6本校本课程，其中《高中数学实验指南》获2018年第四届广东省中小学校本课程建设成果一等奖。数十篇教案入选人教社、北师大出版社出版的高中数学教案。主持和参与课题研究10个，其中，主持的中国教育学会"十一五"规划课题"普通高中课程标准

'数学高考评价的理论与实践研究'"已成功结题并获优秀课题称号；主持的广东省"十二五"教育科研课题"新课标高中数学校本课程建设与教学研究"已成功结题；主持的中国教育学会数学教育研究发展中心全国数学考试评价研究会"十二五"科研规划课题"基于微课的高中数学翻转课堂的实践研究"于2015年3月成功结题。主讲的现场录像课"函数$y=A\sin(ax+b)$的图象"被选为教育部组织的向西部地区送课活动示范课，并在中央教育电视台播放。

许书华老师作为科组长，与科组教师们致力于中学数学教学方式的研究，并总结了与各年级教学内容及不同课型相匹配的新型数学教学方式。他逐渐认识到，创新是教师的教育使命，也是教师的教育生命。如果教师没有创造的意识，没有创造的激情，学生从教师那里学到的不过是死的知识，那么教师的工作将是普通工匠都能完成的无趣的活计。许老师认为，有思想、有文化、有情感、有艺术的教师是大师，大师的课堂是充满灵动、充满情趣、充满智慧、充满诗意的。

三、带头示范勤钻研，脚踏实地促成长

作为广东省特级教师，广东省"特支计划"教学名师，深圳市地方级领军人才，深圳市名教师，华南师范大学兼职教授，许书华老师深感自己肩负的责任重大，他表示将继续开展教育科研工作，带领青年教师共同成长。

许老师积极参与省、市组织的教研活动，承担深圳市教科院组织的"深一模""深二模"的命题工作近20次，并在深圳市各类数学教研会上作讲座5次，担任评委3次，指导青年教师参加省级说课比赛，为全市青年教师的成长添砖加瓦，担任多名青年教师的导师工作。在江西省工作期间，先后为省、市教育部门主讲公开示范课20余堂，多次承担省、市送课下乡活动的讲课任务，并在由北师大出版社及实验省区教研部门共同组织的新课程标准《高中数学》教材（北师大版）培训会（海口、济南）上作专题讲座和上示范课。现正以"广东省许书华名师工作室""深圳市许书华名师工作室"为平台，带领一大批青年教师投入教育科研工作中，为深圳外国语学校数学科组乃至深圳市培养一批高中数学教学及科研中坚力量。工作室学员在许书华老师的指导下，开展"同课异构""名家讲坛""课题研究"等教改活动，形成了一支团结向上、爱岗敬业的先进队伍，起到了良好的"传、帮、带"作用。在2016年广东省高中青年教师数学问题核心片断展示与培训活动中，许书华老师精心指导的3位学员朱红光、黄文辉、董正林均获广东省特等奖（分别对应全省第一名、第四名、第五名）。其中，朱红光、黄文辉代表广东

省参加全国教学决赛均获全国一等奖。另外，许老师还积极参与深圳外国语学校帮扶学校的指导工作，先后赴深圳市光明高级中学、富源学校、第二外国语学校及梅州市梅县外国语学校、河源市田家炳实验中学和深圳市观澜中学等学校为学生讲课，为青年教师开讲座，指导帮扶学校教师的教学工作。参加西藏援教工作，任西藏林芝市察隅县中小学教师培训专家和教育顾问。

许书华老师在深圳外国语学校工作的18年间，担任了近10年数学备课组长及数学科组长，在数学学科中起中坚和带头作用，率领备课组老师在2004年、2007年、2010年、2013年、2015年、2018年数学高考中取得优异的成绩（每届数学高考平均分均位列全市前三名），积极带领数学科组青年教师实现专业成长。

“路漫漫其修远兮，吾将上下而求索。”许书华老师正是用孜孜以求的态度、诲人不倦的精神在三尺讲台上诠释着自己的教育梦想，爱岗敬业，务实创新，努力让自己发展为深受学生喜爱、深受家长信任的有理想信念、有扎实学识、有道德情操和有仁爱之心的“四有”好教师，交上一份无愧于时代、无愧于人民、无愧于历史的令人满意的答卷。

不忘初心　抱守朴素　幸福为师

——记广东省特级教师李锦清

引言： 朴素的教育是一种体现质朴、本色、宁静，不浮夸、不浮华、不浮躁，带着对学生、对教育的真实情感的教育。作为教师，只要不忘初心，抱守朴素，用心去品味，教育的幸福就能常伴左右。在20多年的教育生涯中，李锦清老师抱守朴素的职业情怀，享受着职业的幸福；抱守朴素的价值观，感悟“幸福比优秀更重要”的人生真谛；抱守朴素的人才观，以静待花开之心守望幸福；抱守朴素的语文教学观，做幸福的语文老师，于教育路上收获满满的幸福，成为一名幸福的特级教师。

李锦清，广东新会人，中共党员，小学语文高级（副高级）教师。全国模范教师、全国教育系统巾帼建功标兵、广东省特级教师、江门市劳动模范、江门市教育新闻宣传工作先进个人、新会区优秀青年、新会区名教师、新会区教坛新秀、新会区优秀教师及优秀班主任……现任江门市新会区崖门镇交贝石小学教导主任，曾任江门市党代表和江门市新会区人大代表。曾到北京大学、广东第二师范学院、香港中小学参加名师或骨干教师班培训。在《少男少女·教育管理》《广东教学》《江门日报》《江门教育》《新会教育》《清风行》《冈州诗草》《北京大学继续教育研究通讯》《加强未成年人思想道德建设研究》《新会区教育教学改革成果文集》等刊物上发表文章10多篇；主持或参与省级和区级课题4项；论文或课例获区级以上奖项15次。指导的20多篇学生习作曾发表在《新会报》《冈州诗草》《青苹果》上，指导学生参加各种征文比赛并多次获奖。教书育人先进事迹在新会电视台、《少男少女·教育管理》《新会教育》《江门日报》等刊物报道并登上“新会侨报”“新会发布”“亲子大本营”“魅力崖门”等官方微信公众号。

教师的工作是繁杂的，每天要备课、上课、批改，还要面对不做作业的后进生、爱捣乱的小调皮，处理班中大大小小的事务。如果担任了学校的中层干部，除了上传下达外，还要面对那一拨又一拨的“评估”“检查”“督导”“验收”……可当被问道“在这近30年的为师生涯中是否感到幸福?”时，李锦清老师的回答却是肯定的：“累！但幸福着！因为这幸福源于为师的初心，源于坚守朴素的情怀!”

的确，幸福是一种感觉，一种内心的体验。只要自己不忘初心，抱守朴素，用心去品味，教育的幸福就能常伴左右。

一、抱守朴素的职业情怀，享受职业的幸福

2017年暑假刚过20多天，一个小学刚毕业的学生通过QQ给李锦清老师发送了一条信息：“李老师，我想您了，您在忙些什么呢?……”李老师说，从教27年，早已到了不会轻易感动的时候，但学生的一句“李老师，我想您了……”还是让她心头温暖了好一阵子。此外，当自己的耐心帮助、热情鼓励、赤诚爱心点燃学困生心中奋发向上的火种时；当陶醉于学生在课堂上那闪耀着智慧火花的精彩发言时；当精心设计的一堂课结束，学生们意犹未尽地喊道“怎么这么快就下课了!”时；当听到同事热情的鼓励，特别是真诚的劝诫时，李老师心里总会溢满无限的幸福感……

幸福在哪里?幸福其实只在一念之间。只要自己抱守朴素的职业情怀，职业的幸福感就会自然相随。

二、抱守朴素的价值观，体验幸福比优秀更重要

幸福，是一种体验，更是一种心态。这些年来，李锦清老师获得了许多荣誉：全国模范教师、全国教育系统巾帼建功标兵、广东省特级教师、江门市劳动模范、新会区优秀青年、新会区名教师……面对这些荣誉，李老师也经历过一番忐忑，她说：“名誉是顶太重的帽子，戴着它只是负载着别人对你的希望。实际上，每获得一项荣誉，对于我来说都是一种压力。我怕大家的期望值过高，因为我本身就是一个普通的农村教师，我不是专家学者，没有高深的理论。我深知，从教近30年的勤奋仍远远未达到‘特级’教师的水准。所以，每当大家向我祝贺或用这些名衔称呼我时，我心里的感觉是沉重大于高兴，责任大于名声。”甚至有好长一段日子，李老师沉浸在这种压力当中，寝食不安，和同事说话也都变得三思而言之，生怕说错了哪句而对不起这些荣誉，工作更一刻不敢懈怠。

李老师说，正当她沉浸在这种压力中时，新会区崖门镇党委委员李龙掌的一番话让她醍醐灌顶：“昨天你不是特级教师，并不说明你水平低；今天

你成为特级教师，也并不证明你的水平突然就比昨天高。你还是你，只是你现在要开始吃苦了。但你要学会用平常心来看待荣誉，别给自己太大的压力，你以后应该一如既往地干好自己的工作，一步一步往前走，踏踏实实，不断地总结经验和教训，努力提升自己。如果你让荣誉压得自己喘不过气来，那么无论你工作多出色，你也不感到快乐和幸福。”“你要学会用平常心来看待荣誉”这句话让李老师感动至今，也改变了李老师面对荣誉的心态。她对自己说：“对待荣誉，应该淡然处之，成就每一个学生，才是教师的最高荣誉。守住一颗平常心，继续静心教书育人吧。”这样想开了，心态平和了，职业的幸福感又慢慢重临李老师的心头。

李老师说，现在她最大的忧虑是还没有达到自己的目标。对未来，她没有太多的规划，只能说路在脚下，所要做的，是走好每一步。她说：“我知道自己不够聪明，但我愿意努力；我知道自己很平凡，但我对自己有期待；我要静下心来教书，潜下心来育人，善待每一个日子，呵护每一个孩子。”

三、抱守朴素的人才观，以静待花开之心守望幸福

教育者，要有朴素的人才观。为人师者，要给学生一个开放的发展空间，张扬学生的个性，发展学生的特长；要呵护生命，尊重个性，激发创造。

在教育学生的过程中，李锦清老师逐步树立了朴素的学生观和人才观。她在学生面前学会了忍耐、宽容，学会了欣赏、等待。李老师说，若没有平等的师生关系，没有和谐的课堂氛围，没有民主的教学作风，那便什么都不会有。所以，她常对犯错的学生说：“由于种种原因，以后同学们会走上不同的人生道路，但无论走在哪一条人生道路上，从事什么职业，我都希望你能够做最好的自己，做别人眼中的合格公民，这样即使是做一名普通的劳动者，在老师和别人的心目中，你都是优秀的。”

朴素教育需要明智的教师，需要教师确立大度的学生观和人才观，不用一把尺去衡量学生，相信每一个学生都是优秀的，尊重差异，以静待花开之心守望教育，守望幸福。

四、抱守朴素的语文教学观，做幸福的语文老师

（一）蹲下身来教课文，追求朴素的语文课堂

李锦清老师说，过去，她总是将语文课讲得太烦琐，讨论得太多，挖掘得太深，拓展得太远。教师大问题套小问题，问得多，讲得累；学生则在猜

测问题的答案，读得少，学得烦。如今，李老师慢慢学会蹲下来备课，站在学生的角度上课，允许进度慢一点，允许学生发言模糊一些；多留一些空间与时间，让学生去读书、感悟、想象；多留些时间与耐心仔细倾听和欣赏每一个学生的声音。

李老师说，过去她的语文课，是现代教育媒体的大展台，声、光、电齐上，图、文、像兼备，但热热闹闹的一节课过去，似乎什么也没有留下。而今，李老师也不排斥现代教育技术，但她学会"用在当用时""止于当止时"。这样，语文课上得朴素而优雅，也因此显得更简约更有效。教师教得轻松，学生学得扎实。这样朴素、不求浮华的课堂也让李老师收获了一种实实在在的幸福感。

（二）蹲下身来教阅读，追求朴素的阅读观

作为语文老师，在课外阅读上，李锦清老师在理解、尊重学生选择的同时，也学会蹲下身来和学生一起阅读。李老师会带着欣赏的眼光去认真阅读学生喜欢的《校园爆笑漫画》《查理九世》《淘气包马小跳》等课外书籍。这样，一方面可以缩短与学生之间距离，增加与学生的共同话题；另一方面可以做好阅读内容的引导工作，让他们摒弃作品负面影响，取其精华。李老师说，蹲下身来与孩子一起读书，用平等的心和孩子交流，真诚地倾听孩子的心声，会收获意想不到的幸福。

（三）蹲下身来教习作，追求朴素的习作观

近年来，在习作教学上，李锦清老师做得最多的是给学生作文"松绑"，蹲下身来教习作，追求朴素的习作观，让学生自由表达所经历的事，所感悟的理。李老师鼓励学生写个性化的生活经历，克服过去传统作文指导中"求同思维"的模式，不再片面而过度地强调"立意"，也不再过于强调作文的技巧，而是鼓励学生大胆表达，写个性化的生活经历。这样一来，笔，成了学生的另一张嘴巴。他们"用我笔写我心"，他们写班级的事，写家里的事，写烦恼的事，写高兴的事，写自己的事，写伙伴的事。概而言之，说真实切己的话。每每读这样的习作，李老师都能沉浸在学生们真实的心灵告白中，幸福也从学生稚嫩的文字淌进她的心头。

习近平总书记提出要做"四有"教师，作为一名教育工作者，只要不忘初心，执着追求教育信仰，坚守朴素的教育情怀，不断学习提升，怀抱赤诚仁爱之心，甘守三尺讲台，就能在教育的追梦路上幸福为师。

始终坚持“三心育人”

——记广东省特级教师陈进文

引言： 苏联教育家赞可夫在其《和教师的谈话》一书中说：“教师不应当只限于传授知识、训练技能和技巧，还要教育学生，这是教师的神圣职责。”换言之，教师不能只是知识的“传道者”“解惑者”，更要当好学生的“引路人”，引导学生走上个人成长的正确道路。在28年的教育历程中，陈进文老师矢志教育，心系学生，努力做一个忠诚于教育的领路人；潜心教研，精益求精，努力做一个教育科研的探路人；以人为本，活动育人，努力做一个素质教育的铺路人。也正是这种“领路”“探路”和“铺路”的精神，成就了陈进文老师精彩的教育人生。

陈进文， 始终坚持“三心育人”：以“爱心”育人成才，以“关心”助人成长，以“耐心”催人奋进，后进生转化率为100%。作为省中小学名教师工作室主持人，他培养了一批省、市级骨干教师，撰写的35篇科研论文发表在全国核心期刊。先后荣获2018年国家“万人计划”教学名师、广东省“特支计划”教学名师、广东省特级教师、广东省教育教学成果一等奖等称号和奖项。2019年，陈进文获得广东省五一劳动奖章。

陈进文老师在初中教坛默默耕耘了28年，从教期间，始终保持积极进取的心态，情牵教育、爱生如子、精于教书、勤于育人。他思想表现好、作风正派、师德高尚、时刻不忘为人师表的职业要求。2013年，他晋升为中学物理正高级教师，获得了教师职称评定改革后的第一批初中教师的最高职称；2016年，他被评为广东省特级教师；2017年，经过层层筛选，他被评为全省仅有10人的广东省“特支计划”教学名师之一，以及广东省中小学名教师工作室主持人。作为佛山市物理学科带头人，陈进文老师开拓进取、改革创新，教育教学成绩显著，教育科研成果丰硕，得到了学校领导和上级教育部门的充分肯定：先后被评为佛山市名教师、佛山市优秀教师、佛山市优秀德育工作者、南海区高层次人才……一本本荣誉证书堆放在他的案头，一面面奖牌悬挂于墙上，见证着他的辛勤，展示着学校的荣光。

一、扎根教区，情系学生，呕心沥血育桃李

陈进文老师矢志教育，心系学生，是一个忠诚于教育的领路人。

陈老师出生在茂名市高州边远山区，自小受当教师的兄长的影响，仰慕和热爱教师职业，对教育有着深厚的感情。20世纪90年代初辞职下海的师兄邀请他前往深圳“淘金”，他婉言谢绝。大学毕业后为了自己挚爱的教育事业，选择去佛山市南海区最偏远的一个小镇当一名老师。28年来，他无怨无悔地辛勤耕耘，默默奉献。在工作中，他以校为家，以高度的责任心、严谨的工作作风和良好的思想素养，按时、按质、高效地做好学校工作；在教学中，他爱生如子，对学生的教育能够动之以情，晓之以理，帮助学生树立正确的人生观、价值观和世界观；在生活中，他尊师爱友，为人师表，做学生的表率，做老师的楷模。在学生和教师的心目中，他具有较高的威信和良好的教师形象。

陈进文老师热爱并能关心呵护每一位学生。对于优秀学生，他善于引导他们总结学习方法和经验，并培养他们自觉地与学困生开展结对帮扶工作，把自己好的学习经验和方法分享给其他同学，在班集体中形成互相帮助、共同进步的氛围。而对于后进生，他坚持以人为本，因材施教，用爱心抚慰他们自卑的心灵。在学习生活中，因势利导，善于挖掘他们的闪光点，帮助他们树立学习自信心，激发学习兴趣。如在2009学年，他教的学生小吴，经常违反纪律，上课讲话、开小差，影响别人上课，课后惹是生非，学习目的不明确，态度不端正，不交作业，各科成绩均在50分以下。陈老师通过与班主任一起进行家访，了解到其父亲长期在外打工，过年才能回家，小吴从小学二年级起便缺乏父爱和有力的监管，母亲对其放任自流，家庭教育的缺失是导致该生后进的主要原因。于是，他抓住小吴喜爱打篮球这一特点，组织起班级篮球赛和其他的体育活动，大胆起用他为主力，尽其所能，并及时表扬其优秀的表现。陈老师还动员了一名优秀生与他进行“结对帮扶”，平时还关心其学习和生活，定期对其进行学法指导，逐步培养其良好的学习习惯，促使其学业不断进步。陈老师终于以真心真情感化了小吴，使他逐步改掉了坏习惯，奋发向上，在当年的中考中以556分考入南海区内重点高中。由于陈老师的教育方法灵活多变，从教28年来，他所任教或帮扶的班级班风正、学风浓、凝聚力强，多次被评为学校的“文明班”或“先进班”。

2006年3月，他还被评为佛山市优秀德育工作者。2017年，被评为南海区优秀校长。

在工作中，陈老师数十年如一日地情注教坛，无怨无悔，乐于为教育事业奉献。

二、锐意进取，勇于实践，一片丹心为教改

陈进文老师潜心教研，精益求精，是一个教育科研的探路人。

陈老师一直身处教学第一线，长期担任毕业班的物理科教学工作。经过28年的教学钻研，他的教学基本功扎实，业务能力强，专业水平高，拥有较强的教学理论和教研能力。在教学工作中，他能够严于律己，虚心好学，刻苦钻研，精益求精，勇于创新，不断提高自身的综合素质。他坚持以德育为首，注重以趣激学、以法导学、强化基础、培养能力、寓学于乐，形成了自己的教学风格，教学工作取得了显著的成效。近年来，他所任教班的平均分、合格率、优秀率一直处于年级的第一名，处于南海区的前列。其中所任教的学生何大为、吴绮华分别在2004年、2006年中考斩获南海区物理学科单科状元的桂冠。从教28年来，何大为、吴绮华、谢莉等一大批学生考上了市、区重点高中。功夫不负有心人，2008年8月，陈进文老师被评为佛山市名教师；2010年9月被评为南海区优秀教师。面对荣誉，他戒骄戒躁，立志在平凡的岗位上做出不平凡的业绩。

他率先垂范，积极参与教研教改活动，勇于承担教学公开（示范）课。2004年起，他先后主持了7个全国、省、区的课题，教育科研成果丰硕。其中2017年11月，他主持的广东省教育厅教育科研处立项的课题“初中物理“自主合作式概念教学”的策略研究”（课题编号：2014YQJK081），经省专家组评审验收，同意结题，并被评为优秀课题，荣获广东省教育科研成果一等奖。课余时间，他辛勤笔耕，近年来，有50多篇论文分别获国家、省、市级一、二等奖，其中有25篇在国家级（核心）、省级刊物发表。他还出版了两本个人专著，其中一本是《优化小组合作　让物理课堂更出彩》，由南方日报出版社出版；另一本是《敲开初中物理知识之门——“初中物理自主合作式概念教学”策略研究》，由光明日报出版社出版。由于他的教育教学工作突出，2012年10月，他顺利通过遴选成为广东省中小学新一轮“百千万人才培养工程”初中名教师培养对象，参加了为期三年的名师培训，2016年6月培训结束时他被评为优秀学员。

由于陈进文老师潜心教研，锐意教改，成绩突出，他于2009年5月被聘为佛山市中学物理学科带头人；2005年和2006年9月均被评为南海区教育教

学科研先进工作者；2008年9月，被评为南海区基础教育课改先进个人；2012年3月被聘为南海区中学物理学科带头人；2012年9月，被评为南海区教科研先进个人；2015年被评为南海区高层次人才；2013年成功晋升为广东省中学物理正高级教师；2017年被评为广东省“特支计划”教学名师、广东省中小学教师工作室主持人。

一项项荣誉的获得也见证着陈老师潜心教研，孜孜不倦，俯首甘为孺子牛的教育征程。

三、因材施教，寓教于乐，甘为教育作奉献

陈进文老师以人为本，活动育人，是一个素质教育的铺路人。

“干一行，爱一行”正是陈老师教书育人的真实写照。在教育工作中，他坚持“以生为本，共同发展”的原则，讲究教育艺术，注重师生对话，以情感人。注重言传身教、因材施教，充分尊重学生的个性差异，关心学生的身心健康成长。每当学生在学习或生活中有困难时，他总是乐于帮助，及时解决他们的实际困难，并激励学生安心学习，积极进取。

参加工作28年来，他在多个岗位得到锻炼。其中，担任班主任工作8年、级长工作4年、德育主任工作2年，于2012年开始担任德育副校长工作至今。每年，他都坚持结对帮扶一个教学班，根据新时期学生的心理和生理特点，认真开展对学生的教育工作。

许多接受他教育的学子都深深地体会到了陈老师的关心和呵护。学生们对陈老师的评价很高。学生陈丽钰在2017年的教师节给他发来的节日祝福这样写道：“陈校，很荣幸我能成为您的一名学生。在您任教的这一年里，我不仅学习到了丰富的物理知识，更从您身上领悟到许多做人的道理。还记得我在初二刚刚接触物理时，心里不禁对这门新的学科有种不知名的恐惧。您的到来让我的这种恐惧‘存活不久’。您生动的语言让我们感到学物理的快乐；您开朗的性格让我们的课堂气氛高涨；您的人格魅力让我们深深折服，我最记得的是您所说的一句话，‘做学生要比老师更成功，这是对老师最好的回报’。这句话在我心中留下了不可磨灭的印象。陈校，您是我学习物理的启蒙老师，同时也是我人生的启蒙老师，我会永远记住您……”

在学校德育管理工作中，他通过“学生自主管理”的自治管理模式，引导学生把外在的“他律”变为内在的心灵准则，进而调动和整合学生自身的教育潜质，激发学生自身教育的再塑潜力进行自我突破、自我拓展、自我完善，实现一种从“要我成人”“要我成才”到“我要成人”“我要成才”的教育转变。紧紧围绕“主体性道德人格教育”这个中心，以学生日常行为规范

自律内化为主体，以弘扬爱国立人为核心的“五爱”教育为主线，结合学校模式和特点，狠抓一日常规养成的自觉、自律的行为训练，培养学生自理的生活能力及良好的生活习惯，培养学生吃苦耐劳的品性，养成良好的作风和优秀的品质。由于德育工作扎实，有特色，有亮点，南海区桂城街道平洲第二初级中学被评为佛山市德育示范学校。

陈老师为了人民的教育事业，情牵教坛，情系学生，营造关爱校园的氛围。

“路漫漫其修远兮，吾将上下而求索!”我们相信，陈老师必将沿着他的教育征程继续前行!

用特别的情怀　润泽特别的天使

——记广东省特级教师李敬梅

引言： 有这么一个人，力戒浮华，势要把青春和毕生的精力都献给特别的天使。这个人，便是广东省特级教师——李敬梅。因从事的职业较为特殊，从初为人师，李敬梅老师便自觉树立起艰苦奋斗的意识。正是凭着内心坚定的信念和干劲，22年来，李敬梅老师一步一个脚印，潜心教研，从打破“按年龄编班集体授课”教学模式到提出“分类教学，分层推进”教学改革，从“以生活为核心的个别化主题教学”的研究到“生本课程体系”的开发，用实绩让山区特殊学生得到润泽。

李敬梅，全国希望工程优秀乡村教师、全国交通银行特教园丁、广东省特殊教育特级教师、广东省特殊教育名教师工作室主持人、广东省新一轮“百千万人才培养工程”名教师培养对象、河源市特殊教育首席教师。《少男少女·教育管理》杂志将其作为封面人物介绍。22年的寒暑易往，她以一颗质朴而赤诚的心，在山区特教的讲坛上勤奋躬耕，默默奉献；22年的特教生涯，她爱生如子，诲人不倦，铸就师魂；22年的山区清劳，她无怨无悔，兢兢业业，助力残疾孩子升入高等学府，走上工作岗位。这个平凡的客家女子，把宝贵青春献给了山区特殊教育事业。

一、爱，在坚定的信念中萌芽

1995年，中招填报志愿，李敬梅面临人生的十字路口，老师问她是填报普师还是特师，她问：“老师，特师是做什么的？”老师告诉她，特师就是教育残疾学生的。当时还是孩子的她想，残疾孩子很可怜，需要更多的关爱，于是她选择了特殊教育。家人不同意她选特教，认为总跟残疾人打交道，没出息。朋友劝她：“老让这些残疾孩子围着你转，干一辈子也不可能桃李满天下，何苦呢？”但自从踏进特校大门，面对聋哑孩子那一双双饱含渴盼的目光，面对家长心酸的泪眼，她投身特教事业的信念就无比坚定了。李敬梅对自己说："我要把青春和毕生的精力都献给这群折翼的天使，用爱为我的学生铺路，用坚强的手为他们搭桥。"

李敬梅从18岁开始成为一名特教老师。那时，河源特殊教育刚刚起步。开学之初，学校没有教材和任何教学资料，也没有行家指导。为了不负学校的重托和家长的期望，李老师全身心投入到工作中，她经常利用双休日独自一人自费到惠州和广州等地的兄弟学校参观学习，和兄弟学校的领导老师交流。每次外出，李老师都自己掏钱带回许多特教专业书籍、音像资料，带回教材及配套的教具和学习资料，不断摸索聋儿教育教学方法，提高教学水平。李敬梅老师认为，聋孩子的教育需要学校和家长的共同关注，她主动购买了《中国手语》《聋儿早期康复教育》《聋儿家长必读》等书籍赠送给家长，让家长参与孩子的教育教学。

李敬梅老师总是把学生当作自己的孩子一样关心、呵护和精心照顾。天冷了叮嘱学生多穿衣服，换季时叮嘱学生多喝水。学生病了及时送他们到医院就诊，垫付医药费，亲自在医院照顾他们，护理他们。从学习、思想、身体、生活上全面关心每一位学生，时时处处做学生的贴心人。

1998年，班上有一个叫小兰的学生，她很自卑，性格内向。一个星期六的傍晚6时左右，李老师接到小兰妈妈的电话，说孩子不见了，她立刻放下刚端在手上的饭碗，打电话联系所有的学生，但都没有消息。此时，她心急如焚，不顾外面下着倾盆大雨，撑着伞和小兰的父母一起四处寻找。找了将近4个小时，最后在公园的一个角落找到了她。当时，顾不得全身湿透的李老师一把抱起了小兰，自己竟呜呜地哭了起来，而小兰却用手语说："反正我是个哑巴，是一个没用的人，你们别理我好了。"看到小兰执意不肯回家。李老师站在雨中哽咽着用手语跟她讲张海迪顽强拼搏的故事，讲海伦·凯勒的故事。经过她的苦苦劝说，小兰终于同意回家了。为了培养孩子的自信心，李老师选小兰做班长，提供机会让她上台演出，使她看到自己的闪光点，慢慢地帮她树立了生活的信心。在李老师的细心关爱下，小兰慢慢变成了一个活泼开朗、积极进取的女孩子。后来经过努力考上了重点高中，毕业后在国企上班。

20世纪90年代，山区特校办学条件简陋，李老师给聋生上语训课，只能凭一张嘴，从口型、舌操、呼吸、基本发音、看话、听音开始训练，采用各种特殊手段引导聋生用视觉感观察老师说话的口型，运用触觉，从声带振动的差异比较找到发音部位，模仿声音。每教会学生一个音、一个词都要经过无数次强化训练。虽然每天都是在一种含混与清晰、嘶哑与喊叫的情境中教学，她却忘我地沉醉在这个奇特的世界里。经过训练，原本不会说话的罗剑峰同学较为清楚地说出了“我爱妈妈”，同时还喷了李老师一脸的口水。可是她顾不上擦，连忙伸出大拇指表扬道：“好，真好！”这可是世界上最美妙的声音啊！李老师激动得把孩子抱起来，像个小孩那样欢叫着。

李敬梅老师是一名全科教师，曾任语训、语文、体育、律动等学科的教学工作。为了让残疾孩子能平等地参与社会生活，能成为残而有为的人才，李老师不惜放弃双休日和节假日时间，不计报酬地教学生舞蹈、小品、书法。学校没有舞蹈室，李老师只能带着孩子们在粗糙的操场上爬、滚、翻、跳。鞋子磨烂了，衣服磨破了，膝盖常常青一块紫一块，她从没半句怨言。2004年的助残日，学校要举办专场演出，李老师负责排练舞蹈和话剧，指挥全场演出。当时她正是怀孕初期，由于太劳累，出现先兆流产危险，医生命令她卧床休息，可是演出在即，她瞒着医生和家人，继续投入到节目排练当中。演出当天在医院打了一针就赶赴剧场。因为聋生在舞台上不能没有指挥啊！当看到聋孩子在舞台上翩翩起舞，看到自己创作的话剧深深感动了观众，赢得了热烈的掌声，李老师一边流泪，一边流露出幸福的微笑。

山区残疾儿童的家庭，大多经济困难，不少孩子因此辍学。为了让每一个残疾孩子都有学上，22年来，她与班子成员拉赞助，共争取到50多万元助学金，解决了30多个残疾孩子上学难的问题。她曾到各居委会、农民老乡的家里做工作，说服家长送孩子继续上学；冒雨帮家长寻找走丢的孩子；把家在偏远乡村的学生接回自己家中照顾。

时光匆匆，许多事随着岁月的流逝渐渐被淡忘，但有一个情景她却永生铭记。那是初为人师新生报名时，一个家长握住她的双手，流着泪说：“李老师，我家哑古就拜托您了！为了他，我们四处求医花光了所有积蓄，还欠下一大笔债。孩子慢慢长大了，我们真不知怎样和他沟通，更不知如何去教他。希望他能跟老师学点知识，将来我们老了，不在了，他能独立生活我们就放心了。”这是大多数家长的心声，教育康复一个孩子，就拯救了一个家庭。因为责任和爱，李敬梅谢绝了几次工作调动的机会；因为责任和爱，她对特教永怀激情；因为负责和热爱，她得到了孩子们的信任与拥戴。做自己喜欢的工作，是一种享受，也是一种幸福！对特教，李敬梅老师有一份难于割舍的情怀。

二、爱，在敬业的岗位上成长

优秀的教师都有一个共同的特点，那就是善于发现教学问题，并能找到解决的办法。22年的特教生涯，李敬梅老师致力于特殊教育教学改革，潜心教研，她把自己的根深深扎进了这方热土，做河源特殊教育教学改革的领航人。2001年她成为学校教导处主任，2008年被提拔为副校长。

工作之初，班上的听障、智障、视障、脑瘫、自闭几类儿童一起授课，用的是普校“丁氏版”语文教材。上课时，视障学生静坐在教室呆呆地望着她，听障学生一脸茫然，多动症的智障孩子像个化学分子，一会儿在地上打滚一会儿又冲出教室，自闭症孩子沉浸在自己的世界里拿着笔不停地在练习本来回划着。这种状态下，课堂教学根本无从下手。一个星期就这样过去了，每天放学走在回家路上，李老师眼在流泪，心在滴血。不行，特殊教育不能是普通教育的简单复制，按年龄编班集体授课的教学模式显然是行不通的，必须找到一条出路！作为科班出身的她，看到学校教学的问题所在，李敬梅老师第一次向校长提出了“分类教学，分层推进”教学改革。她建议把学生按启智、启聪残疾类别进行编班，在班里根据学生的学习水平进行分层，以全国统编的人教版培智学校教材、聋校实验教材为蓝本进行授课，同班级学生按认知水平分A、B、C组，针对各层次学生制定教学目标、实施课堂教学活动、布置星级作业、设计质量检测的试题。“分类教学，分层推进”教学改革经过多年的探索和学习以及在实践中不断地修正和总结，学校的教学质量有了很大的提升。

“分类施教，分层推进”的教学改革虽然取得了不错的成绩，但是随着特殊教育的发展，特殊教育学校的对象发生了重大变化，多重、重度残疾学生越来越多，现行的培智教材显得过于繁难与陈旧，不适合学生的学习。分科教学重知识的传授，特殊孩子对知识的迁移能力较差，不能把知识运用于生活当中。教学必须以学科为中心转向以儿童为中心，关注学生个体的生活与成长。基于此，2014年开始她在培智部进行了“以生活为核心的个别化主题教学”尝试，以培养学生解决生活问题为目标，打破单一学科教学界限，进行主题整合式教学，大力开发主题教学资源，探究个别化教学模式，为每个孩子量身定制个别化教育方案。李敬梅老师组织申报了省教育研究院课题“智障学生社会性发展的个性化教学研究”。她以课题为抓手，以课程建设为着力点，对培智课程进行了重构，分主题课、艺能课、康复课、职教课、潜能开发课；把个别化教育落实在教学评估、教学计划、教学目标、教学实施、教学检查各环节当中。她主持开发了培智学校主题单元教学资源库和学生课程评估系统。主题单元教学以生活为核心，知识来源于生活并运用到生活，实用性强，便于学生接受。课程评估包括认知、沟通、粗大动作、精细动作、感官知觉、生活自理、社会技能七大领域，全面系统。她对脑瘫、自闭症、言语障碍孩子实行抽离式一对一康复训练。她提出了校企合作、订单式培养特殊学生模式的构想，与华达汽修厂、希尔顿等企业合作办学，开发了30多项智障学生职业教育课程。学校形成了“教育康复并重　体育艺术齐鸣　职教就业一体化”的办学格局。

“以生活为核心的个别化主题教学”针对性强，知识来源于生活，运用于生活，做到尊重个性发展，每个孩子都得到了不同程度的进步，学生解决问题能力得到快速提升。但是整合式主题教学知识不成系统，比较零散、碎片式，对于高功能的学生，出现了“吃不饱”的现象。2017年，李敬梅老师在钻研《义务教育培智学校课程标准》的基础上，结合学校实际，带着教研组进行国家课程校本化、生本化研究。依然以生活为核心，从“沟通交流”“艺术与创造”“科学与探索”“身体发展”“个人与社会”五大领域、“个人”“家庭”“学校”“社区”“家乡”“祖国”“世界”七大主题构建培智生本课程体系，开发生活语文、生活数学、生活适应、唱游与律动、运动与保健主题单元校本课程，建设绘本阅读、艺术休闲、特奥运动、学生工作坊、职业教育、研学旅行特色校本课程。生本课程体系适应学生的发展需求，学生的进步得到家长、社会的认可，省内外兄弟学校慕名前来学习。

此外，李敬梅老师在启聪教学部推行“以口语为主导的全沟通教学”，开展“聋校语文医教结合、强化口语、说写并举”教学模式实践研究。她开发了聋校“沟通与交往”校本课程，编印了《沟通与交往》校本教材12册。教材编印期间，她甚至有过通宵达旦地持续工作达34小时的经历。该课程获得广东省特殊教育学校课程建设成果一等奖。《沟通与交往》教材以学生人际交往发展的沟通应用为本位，分家庭、学校、社区（社会）、家乡、祖国五大领域，把人际交往环境、人际交往活动、人际关系、交往礼仪等置于这些领域中，每个领域有若干个主题，在单元主题的编排上，做到“综合交叉，螺旋上升”。每个主题都有相应的词语、句子、句式、情境对话、小练笔教学活动。该课程的开发，填补了沟通与交往学科无本可依的空白。学生通过语言实践、交往体验、社会参与、合作共享，初步学会口语、手语、笔谈等多种沟通方式，具有在不同情境中与人沟通交往的实际能力，懂得交往的礼仪，养成积极、主动地进行沟通交往的良好态度和习惯。

研究让李敬梅老师的教育视野更加开阔，工作思路更加清晰，在成就了学生、发展了学校的同时，她自己的专业素养也日渐丰盈起来。近年来，李敬梅老师撰写的近10篇论文在《现代特殊教育》《中学语文》《新作文·中小学教学研究》等专业期刊发表。

三、爱，在无私的奉献里升华

光阴似箭，日月如梭。长期的坚守和打磨，李敬梅老师已经由一个稚嫩的小姑娘逐渐地成熟起来，成为广东省特殊教育特级教师、广东省特殊教育名教师工作室主持人、广东省“百千万人才培养工程”名教师培养对象。一枝独秀不是春，百花齐放春满园。李敬梅发挥名师示范、引领、辐射作用，近4年，她每年到龙川、连平、和平、紫金、东源各县送课、听课、评课，每年至少组织两次全市特殊教育学校教师教学研究活动。2017年冬，李老师怀着六个月身孕、在重感冒的情况下连续两个星期奔走于县区特校之间送课，一个高龄孕妇早上6:00出门，晚上9:00多才拖着疲惫的身体回到家。同事们都说她是“拼命三郎”，说她身上总有用之不竭的能量，说她总是竭尽全力地满足他人的需求。在李老师看来，这是一种责任，做自己能做的事，做自己该做的事，做别人认为可以不做而有益于他人的事，做就要做到最好。李敬梅老师曾到杭州聋人学校、惠州特殊学校、韶关特殊教育学校上示范课。特殊孩子个体差异大，外校上课有许多不可预测的因素，同一个教学内容，不同的学生教学设计也许完全不同。外校讲课激发了她教学艺术的灵感，磨炼了教学基本功，挑战了身体的极限。在成就他人的同时，她的教学主张得到了推广。

教育的本质就是一棵树摇动另一棵树，一朵云推动另一朵云，一个灵魂唤醒另一个灵魂。李敬梅老师是山区特殊孩子的点灯人，她从教22年，执教聋生语文教学22年，形成了“清·简·温·润”的教学风格。清，即清朗，课堂上每一个教学环节就如一颗颗珍珠，总有一根线把它串起来。清朗的课堂犹如缓缓流淌的东江之水，给人明丽之感。简，即简约，教学目标不贪多求全，讲究一课一得，得得相连；教学手段灵活而不花哨。简约的课堂给人扎实成熟之感。温，即温情，课堂上，李老师始终饱含激情，尊重孩子的阅读体验，追求师生间、学生间和谐共生。温情的课堂能培养孩子的自信，激活孩子的思维。润，即润泽，尊重学生的个性发展，不追求同步，不强调唯一，以文育人，润物无声。正如万绿湖那一潭充满生机的绿，润泽的课堂给人鲜活之感。

李老师对课堂教学精益求精，把上好每一节课当作一天当中最美好的呈现。课堂上，追求教师与学生之间、学生和学生之间互相激活，和谐共生；追求一课一得，得得相连；注重学法指导，授之以渔；关注聋生的个体差异，实施个别化教学；注重强化口语，说写并举；注重聋生课外阅读习惯的培养。她主张生活语文，她的学生都有一本特殊的作业本，叫作“笔谈本”。

平日里，师生间的聊天，孩子们会随手拿起笔谈本把想说的话表达出来，而李老师也会在笔谈本上和学生沟通。每次活动课，也是她的语文课。她会制作很多词语、句子卡片，让孩子们随时随处学习语言、积累语言。在她的课堂里，每一个处在无声世界里的孩子都得到爱与尊重，每一个孩子的自由精神都得以尽情地舒展与绽放！一位学生曾这样评价：李老师是我们启聪九班的语文老师，也是学校副校长。她非常喜欢语文，也喜欢给学生们上语文课，也能让许多学生喜欢上语文，并带领我们去感受语文的独特魅力。李老师工作务实、教学有方，许多老师将她当作自己学习的榜样。她值得我们信任，如果我们遭到不公平待遇，她会帮我们讨回公道。她很守信用，哪怕再忙也不会“爽约”，自然获得我们的好感，赢得我们的尊敬。我们已经把她当作知心朋友了。

22年来，李敬梅培养了一批聋生从学习发声到走上演讲台，从初进校园的小不点儿到步入高等学府、踏上工作岗位成为有为青年。李敬梅老师也获得了国家级希望工程优秀乡村教师、全国优秀园丁、全国交通银行特教园丁等殊荣。

特殊教育，情牵万家，情长，路更长。我们相信，李老师双脚走过的地方，必将鲜花盛开。

用爱与责任书写三尺讲台的幸福篇章

——记广东省特级教师刘彦

引言：刘彦老师恪守“责尽心安”的人生信条，把精通业务、抓好教学作为自己为人师的立身之本，发自内心地关爱每一位学生。努力追求“静心教书、潜心育人”的教育境界，坚守三尺讲台37载，用爱与责任书写人生的幸福篇章。

刘彦，现任教于佛山市顺德区罗定邦中学，中学政治正高级教师，广东省特级教师，广东省优秀思想政治学科教师。从教37年。被聘为大学兼职教授和教育硕士学科教学思政方向合作导师。

一、历经坎坷终身受益，热爱教育痴心不改

1978年，刘彦老师第一次上讲台，那是我国贫困山区的一所乡村小学，他任教的是一个三、四年级合在一间教室上课的复式班，每学期至少要上4门课。他对学生就像对自己的弟弟妹妹，跟他们一起砍柴种地，学习玩耍，对他们关爱有加，与他们一起快乐成长。也就是从那时开始，他深深地爱上了教师这个职业。

在这所小学工作4年后，为了提升自己的能力，他暂时放弃了这份工作，选择到县城的高中补习班进行复读，终于在1983年考取了自己心仪的师范大学。1987年大学毕业后，由于成绩优秀，他被分配到一所本科师范院校当大学老师，同时担任大学辅导员。1992年，因工作需要，他被派到革命老区江西省瑞金县武阳乡（现瑞金市武阳镇）石阔村开展农村社会主义思想教育工作，与当地农民同吃、同住、同劳动、同受教育。1993年，他评上了大学讲师职称，培育了一批又一批优秀的园丁。1994年，他来到当时广东省一所民办中学任教。3年后，又来到佛山市顺德区的罗定邦中学且任教至今。

2009年，他主动要求到清远市连南瑶族自治县大麦山镇上洞村扶贫支教。

4年小学教师、7年大学教师、3年初中教师、21年高中教师，再加上扶贫支教和农村社会主义教育各1年，这种“大满贯式”的执教经历，让刘彦老师更加懂得生命的意义和教师职业的平凡与伟大，也让他拥有了更加丰满的人生。

二、严谨治学静心教书，爱岗敬业潜心育人

刘彦老师真心热爱班主任工作，始终坚持教书育人。从教以来，共担任16年班主任（其中小学班主任4年、大学辅导员4年、高中班主任8年），担任高中年级组长2年、中学德育（政教）处主任6年、中学团委书记1年、中学德育副校长9年。

为了创建良好的校风、学风，刘彦老师从最基础的德育做起，实施“以心育心”的德育理念，用教师的爱心与事业心培育学生的进取心和责任心，开展“以责任教育促进校风建设”的德育课题研究，连续多年开展以责任教育为主题的专题讲座，提出要“热爱学校、尊重老师、学会自律、承担责任、追求成功”的五条忠告，让“爱”与“责任”的种子在师生与家长心中生根发芽、开花结果。主编出版德育专著《爱与责任》，初步形成“责任教育＋自主管理”的学校德育品牌。他主持的“基于责任教育的体验式德育实践研究”课题获得2017年广东省基础教育教学成果二等奖。2015年11月，承办由佛山市顺德区委宣传部、区教育局、团区委举办的“顺德区高三学生十八岁成人礼”，为区内外高中起到示范引领作用。

抓好教学、精通业务是教师的立身之本。刘彦老师始终坚守课堂教学第一线，并且取得了优异的教学成绩。2000届、2002届、2005届、2006届、2008届高三政治专业班的高考成绩优异，均列顺德区第二名，其中2000届有4名学生的政治高考成绩进入顺德区单科前十名。近几年，他教的学生参加广东省学业水平考试，获得A等次以上的学生占70%以上。其中2016年学业水平考试取得平均分88.54分，获得A等次的学生比例占74.4%，最高分97分，最低分81分。

自2010年以来，刘彦老师积极投身学校“1＋1主体建构”教育教学综合改革，近几年的教育教学质量不断提升。学校的课改已成为顺德区教育改革的一张名片，学校的办学质量和社会声誉越来越好。

三、终身学习其乐无穷，科研促教相得益彰

虚心地请教于他人，勤勉地问道于网络，执着地求知于书本，成就了刘彦老师勤学好问、善思谨行的治学风格。

为了不断提高自己的综合素质，刘老师努力创造条件，积极参加各种进修学习活动。其中，1990年到北京大学参加助教进修班；1995年参加华南师范大学教育管理专业硕士研究生课程进修班；2005年参加广东省级中学政治骨干教师进修班；2008年参加北京师范大学高级研修班，获心理健康教育“A级”培训证书；2009年参加华南师范大学心理教育专业硕士研究生课程进修班；2012年参加广东省中小学校长任职资格培训班等，全部取得了结业证书，多次被评为教师继续教育优秀学员。

刘彦老师能够不断总结和反思自己的教育教学工作，养成了及时记录和整理的习惯，并转化为教育教学成果，已有20多篇教育教学论文在省级以上刊物正式发表，其中8篇论文在《思想政治课教学》《中学政治教学参考》《中国德育》等全国中文核心期刊上发表。参与《中学思想政治课情感态度价值观实现策略》等4部教材和教学参考书籍的编写工作，其中有2部担任副主编。主持广东省级课题“高中政治小组合作学习的研究”，研究成果得到了省、市、区专家的高度评价，成为全省政治小课题研究的范例，被评为广东省一等奖。参加国家级课题“基于小组合作学习的高中课堂教学环节行动研究”等4项课题研究工作。

四、不辱使命扶贫支教，赠人玫瑰手留余香

2009年，根据上级部门的工作需要，刘彦老师主动申请到广东省清远市连南瑶族自治县大麦山镇上洞村和上洞小学开展扶贫支教工作。在扶贫支教的工作中，他坚持“倾注真情扶真贫，脚踏实地做实事”的指导思想，因户制宜制定帮扶措施，实施“靶位疗法”定点清贫，认真做好贫困户的建档立卡工作，大力发展村组集体经济。他心系瑶族贫困学生，在调查研究的基础上制订《连南县上洞小学助学扶贫实施方案》。他千方百计筹措资金，努力改善上洞小学的办学条件，抓好常规管理，提高教育教学质量。因工作出色，2010年，他被授予佛山市扶贫开发先进个人荣誉称号，并被顺德区委、区政府评为顺德区扶贫开发先进个人。他所负责的上洞村扶贫工作组被中共清远市委、清远市人民政府授予2010年度扶贫开发“规划到户责任到人”工作先进驻村工作组，上洞村被顺德区扶贫办选为“规划到户责任到人”扶贫开发的示范点。

回首37年的辛勤耕耘，刘彦老师获得了广东省中学政治/品德特级教师、中学政治正高级教师、广东省优秀思想政治学科教师等荣誉，这对他是鼓励，也是他今后工作的压力和动力。他表示，将继续用爱与责任去谱写三尺讲台的新篇章！

第三辑

故事里的成长密码：精湛的教学技能

所谓“业务精湛”，要求教师专业知识精深，专业技能高超。顾明远主编的《教育大辞典》把教学技能定义为“主体在已有的知识经验基础上，经过练习形成的执行某种任务的活动方式”；华南师范大学李克东教授把教学技能定义为“在课堂教学中教师运用专业知识及教学理论促进学生学习的一系列教学行为方式”。

教学技能的高低反映了教师驾驭教育教学的能力和水平，影响着教学的效果和效率。一名优秀的教师，必然是教学技能娴熟、教学技艺高超的教师。高超的教学艺术源于教师的专业知识、专业精神，源于教师的学识魅力和人格魅力。

做一名幸福的地理老师

——记广东省名教师王万里

引言：在新课程改革的引领下，“以学生为主体”成为教育教学发展的新方向。“以学生为主体”，意味着要带领学生在民主、和谐、互动的教学环境中全面地、主动地、生动活泼地发展。这也正是王万里老师的追求。在王老师看来，做一名幸福的地理老师比做一名成功的地理老师更有价值、更有内涵。她认为，如果将追求成功转变为体验幸福，可能会使地理课堂变得更轻松有趣，使地理教学更丰富多彩，使师生关系更加和谐美满。

王万里，现任教于广州市第六中学。中学高级教师，副校长，2005年被中国地理学会评为第三批全国优秀地理教育工作者，2009年被评为广东省基础教育系统名教师。主持名教师工作室，已有《民俗文化地理校本课程的探索实践》等10余篇论文在《中学地理教参》《地理教学》等刊物发表，并有多项课题获奖。代表性教研成果有《民俗文化地理校本课程》《高中地理学力评价办法》。参与《普通高中教学指导》《普通高中教学评价指导》等6本专著的编写。2006年起被人民教育出版社聘为全国新课程教师培训专家，曾到山东、山西、福建、河南、四川等省做报告。

王万里名师工作室是广东省第二批省级中小学名教师工作室，2012年9月挂牌成立，2015年4月经广东省教育厅考核为“优秀”，因此王万里老师继续担任新一轮名教师工作室主持人。2016年11月，广东电视台现代教育频道对王万里名师工作室做了专题采访报道。工作室成员共有10人，包括1名主持人、3名专家教授、6名成员。每一轮培训持续2—3周，通过听课、评课、讨论、研究，提升教师的专业素养。从2012年至今已经培训了51名教师，包括4批省级骨干教师和“百千万名师”，4批市级骨干教师。

除了定期按照上级主管部门的要求开展跟岗培训之外，王老师还承担了继续教育网络培训任务，为广东省中学地理教师开发课程“基于主动发展的高中地理教学设计”，为广州市中小学教师开发课程“民俗文化地理校本课程的实践探索”。此外，王老师还开通了自己的教育博客“万里老师0108”，在博客发表文章200多篇。博客分5个栏目，分别是民俗文化地理、旅游地理、教师培训、地理教学、教育感悟。王老师通过博客传播自己的地理教育思想，共享教学资源，至今博客点击量达7万多人次。“民俗文化地理”是王老师2005年开设的校本课程。在博客中，她展示了60多篇文章，包括图片、音频、视频等多媒体素材，还有教学目标、教学设计和问题导航，为广大地理教师开设校本课程提供了丰富的教学资源，为传承民俗文化，弘扬民族精神贡献了自己的力量。

王老师认为骨干教师跟岗培训，最重要的不是教学方法的传授，而是思想的碰撞，观念的更新。在培训期间，王老师与学员们结下了深厚的友谊，他们的话题从上课、评课扩展到教学评价、课题研究，再延伸到教育理想、人生规划。通过讨论，他们达成了一个共识：做一名幸福的地理老师比做一名成功的地理老师更有价值、更有内涵。

首先，成功是外界对自己的评价。当前社会对老师的评价多以分数为标尺，但过多追求分数就会陷入应试教育的怪圈，以死板的记忆和机械的训练为手段，会扼杀学生的兴趣，抑制教师能力的发展。其次，成功与付出成正比。要想收获成功就得付出加倍的时间和精力，甚至要以牺牲健康为代价，这样会使学生和老师都感到身心疲惫。幸福是内心的一种感悟，幸福是在享受生活、体验美感的过程中获得的。因此，如果将追求成功转变为体验幸福，可能会使地理课堂变得更轻松有趣，使地理教学更丰富多彩，使师生关系更加和谐美满。

苏霍姆林斯基说：“教育的理想在于使所有儿童都成为幸福的人。”要让学生体验幸福、感受幸福，并且创造幸福，需要老师有正确的教育价值观。王老师认为，做一名幸福的地理老师可以从以下几个方面去探索。

一、展示地理的美感，营造诗意的课堂

地理教学的内容包罗万象，上至宇宙、太空，下到岩层、海底，既有神奇旖旎的自然风光，也有多姿多彩的人文风情，还有严谨细致的科学原理。教师可以充分利用多媒体的“图、文、声、像”营造美的教学情境，让学生感叹神奇的自然之美，感悟深厚的人文之美，更为重要的是通过讲解人地关系，让学生懂得尊重自然，顺应自然，创造人地和谐的生态之美。美的课堂不仅可以陶冶学生的情操，激发学生的兴趣，还可以拓宽他们的视野，培养

学生的创造力。在教学方法方面，王老师推崇孔子提倡的启发式教学，注重课堂引导，通过导趣、导思、导疑、导法、导创5个方面构建生动活泼的导学型课堂。

二、尊重学生的差异，构建和谐的师生关系

党的十八大提出“立德树人”的理念，要求以德育为先，通过正面教育来引导、培养学生。“教学相长”，教育是一个师生相互促进、共同成长的过程。要让师生在教学过程中都感受到幸福，必须做到以人为本，尊重学生，让学生相信老师，构建民主、和谐的师生关系。有位著名的教育家说：“教育的本质意味着一棵树摇动另一棵树，一朵云推动另一朵云，一个灵魂唤醒另一个灵魂。”如果师生都是从体验、感悟和交往的角度去学习，那么学校就不存在恶性竞争，课堂就能成为师生共建的幸福家园。

三、不断完善自我，塑造独特的教学风格

当前新课改进入深水区，新旧观念的碰撞、新旧矛盾的交织使教师的心理压力增大，加上地理在一些学校不受重视，这就使地理老师的职业倦怠感增强，因此教师必须调整心态，悦纳自己。评价教师的水平不是看文凭，看分数，评价课堂的优劣更不是看教学的方法和手段是否先进，优质课没有唯一的评价标准。无论农村还是城市，无论先进地区还是落后地区，只要是适合学生，有利于达到教学目标，既让学生感觉轻松愉快，又让教师享受过程、传递幸福的课，就是好课。没有电教媒体，可以用粉笔描绘精美的地图；没有先进的设备，可以带领学生走进自然，以山川河流为媒介开展教学；不会运用先进的教学方法，可以用风趣幽默的语言激发学生的兴趣，活跃课堂气氛。以广博的地理知识充实教学，以灵动的时代气息丰富课堂。

王老师认为，好的地理课大致具备5个特点：新、趣、活、实、美。新——教育理念新、思路新、手段新；趣——导入时激发兴趣、授课时保持兴趣、练习时提高兴趣；活——让课堂活起来，让学生动起来，做到课程内容活、教学经验活、设计情境活；实——教学内容充实、教学训练扎实、教学目标落实；美——风格美、氛围美、感受美。每个老师都有自己的长处，每位年轻老师都应立足现实，不断探索，张扬自己的教学特色，打磨自己的教学风格，以成就儒雅、幸福的地理名师。

四、深入课题研究，收获丰富的教学成果

大多数的一线老师喜欢埋头苦干，不喜欢做课题研究，他们认为课题研

究是专家的任务，只要能提高学生的成绩就是好老师。事实上，教学是一门实践性很强的工作，其中蕴含了深奥的教育学和心理学规律，只有遵循教育规律，做研究型的教师，才能站得高、看得远，才能把握教育的方向，从而培养高素质的人才。

王老师从工作的第6年开始做课题研究，从简单的教学问题开始，包括趣味学习、巧妙记忆、班级管理、学力评价、研究性学习、校本课程、地理实践活动、分层作业等等。每一阶段王老师都以促进学生的发展为目标，根据教育教学中存在的问题，针对学校的要求和学生的现状去开展课题研究，从理论到实践，再从实践上升到理论，每一轮课题研究从计划、探索、反思、总结，再到调整，每个阶段持续3—5年。课题研究推动王老师一步一个台阶不断向前发展，并形成了独特的教学风格。自2004年新课程改革以来，王老师主持并参与了多项课题，成果丰富，发表了20多篇论文，参与编写了8本专著，主编了5本地理练习册并已出版。研究报告、课件和论文等相关成果获省级大奖4项，国家级奖励5项。

王老师认为，追求幸福是人生的最高境界，幸福课堂基于教师对生命的理解、对事业的追求和对生活的热爱，提升学生的幸福指数，塑造教师的幸福人生应该是当前地理教育的价值追求。

以仁爱之心、匠人精神在教育行业深耕不辍

——记南粤优秀教师陈昔安

引言：《礼记·学记》有云：“学然后知不足，教然后知困。知不足，然后能自反也；知困，然后能自强也。故曰：教学相长也。”教学相长的观念自古有之。时至今日，学生的核心素养已成为当前教育的重点，这是时代给教育提出的新标准，也是对教师提出的新要求。教师需要在不断的教学实践、教学研究中达成教育目标。陈昔安老师秉持着一颗热爱教育事业、热爱学生的赤子之心，以匠人的精神精雕细琢，孜孜不倦地探讨教学管理方法，倾尽所学培养青年教师，带领学校教师、工作室成员潜心钻研历史教材、不断开发校本课程资源，在教学实践、教学研究上不断推动本地区中学历史学科教学的发展。

陈昔安，中学历史与社会高级教师。曾荣获广东省南粤优秀教师、广东省中小学名教师工作室优秀主持人、深圳市十佳师德标兵、福田区优秀园丁（金质奖章）、福田区党员排头兵、福田区首届教育创新奖、教育科研先进个人、人教音像出版社优秀科研工作者等称号。系广东省历史名教师工作室主持人，广东省中学历史课程教材改革与发展研究项目组成员，广东省中小学教师研修专家库专家，广东省教师继续教育学会专家库专家，“国培计划”“省培计划”历史骨干教师培训授课专家，华南师范大学历史文化学院教学技能竞赛评委库专家，深圳市中小学教师职称评审专家库专家，深圳市教师资格认定教育教学能力测试考官等。主持或参与国家级、省级、市级、区级课题10余项，指导学生市级课题2项，在省级以上刊物上发表论文百余篇，20余篇教学课例、论文获国家级、省级、市级奖励，编著、主编、参编书籍12部。

一、以梦为曲，谱写韶歌

陈昔安老师出生于农村，家境贫寒，兄弟姊妹众多。他在人生的各阶段有许多大大小小的梦想，曾梦想成为“城里人”，成为工人，成为政客……陈昔安老师在其《我的教育梦想和历史教育思考》中言：“从武汉到深圳，从大学、中专、小学到中学，经历20多年的沉浮与磨砺；从开始的不屑到适应、到现在的热爱，我逐渐看到了属于自己的那盏明灯。那盏明灯是孩子们渴求知识、寻求帮助的眼神，是我心中燃起的教育之火，发自内心，融入血液，照亮了我追逐梦想的征程。”陈老师对教育的理解，教育梦想的确立，是经过长时间的积淀的。

20多年来，陈老师先后担任过班主任、备课组长、教研组长、年级组长、办公室主任、课程与教学处主任；分管过教学工作、学生工作；负责过党务、工会日常工作；还兼任政府教育督学、党代表、省名教师工作室主持人等社会工作；最近10年担任初三毕业班历史“把关”教师。特殊的工作经历，让陈老师熟悉小学、中学到大学各阶段学生的心理成长过程，尤为能够准确把握各阶段学生的心理特点，对教育各个层面的理解和感受也格外深刻。特别是近10多年来，陈老师全身心地投入历史教育、科研及学校管理工作，饱含激情地参与新一轮课程改革的研究和实践，不断收获的成功与喜悦，增强了他追逐教育梦想的热情与信心，也让他对义务教育阶段历史课程实施、研究、管理的理解越来越清晰。正是十年如一日的精耕细作，陈老师才走到今天。

二、以爱心树人，以匠心育才

苏联教育家苏霍姆林斯基曾在《爱的教育》中言：“没有爱，就没有教育。”无独有偶，我国教育家陶行知也曾说：“没有爱的教育将会使教学枯燥，像山泉枯竭一样。”爱在教育中占有重要地位，它犹如春雨般斜织起密网，将师生紧密联系在一起。

陈老师从教26年，始终践行“阳光教育”的教学理念。他认为：“要给人以阳光，心中就必须拥有太阳，把心交给学生，把学生装进心里，阳光就会更灿烂。”法国著名的思想家、教育家卢梭言：“要尊重儿童，不要急于对他做出或好或坏的评判。”教师要站在客观的角度给予学生最基本的尊重。陈老师即是如此。无论是“优生”还是“学困生”，他都秉持爱心与耐心、公平与公正的态度对待，不因学生某方面的不足而对其置之不理或是放弃教育引导。他在教学管理上自成一套体系，既达到教育学生的目的，又完成发展学生的目标。也因此，陈老师深受学生喜爱，每逢周末、寒暑假，都有不下200名毕业生回母校探望他。当然，爱是相互的，陈老师对学生无私关怀与爱护，收到的是学生优异成绩的反馈。从2007年至2016年，陈老师连续9年担任两个毕业班历史与社会（2015届起为历史）“把关”教师，所带学生有获区统考最高分的，有获全市中考历史与社会单科状元的。

历史教育要培养什么样的人才，这是陈老师从未停止思考的问题。

“‘一粒阳光照肺腑，森罗万象罗心胸。’十年、二十年后，回想当年的历史课堂，如果某位同学想起当年历史老师的某一句话，受到启发，做了正确判断、正确的选择、正确的决策，对他一个人的人生，乃至更多人的人生产生了积极的影响，或许这就是历史教育工作者追求的终极意义吧！”陈昔安老师在其《我的教育梦想和历史教育思考》中如是写道。唐太宗李世民曾言：“以史为镜，可以知兴替；以人为镜，可以明得失。”英国科学家培根有言：“读史使人明智。”可见，历史对人的发展作用之大。作为学校的“学科带头人”“星级教师”“把关教师”，多年从事历史教学与研究工作的陈老师自然明晓此理。他不仅仅将历史看作一门学科去教授知识，更是将学生学习历史的意义上升到塑造人格的高度，愿学生能够从历史学习中形成历史思维，从历史的经验中获得精神的滋养、得到人生方向的指引。

仅仅从历史课堂教学中渗透历史思维的教学并不能达成陈老师的教学愿景，陈老师主张历史教学应“教学历史，教活历史，活教历史，以史为镜，以史为鉴，学以致用”。为了有效地将历史与生活联系起来，扩大学生视野，激发学生的学习兴趣，陈老师积极开展第二课堂活动，给学生开设“探寻身边的历史”“歌谣帮我学历史”等校本课程及讲座，2017年指导学生申请并立项两项深圳市中小学生探究性小课题研究，并获得市优秀课题二等奖和优秀指导教师称号。陈老师的第二课堂活动，正确理解“历史”“历史课程”“历史教育”三者的内涵及其相互关系，让学生“活学”历史、“活用”历史，真正达到让学生学以致用的教学目的。

陈老师满怀一颗仁爱之心，以匠人精雕细刻的精神培育学生。正是因为他上课始终以学生为主体、关注学生的学科需要、重视学生的教育成长，所以他的课程深受广大师生的喜爱。陈老师也因而时常承担各类示范课、公开课，多个课例获深圳市中小学优质课例并在深圳市电化教育网站展播，在广大师生中连连获得好评。

三、以科研助教，以科研兴教

如果说历史课堂是陈老师的实战场地，那么，教学研究就是陈老师磨刀霍霍向“课堂”的备战演习场，两者相辅相成，共同构成陈老师坚实宏大的历史教学格局。

近年来，陈老师主持或参加10余项国家级、省级、市级课题研究，在《中学历史教学参考》《中学历史教学》《中学历史教学资源》等省级以上刊物发表论文百余篇；20余篇教学课例和研究论文获全国、省、市级奖励，如2007年获省教育厅教研室教学论文评比一等奖，2016年、2017年连续两年获深圳市教育学会教学论文评选一等奖，等等。陈老师长期处在教育一线，洞悉当前中小学的教育现状，多年来以推进中小学教学发展为目标，坚持教育和教学研究，结出《追逐教育梦想》《历史教师专业成长叙事》《初中历史教学策略研究与应用》等专著硕果。陈老师丰硕的教育和教学研究成果，一方面助力其教学研究、教学管理；另一方面，也不断激励、引导青年教师前行。

陈老师从事教育行业多年，他不仅在课堂上积极优化探索历史课堂教学策略，还潜心进行教学研究，让科研助力自己的课堂教育，而且，作为学校历史学科的带头人、省名教师工作室主持人，陈昔安老师极其注重对青年教师的培养，为培育历史学科教学储备人才、促进历史学科建设和教师队伍专业发展做了诸多努力，并发挥了其学科教学示范和辐射作用。

在本校，陈老师担任学校青年教师培养工程导师，对年轻教师进行全面、细致的指导，时而为本校教师做培训讲座。仅经过四年的努力，陈老师就将新办学校历史组带动发展成为深圳市先进教研组、深圳市示范教研组。

不仅局限于本校，陈老师还将辐射范围扩大，倾力于全省的历史学科教学，积极从事青年教师培训活动，力图以个人、工作室的力量为历史教育发展作贡献。2012年7月，广东省陈昔安工作室于被广东省教育厅授牌成立。陈老师在所主持的省历史名教师工作室中，或将自己多年的教育心得分享给青年教师，或招纳贤才进入省名教师工作室指导工作，或吸引青年教师进入工作室跟岗学习以提升个人工作能力，希望青年教师在各自的岗位上继续散发正能量并共同为中国的教育事业作贡献。工作室成立至今，承担了多批省级骨干教师、市级名师的培训和指导工作，协助省、市、区教研员承担各类学科教研活动。在陈老师的带动下，受培训教师或工作室教师极大地提升了道德素养、教育理论水平、教学科研能力，在发表论文、主持或参与课题人数、获得教学比赛荣誉、获得国家级、省级、市级、区级以上荣誉的年轻教师的人数不断增多。陈老师积极引导青年教师走向更为广阔的教育世界，影响斐然，先后荣获广东省历史名教师工作室优秀主持人、深圳市十佳师德标兵等荣誉数十项，成为教师学习的榜样。

他还在多地开展专题教育讲座，讲授内容涉及教师基本技能、教师素养、学生核心素养等多个重要的当代教育范畴，如2019年3月7日为“2018—2020省、市骨干教师研修班”作以“基于学科教学知识的初中历史教学设计及教学案例分享”为题的专题讲座等，不同的内容的专题讲座为教师们带来不一样的教育思考。

此外，陈老师还积极参与支教活动，助力欠发达地区教育发展。陈老师从事教育行业多年，并不仅仅着眼于本校或周边的教育现状，而且关注欠发达地区的教育状况。自2011年开始，陈老师多次参与“百校扶百校”行动，陆续前往深圳市、河源市等地为帮扶学校进行历史学科教学工作指导，以示范带学、亲身指导为主要方式，着力探索教师专业成长、欠发达地区教育水平提升的路径，力图通过构建教师专业发展共同体，鼓励教师开展同伴合作互助，促进教师共同成长。陈老师为提升帮扶学校的教学水平、教师的专业水平提出诸多建设性的指导意见，得到了帮扶学校的高度评价。

北宋著名的思想家、教育家、理学创始人之一的张载曾在其《理窟·学大原下》中言：“教之而不受，虽强告之无益。譬之以水投石，必不纳也，今夫石田虽水润沃，其干可立待者，以其不纳故也。”教师不能进行启发性学习，不能引领学生学会“自我教育”，这是教育的失败，也是教师的失败。在多年的教学生涯里，无论是面对身处义务教育阶段的学生，还是面对特殊的青年教师“学生”，陈老师都能够因材施教、因地制宜地制订教学计划、落实教学任务，真正能够让所教的学生在受教育过程中得到全方位的发展。一灯如豆，其照亮的范围有限，但陈老师不因个人力量微薄就放弃努力，而是以“一枝独秀不是春，百花齐放春满园”的宽广胸襟，坚守热爱教育事业的初心，以培养后备人才为责任而负重前行，在教育岗位中不断感染他人，以强烈的专业研究精神和科组发展的进取意识带动周围教师，引领学科进入跨越式发展阶段。

热爱、执着、坚持，追求有温度的教育

——记广东省名教师曾丽秋

引言：好的教育，教人求真、向善，激发孩子的潜能，让他们认识自己、发现自己，始终以健康快乐的心态来面对生活中的每一天、每一件事情。这样的教育，犹如冬天里的一把火，让每个在其周边的人都能感受到温暖、体会到教育的温度对每个人成长的重要意义。尼采说过："没有音乐，生命是没有价值的。音乐不止能够陶冶你的性情，更让你的生命更有价值。"曾丽秋老师用"热爱、执着、坚持"表明了对音乐教育的决心，在音乐教学中充分展现了自我的生命价值，用扎实的专业基础，独特的教学理念，创立了"身体打击乐"创新教学模式，尽心竭力，毕生求索，为音乐教育贡献了自己的智慧和力量。

曾丽秋，音乐学研究生，文学硕士学位，中学音乐正高级教师，合唱指挥，现任教于广州市铁一中学。从教24年，其中担任高中教学工作14年，初中教学工作18年（其间有初、高中跨级教学）。多次年度考核获得"优秀"等级；曾荣获广州市优秀教师、广州市优秀音乐教师称号，入选为首届广州市"百千万人才培养工程"名教师培养对象，并被评定为"优秀"等级；连续两届被评为广东省中小学名教师工作室主持人，先后多次被学校评为优秀教师、教学之星等；在国内外开展了30余场讲座，培训全省骨干教师500多人次。其代表作品《奋起》《西关小姐》《西关风情》《梦想照进现实》《永恒的追寻》荣获国际青少年音乐舞蹈展演金奖和省市比赛一等奖。

曾丽秋老师于1996年本科毕业于星海音乐学院音乐教育专业，2012年获星海音乐学院音乐教育研究生学历，文学硕士学位。1996年7月至今一直在广州市铁一中学从教，任初一至高二的音乐教师，其间共进行4次大循环教学。先后14年担任学校舞蹈团的编导工作，2009年起同时担任学校合唱团指挥工作。2009年12月被评为中学副高级教师，2017年12月通过正高级教师评定。

一、热爱教育事业，甘于奉献

曾丽秋老师用“热爱、执着、坚持”表明了其对音乐教育事业的决心，尽心竭力，追寻有温度的教育。作为一名教育工作者，曾老师忠诚于党的教育事业，具有良好的思想政治素质和职业道德。在工作中严于律己，宽以待人，关爱学生，教书育人，为人师表，服从领导，团结同事，热爱教育事业，甘于奉献。任职以来，3次年度考核获得“优秀”等级；荣获广州市优秀教师称号，被评为广州市优秀音乐教师，入选为首批广州市“百千万人才培养工程”名师培养对象，并获得“优秀”等级评定；连续两届被评为广东省名教师工作室主持人；先后多次被学校评为优秀教师、教学之星等。

曾丽秋老师站在塑造学生核心素养的高度上培育学生，获第二届广东省创新思维竞赛优秀指导教师奖，并于1999年创建学校舞蹈团。在14年的校舞蹈团指导工作和8年的合唱团指导工作中，曾老师积极关注学生的德智体美全面发展，为每位艺术特长生建立学习档案，使其专业知识学习与文化知识学习两不误。在曾老师的引导和培育下，钟洪同学经过6年的舞蹈团生涯规划，通过舞蹈特长自主招生考入复旦大学；性格内向的黄展翔同学加入舞蹈团，经过培训后性格开朗并担任领舞，以当届第一名的优异成绩升入高中；张瑞晟同学、王一诺同学以合唱精神促动学习，由原本中游的成绩一跃到广州市前100名，分别考入中山大学、北京航空航天大学。在任教期间，曾老师出色地完成了4届校级歌咏比赛和18届学校艺术节的策划和编导工作，并带领学生踊跃参赛，蝉联两届广东省学校合唱节比赛一等奖，连续12届获得广州市合唱比赛一等奖。自2009年起，曾老师致力于广府优秀传统音乐文化的教学研究，并取得了一定的成果，培养了学生的自我认同感。

二、提升科研能力，促进教师专业成长

曾丽秋老师坚信：一分耕耘一分收获。所以，她专心学习科学理论知识，甘愿做一个纯粹的科研人。主持的广州市教育科学“十二五”规划2013年度名师专项课题“广府音乐文化在中学音乐教学中的课程设计与教学实验研究”顺利结题，并获“优秀”等级。主编的教材《广府音乐》由新世纪出版社公开出版，课题组在全省范围内赴各地推广课例和教材，获得众多学校

的一致好评。主持的广东省教育科研“十二五”规划课题一般项目“广府音乐文化在中学音乐教学中的课程设计”于2017年6月顺利结题。2018年“‘身体打击乐’在中学音乐教学中的应用研究”立项为广东省教育科研“十三五”规划课题名师专项课题。

自2009年起，连续3年在暑假期间赴北京参加中国音乐家协会主办的奥尔夫教学法一级国际课程班；2010年参加第29届世界音乐教育大会，并在大会呈上奥尔夫教学法的专场音乐会；2010年起，连续3年参训广东省合唱协会主办的国际指挥大师班；2011年作为广州市唯一骨干教师代表参加教育部主办的首届音乐教育国培班；2014年参加为期14天的北京大学中学名教师高级研修班学习，同年参加全国“第七届中小学音乐课观摩”活动；2014年、2015年连续两期担任高中教师职务培训班指导教师；2016年参加广东省教师工作室主持人培训。

曾丽秋老师运用扎实的专业理论知识，创立了“身体打击乐”创新教学模式，有效改善了学生在音乐课堂中被动聆听的现状，并将该模式应用到音乐的各项课程中，如2009至2015学年间开设的“民族打击乐探索”和“走近粤剧”两门研究性学习及高二选修模块《音乐与创作》，均取得了良好的教学效果。指导舞蹈合唱社团连续参加3届广州市舞蹈节比赛、2届广东省合唱节比赛和4届广州市合唱节比赛，均获一等奖，曾丽秋老师获评为广东省合唱优秀指导教师，带领艺术团出访美国、加拿大、德国、日本、新加坡等国进行交流演出。2010年入选学校《青鸟》杂志“优秀教师”专刊。任现职以来，曾老师独立完成专业教育教学研究论文4篇，其中《音乐·身体·体验》于2015年8月发表在国家艺术类核心期刊《艺术教育》，《粤语民谣融入中学音乐教育的教学探析》于2016年6月发表在《黄河之声》，《广州市中学音乐教育中广府音乐教学的价值与意义》《李姐娜与奥尔夫音乐教育的不解之缘》分别于2013年、2010年发表在《岭南音乐》。

自2015年任广东省教师工作室主持人以来，曾老师顺利完成约60位省、市级骨干教师的跟岗培训工作，在区、市、省共完成10多场专题讲座。2012年在广州市白云区发展中心组织的教研活动中开展“学校声乐教学与合唱训练”专题讲座。2014年担任由广州市教育局主办、星海音乐学院承办的广州市中小学音乐骨干教师培训班教学法授课专家；同年7月担任由广东省教育厅主办、华南师范大学承办的广东省中小学骨干教师培训班教学法授课专家；同年11月应广州市花都区教育局邀请为狮岭镇中小幼音乐教师开展音乐教学法讲座。2015年3月在华南师范大学承办的“中美中小学校教育领导力学习与交流”项目中的中美校长论坛上作“校本教师梯度发展的系统策略”专题讲座；同年4月为清远市清城区青年教师培训活动作“教师专业成长经验分享”专题讲座；等等。2017年受聘为星海音乐学院继续教育学院广州市骨干教师培训的授课专家，培训效果受到省市教育专家、学者的高度评价和参与培训者的一致好评。

三、引领青年教师专业成长，追求有温度的教育

作为广东省音乐家协会、中国音乐家协会奥尔夫专业委员会、广东省打击乐学会、广东省合唱协会和广东省钢琴学会等5个市级以上专业学术团体的主要成员，曾丽秋老师经常参与和组织学术活动。在工作中，曾老师积极发挥示范引领作用，大力扶持青年教师成长。在曾老师的引领下，梁杨老师担任校管乐团指挥多次获省、市级比赛一等奖，获广州市优秀教师称号；肖俊老师担任校舞蹈团指导工作，获市艺术节比赛一等奖，连续3年被学校评为优秀青年教师；邹杰夫老师被评为广州市骨干教师；在“青蓝工程”中担任陈青老师的指导教师，使其论文在广东省学术年会征文中获二等奖。2013—2014学年，每月定期到清远市清城区清城中学支教，帮扶指导该校艺术科组建设和组建清城中学“阳光艺术团”工作。在两年的支教工作中，清城中学艺术教育工作取得了良好的成绩。

曾丽秋老师饱含深情地回顾了自己的从教之路，感慨自己将在音乐教育的路上毕生求索。她将会始终如一地为音乐教育尽心竭力，用教育的温度温暖每一个学生，温暖每一个同行者。

师风化雨润心田，师德优雅显魅力

——记广东省名教师伍文庄

引言：26年来，伍文庄老师始终把“教书育人”贯穿于课堂教学中，注重培养学生的核心素养。在教学中，她注重因材施教，高效创新，形成了“自然、自动、自得”的教学风格；在科研上，她追求“百花齐放”，引领学校青年教师专业成长。她不忘初心，敬业奉献，用爱心演奏了一曲“为人师表”的动听歌谣。

伍文庄，中共党员，中学信息技术高级教师，广东省中小学新一轮“百千万人才培养工程”名教师培养对象，广东省中小学信息技术学科带头人，珠海市名教师，珠海市优秀班主任，珠海市香洲区首届名教师，珠海市香洲区学科带头人，珠海市香洲区中小学女教职工“十佳”风采人物，广东省名师网络工作室主持人，珠海市教师工作室主持人，珠海市香洲区中小学信息技术工作室主持人，中国教育技术协会信息技术教育专委会理事，广东省教育厅粤教版教材专家组成员，广东省中小学教师信息技术应用能力提升工程专家库成员。

曾先后在教育教学评选活动中获得市级以上奖励72项，其中国家级奖励11项。主持或参与区级以上课题16项，主编或参编由广东教育出版社出版的信息技术著作7本，在《现代中小学教育》《中小学信息技术教育》等专业刊物上公开发表教育教学论文18篇。

名师格言：守，为心中的那一束光；志，为胸中的那一份情。浩瀚学海，学无止境；璀璨星空，追梦无悔。

在珠海市历史最为悠久的校园中，一位端庄文雅、笑容可掬的老师正款款地向我们走来。她，就是广东省中小学信息技术学科带头人、广东省中小学新一轮“百千万人才培养工程”名教师培养对象、广东省中小学教师信息技术应用能力提升工程专家库成员、珠海市前山中学信息技术教师——伍文庄。

伍文庄老师已经在教学教研岗位上辛勤耕耘了26个春秋。在此期间，她先后荣获国家级、省级、市级教育教学比赛奖励72项，主编或参与编写由广东省教育厅组织的教育教学编著7本，主持或参与区级以上课题16项，发表论文18篇，获奖论文23篇。突出的教学教研成果，奠定了她在信息技术教学教研领域的突出地位。她先后担任了中国教育技术协会信息技术教育专委会理事、珠海市教育学会中小学信息技术教学专委会副秘书长、珠海市教育学会学术委员等学术职位。

一、潜心育人，桃李芬芳

伍文庄老师毕业于华南师范大学计算机科学专业，1994年7月来到珠海市前山中学并任教至今，曾担任学校信息技术备课组长、信息技术科组长，现任学校教研室主任。在众多身份中，她最喜爱“教师”这个身份。从1994年初为人师开始，站在三尺讲台上，向学生传授知识，与学生互动，发现学生的闪光点，是她最快乐的时刻。

在班主任工作上，伍老师善于通过班级网站建设、社会实践、义工活动、团队训练等形式培养学生的集体荣誉感、责任心、团队精神和合作意识；善于运用信息技术构建班级管理制度，及时获取学生的表现信息，灵活打造良好的学风与班风。1996年，教龄只有两年的她成功地把全年级有名的“后进班”培养成全年级最具朝气的班级。因管理班级出色，伍老师于1997年被评为珠海市优秀班主任，成为学校最年轻的市优秀班主任。

作为一名信息技术教师，伍老师坚持利用第二课堂开设计算机兴趣班和电脑制作竞赛班等，辅导学生开展专题学习，如Scratch创客教育、电脑动画制作、网页制作技巧、电脑制作竞赛、科技在我们身边、电脑作品欣赏等，培养出一批学科知识扎实、操作技能娴熟、兴趣爱好广泛的学生。先后指导张璋、李姗桦、陈积翔等学生在全国中小学电脑制作活动、珠海市多媒体制作竞赛等活动中屡获佳绩。其中，2005年辅导学生张璋在第六届全国中小学电脑制作活动中荣获全国二等奖及省一等奖，张璋还在当年高考中被保送到重点大学——华中师范大学，这在前山中学是史无前例的，为学校赢得了良好的社会声誉。2014年辅导学生在第十五届广东省中小学电脑制作活动中荣获省一等奖1项、省三等奖2项，《珠海特区报》特别报道了此事。由于辅导学生出色，伍文庄老师多次荣获广东省中小学电脑制作活动优秀个人奖和珠海市优秀辅导教师奖。

二、因材施教，高效创新

在信息技术教学上，伍文庄老师有自己独特的经验。她善于创设教学情境，激发学生的学习兴趣；擅长开发教学资源，搭建学生自主、合作、探究的学习平台；巧设教学环节，构建培养学生能力与品质的智慧课堂；热衷于应用信息技术手段管理课堂，提升教学效率。通过长期的教学实践，她形成了“自然、自动、自得”的教学风格，其出色的教学效果也得到了学生和同行的认可与赞赏。

从教以来，伍老师在教育教学方面收获了72项成果，其中国家级奖11项、省级奖41项、市级奖20项。如：2013年在第五届“全国中小学公开课电视展示活动”中荣获课堂实录一等奖，在第十七届全国教育教学信息化大奖赛基础教育组信息技术与学科教学整合课例中荣获全国三等奖；2007年在粤版高中信息技术全国优质课评比中荣获一等奖，2007年在珠海市中小学信息技术教师课堂教育教学能力大赛中荣获个人全能奖。

伍老师深谙教学之道，因材施教，善于搭建自主学习平台，让课堂焕发出生命的活力；构建激励机制，激发学生的学习动力；渗透德育教育，促进学生全面发展。如：从2005年起，她自主研发了两门粤教版普通高中信息技术网络课程和三门校本学习网络课程，创建了与网络课程相匹配的“网络教学六步法”，发挥网络优势，丰富了学习资源，增加了学习容量，提高了教学效率，得到了学生与同行的肯定。2009年，她创建了“激励教学法”并实践至今。该教学法已从高中年级推广到初中年级，从校内推广到校外，取得了良好的教学效果。通过师生共建激励制度，在教学内容和教学环节中设置激励内容，应用网络平台动态反馈激励数据，很好地发挥了约束与激励作用，实现了全体学生由“要我学”到“我要学”的转变，营造了“互帮互助、共同进步”的愉快氛围，把信息技术课堂变成培养学生良好学习与行为习惯的理想场所。2015年，她创建了“自主学习五步法”，创设“导、读、测、练、评”教学环节，培养学生的自学能力、目标学习能力、问题学习能力、元认知能力，引导学生认识和发现自我价值，发掘自身潜力，学会应对复杂多变的环境，逐渐成为有明确人生方向、注重生活品质的人。

在伍老师的课堂上，学生兴趣盎然、积极思考、勇于回答、乐于实践。学生对她的喜爱溢于言表，在学校每年的学生评教评学活动中，伍老师均获得教学调查学生满意奖。

三、科研引领，百花争艳

“一花独放不是春，百花齐放春满园。”伍文庄老师并不满足于个人所取得的成绩，在担任学校信息技术科组长期间，她带领全科组的老师潜心教研、锐意进取，使得前山中学信息技术科组这个仅仅只有三位老师的小科组成为全校教研成果最多、级别最高的科组。2012年，伍老师所带的科组被评为珠海市中小学信息技术示范教研组。

伍老师通过教学研讨、学术交流、课题研究、专题讲座等形式，积极开展教育教学改革研究。先后主持或参与研究项目16项。如：2012年至2016年期间，主持广东省教育科学“十二五”规划2012年度教育信息技术专项研究课题“‘教育云’服务下中小学教师教育技术能力可持续发展的研究——以‘珠海市中小学教师专业发展平台’为例”，该课题成功开发了四门网络课程，这些课程入选为珠海市香洲区中小学教师教育技术能力校本培训课程，有效地提升了教师的教育能力。

作为广东省教育厅粤教版教材专家组成员，伍老师积极参与省、市教研室的教材建设工作，编写的7本教育教学教材已由广东教育出版社出版，在全国各地使用，好评如潮。同时，她也积极到各地开展专题培训，如2006年8月，到辽宁省鞍山市主持“多媒体技术应用”专题培训，2007年2—3月到安徽省阜阳市主持“粤教版信息技术选修教材”专题培训，2007年7月到辽宁省三个城市主持“高中信息技术教学”专题培训，为扩大粤教版教材使用范围和提升使用效果付出了辛勤的劳动。

从教以来，伍老师以名家教育教学理论为指引，不断提升自身的教育教学水平，勇于开展教学改革，及时总结并积极撰写教育教学论文。近年来，在《中小学信息技术教育》《现代中小学教育》等国内专业刊物发表论文16篇。如：2005年，论文《对高中信息技术必修模块新教材的分析》发表于国家级刊物《中小学信息技术教育》；2012年，论文《给信息技术课程来场“网络秀”》发表于国家级刊物《现代中小学教育》；2018年，论文《基于“成人教育理论”的教师教育技术能力校本网络课程设计》发表于省级刊物《教育信息技术》。获奖论文23篇，其中国家级奖5篇、省级奖10篇、市级奖5篇、区级奖3篇。如：2010年撰写的论文《高中信息技术课程网络教学资源系统的设计与开发》在全国中小学教师信息技术与教育创新论文大赛中荣获一等奖，2012年撰写的论文《给信息技术课程来场“网络秀”》在第三届全国中小学教师论文大赛中荣获二等奖。

四、不忘初心，敬业奉献

在行政管理岗位上，伍文庄老师用细心、耐心和责任心认真做好学校教研室工作。周六、周日，她经常回学校加班，平时加班到半夜是常有的事。她深知：学校教研工作关系到教师的专业发展，关系到学校教育教学的质量，再苦再累也是值得的！她非常重视青年教师的培养，通过师徒结对、青年成长营、青年教师“比武”、校际教学研讨活动等形式，不辞劳苦、尽心尽力地指导和帮助年轻教师快速成长。经过几年的努力，她已为学校培养出一支优质、高效、充满活力的师资队伍。如：在2017年第二十一届全国教育教学信息化大奖赛中，她指导学校物理科组区有好老师制作的微课作为珠海市唯一微课入围全国决赛，最终荣获全国一等奖，刷新了学校微课奖项的纪录；在2015年第十九届全国教育教学信息化交流展示活动中，她指导学校英语科组周万乐老师设计的参赛课例喜获全国一等奖，刷新了学校英语科组参赛成绩的纪录；在2017年广东省计算机教育软件评审活动中，她组织和指导学校教师积极参赛，共有25项作品获省级奖项，其中省一等奖5项、省二等奖9项、省三等奖11项，是珠海市获奖作品最多的学校，把教师开展教育教学信息化创新的热潮推向更高峰。

此外，伍文庄老师还积极参与珠海市教师培养工程。她连续3年被聘为珠海市乡镇教师互动课堂信息技术全员培训指导教师，开展珠海市中小学乡镇教师教育技术能力的师资培训。定期送教下乡，开展教育信息化专题培训。3年来，伍老师已承担了几百节的教学课，培养珠海市斗门区、西区等乡镇教师多达200人，提高了乡镇教师的信息技术应用能力，培养了一批信息技术应用能手，打造了一批学科融合精品课。身体力行，为珠海市信息技术教育教学发展贡献了力量。

作为工作室主持人，伍文庄老师始终以先进的教育理念为指导，以课堂教学为主阵地，以课题研究为抓手，通过公开课、研讨课、专题讲座、校际交流、观摩学习、教学研讨等形式，扎实开展课题研究和课堂教学指导工作。在她的亲自示范、细心指导、反复磨炼下，工作室学员们快速成长起来。自工作室成立以来的短短两年多时间里，已取得丰硕的成果：主持或参与课题达27项，区级以上优课16节，发表论文15篇，获奖论文33篇，教育教学奖92项，其中国家级奖8项、省级奖53项。辅导学生竞赛奖136项，其中国家级奖20项、省级奖85项。最让人激动的是，2016年，在第二十届全国教育教学信息化交流活动中，她指导工作室学员黄妍芳老师设计的课例在经过技术测试、专家评审后，最终在4589件参赛作品中脱颖而出，荣获全国一等奖。这个成绩对于教龄只有3年的青年教师来说，是一次质的飞跃。2017年，在广东省青年教师技能大赛中，辅导教龄只有4年的工作室青年教师宋深美老师精心设计参赛课例，在经过市级比赛两个环节——说课比赛和基本功测试后，宋深美老师以总分第一的成绩作为珠海市唯一代表参加省赛，最后荣获省二等奖的好成绩。

伍文庄老师还有一个特殊的身份——珠海市香洲区第八届人民代表大会代表。从2011年开始，伍文庄老师经常深入群众，通过调查研究，掌握第一手的资料，在出席人代会审议大会时，及时地把自己深入了解的、人民群众亟须解决的问题在审议发言中如实地反映，积极反映人民群众的呼声，协助香洲区人民政府推行工作。担任区人大代表以来，在香洲区第八届人大会议上提交了《关于提高班主任岗位津贴的建议》等15个建议或议案。她始终认为，在人代会上如实地反映人民群众的愿望，为人民群众代言，是体现自我人生价值的一个难得的机遇。

人格魅力源于渊博的知识，源于高超的业务水平，源于健全的人格素养。伍文庄老师一直要求自己做到："勤于思考，乐于研究""用心关爱每一位学生"。她26年如一日，用热情去灌溉，用辛勤去耕耘，用爱心去演奏一曲"为人师表"的动听歌谣。

以科学理性的精神
温暖每一个成长少年

——记南粤优秀教师朱建山

引言： 众所周知，人文社会科学承载着厚重的文化底蕴和多元的人文情怀。而事实上，自然科学也自有其独特的文化魅力，这种文化积淀因其不显露于表而常遭忽略。体现在物理课堂教学上则是，过去的物理课堂教学是以自然科学理论为主的知识性教学，而极少关于自然科学理论文化的教学。朱建山老师多年来从事物理教学，关注学生的知识性需求和精神性需求，摸索出新的物理教学模式，在教学实践中不仅注重自然科学理论的教学，更注重向学生传递物理文化，以文化人，以情动人，在教学研究和德育教育上彰显其范式意义。

朱建山，中学物理正高级教师，华南师范大学教育学部兼职教授、全国名教师工作室联盟常务理事，广东省南粤优秀教师，广东省“百千万人才培养工程”高中理科类名教师培养对象，广东省中小学名教师工作室主持人，深圳市中小学名教师工作室主持人，深圳市高层次人才、深圳市名教师、深圳市光明新区杰出人才。曾获全国物理名教师工作室优秀主持人、中国发明协会创造教育科研先进个人、深圳市高考工作先进个人等荣誉称号，获全国第五届主题班会课一等奖、湖南省教科院组织的物理教学比赛省级一等奖等荣誉。在国家级、省级以上刊物发表论文多篇，已经出版创新教育的相关专著7部。2019年8月获得广东省教学成果奖特等奖第一名。

毕业之初，朱建山老师被分配到交通闭塞、邮路不通、电力不通的贫困山区学校当老师，后来被调到县城、地级市、省会城市，现扎根于深圳市光明区马山头学校。多年来，朱建山老师满怀教育激情，始终坚守三尺讲台，在探索实践中提升自己的专业水平，在创新研究中谱写自己的教育乐章。光阴流转，功夫不负有心人，朱建山老师的教育梦想终于初步实现。2019年8月，朱建山老师多年心血的结晶《始于惊奇　濡以文化——以“非常”始于引领中学物理创新教育的研究与实践》获得2019年广东省教学成果奖特等奖第一名。

一、教学实践关注学生的生命体验与文化体验

生活中有许多有趣而又未被人发觉的物理现象，如“自来水管在邻近的水龙头放水时发出阵阵的响声”可用声音的共振原理解释，“走样的镜子，人距镜越远越走样”可用光的折射原理解释，等等。但传统的物理教学多只注重物理公式、物理知识原理的讲解，自然科学的教学与人文社会科学的教学曾一度被割裂，久而久之，学生对物理有强烈的陌生感，学习的兴趣降低，物理就成了一门“高冷”的学科。

美籍华裔核物理学家吴健雄也曾说：“为了避免出现社会可持续发展中的危机，当前一个刻不容缓的问题是消除现代文化中两种文化（科学文化与人文文化）之间的隔阂。”实际上，将自然科学知识与其人文社会科学知识相融合的物理课堂教学正契合科学研究者对经验世界的概念建构过程，有利于与学生的认知结构相关联，在一定意义上能够帮助学生消除科技与人文之间的隔阂，拉近学生与物理的距离，让学生感受到物理并不“高冷”，进而形成科学的价值观和思维方式。接受物理文化全方位的熏陶，这也是物理文化课堂教学另一重要意义。

朱建山老师也认为，如果和大多数物理教师一样仅仅关注知识层面，满脑子只有公式、定律，他充其量只能算是一名“经师”；如果在教知识的同时，还能突出物理思维，引导学生去领悟其中的思想和方法，从而提升智慧，他就是一位“明师”；如果在教物理知识、思维方法的同时，还能进行物理文化重演，既传授知识又涵养精神、塑造人格，从而全面发挥物理知识的教育价值，那才称得上是教书育人的“人师”。为此，多年来，他从培养学生创新思维和科学素养的角度，持续不断地探索物理教学融合物理文化的方法，在课堂教学中特别注重学生的生命体验和文化体验，倡导物理课堂教学的两种新型的教学方法：一是基于HPS（history、philosophy and sociology of science缩写为HPS）的“准历史现象”教学法，即把科学史、科学哲学与科学社会学融入物理课堂涵养物理文化；二是基于“非常”实验的任务驱动型教学法，能够培养科学探究精神。

如今国家大力倡导素质教育，就物理学科而言，学生不仅要对物理的基本知识及相关概念有所了解，同时还要深刻认识到物理科学的精神内涵以及物理的社会价值所在。HPS教育的应用不仅能够帮助学生学习物理基础知识与技能，激发学生的创新热情，而且其所倡导的教育原则对中学物理教育教学工作有着重要的理论指导与实践意义。朱建山老师对HPS教育理念进行充分的研究与探讨，将其更加灵活地运用到教学中，将有价值的科学史融入课堂教学中，培养学生的探究意识，将物理课堂与学生实际生活紧密结合，激发学生的学习兴趣，让物理学作为人类的优秀文化被绝大多数学生接受，提高学生的核心素养。而从新视角进行物理教学研究，其重要意义在于使广大物理教育工作者将物理学置于广阔的人类文化之中去考察，使物理教育从基于知识的教育变为基于文化的教育。

此外，朱建山老师结合自己的研究成果，创新开展了一类特别能够带给学生“惊奇”的，充分体现自创性、体验性、趣味性、简易性、生活化的物理实验教学活动，如他选取易拉罐、餐巾纸、吸管、扫帚、矿泉水瓶等生活常见的物品进行实验，很好地解决了平常初中物理实验中的重点和难点问题。此外，他开发的“疯狂的鸡蛋”“爱上空气炮”“百变气球”“魔幻易拉罐”等众多系列“非常”实验设计，让学生有更加直观的感受。

多年来，朱建山老师一直致力于在物理课堂中渗透物理文化、人文精神的教学，以HPS教育思想结合教学实践，引领学生以新的角度认识物理、学习物理，从而形成独具特色的教学方式，并在“非常”实验教学领域卓有成就。其教学模式深受广大师生的喜爱。深圳市光明区马山头学校教学处主任说道：“他开发的新、奇、趣、美的物理‘非常’实验，给我们的学生留下了深刻的印象，大大地提高了课堂教学的效率，同时让我们学生爱上科学、爱上物理。”

二、出于爱、出于实际、出于言传身教的班级管理

当前，部分班主任在德育工作中存在三大误区：一是无原则的迁就、宽容；二是空洞说教；三是无理由的漠视。而朱建山老师则不然，他担任班主任多年，在转化“学困生”、扭转班级学风上技高一筹，积累了丰富的班级管理理论与实践经验，形成了自己的班级管理理念。

第一个管理理念就是“爱的教育”。朱建山老师在《班主任之友（中学版）》发表的杂文《让真爱引领学生健康成长》中指出自己对“爱的教育”的理解：“爱学生的基础首先要关注学生，充分考虑和关注学生的发展需求。爱的着力点可能包括生活上的关心和帮助，思想、态度上的教育和指导，学

习方法上的指引等但不是仅限于此类表象。教师对学生的爱不同于亲人的爱。爱不是交易、不是讨好、不是媚俗，爱是一种态度，一种不抛弃、不放弃的精神。教育是心与心的沟通，灵魂与灵魂的交融。”朱老师对“爱的教育”有着清晰的认知，且以此践行于班级管理，由此收到了良好的教育效果。

第二个理念是言传身教。朱建山老师说：“最好的管理是示范，最好的教育是感染。”他管理班级注重言传身教、以身作则。以朱老师凭市教学十佳教师的身份免试加入长沙市某学校工作为例，他第一年所带的班级中学生多是学习基础薄弱、违纪情况多的“问题学生”。他第一次正式上课就对全体学生提出了要求：我做得到的，你们也要做到，我做不到的，绝不要求你们做到。他要求学生上课不迟到，课后运动锻炼，引导学生逐渐养成正确的价值观念，通过参加校园活动、班级活动来增强班级凝聚力，从而转变班级风气。

第三个理念是从实际出发以情动人。朱老师认为，班级管理并没有捷径，也没有绝对有效的“绝招”，关键还得要根据学生的实际情况因材施教。朱建山老师的《练成班主任中的“功夫熊猫”》一文入选全国著名德育特级教师张万祥主编的《班主任专业成长：100个千字妙招》一书。在书中，朱建山老师针对年轻老师们渴求不已的“治班教学的‘神龙秘笈’”提出了自己的观点：

首先，人要有梦想，而我的梦想是要做一个好老师，做一个优秀的班主任。就像熊猫阿宝一样，虽然是“做面条的，连血液里流淌的都是面汤”，但是照样怀揣梦想，要当“神龙大侠”。其次，学习名师不是简单的学习人家的“招”，也不要奢望有什么秘笈可以照搬。只有结合自己的实际情况。融入自己的思想、情感，广泛地、有针对性地、有选择地学习名师背后的“功夫”，才能战胜所有的“太郎”。

第四个理念是关注学生心理健康。朱老师连续3年（2009届、2010届、2011届）担任光明中学高三年级主任，极其注重学生，尤其是高三毕业生的心理健康状况。因长期在高考一线教学，朱老师在高考综合备考、高三学生心理辅导、高三学生家长辅导等方面都卓有成效。如朱建山老师开设“享受高三　笑对高考”“优秀是一种习惯”“自信者强自强者胜”“如何挑战高考的极限”“走过高三走进大学”等讲座，让高三学子度过难忘的高三时光；“同样的心情一样的期待”“做一名成功的高三学生家长”也让家长豁然开朗。深圳市《宝安日报》对朱建山老师的突出贡献做了题为《一样的高考，不一样的精彩》的专题报道。

三、创新教学模式是物理教学之魂

创新教学模式是提升教学效率、推进教育改革的重要途径。中学物理教学也不例外。为了提升个人的专业素养，离自己的教育梦想更近一步，朱建山老师多年以来都坚持不懈地进行教育研究。他曾在《中学物理》《物理教学探讨》等国家基础教育类核心期刊以及《现代教育报高考周刊》《发明与创新》《创造天地》《班主任之友》《中学生理化报》等省级以上刊物上发表过诸多专业论文，已经出版创新教育的相关专著7部。

朱建山老师始终不停止创新，他把生活和物理紧密结合，培养学生的创新思维，从教学研究中探索创新教学模式。尤其是教学模式的创新，朱老师不仅在课堂上实践，更在教学研究上不遗余力地展开研究。如2015年12月，其课题“中学生创新思维训练及其APP课程资源开发研究与实践”（被深圳市教科院批准立项为深圳市“十三五”重点课题）围绕学生的创新思维进行了深入的研究；课题以“‘非常’实验引领中学物理创新教育的研究与实践”（广东省教育厅“十二五”规划课题，2016年9月已结题）的研究，围绕优化物理教学过程进行了一系列探索与尝试。其提出的建构“聚焦核心素养，回归物理文化”的理论，还以《聚焦核心素养，回归物理文化——中学物理教学创新的新视角》为题发表在中文核心期刊《中学物理：高中版》上。2016年，光明中学朱建山老师申报的课题“中学物理‘非常’实验教学创新研究”被批准立项为中国教育学会“十三五”规划课题。本次课题申报，被列为重点研究项目的仅有教育部考试中心、重庆市教育科学研究院等29所科研院校的项目，而光明中学朱建山老师的项目便是其中之一。

朱建山老师始终扎根于学生创新思维和创新教学模式的研究，层层深入，由浅及深，由表及里，理论上日趋成熟，目前已经形成了“始于惊奇濡以文化”的体系成果，找到了激发学生物理学习的兴趣、夯实学生的物理学科核心素养的有效途径，该成果也被省内外专家一致评为广东省2019年教学成果奖特等奖第一名。

四、名教师工作室注重辐射带动作用

“一枝独秀不是春，百花齐放春满园。”与大多数名师一样，自己取得成果后并不包藏囊中，而是与同行进行广泛交流。朱建山老师承担深圳市名教师工作室及广东省名教师工作室主持人的工作，助力广大青年教师圆其教育梦。

为了进一步推广自己的教育理念，朱建山老师多次应邀到省内外各地举行讲座交流。为了让当地一线老师能够有所收获并将讲座所学迅速应用到教学实践中，朱建山老师着重讲了基于“非常”实验的创新特质和方法途径。近几年来，朱老师所主持的工作室成员中，有5人评为市级名师，6人评为区级名师，工作室成员共出版专业书籍12部，14个区级以上课题立项，3个省级课题、1个国家级课题在研，4名老师通过创新实验设计获得省级及以上优质课竞赛一等奖。另外，学生的创新能力也大大提升，在全国科技创新大赛中频频获奖。

对没有带高三经验的年轻教师，朱老师言传身教，严格要求，细心指导。在朱建山老师的带领下，这些年轻教师不仅所带的班级取得了辉煌的高考成绩，而且其自己也迅速成为学校班级管理的中坚力量。

有人说，教育是事业，其意义在于奉献；教育是科学，其价值在于求真；教育是艺术，其生命在于创新。十年树木，百年树人，路漫漫其修远兮。每一位教师每一年都面对学习能力不一样的学生，班主任每年都面对个性各异的学生，我们的国家和社会正需要更多像朱建山这样的老师，踏地而行却又怀揣梦想，立德树人并且传递文化，以持续不断的探索求真、坚持不懈的奉献创新为学生带来新奇的学习体验，以科学理性的精神温暖每一个成长少年。

构建富有人文关怀的语文课堂

——记广东省名教师朱美仙

引言： 五年的乡村教学、五年的高中历练、十年的初中教研、三年的名师培养，朱美仙老师在成为一名优秀教师的道路上不断前进着。在多年的语文教学实践中，朱美仙老师形成了“生活·人文”的教学风格，致力于构建富有人文关怀的语文课堂，为学生提高语文能力和人文素养、培育丰富精神和健康人格开辟了新天地。

朱美仙，中学语文正高级教师，现为河源市东源县教育局初中语文教研员，兼任东源县教育局教研中心副主任。广东省中小学新一轮“百千万人才培养工程”初中名教师培养对象，曾获全国中学语文教学与研究先进工作者等荣誉称号。先后参与国家级课题1项（中国教育学会立项课题“作文三步法教学实验研究”），主持县级课题1项、市级课题1项、省级课题2项（省“十一五”规划课题“初中作文生活化教学实践研究”、省“十二五”规划重点课题“初中语文自主高效学习型课堂实践研究”）。担任省级课题论证专家近10次，担任市级课题论证专家近20次。长期负责县级课题管理工作，目前指导县级课题共16项。在《语文月刊》等杂志发表论文11篇，且有多篇论文获奖，其中获国家级奖9项、省级奖11项、市级奖7项。近年执教省级公开课7节、县级公开课8节。个人专著《生活作文，回归本源的作文教学》由东北师范大学出版社出版。

一、五年的乡村教学，孕育最初的梦想

1994年，朱美仙老师踏进了家乡——河源市东源县的一所乡村学校，开始了她的教书生涯。当她在清脆的铃声中第一次踏上讲台时，看着那一个个朴实的孩子、那一张张明亮的笑脸、那一双双澄澈的眼睛，她的内心充满了

感动与震撼，也就在那一刻，一个关于优秀教师的梦想，像一粒微小的种子，悄悄地埋进了她的心里。

那时，朱美仙老师的生活，始终有书籍的陪伴。没有导师的指导，没有同伴的交流，只有自己的埋头苦读：深奥难懂的，读一遍，再读一遍；记忆不牢的，背一遍，再背一遍。就这样，1999年，经过一千多个日夜的苦读，朱老师通过了中山大学汉语言文学专业全部学科的自学考试，以优秀的成绩获得了本科毕业证书。

而在工作中，朱美仙老师经常为教材的一句话、教案的一个问题，冥思苦想，废寝忘食。由于基本功扎实，工作认真，她迅速成为乡镇的骨干教师。

回顾乡村教学的五年，朱美仙老师说，那是刻苦学习、夯实基础的五年，也是孕育最初梦想的五年。

二、五年的高中历练，让梦想破土萌芽

埋藏在心底的优秀教师之梦，引领朱美仙老师通过招聘考试，进入了县重点高中——东源中学。

为了胜任高中语文教师这一重任，朱美仙老师尽心竭力。她尝试以学生的眼光阅读教材。课文的主要内容是什么？层次结构如何？有何写作特色？她在不参考任何资料的情况下，一遍又一遍地大声朗读课文，一句又一句地认真批注。同时，她重视教学参考资料的广泛阅读。最终，她的课堂以人性的解读、广阔的视野，赢得了学生、同行的认可。

然后，不安现状的朱美仙老师又大胆进行了一系列的尝试。

以国家级课题“作文三步法”教学实验与研究为载体，努力践行“我手写我口，我口述我心”的作文主张，与学生一起感知生活的多姿多彩。经过一年的实验，学生的写作能力得到了明显的提升，朱美仙老师也被评为全国作文教学实验先进个人。

以广东省朝阳工程读书活动、学校“绿岸”读书协会为平台，带领学生开展名著推荐、名篇鉴赏、吟诵交流等活动，培养了叶恒琴、赖区平等一批“读书积极分子”，朱美仙老师也被评为朝阳工程优秀辅导老师。

以公开课、研讨课为台阶，逐步提升教学水平。2002年，朱美仙老师执教的现代诗歌《我爱这土地》效果良好，课堂以饱满的激情、感人的真情，深深地打动了听课的学生和老师。

高中教学的五年，对朱老师而言，是迎难而上、努力实践的五年，也是梦想逐渐萌芽的五年。

三、十年的初中教研，让梦想汲取充足的养分

2004年，朱美仙老师被调入河源市东源县教育局教研室，成为一名初中语文教研员。

教研工作是烦琐、忙碌而沉重的。在统计数据、转发通知、执行命令等各项行政工作中，朱美仙老师发现，她的梦想默默地沉寂了。回想那时，朱美仙老师说，幸好，她遇到了教研工作的导师——省教研室的中学语文教研员冯善亮老师。“冯老师热心支持山区的教研工作，每年带领省内的优秀教师到东源县开展‘送教下乡’活动，这不仅为东源的老师们带来了新课程改革的先进理念，而且为我作出了为人诚恳、工作务实、治学严谨的教研示范。”于是，朱美仙老师一度沉寂的梦想渐渐地苏醒了。

朱美仙老师反复钻研教材，撰写阅读心得，并参与了省教研室组织的《语文同步学案》的编写、审核。她把课堂当作研究的阵地，先后组织了古典诗歌、文言文、小说等几十项专题研讨活动，与老师们一起反复备课、听课、评课，反思课堂、总结得失。深入、民主的研讨，不仅让张燕丽等多位老师的精品课先后获得市、省、国家级一等奖，也让她本人收获了专业的成长。

以“初中作文生活化教学实践研究”为载体，朱美仙老师带领几十名骨干教师进行了为期五年的艰苦实验。“学习—实践—总结—再学习—再实践—再总结”，在循环往复的实践研究中，朱美仙老师与其他教师总结了符合东源县实际的作文生活化教学方法，积累了丰富的教学资源。

初中教研的十年，是朱美仙老师迎接挑战、积极探索的十年，也是她的梦想汲取养分、慢慢成长的十年。

四、三年的名师培养，让梦想迎风飞扬

2012年，经过层层选拔，朱美仙老师成为广东省中小学新一轮“百千万人才培养工程”初中名教师培养对象，开始了为期三年的培养学习。

朱美仙老师珍惜每一次研修机会，每一次的专题互动、跟岗培训、名校考察，她都用心观察、聆听、思考。她认真阅读教育经典，笔耕不辍，撰写研修心得、笔记、论文等，其中《无限相信书籍的力量》《充分利用教材资源，加强学生写作训练》等近十篇文章先后获奖并发表。她尽心培养骨干教师，以东源县第一批初中语文骨干教师培训班为抓手，采取现场培训与自主学习相结合、课堂实践与课题带动相结合的培养方式，培养了吴爱勤、徐敏等骨干教师。

朱美仙老师反复思考、凝练自己的教学风格。从“平和、智慧”的阅读教学到“广阔、深厚”的名著推荐，从“激情、真情”的诗歌教学到“生活、真实”的作文教学，她的教学风格似乎一直变动不居。直到2013年，跟岗浙江省杭州市第六中学执教《记承天寺夜游》时，她引导学生通过比较法、诵读法，细读文本，品味语言，咀嚼其中蕴含的情感。这种“温和平易、慢读细品、渗透人文”的风格，得到了导师吴丹青老师的充分肯定，给了她进一步凝练教学风格的信心。2014年，在导师黄淑琴教授的指导下，她申报的“初中语文自主高效学习型课堂实践研究”被立项为省“十二五”规划重点课题。课题的调研、设计、修改、申请给了她众多启发，促使她将自己的教学风格进一步凝练为“生活”“人文”两个关键词。

“生活”是语文教学的源头和根基。语文教学要坚持立足生活，面向生活，与生活紧密结合，逐步提高学生的语文素养。因此，朱美仙老师一方面通过课前演讲、美文朗读以及课堂上扎扎实实的读写活动，夯实学生的语文基础，逐步提高学生听、说、读、写的能力，将“小语文”落到实处；另一方面努力引入生活的源头活水，将学生个人的家庭生活、校园生活及广阔的社会生活，乃至古今中外的历史生活，与语文学习联系起来，让学生在浓厚的生活气息中，加强对生活的感性体验和理性认识，培养学生热爱生活的情怀。

“人文”是语文教学的方向和追求。语文教学应通过优秀文化的熏陶、感染，逐步培养学生良好的个性和健全的人格。对此，一方面，朱美仙老师通过课内阅读鉴赏、写作指导，引导学生品味语言精妙，体会作者情感，表达真情实感，以滋养学生的性情，丰富学生的精神世界；另一方面，通过大量的课外阅读，尤其是名著阅读，引领学生建立“大语文”观，进而逐步树立正确的世界观、人生观。

生活、人文，是语文教学的双翼，它们相辅相成，缺一不可，共同托起学生的语文能力和人文素养；生活、人文，是语文教学的双轨，它们相互独立，又融合交汇，共同奠基学生的丰富精神和健康人格。

名师培养的三年，在朱美仙老师看来，是积极向上、艰辛备尝的三年，也是她的梦想经历风雨、拔节成长的三年。

五、构建富有人文关怀的语文课堂

所谓“人文关怀”，就是立足于人的尊严、独立、自由，给人的生存和发展以关注，旨在提高人的生活质量，提升人生的意义和价值。通俗地讲，就是尊重人、关爱人。朱美仙老师主张构建富有人文关怀的语文课堂。

首先，她认为，课堂是学堂，关怀学生就要让学生成为学习的主人，学会学习的方法，在自主的学习中享受人文的乐趣。对此，有三个方面的要求。

方面一：尊重学生的主体地位，把课堂的大部分时间、空间还给学生。“关怀学生首先就要承认并尊重学生在教育中的主体地位，把教师的‘讲堂’变成学生的‘学堂’，让学生成为学习的真正主人。”朱美仙老师坚持从学生的基础出发，设计符合学生实际的学习目标、重难点以及学习环节、过程。同时，她努力创设轻松、民主的课堂氛围，激发学生自主学习的兴趣，为学生提供自主学习的机会、资源，将课堂的大部分时间、空间还给学生，让学生有足够的时间阅读、思考、探究、训练。

方面二：指导学生学习的方法，让学生在得法的学习中养成良好的学习习惯。朱美仙老师善于结合不同文本、不同体裁的特点，帮助学生梳理、总结该类文本的学习方法。同时，她善于根据学生的学习需要进行必要的学法指导和训练。如阅读文言文时，翻译原文是重要的环节，所以她从初一开始有计划地指导学生了解文言文翻译“信、达、雅”的要求及“增、删、调、补、换”的方法，并坚持进行训练，以帮助学生掌握翻译的方法，逐步培养学生阅读理解浅易文言文的能力。

方面三：朱美仙老师强调，作文即做人，关怀学生就要让学生在写作中表达真情实感，培养真实、健康的人。第一，作文命题要贴近学生的生活，力求触动中学生的生活积累，激发学生书写生活、表达真情的欲望。在作文教学中，朱美仙老师努力揣摩学生的生活积累，命制“给××的一封信”“______的初三生活”“那个让我______的人”“我读书的故事”“我的课余生活”等作文题目，目的是尽量使作文与学生的生活紧密结合，调动学生的生活体验，引导学生对生活进行重新思考，并自由下笔，抒写真情。第二，作文评价要摒弃虚假与浮夸，鼓励学生书写生活、表达真情，培养学生诚实的文风和人格。朱美仙老师重视写作的过程、方法、情感、态度的评价，鼓励学生大胆书写真情实感。

其次，朱美仙老师指出，教材是学材，关怀学生就要尊重学生的阅读体验，鼓励学生各抒己见，让学生在学习中感受人文的润泽。

每次教学伊始，朱美仙老师都会结合文体的特点，从整体感知的角度设计问题，以引导学生说出阅读的初始体验。在深入理解文本的过程中，她通常会从把握人物形象、体会作者情感、理解文章的深刻意蕴等角度设计问题，以引导学生认真阅读、深入思考、积极探究，并说出自己的阅读体验。此外，她重视充分发挥语文教材的熏陶、感染作用，让学生在阅读中感受人文的润泽。她说："语文教学不应仅仅引导学生学习语文知识、提高阅读技能，还应该引导学生通过安静的阅读、入情的吟诵、反复的品味，感受作者人格的高度、作品的深度与作品人物的厚度，从而潜移默化地受到真善美的熏陶与生命智慧、人生哲理的启发。"

六、他人眼中的朱老师

河源市教育局教研室主任、中学语文教研员、特级教师何功兴说："朱老师好学上进，热爱本职工作，工作时很投入。经常深入教学一线，结合教学实际开展教学研究，热心指导和服务一线教师，坚持学习和研究。"

河源市东源县实验中学的张燕丽老师说："朱老师总是用心启蒙、引导着年轻教师的成长，像朋友一样与我们探讨教学教研；但她又是我们敬重的导师，不仅是因为她对语文教学的远见卓识，更因为她对工作的尽职尽责。她对于在山区种下教育梦想一直充满热情，而她的热情也感染了东源的许多老师。我们庆幸有这么一个执着、睿智的她同行在教研的路上，我们更庆幸有这么一个教研的先锋，为山区教育带来了希望。什么样的老师才能算是名师？这样立足于自己所处的环境，竭尽自己所能，有梦想、有行动，在困难与困惑中依然风雨兼程、一路向前的朱美仙老师就是我们心中的名师。"

多年来，朱美仙老师一直上下求索、苦苦追寻的，并不仅仅是一个人的名师之梦，她渴望在大家的共同努力之下，东源能够培养出更多扎根家乡、胸怀教育、放眼未来的优秀教师、名教师。她也希望她的教育梦想，终有一天能像春天时新丰江岸边鲜艳如火的杜鹃花般，扎根在家乡的土地上，不卑不亢，无怨无悔，自由恣意，迎风绽放！

扎根农村教育　做学生成长与教师发展的领路人

——记南粤优秀教师詹赵雄

引言： 从教21年来，詹赵雄老师一直扎根于农村教育。在这个过程中，詹赵雄老师一直坚守为人师的信念，敬业、乐业、爱学生。作为语文教师，他始终以提高教学质量为己任，推行启发式教学，做到“精讲”“善导”“激趣”“引思”，令课堂既华丽又实用，令学生学习既高效又相对轻松。作为学校管理工作者，他坚持以科研教研促进教师专业发展，打开了学校德育工作与教学工作的新局面。

詹赵雄， 中共党员，中学语文高级教师，湛江市初中语文骨干教师、广东省初中语文骨干教师、湛江市名校长培养对象，湛江市坡头区事业单位招聘人员评委库成员，《少男少女·教育管理》签约作者，《新作文·中小学教学研究》编委成员。曾获得坡头区龙头镇优秀党员，坡头区优秀班主任、优秀教师、中考先进个人、争先创优优秀党员、优秀教育工作者、党员教学先锋、优秀团干，湛江市中考先进工作者、优秀团干部以及广东省宣传工作先进个人、南粤优秀教育工作者等称号，现为湛江市坡头区爱周中学副校长。参加2013年国培教师工作坊培训，曾到广州、韶关等市以及湖南、湖北、海南、山东、四川、重庆等省市参加名校长或骨干教师培训和学习。主持或参与省级课题研究3项，其中两项均获得第四届湛江市基础教育教学成果一等奖，1项获得广东省2019年基础教育教学成果二等奖，8篇论文获奖或发表在市级以上刊物。

名师格言： 以生命感动生命，用灵魂唤醒灵魂，用人格影响人格。

一、坚定信念为人师，敬业乐业爱学生

詹老师于1999年7月毕业于广东省遂溪师范学校（现属岭南师范学院），

同年9月被分配到一所农村小学任教。怀着初为人师的喜悦，詹老师来到了工作的第一站——湛江市龙头镇殷底小学。当领到工作的第一个任务——担任五年级班主任兼语文教师的时候，他很兴奋，他告诉自己一定要努力，做出点成绩。

开学当天，詹老师走进教室，预备铃已响过，但教室里却乱成一锅粥。只见教室里密密麻麻地坐满了学生，显得格外拥挤，几个穿着背心的“大汉”趴在桌子上昏昏欲睡，女生们叽叽喳喳地说个不停，几个“调皮蛋”在走道间追逐打闹，弄得教室里尘土飞扬。他快步走上讲坛，板起面孔严肃地扫视教室一周，终于那些吵闹的同学慢慢安静下来，那几个“大汉”则用好奇的眼光打量着詹老师，眼神桀骜不驯，极不友好。

开学的第二天傍晚，素有“周百通”之称的小华同学带着几个同学到詹老师面前“打报告”，说班上的几个同学总是在课堂上走来走去，谁也管不了。接着，来“打报告”的同学络绎不绝，有一个男同学撕了一个女同学的课本封面，哪个同学和哪个同学打架……一连几天，报告不停，问题不断。詹老师意识到这是一个不寻常的班级，但一时间又不能轻举妄动。所谓知己知彼，百战百胜，他决定全面深入了解情况后，再谋定而动。于是，他积极主动向之前的科任老师了解情况、请教经验。原来，这个班是全校学生人数最多、纪律最差、成绩最差的班。其中，个子高壮的那几个学生是因为成绩差、纪律差被学校留级的。久而久之，他们越发胆大妄为，成了无人敢管、无人能管的小团体，进而影响到该班的纪律。詹老师连续走访了多名老师，又和班上部分有正能量的原班干部深入交谈，终于大概弄清了班级问题结症之所在，然后开始多方查找资料，苦思良策。他认为当务之急就是抓好班干部队伍建设，与此同时，要借助班级力量及家庭教育合力转变小团体。思路明确后，他便开始着手选拔班干部，选出一批在班中有威信并敢想、敢做、敢负责的班干部，依靠他们齐抓共管，建设优秀班集体。其次，抓好班风建设，在集体中树立榜样，弘扬正气，凝心聚力。按部就班，詹老师通过成绩优秀学生与大胆、正气、向心力强的学生相互配合，组建了一支团结、有干劲的班干部队伍。当他们遇到困难时，詹老师就教给他们方法，并给他们鼓劲，指导他们攻坚克难。直到小学毕业，他们都是詹老师的得力助手。

在培优转困工作中，一个优秀的班集体发挥的作用是不可低估的。因此，为了给学困生营造一个和谐的成长环境，詹老师大力建设良好的班风、学风。他组织了丰富多彩的文体活动，鼓励他们积极参与，通过活动培养学生的合作精神和积极向上、顽强拼搏的精神，增强其集体意识，进而达到培养人、改造人的目的。詹老师精心设计各种主题活动和主题班会，系统地对学生进行思想素质教育和习惯养成教育。每一次思想教育对学生的心灵都是一次洗礼，给学生打开了一扇扇认识世界、了解自我的智慧之窗。

课后在校园里，詹老师常与学生一起打篮球、乒乓球，下象棋，一起种菜、浇水、劈柴，他成了学生学习上的导师、生活上的朋友。孩子们“亲其师、信其道”，对他的话很信服。遇到学生犯错，他总是竭力在保护学生尊严与维护班级制度之间取得平衡，尽量让学生口服心服。经过一年的努力，班级管理走上了正轨，班风得到扭转，班级面貌焕然一新，正朝着一个优秀班级挺进。两年后的小学毕业考试，他们创造了奇迹，排名全镇第一。

二、潜心治学语文人，扎根农村作奉献

从教21年，詹老师一直扎根农村。他深知，只有读书才能改变农村孩子的命运。从教21年，他一直从事语文教学工作，始终以提高教学质量为己任，也一直受到学校的重用。至今难以忘记的是2004年，那年学校（湛江市坡头区上圩中学，2002年调任）因为初三毕业班没有学生考上省重点中学而把重点班合成一个班，并将这70多人交给了他。那时，他感觉压力非常大，一来是自己第一次教初三并且是唯一一个重点班，二是上届毕业班没有学生考上省级重点中学，社会声誉差。至今还记忆犹新的是分工的第二天，赵校长找他谈话的那一刻，“上一届没有学生考上湛江一中，老师失望，社会声誉差，所以，学校把这个班交给你，希望你不负重托，为学校出力！”校长的话虽然简短，但语重心长。望着校长离去的背影，詹老师内心无比沉重，又异常激动，深感任重而道远。

那年，詹老师大部分的时间都是在分析教材、研究考题，与学生一起释疑解困，备战中考。首先，他着重抓好课堂教学，千方百计地使自己的课堂变得更精彩、更高效、更受学生欢迎。他深入学习新课标指导思想，密切关注语文学科教学教研动态，利用网络平台观摩、学习优秀课例，结合学生的实际和自身的特长，研发了自己的“大语文”课堂。他将学生带进生活，在语文教学中融进生活和艺术，将电影、音乐等大量的艺术元素融入课堂，初步实现了语文教学与社会、生活甚至网络的对接。这激发了学生的兴趣，开阔了他们的视野，提升了他们的人文素养。尽管农村学生基础差，但他坚信每个学生都有各自的兴趣、特长，在教学目标和内容上不强求“齐头并进”，而是正视现实，追求“差异发展”，实施“因材施教”。在教学方法上以启发式教学为主，推行自主、合作、探究的学习方式，做到“精讲”“善导”“激趣”“引思”，使课堂既华丽又实用，使学生学习既高效又相对轻松。其次，詹老师十分注重学生的能力、情感、态度、学习方法等非智力因素的培养，

并以此提高学生的学习效果。最后，他着重抓好课后的学习管理，在班上成立语文学习兴趣小组，通过他们的管理带动语文学科的学习，形成比学赶超的和谐竞争氛围。此外，作为语文教师，他十分注重学生的口头表达能力、书写水平等综合语文素养的提高，在班上开展丰富多彩的语文活动。这不但提高了学生的语文素养，而且锻炼了学生各方面的能力，促进了学生间的交流互动，效果非常好。

努力付出，终有回报。2005年中考，詹老师的班成绩创下了学校的纪录，1人考上湛江一中，2人考上湛江二中，极大地消除了前一年中考学校无人上省重点高中的负面影响，全校师生欢欣鼓舞。

后来，学校推行循环教学，詹老师回到了初一年级继续担任重点班教学。2007年，学校初三毕业班中考又无人考上省重点中学。那年，学校又把2008届中考的重担交给他。幸好，2008年中考，詹老师班上的招丹丹同学不负众望，以全区第15名的好成绩考上了湛江一中，再次消除负面影响，为学校赢得了社会声誉。

在教与学之余，詹老师思考不止，笔耕不辍，撰写的《谈谈农村“留守儿童”的教育》入选省团委《广东农村青年人才发展论坛论文集》；撰写的《语文教学中应注重人文素养的培养》在中国教育学会《中国教育学刊》“新课程，你我同行”征文评审中荣获一等奖，并被收录在《新课程，你我同行》一书中；撰写的《让写作成为一种享受——浅谈作文教学中的激趣》在《湛江教育》发表；撰写的《谈未成年人思想教育中的“导”与“堵”》在广东省第十三届校长论坛会被评为二等奖，并在《广东教学》发表；撰写的《中学语文“五情”阅读教学探究》被国家级刊物《教育》刊用，并在“教学研究”评比中获一等奖。

三、引领科研教研崛起，促进教师专业发展

2013年9月，詹老师任上圩中学副校长分管德育工作，角色的转变让他思考更多的是学校管理。学校是一所农村初级中学，教师缺乏专业成长，德育教研一片空白。他意识到要改变农村德育工作落后局面，必须以科研教研促进教师专业发展。为此，他提出以课堂教学为主阵地的“德育与课堂相结合，德育渗透于课堂教学”的主张，牵头成立德育研究小组，集合有思想、有情怀、有干劲、有经验的教师组成团队，凝聚德育智慧深入课堂研究，同时，开展主题班会、团队活动和德育公开课，创设形式多样的德育课堂。2013年，坡头区教育局举行中小学心理健康教育优质课比赛。接到通知后，詹老师马上组织队员开会学习研究、深入分析。队员就选题和教学设计等内

容各抒己见，深入交流，形成合力，个个自告奋勇地争着上。队员们的这种情怀、这股干劲凝聚成一股强大的力量，使他们不知疲倦地反复磨课、赛课。功夫不负有心人，在比赛中，杜娟娟老师获得一等奖，李颖老师、黎秋岑老师获得二等奖，5人撰写论文获奖，学校获优秀组织奖，当时得到区教育局和许多兄弟学校的赞赏。在2016年坡头区中小学教师师德演讲比赛中，队员李颖老师又获得第一名。几年来，詹老师一直默默地做德育舵手和搭桥人，点燃教育激情和引领教师育人专业发展，并取得了一定的成绩。2013年成功申报坡头区首个省级心理课题科研项目并顺利结题，心理研究课程化，并编著校本教材和论文集，16人撰写论文发表于省级以上刊物。学校先后被评为湛江市德育示范学校、湛江市心理健康教育示范学校、湛江市特色文化校园和“中国好老师”公益计划行动基地校。德育实践与理论研究相得益彰，成为名副其实的德育示范学校。

2015年开始，詹老师分管教学工作，他十分注重科研与教改同行，促进教师教学专业发展，但面对科研空白的局面，从何做起？为此，他牵头成立科研团队，并带领成员走访岭南师范学院科研专家和科研成果突出的学校，向这些学校请教做法，并邀请市教育局领导来校指导工作。后来，在多方努力下，学校共有5个课题相继立项，成绩显著。特别是2017年，学校被评定为广东省基础教育研究实验基地学校，是湛江市唯一一所获此殊荣的农村学校。科研促教研，学校是一所农村初级中学，虽然年长教师经验丰富，年轻教师年富力强，但在当今“互联网+”信息时代，只有整合优化资源，方能彰显教学本色。于是，詹老师成立“传、帮、带”教学团队，促成新、老教师合作，取长补短，年长的教师帮助年轻的教师深入研究教材、教法，破除难点，年轻的教师帮助年长的教师应用信息技术优化课堂教学，突破难点，最终达到双赢。几年来，学校在区级赛课中，29人次获奖；在市级赛课中，19人次获奖；在市级以上教学活动比赛中，2人获市级二等奖，3人获省级一等奖，2人获国家级一等奖，1人课例获部级优课；5人论文发表在国家级刊物，34人论文获奖并发表在市级以上刊物，其中4人获省级奖励、9人获市级奖励；学校两次被评为市、区初中毕业生学业考试先进单位。同时，促成了2名市级学科骨干教师、2名市级学科骨干科组长培养对象、8名市级学科骨干教师培养对象、2名市级骨干班主任、5名省级学科骨干教师培养对象、1名市级名校长培养对象、1名省级骨干校长培养对象；还造就了一批赛课、磨课及科研能手。学校成了农村中学科研教改的一张名片。

从教21年，詹老师一直扎根农村教育，从小学语文教师到初中语文教师，从班主任到副校长，一路走来，在挫折中成长，在磨砺中成熟。时光不断流逝，职位已然变动，唯初心不改，情怀不变！

三尺讲台勤耕耘　潜心教研育桃李

——记南粤优秀教师张美兰

引言：对于教师，苏联教育家苏霍姆林斯基曾提出过这样的希望："要使每一个教师都成为他的学生的榜样——有高尚的品德修养和丰富的精神生活，热爱知识，不知疲倦地探索新事物。"广东省南粤优秀教师、广东省特级教师张美兰老师正是在不断思考、不断探索、不断实践、不断反思的过程中，在教书育人和潜心科研的过程中，收获了专业的成长，享受着桃李芬芳的幸福。

张美兰，河源市第三小学党支部副书记、副校长。小学数学高级教师、广东省南粤优秀教师、广东省中小学新一轮"百千万人才培养工程"名教师培养对象、广东省特级教师、广东省名教师张纯香工作室顾问、河源市督学。参与省、市教育教学课题研究共6个，主持国家级、省级、市级课题各1个。2014年春率领数学科团队拍录北师大版四年级下册教材，制作的39节微课参加广东省"一师一优课""一课一名师"的"同步课堂研究"获省级"优课"，课堂实录《三角形内角和》获省级"优课"，针对北师大版四年级下册《认识三角形与四边形》一课设计的教案参评"特级教师上优课"，她本人被中央电教馆确定为"特级教师上优课"培养对象。撰写论文10多篇，先后在市级以上刊物发表。指导多位教师参加说课、现场课比赛等获省、市级奖励。

张美兰老师，从学校学科带头人到省级骨干教师培养对象、广东省南粤优秀教师、广东省中小学新一轮"百千万人才培养工程"名教师培养对象，再到广东省特级教师，经历了不断学习、不断实践与反思、不断建构与解构的过程。在这"破"与"立"交替上升的过程中，她坚持"以学定教——学生在前，教师在后"的教育理念；以"大问题"为主线，让学生在自主、合作、探究学习中保持对问题的思考，以学生提出问题为课堂终极目标；采用以生教生的“小老师”汇报展示策略；以培养与提升学生的数学素养为目标。她在教育教学中边思考、边探索、边实践、边反思，一路前行，走向了专业化成长之路。

一、自思自悟，教学起步

1992年8月，张美兰老师被分配到广东省河源市源城区高浦岗农场学校任教。初出茅庐的她，被学校安排去参加源城区的中青年教师课堂评优课大赛。面对重任，她求助于教材、教学参考书，认真研读课标、解读文本、思考如何设计教学过程，反复试教，修改每一个环节、每一句话。最终，她被评为优秀执教者，这对刚站上讲台的她来说是一次莫大的鼓励。但她也意识到了自己的不足：没能很好地把握课堂生成的资源，尚不能有效地调控课堂。

二、名师指导，初步塑型

1993年8月，张美兰老师被调往河源市第一小学任教。为了让自己在短时间内站稳讲台，她一刻也不敢懈怠。幸运的是，她遇到了不断给她信心、耐心指导她上课的启蒙老师——广东省特级教师陈珍元主任。

起初，她“模仿”陈珍元老师的上课方式。每天先听陈老师的课，然后吸收内化，第二天再给学生上课。当年，她第一次挑战校级公开课，试教前，陈珍元老师手把手、不厌其烦地教她如何设计教学过程。她认真揣摩，小心尝试，甚至该用什么手势、哪种表情都一一演练给陈老师看。公开课最终得到了同事们的充分认可，她本人也对课堂的预设有了较完整的概念，但从中她也觉察出自己在处理教学细节时尚缺乏艺术，未能很好地处理好课堂预设与生成的资源。

在“肯定”与“信任”中，连续3年，河源市第一小学给她提供了很多的发展平台，如为来自河源市五县一区学校的老师开课，受到领导、观课老师的高度评价。四年的磨课经历，让张美兰老师在模仿中脱颖而出，实现从“站稳”讲台到“站好”讲台的转变。

1998年7月，张美兰老师调入河源市第三小学任教，开始了新的探索……

三、钻研探索，逐渐成熟

《义务教育数学课程标准（2011年版）》对数学课程提出了新的要求，为达到要求，则需要教师探讨出更多的教学策略去组织课堂。为此，张美兰老师认真阅读《数学教师的三项基本功》《吴正宪课堂教学策略》《听吴正宪老师评课》《我这样教数学——华应龙课堂实录》《黄爱华与智慧课堂》等名师专著，观摩名师的课例。在学习名师的教学策略的过程中，她从不同的视角审视自身的课堂教学现象和行为，不断地学习、比较，找出理念上的差距以及解析手段、方法上的差异等。慢慢地，张美兰老师形成了自己的思考模式：

首先，每接到授课任务，她都先认真阅读课标，领会课标精神；读懂教材，理解编者的意图；研究学生的学情，确定课堂教学目标。

其次，每节课前她都会认真思考“知识点的前后连接点”“创设怎样的教学情境”“设计哪些问题才具有挑战性”“如何设计课堂练习”等问题，做到心中有数，进而“教学有术”地落实在课堂中，帮助学生在自主探索和合作交流的过程中掌握基本的数学知识与技能、数学思想与方法，使之获得广泛的数学活动经验。

经典课例《三角形内角和》这一课，张美兰老师先后于2010年、2015年、2018年三次进行同课异构，教学模式从“谈话设疑—特例验证—动手操作—巩固应用”到“预习导学，引发课前探究—展开讨论，激发思考欲望—汇报分享，引发深度对话—解决问题，内化巩固新知—变式训练，深刻理解本质—反思回顾，课后拓展延伸”，让学生在操作实践中探究问题，在合作交流中解决问题，在深度对话中归纳规律，在反思练习中深化问题，真正落实“学生在前，教师在后”的教学理念。就这样，她在不断的反思、探索、实践中完善了自己的教学思路与表达方式，逐渐形成了“趣、实、活、严”的教学风格，深受学生的爱戴、家长的欢迎和学校的赞誉，并于2001年9月被河源市教育局授予市直教育系统优秀教师的称号，2009年9月被评为广东省南粤优秀教师，2012年9月被选为广东省中小学新一轮“百千万人才培养工程”名教师培养对象，同年10月开始培训，2015年10月结业。

四、潜心科研，超越自我

多年的工作经历，令张美兰老师深信：教而不研则浅，研而不教则空。

（一）参与课题研究，边学习边摸索

自2003年开始，张美兰老师便积极投身于教研工作，先后参与了6项国家级、省级、市级教学科研课题研究。其中，她作为数学科的主要成员参与“小学生‘自主—合作探究学习指导’有效教学模式研究”课题的研究，带领数学科团队认真钻研、大胆实验、探讨出数学授课的新模式。2008年6月，此课题结题时，她作为主要成员上了一节展示课，获得了河源市教育局

领导的高度评价。但她并不满足，仍虚心地向前来观课的领导、同行请教，并在反思和完善教学设计后继续磨课，往深挖掘，往宽拓展，形成了新的教学问题：如何让自主学习、合作探究真正落到实处，促进数学有效课堂形成？

（二）主持课题研究，边实践边总结

问题就是课题。张美兰老师于2010年6月申请主持市级课题“运用自主—合作探究教学模式，促进数学有效课堂形成的研究”。研究与实践期间，她带领团队对每个模式环节进行探讨、实践，总结出有效指导学生进行合作学习的策略。经过一年多的反复实验，“小组合作学习的模式”这个“骨架”逐渐有了“血肉”，但张美兰老师发现，班里的优等生与“后进生”两极分化严重，时有合作热情不高的情况。通过认真观察、反思，她发现原因在于小组合作学习的问题投放不合理，有时过于简单，有时又过于复杂。那应该设计一个怎样的“大问题”才具有引导性与探究性？如何才能真正地落实“以学定教”？

在她苦寻名家指点时，机会来了！2012年9月，她通过竞选被定为广东省中小学新一轮“百千万人才培养工程”名教师培养对象。研修期间，张美兰老师聆听了10多场国内外教授的学术报告，参与了多次名校与名师跟岗学习，经历了学习与积累、实践与反思、研究与超越的过程。之后，她再次申报由广东省教育科学规划领导小组办公室批准立项的课题“山区小学数学教学中小组合作的学习方式深度研究”，并于2013年底开始实施研究。在对以前问题繁、杂、小、碎的现象进行审视后，张美兰老师发现课堂还没有从根本上改变“满堂灌”“满堂问”的现象，没有很好地为学生提供充足的思考时间。发现问题症结所在后，张美兰老师率课题组成员积极参加各类培训，观摩名师的课堂实录，研读名师的专著，查阅同行有关这一问题的研究成果。结合实际，她的团队把研究内容确定为合作学习的问题设计与投放、合作学习的基本流程及如何监控、合作学习策略、小组合作学习的评价。经过一年多的实践研究，张美兰老师对以上研究内容已形成了一定的策略，但在创设什么样的情景让学生发现问题、如何精准提炼与投放小组合作学习的“大问题”、如何促使每一个学生完成“冲刺与挑战的学习”与如何进行生生间、师生间的深度对话等问题上仍存在很大的困惑，亟须突破。

（三）名师引领，拨开云雾

正当张美兰老师感到迷惘之际，2014年，她外出学习观摩了全国特级教师黄爱华老师执教的《24时计时法》课例。随后，她购买并阅读了黄爱华老师的专著——《“大问题”教学的形与神》。她惊喜地发现，黄老师团队研究的“大问题教学”成果可以为课题研究的困惑拨开云雾。于是，她带领数学科团队参与黄爱华和张文质两位老师主持的“生命化教育大问题教学”课题研究。

1. 勤研修

张美兰老师带领团队反复观看黄爱华老师的8节课例，带领团队积极参加黄老师的课题研究工作坊研修，认真实践、反思，并于2015年10月16日邀请黄爱华老师到校指导，观摩了黄老师执教的《数的加减法》，聆听了他对本校老师执教的《密铺》课例的评析，见识了“以学定教”教学理念下的“大问题教学”课堂；理解到“大问题”是课堂的“课眼”，文本的“文眼”是课堂教学的主线；领悟到设计“大问题”应充分考虑学生的差异性，针对部分学生探究过程中的盲点、疑点、重点、难点，一步一步设计层次性问题，给探究过程中遇到困难的学生搭好脚手架，让不同层次的学生得到不同的发展，让每一个学生都能品尝到成功的喜悦。2017年6月15日，张美兰老师再次邀请黄老师到校指导，针对利用“圈（圈出关键词）、拎（拎出要点）、画（画出教学流程图与板书设计图）”进行研读文本主题研修。随后，张美兰老师带领课题组成员先后4次参加黄爱华老师工作坊的研修。其中，她与杨秋芬老师于2017年7月参加黄爱华老师与张文质老师组织的课题指导教师的研修培训，最终获得两位老师的认可，被授予“生命化教育大问题教学”课题指导教师的称号。

2. 勤实践

有了名师的引领，有了努力的方向，张美兰老师信心更足、干劲更大。她率先垂范执教《乘法分配律》研讨课，针对5个不同课堂的生成资源，她能智慧地采用不同的引导策略帮助学生理解乘法分配律的结构及其内涵，课后分享自己是利用“圈、拎、画”来研读《教师教学参考书》与课本的。同时，她还利用思维导图软件画出教学流程图与板书设计图，让课题组成员体会名师的做法，让他们明白作为一线教师一样可以尝试、践行这种教学方式，从而大大激发了团队的教研热情。此外，她也带领团队积极实践。一是分内容定主备课人。以科组为单位，每一单元的教学重难点内容选出主备课人，由主备课人先进行文本研读、科组汇报、科内讨论与调整，各科任教师再结合班级学生的实际与自身的教学风格进行自主备课、上课，课后进行反思，最后整合出最优的教学方案上传到学校网站的“教学翡翠”栏目供大家浏览和参考。二是同科组每学期针对一个教学板块进行研讨。目前已围绕“几何教学”“计算教学”进行了同课异构的教研活动。在活动中，张美兰老师先后上了《认识三角形与四边形》与《分数乘分数》6个课时的研讨课。

各科组通过研读文本、预设教学方案、试课、议课、磨课，探索出适合这两类教学内容的教学模式与教学策略。

3. 勤探索

"大问题"关注问题的"质"，设计时要有一定的开放性或自由度，能够给学生独立思考与主动探究留下"大空间"。这个"大空间"不只是指学生获得了研究问题的时间与空间，还包括他能拥有讲台，获得自主表达、对话的机会。为此，张美兰老师于2017年9月又领着数学科组老师加入黄爱华老师"生命化教育大问题教学"的子课题——"'课堂小老师'培养策略的研究"。在"学生在前，教师在后"的教育理念引领下，让学生与学生之间进行交流，让学生与老师之间进行深度对话，从而完成教学任务，促使每个学生都有不同程度的发展，让学生养成主动研究、自然交流、自信表达的习惯，并成为一名乐于分享的"小老师"。张美兰老师每学期确定一个小主题、小目标来进行研究，分别进行了"课堂如何培养小老师""如何培养学生更自信更系统地表达自己的观点"等研究。目前已全面铺开尝试研究并小有成效："小老师"在课上能够自信、大胆地分享自己或小组的观点了，而其他学生也能够大胆地进行质疑与补充。并在中高年级开展"小老师"讲课比赛，培养了一大批"小老师"，初步实现了"以生教生"的课堂目标。数学科组老师已形成了"以关注生命、问题为导向，自主学习，合作探究，小老师分享，生生间与师生之间的深度对话，拓展延伸"的教学模式与培养目标，探索出"建构有效的合作学习的过程策略"：多元自主学习（阅读文本、生活调查、媒体查询、亲子合作自学法）—自主发现探究问题—共商设置合作问题—多形式合作探究（自由畅谈、层次交流、接力交流）—"小老师"汇报研探问题（小老师话语系统）—解决与延伸问题—三维度小组与个人评价。以上策略充分体现了课堂教学作为培养学生核心素养的重要渠道的作用，为学生的终身发展打下了坚实的基础。课题组探讨出来的《对山区小学数学小组合作学习方式深度研究的课题成果报告》被《小学教学参考》录用，计划在近期发表。

五、一路一带，携手前行

作为数学科教研团队舵手，张美兰老师从不停歇，一路前行：2014年春率河源市第三小学数学科组全体教师一同研究北师大版四年级下册教材；参与教育部组织的"一师一优课"中"同步名师课堂"活动；带头研读课程标准、教学大纲、教材、教师用书等；了解微课的特点与制作方法；思考如何整体把握教材、深入解读文本，如何读懂教材上的每一幅图片、每一句话、每一个符号，如何设计教学的每个环节等。通过自主备课、集体研课、多次磨课等实践后，录制了39节微课和课堂实录。39节微课获得省级“优课”。张美兰老师的倾情付出也得到了教育部门的认可：2016年3月，她被评为广东省特级教师；2017年12月，她被推荐参加中央电化教育馆组织的2016—2017年度“一师一优课、一课一名师”活动“特级教师上优课”培育活动，成为42期“特级教师上优课”中27位教师之一。在张美兰老师的用心栽培与引领下，学校数学科组教师的课堂教学与教研水平得到了很大的提升，成就了一大批骨干教师与名师。近3年来，学校六年级学生在市直小学知识水平测试中均获得了好成绩。

2016年2月，张美兰老师借调到市教育局督导科作为新一轮的市直小学（幼儿园）责任区专职督学，率队负责市直四所小学、一所幼儿园日常督学与专项主题督导。她充分利用自身的专业特长结合各项工作的实际特点，提出许多教书育人的意见与建议，特别提出如何引导学生有效践行社会主义核心价值观，并无私地分享河源市第三小学“实践育人、文化育人与课程育人”的教育模式；分享数学课上如何实现“以学定教”，如何有效地实行小组合作学习与如何培养学生发现、提出、探讨、分析与解决问题的能力等科研成果，受到各校领导、老师的高度评价，认为她的督导工作真正做到了准确“把脉”，精准“开方”，有助于各校完善各项工作。基于其工作成效，2017年，张美兰老师被河源市人民政府督导室聘为“河源市督学”，并被推荐为广东省督学。

此外，张美兰老师还积极参与了广东省教育厅组织的“百千万人才培养工程”名教师走进乡村教育活动。2016年3月，她在湛江雷州市和徐闻县执教《分数乘分数》；2017年4月，她在清远连州市执教《密铺》一课，进行示范带学；她先后在河源市连平县忠信中心小学、大湖中心小学与紫金柏埔中心小学开展题为“设计生命化大问题教学结构的三部曲”的讲座；她也在河源市中小学骨干教师（县区种子教师）培训工作中承担讲座与授课任务。

一路前行一路歌，28年来，面对新的机遇和挑战，张美兰老师始终充满自信；面对所获得的荣誉，她将更加努力；面对学生求知若渴的目光，她将上下而求索。

在教学与科研中享受教师的幸福

——记广东省名教师刘崎

引言：在谈及高等教育中教学与科研的关系这一问题时，我国著名物理学家钱伟长院士提出："大学必须拆除教学与科研之间的高墙，教学没有科研做底蕴就是一种没有观点的教育，没有灵魂的教育。"对于今天的基础教育而言，亦是如此。只有具备较高的科研水平，教师对教学内容的思考才能更为深刻、透彻，对知识的把握才能更为准确，教学才更易做到"深入浅出"，更有助于学生的学习与理解。18年间，刘崎老师不忘教育初心，用心耕耘教育；突破成长瓶颈，提升专业水平；以科研为先导，提炼教学思想；依托工作室平台，打造生态共同体。他用心耕耘教学，潜心参与科研，在教学与科研的过程中享受着教师的幸福。

刘崎，中学物理高级教师，现任教于梅州市曾宪梓中学。广东省中小学新一轮"百千万人才培养工程"名教师培养对象，新一轮广东省中小学名教师工作室主持人，梅州市优秀教育工作者，梅州市五一劳动奖章获得者。近5年来，先后在《中学物理教学参考》《中学物理》等专业期刊发表论文10余篇。主持、参与省级研究课题3项；3项科研成果荣获省、市级奖项，其中"生活体验活动及其在中学物理教学中的应用"荣获2018年广东省中小学教育创新成果二等奖。

一、不忘教育初心，用心耕耘教育

2002年6月，怀着对党的教育事业的崇尚、承载着青春的梦想和人生的期盼，刘崎老师从华南师范大学毕业后毅然回到了梅州山区的一所学校——梅州市曾宪梓中学，从此走上了三尺讲台。

"起始于辛劳，收结于平淡"，这是教育工作者的人生写照。毕业出来工作的前10年，他一直站在教育教学的最前沿，担任班主任、年级组长，其民主、勤勉、务实的教学风格深受学生欢迎、同事信赖。在学校多年的培养下，他逐渐成长起来，教育教学成绩突出，尤其是高考成绩，其中，2005年所教第一届学生钟汶林以物理单科标准分876分，夺取梅州市物理单科状元；2008年所教第二届学生陈爱民以物理单科满分150分，勇夺广东省物理单科状元，且以总分657分位列梅州市理科总分第二名。

从教不到10年便培养出两个物理单科状元，这在梅州教育界是前所未有的。但刘老师一直有着不一样的想法：能为学校、社会培养出高考状元固然是他莫大的荣幸，但是能帮助和转化一个后进学生，使其如愿迈入大学之门则是他最大的幸福。也许就一个学生而言，他能否考上大学，对一名老师的影响可能不到百分之一，但这对于学生及学生的家庭来说影响却是百分之百。正是这个"百分之百"的信念，使刘老师深深地意识到：培养高考状元不是唯一的目标，应该把更多的时间和精力放在那些更需要关心和帮助的学生身上，让他们都能考上理想的大学。

从2008年开始，刘老师负责年级组工作，他以校为家，以良好的思想素养、严谨的工作作风和高度的责任心积极工作，用爱心、诚心、耐心去关爱每一个学生，尊重学生的差异，决不让任何一个学生掉队。他立足于学生的实际带领年级全体教师有效地开展班级和教学管理工作，注重培养学生的信心、耐心、细心和恒心。因此，在2011年高考中，学校取得了令人瞩目的成绩：2011届高三毕业生620人，达重点线以上158人，达本科线以上530人，占总人数的85.4%，本科上线率位居全市第一，实现高考大面积丰收。

正由于刘老师担任班主任、年级组长时工作认真，成绩突出，他于2008年被梅州市教育局评为梅州市优秀班主任，2009年被共青团梅州市委员会评为梅州市优秀团员，2011年被梅州市总工会授予梅州市五一劳动奖章。

"我为成为一名教师而感到幸福，因为教师的服务对象是这个世界上最纯真无邪的人。只有享受教师职业的幸福，才不会为每天的备课、上课、改作业而苦恼。"这正是一名幸福教师最真实的写照。

二、突破成长瓶颈，提升专业水平

在教育战线上，刘老师用很短的时间就培养了两个高考状元，可谓名声在外。然而，他越发感到：在高考成绩的光环下，自己从当年刚踏入讲台时的激情万丈逐渐过渡为安于现状，甚至一度产生"厌教"情绪，投入到教学研究上的时间和精力越来越少。

机会始终会留给有想法的人。2010年9月，在时任校长李广平同志的主持下，梅州市曾宪梓中学启动"第一届校级名师工程"。刘老师与学校众多青年教师一同加入了“第一届校级名师工程”的培养行列。“校级名师工程”基于教师诉求和学校需求，设计合理、组织有序、考核规范。参训的每一位教师在两年培训周期内都认真学习新的教育教学理论，从而提高了个人的专业水平。

在“校级名师工程”引领下，刘老师除了用心完成教学工作，还主动探索新的课堂教学模式，积极撰写教学反思和教学论文，并尝试开展教学研究和课题研究。其间，他的论文《探究式问题情境的创设在物理教学中的应用》发表于市级刊物《梅州教育》；课堂教学设计《液体的表面张力》荣获2010年广东省教学设计评比二等奖；主持的校级课题“从终结性评价看高三物理教学策略”荣获2010年梅州市第五届普通教育教学成果奖二等奖，并参与广东省教育科研“十二五”规划2013年度课题“欠发达地区高中教师校本研修有效模式实践研究”的相关工作。

三、走进省百工程，转变教育观念

对刘老师来说，2015年注定是不平凡的一年……

2015年年初，刘老师通过校内层层竞选，代表学校报送市教育局参加广东省中小学新一轮“百千万人才培养工程”（以下简称“省百工程”）名教师项目的遴选。经过省评审专家对申报材料的评审以及专家评审小组现场的综合素养面试双重考核，刘老师顺利入选“省百工程”第二批名教师培养对象，成为梅州市地区中学组中唯一入选的教师。这在当地引起了很大的轰动。

2015年7月13日，“省百工程”在华南师范大学正式启动。刘老师说，能够进入广东省最高端的研修平台，对他而言，不仅多了一份荣耀，更多了一份责任。“省百工程”集中了广东省最优质的教育资源，入选的教师，无论是从师德修养、专业能力还是从教育教学业绩和社会影响来看，都是非常优秀的。在这个研修平台上，刘老师学习优秀者的智慧，汲取优秀者的经验，这让他在通往优秀的道路上，目标更加明确、步伐更加稳健。

在三年的“省百工程”培训中，发达地区的教育观念时刻冲击着刘老师的思维，这促使他重新审视自己、调整自己、完善自己，在教学道路上不断进步，逐步凝练自己的教学思想；在实践中进行教学研究、课题研究，不断提升教育科研水平；在创新中构建良好的教育教学策略，在发展中形成独特的教育教学风格。

更令刘老师感到欣喜的是，“省百工程”培训期间他获得了两次外出进行教育专题考察的机会。他分别于2016年12月、2017年11月，赴中国台湾和美国进行教育考察和交流，有机会近距离接触当地的社会人文环境，了解当地基础教育的概况，这对进一步完善他的世界观、人生观、价值观、教育观有着深远的影响。

作为一名省名师培养对象，不仅要有崇高的教育情怀，还要充分发挥示范引领作用。2017年、2018年，刘老师连续两年参与广东省教育厅组织的送教下乡活动，深入广东教育欠发达地区，开展巡回讲学，传播教育智慧，助推其他学校教师专业成长。

三年来，在“省百工程”的引领下，在物理工作室专家的悉心指导下，刘老师先后在《中学物理教学参考》《中学物理》《物理教学探讨》等专业期刊发表论文10余篇，其中全国核心期刊1篇；主持开展广东省教育科学“十三五”规划2016年度重点课题“基于生活体验的高中物理有效教学实践研究”的系列研究工作；整理教学成果《生活体验活动及其在中学物理教学中的应用》（8万余字）1册，研究成果《生活体验活动及其在中学物理教学中的应用》荣获第29届广东省中小学教育创新成果二等奖。

四、以科研为先导，提炼教学思想

刘老师认为，在中小学阶段做科研并不是高远的活动，就是找到一个合适的研究主题，引领自己的教学研究，让日常教学更有计划性、更系统、更深刻、更科学，从而不断提升自身的教育科研水平，从“经验型教师”向“研究型教师”转变。

在教学实践中，刘老师发现：学生体验到的东西最具真实感，能给他们留下深刻的印象。因此，引导学生将生活和体验结合起来，通过体验来激发他们的求知欲、提高他们的动手能力和协作能力，使他们在体验的过程中自由、快乐地学习和探索，是刘老师在教学中一直思索的问题。

2016年6月，刘老师主持申报的广东省教育科学“十三五”规划重点课题“基于生活体验的高中物理有效教学实践研究”被批准立项。在两年的课题研究中，他致力于挖掘生活资源，制作一系列既简单又具有趣味性和创新性的实验活动，引导学生自主探究、亲身体验，让学生在探究中求悟、在体验中求真，探寻物理本质，增强问题意识，发展实践能力和创新能力，形成正确的科学态度和价值观，从而满足学生终身发展的需求。“生活物理，体验穷理”就是刘老师长期扎根于教学实践形成的教学思想。

基于“生活物理，体验穷理”的教学思想，自2017年以来，刘老师带领学校物理组以“科技与创新”为主题，策划了“创意物理小发明”“水火箭”“自制简易马达”等多个物理课外体验活动项目。每年物理科技创新活动均吸引高一、高二几百名学生热情参与，至今已有1000多名的学生参与活动。这为梅州市曾宪梓中学的学生提供了一个实践创新、自主发展的平台，同时也对梅州地区的多所学校产生了较大的示范引领作用；另外，这还有利于解决教科书内容的“单一性”与培养目标的“多样性”的矛盾，使梅州市曾宪梓中学成为梅州区域教育创新的一面旗帜。

在多年的课题研究及实践中，刘老师发现：在高中物理开展生活体验活动案例开发及教学实践，符合新课程改革的要求，体现了学生的主体地位，让学生更加喜欢物理课堂。这也促进了学生的自主尝试、自主预习、自主领悟、自主质疑、自主合作、自主评价，提升了学生的思维能力、分析能力，让学生的情感、态度、价值观等方面得到了发展，从而实现了高中物理教学的有效性。

可以相信：随着中学物理教学研究的不断深入和发展，基于生活体验活动的物理教学将越来越为人们所认识，它也将在教学中不断被完善，从而给中学物理教学带来更大的效益。

五、依托工作室平台，打造生态共同体

“一枝独秀不是春，百花齐放春满园。”2018年4月，新一轮（2018—2020年）广东省中小学名教师、名校（园）长工作室在华南师范大学正式启动，刘老师成为全省各个地市的439个工作室主持人之一。这既是刘老师作为广东省中小学新一轮“百千万人才培养工程”名教师培养对象的教育教学成果的展现，又是其以名师之力辐射带动有为教师专业成长的开端。刘老师以梅州山区教师专业能力建设为核心，面向全市以中青年骨干教师培养培训为重点，通过“专家引领、同伴互助、自我反思”三维对话，努力打造一个生态化动车型的研修共同体。

2018年11月19日上午，在梅州市曾宪梓中学宪概楼二楼举行了广东省中小学刘崎名教师工作室揭牌仪式，工作室专家团队及来自全市各个县区中学的8位省骨干学员参加了揭牌仪式。李炜豪校长在致辞中说：“广东省刘崎名教师工作室的成立是宪中人的骄傲，更是推动宪中教师团队建设的机遇。”揭牌仪式之后，工作室随即开展为期一周的第一次集中研修活动。

对于第一次跟岗学习，8位省级骨干学员都表示受益匪浅，一致认为这样的培训能有效推动自己的专业发展。他们中有人总结道：“7天时间对于漫长的教师职业生涯来说，是十分短暂的，但是如果能将此次所得带回自己的工作岗位，并不断地学习，持之以恒地实施，意义又是十分深远的。”“这些天的学习是辛苦劳累的，但是也让我们获得了快乐。今后，我将以此为起

点，继续学习，不断探究，不断提高自己的科学素养和教育教学水平，让自己成为一名反思型、创新型的老师，让自己成为一名学生热爱的老师，让自己的教学水平更上一个台阶”……

为了充分发挥名教师工作室的示范引领作用，搭建城乡教师交流的桥梁，促进城乡教师的联系与沟通，实现优质教育资源的共享，2018年12月28—29日，刘老师带领工作室一行12人来到了梅州市丰顺县华侨中学开展送教下乡活动。活动期间，工作室开展了“同课异构”交流研讨活动以及高三备考专题讲座。“同课异构”活动带来的是思维碰撞和研究的乐趣，而专家的备考讲座则如一盏明灯给丰顺华侨中学的教师指明了努力的方向。

送教活动在丰顺华侨中学的师生热情反馈中圆满结束。送教下乡活动的开展，很好地实现了优质资源共享，促进了工作室成员教学教研能力的提高。

对于接下来的两年，刘老师表示：“我们将挥洒汗水，用辛勤的双手去浇灌这方乐土，使名教师工作室成为教学研讨的集散地、教师成长的助推器以及名师培养的孵化器。”

十八载春华秋实，看今朝化茧成蝶！著名作家路遥说：“只有初恋般的热情和宗教般的意志，人才能成就某种事业！”而刘崎老师坚信：教师只有自觉、积极、主动地有所为，用心耕耘教学，潜心参与科研，才能成为一位深受学生欢迎的好老师，才能在职业生涯中体验和享受作为教师的幸福。

重视专业成长 争做“五能型教师”

——记广东省名班主任高飞

引言：所谓的教师专业发展，必须遵循学科教学教育的发展方向和学科理论构建体系。而提高我国教育水平的根本就是促进教师专业能力的发展，使之具备先进的教育教学理念、深厚广博的文化素养、扎实的教学专业能力。高飞老师结合自身的成长经历阐述了他对如何实现教师专业成长的基本看法，并认为“五能型教师”应成为评价“好老师”的标准。

高飞，小学语文副高级教师，中央教科所先进科研个人，广东省中小学名班主任工作室主持人，广东省新一轮“百千万人才培养工程”小学语文名教师培养对象，佛山市“名师工程”首批语文名教师，佛山市优秀教师，佛山市名班主任，佛山市顺德区骨干教师，佛山市顺德区专家工作室入室专家。广东省首届小学语文课堂教学观摩特等奖，首届粤港地区“中国好课堂”课堂教学观摩特等奖。曾受邀赴香港、广州、成都等多个城市进行学术交流。现任职于广东省佛山市顺德区大良实验小学。

一、能力上的定位——“五能型教师”

高飞老师认为，成为一名“好教师”要具备“五能”：一能带，二能抓，三能上，四能写，五能讲。具体来说：

一能带，即能带好班。良好的班集体是一切教学活动得以顺利实施的前提和保障。不管领导给他（她）什么样的班级，都能根据班级具体情况，制定相应的班级发展规划，建立一个积极向上的班集体。

二能抓，即能抓好学科质量。教学质量是一所学校的生命线，也是一位教师在一所学校的立业之本。

三能上，即能上好课，特别是能上好公开课。上好课是教学质量的保证，公开课是从教师到名师的成长路径，更是教师业务能力提升的主阵地，也是一所学校对外展示师资力量及团队科研能力的窗口。

四能写，即能写著述。教师能根据自己的教学实践，进行梳理总结，形成自己的教学案例、教学反思或科研论文。当然，要想具备这一能力，其前提是要博览群书。这也是科研型教师的必备能力。

五能讲，即分享与传播。自己的教学案例、反思或科研论文，也要在适当的时候以讲座的形式分享、传播出去，否则你的教学思想一直藏在自己电脑的文件夹中，缺少交流、分享与思维碰撞，那就失去了其应有的价值与意义。

具备这五方面能力的老师，高飞老师称之为“五能型教师”。

二、精神上的执着——坚持教育信念，追求专业发展

有时候，个人成长的外部环境会很糟糕。教师身处这样的环境之中，想要有自己的理想追求，成为一个“好老师”，往往要付出很多。此时，就需要教师有执着的精神。

高飞老师的第一个工作单位是苏北的一所乡镇小学，就是在这样一所偏远的学校，高飞老师一步一步走了出来。说起这一路的经历，高飞老师最大的感受是：一定要做好自己的专业。他说：“我是从比赛中走出来的老师，一次次比赛改变了我的人生轨迹。”从苏北偏僻的小学，因为参加一次县教师基本功大赛获得特等奖而被借调到县城重点小学，获得省基本功大赛一等奖后调到经济发达的苏南名城无锡工作。也因向往南国，又搭上了广东顺德人才引进的末班车，调入目前的单位——顺德名校顺德区大良实验小学。在此期间，高飞老师曾先后荣获了广东省首届小学语文课堂教学观摩特等奖，“中国好课堂”粤港赛区小学语文阅读教学观摩特等奖。参加了广东省中小学名班主任工作室主持人和广东省新一轮“百千万人才培养工程”名教师遴选并顺利通过，高飞老师在小学语文教学和名班主任工作室建设与骨干班主任培养这两个领域也一直不懈努力，从未停止前进的脚步。

高飞老师说：“根据我的经历，我想对个人成长的外部环境比较糟糕而且苦苦挣扎的老师们说两个关键词——信念与执着。坚守自己的教育信念，

执着追求自己的专业发展。你若盛开，蝴蝶自来!”

三、成长的途径——课堂、阅读写作、构建自己的课程体系

教师成长的途径有很多，高飞老师认为主要的途径有三条：一是，在课堂中成长；二是，阅读与写作；三是，构建自己的课程体系。

高飞老师说：“大多数名师都是在课堂教学中摸爬滚打出来的。若我们能把每一节常态课都当作公开课去对待，一丝不苟，精益求精，我们的课堂一定引起‘质变’的‘跃迁’。所以，我觉得第一条途径是在课堂。第二条途径是阅读和写作，一个人的阅读史就是他的精神发展史。教师要专业成长就必须要走‘广读—精读—深读’之路；写作是传播教育教学思想的有效途径。写作是记录自己的生活，描绘自己的生命。写作是表达，是思考，是反省，是提炼，是成长。这是一个‘输入—实践、反思、内化—输出’的学习与成长过程。‘言之无文，行之不远。’第三条途径，我觉得教师应该构建自己的课程体系，我这里说的是狭义的课程，每一位教师都可以根据学生核心素养的发展编写自己的学科课程。这样的学科课程更具有教师独特的文化色彩。当然，并不是所有教师都能上公开课、比赛课，这是不争的事实；也并不是所有老师都擅长写作，能妙笔生花，文采飞扬。所以构建自己的学科课程体系，就为教师成长的第三条出路。但需要老师们大量阅读，紧扣学科核心素养，针对学生的兴趣与发展的需要去统整、开发、重组教材。我是喜欢运动的人，在学生时代一直是中长跑的运动员，我觉得‘课程’就像‘跑道’，是学生提升素养的跑道，也是教师自己专业成长的跑道。”

另外，高飞老师还向老师们推荐了一些有助教师成长的书籍，可分为四个系列。

一是教育教学系列：如苏霍姆林斯基、叶圣陶、肖川、王荣升、李镇西、孙绍振、于永正、王崧舟、管建刚等中外名家大师的专著。

二是文学系列：推荐“二曹”——曹雪芹和曹文轩。曹雪芹的《红楼梦》是经典中的经典，是中国古典小说的巅峰之作，其营养足够一生汲取（顺便还可以读一读周汝昌先生解读《红楼梦》的系列书籍）。曹文轩的书，对人性与儿童的关注，对美学价值的追求，必定能影响教师的教育生活。

三是哲学系列：马斯洛的《马斯洛人本哲学》，冯友兰的《中国哲学史大纲》，胡适的《中国哲学史》。

四是史学系列：岳南的《南渡北归》，以及林汉达先生系列历史文章。

四、教师成长总结

教师要想成长，要想达到自己心中“好老师”的标准，首先要给自己制定一个三年或五年发展规划，科学定位，放眼未来，做一个既能脚踏实地，又善于仰望星空的“好教师”。接下来就是对着自己的发展规划，不断学习的过程，当然自己的发展规划也可以在学习的过程中不断完善的。要不断阅读，不断反思，不断总结，不断写作。周而复返，提升自己专业能力，守护自己的专业尊严；多向同伴请教，多向名师学习，不埋怨，不牢骚，不懈怠，不满足。最后必须任劳任怨，勤奋耕耘，因为机遇总是赐予时刻准备着的人。

扎根山区　努力实现教育梦

——记广东省优秀乡村教师陈燕平

引言：山区教师，就像一丛丛清雅的幽兰，在寂静的土地上郁郁葱葱地把热情的芬芳开满大山的每一个角落。22年来，陈燕平老师矢志不渝，坚定扎根山区教育。为了更好地实施教育，她坚持下乡家访，与学生和家长建立起了深厚的感情。在班主任工作中，她十几年如一日，且管理有方，善于通过感恩教育、激励教育等方式引导学生勤奋学习、感恩师长。一路走来，一路艰辛，一路欢歌，陈老师用无私的爱编织着她的梦想，用辛勤的汗水浇灌着她的“花草”，不断创造自己的人生价值。

陈燕平，中共党员，茂名化州市那务镇那务中学教务副主任，中学英语高级教师。扎根山区教育22年，多年担任班主任，业绩显著，先后荣获广东省乡村优秀教师、广东省中小学名班主任培养对象、广东省骨干教师培养项目首批培养对象、茂名市中小学名班主任、茂名市基础教育系统优秀班主任、茂名市中小学教坛新秀、化州市名教师培养对象等称号10多项。执教的课例有7个获得化州市一等奖；撰写的教育教学论文获奖或发表共31篇，其中获国家级奖励3篇，发表在《广东教育》《中小学教育》《教育与管理》等省级杂志4篇；主持省级课题2个，参与省级课题1个、市级课题3个；指导教师成长为市级骨干班主任24人次。

一、矢志不渝，扎根山区教育

陈燕平老师1998年毕业于江西省吉安师范学院，同年7月被分配到广东省化州市播扬镇（距离市区70多公里）第二中学任教初中英语。因教学业绩突出，她于2001年9月被调入那务中学（距离市区60多公里）并任教至今。凭借着对教育事业的执着追求，对山区人民的热爱，22年来，她矢志不渝，把满腔热情倾注在山区教育这块贫瘠的热土上。

从踏上工作岗位那一刻起，陈老师对教育事业的忠诚和信念就从没有动摇过。22年来，陈老师立足山区教育事业从未离开过。她把最美好的青春和岁月都献给了化州北部山区教育。10多年来，作为一名普通教师的她坚持担任班主任。在陈老师看来，担任班主任工作，不是任务，也不是评职称的需要，而是一份关乎责任和爱的事业。她深深地知道，关爱农村留守学生、维护他们的合法权益，不但是政府和学校的重要职责，也是家庭和全社会的共同责任，在此中，班主任可以做得更多。

于是乎，下乡家访便成了陈老师工作的常态。这些年来，她下乡家访跑遍了那务镇80%以上的村庄，与学生和家长建立起了深厚的感情。每当课余、节假日，总见到陈老师骑着摩托车，或单身一人，或领着班干部，走在化北山区的乡村小路上。一竿斜阳中，广东省优秀乡村教师的身影闪烁着耀眼的光芒……

二、呕心沥血，关爱留守儿童

那务镇是化州市一个经济较为落后的山区镇。当地人的生活水平较低，学生求学的欲望不强，家长也不配合学校工作，学生辍学、失学的现象比较严重。陈老师来那务中学的第一年，学校安排她任教初二3个班的英语，超工作量的安排并没有让陈老师退缩，她还毛遂自荐兼任105班的班主任。立志献身教育事业的陈老师，已经把繁重的教育教学工作当成人生的最大乐趣。

陈老师接手这个班还不到一个月，便有7个学生陆续退学了。是管理还是教学的原因？经过了解都不是。陈老师看在眼里，急在心上，决定上门家访，挨家挨户排查情况和做学生与家长的思想工作。

小虹是一个性格内向的学生，她家地处那务镇最偏远的小山村，交通十分不便，沿途都是山川和田野，罕见人迹。当陈老师战战兢兢，冒着雷雨天气赶到小虹家时，迎接她的是一条凶猛的大黄狗。陈老师边躲边喊，惊魂未定，一个女人操着一把菜刀从屋里冲出来堵在大门口，向她龇牙咧嘴，吓得她撒腿就跑。幸好，一个男人喝住了女人和大黄狗，并追了出来，大声说："你是小虹的班主任吧？别担心，我是小虹的爸爸。"从她父亲那里了解到：小虹是他们抱养的，小虹妈妈有精神病，长期服药，家庭生活十分困难。更令陈老师吃惊的是，小虹已被同村的人带到广州当保姆。几经周折，陈老师终于联系上她。听到陈老师熟悉的声音，小虹哭着说："老师，我想读书，我想你，想我的同学，想回家！"陈老师落泪了，再苦也不能苦孩子，一定要让她重返校园。

回校后，陈老师在班上建立了“帮扶小组，爱心加油站”。在她的带领下，班里乱花钱的学生少了，都说要把自己的零花钱拿出来，捐给小虹同学，解决她的生活费问题。班委会还组织学生收集易拉罐、矿泉水瓶、废纸等，卖掉后放入“爱心基金”用来资助小虹。经过多方努力，小虹得以重返校园，回到同学的身边。小虹同学也不负众望，热爱集体、热心助人、刻苦拼搏，在该班的管理中树起了一面旗帜，并且在当年中考取得优异成绩，考上市重点中学。

艰难的家访，陈老师不记得经历了多少次。为了给农村留守学生撑起一片天空，她愿意付出更多的热情和心血。由于外出打工的家长无法准时寄来生活费，许多学生常向陈老师借钱应急。十元、八元的，她从不记录，学生要把钱还给她，她总是说：“交到班上的爱心基金那里去吧，去帮助其他同学。”

周末和节假日，许多因路途遥远或是农村留守儿童而留校住宿的学生，都喜欢往陈老师宿舍跑。师生不是亲人而胜似亲人，一大家子谈理想、谈人生、谈学习……陈老师做得一手好菜，也乐得展示厨艺犒劳爱徒。她一边做饭，一边和学生天南地北地神侃。“这是我最为幸福的时刻。”陈老师和她的学生都这样说。多年来，许多已毕业的学生经常回来看望陈老师，都说回到母校回到陈老师的家就像回到了自己的家。这些从农村走出去的孩子，无论去到多远，都不忘给陈老师打个电话、发条短信，尽管是一句简单的问候、一声真诚的祝福，却令陈老师无比欣慰：自己的付出，已得到十倍乃至百倍的回报……

三、诲人不倦，年年桃李芬芳

陈老师担任班主任工作22年如一日。她管理班级有自己独特的方法，她关爱学生，善于通过感恩教育、激励教育等方式引导学生勤奋学习、感恩师长。她那善良、勤奋、爱生的形象，早已深深地烙在学生的心上。她所管理的班中考成绩特别优秀：考上茂名市第一中学和化州市第一中学等重点学校的人数特别多，是学校的“中考大户”。其中2007年学校上重点线73人，她的班就占48人；2010年学校上重点线62人，她的班占33人；2014年学校上重点线51人，她的班占28人。她任教班级的英语中考成绩也位居全市前列。

在成绩和荣誉面前，她对工作从不放松。她曾经说过：“我能取得点滴成绩，是我心中时刻装着一个‘爱’字，爱我所从事的事业，爱我的学生。”她平时主动接触学生，了解学生，做学生的良师益友。她善于协调科任教师的关系，常联系多商量，共同搞好班级管理，抓好班风教学建设。2013届学生小梁知识基础差，经常逃学。为了做好他的转化工作，陈老师足足花了一个月的时间对他进行跟踪教育，只要他的思想、纪律或学习有半点松懈，陈老师就马上找他谈话，而且经常家访，保持和家长的联系与沟通。多方教育，让小梁拿出最大的意志和毅力克服弱点。每当小梁有了一点点的进步和成绩，陈老师就及时给予肯定并在班上公开表扬。于是，小梁慢慢重拾自信，遵守纪律，成绩也慢慢提上来了，最后被评为化州市三好学生。2013年中考，他考上化州市重点中学。

四、辛勤耕耘，收获一路芳香

有播种就有收获。陈老师挥洒着辛勤的汗水，耕耘在三尺讲台，收获了丰硕的果实。歌德说："你若要喜爱你自己的价值，你就得给世界创造价值！"小草被人歌唱，在于它奉献一片新绿却不求索取；青松被人赞美，在于它正直挺拔却不择地势；蜡烛被人传颂，在于它燃尽自己却给别人带来光明。它们都是奉献者，陈老师也是奉献者，她在奉献的同时，也得到了一份为人讴歌的价值。辛勤的耕耘，出色的工作，赢得无数的鲜花和掌声。

在采访的过程中，我们看到一张张奖状、一座座奖杯，这些闪烁着汗水和智慧的旗帜，构成了陈老师奉献的全部：2007年7月，被评为化州市十佳班主任；2008年7月，被评为化州市优秀教研教师；2008年8月，被评为茂名市基础教育系统优秀班主任；2009年7月，被评为化州市教坛新秀；2009年8月，被评为化州市普教系统优秀教师；2011年6月，被评为化州市教学能手；2012年8月，被评为茂名市中小学教坛新秀；2013年7月，被评为化州市教学能手；2013年7月，被选聘为化州市教育学会初中英语教学专业委员会副会长；2014年12月，被遴选为广东省省级骨干教师培养项目首批对象；2014年8月，被评为茂名市基础教育系统优秀班主任；2015年5月，被化州市组织部和教育局确定为"化州市名教师"培养对象；2015年9月，被评为茂名市名班主任；2015年9月，被评为广东省优秀乡村教师。

"捧着一颗心来，不带半根草去。"面对佳绩与荣誉，陈老师从不张扬，总是静静地思考，默默地工作。她在努力实践着她教育教学的梦想……

执着追寻人生美丽的蜕变

——记广东省名班主任刘洁贞

引言：教育是一门智慧之学。面对一个个鲜活的个体、复杂多变的教育情境和具体的教育问题，教师需要具备教育智慧去灵活应对，以构建和谐的教育生态环境。在十几年的教育教学实践中，刘洁贞老师勤于思考，勇于探索，不断凝聚自己的教育智慧，实现了从勤奋型班主任到技巧型班主任，再到创新型班主任的成长。在教学路上，她以身作则，引领学生快乐成长、自主发展，坚持用智慧点亮学生的心灯，照亮学生的前程。与此同时，她注重发挥名师效应，带领更多的班主任一起实现专业化成长。在对教育的执着追求中，刘洁贞老师实现了人生美丽的蜕变。

刘洁贞，广东省中小学名班主任工作室主持人，省、市两级名班主任。任教于佛山市高明区第一中学。2014年4月成立广东省中小学名班主任工作室，在全省有一定的影响力；带领团队开展班级发展、学生发展、学生生涯规划、家校合作等方面的研究；承担班主任培训工作，为当地培养了一批优秀班主任。积极探索教育教学方法，《基于建构主义理论的英语语法教学》《中学系列主题班会课的研究》等多篇论文发表在省、市、区的教育教学刊物上；*Writing——Description of a City*、《跨越高三》等多个教学案例荣获国家、省、市级一等奖；主持“系列主题班会课——民主班集体的建设途径”等2个省级课题研究。

不知不觉，十几个春秋过去了，刘洁贞老师从一名新教师成长为一名有着独特教育教学风格的老师。十几年来，刘老师怀着一个教书育人之梦，捧着一颗关爱学生之心，经历了许多磨炼，不断成长。忙碌而富有挑战性的班主任工作让她尝到了为师之惑，也让她体验到了为师之乐，更激发了她对教师这个职业的执着追求。在许多人眼里，刘老师总是忙碌的。为了学生的成长，为了班级的发展，为了追求自己教育教学工作的进步，她孜孜不倦，上下求索。

一、勤奋耕耘，奠定专业成长的基础

谈起班主任工作的经历，刘老师说，她和许多班主任一样，一开始就是一个勤奋型班主任：起早摸黑，以校为家，给予学生无微不至的关爱；与学生打成一片，亦师亦友；事无大小，一一为之操劳。这就是刘老师早期当班主任的写照。三年下来，刘老师有了许多快乐、幸福的记忆，有了可喜的教育教学成绩，有了许多难以忘怀的教育故事。

那时，为了让学生拥有课间活动场地，刘老师和学生一起拿起锄头开拓课室后面一块杂草丛生的荒地；为了让学生能有篮球场打篮球，刘老师顶着烈日提前半小时去占篮球场。她曾带着学生一起在风雨中奔跑，也曾和学生坐在草地上，对着星星和月亮说悄悄话……

这样的日子是幸福的、快乐的，但也是劳累的。有一次，学生集体感染了流行感冒，为了让他们早点康复，刘老师整日奔波忙碌：早上，在学生到来之前打开教室的门窗通风换气；白天，忙着送学生到医院检查、治疗；晚上，等学生离开后对课室进行消毒。经过两个星期的战斗，学生终于完全康复，他们整齐地出现在课室里，可刘老师却不堪疲惫，病倒了。又有一次，为了帮助一个出现心理问题的学生，刘老师熬了无数个日夜，用自己的人生经历和仅有的心理知识耐心地给他做辅导。曾在操场上留下无数脚印，在辅导室谈过无数次心，在放学后通过无数次电话……一切都只是为了让学生能减少忧虑，放松自己，克服心理问题。

因为早年的勤奋，刘老师累积了许多工作经验。这丰富了她的人生经历，为她后来的成长奠定了基础。

二、善用技巧，向技巧型班主任转变

勤奋地工作让人有许多收获，然而，毕竟工作不是生活的全部。于是，刘老师开始思索如何解放自己。她开始博览群书，认真学习。慢慢地，她懂得了一个重要的道理：有效地运用教育技巧能够让班主任工作事半功倍。她逐渐学着向技巧型班主任转变。于是，她继续研究教育心理学和学生的成长心理，阅读有关书籍，听有关报告，让自己有了更加丰富的教育学和心理学知识。

“巧”用心理学知识和技巧，让她的班主任工作更加自如、有效。根据学生的发展需要，刘老师会为他们定期策划团体心理活动。在初建班级时，刘老师和其他老师曾组织过一个活动：让全班同学围成一圈，每个同学都半蹲着，形成椅子形状，一个坐在另一个的膝盖上。这个活动让学生学会了互助和信任，对初建班级形成凝聚力有很好的作用。在高考前夕，刘老师会组织学生到操场上进行减压活动，让学生放松心情，迎接高考。

“巧”进学生心里，让学生敞开心扉，把心理咨询技能应用到与学生的谈话中，这是刘老师的第二个法宝。倾听、具体、淡化、通情、达理是她做学生个体工作的常用技巧。

有一次刚考完大考，学生小A一脸茫然地来找她，对她说：“老师，我这次考得很差，没有一科考得好！从考试到现在，我一直睡眠不好，有时还会失眠。我很害怕，也不知道为什么，怎么办呢?”说着说着，他的泪水便不由自主地流了下来。刘老师认真倾听着小A说的每个字，试图从里面读出他的真实感受。从小A的话中，她听出了他对自己的学习成绩感到忧虑，这造成了一定的心理压力，导致他失眠。接下来，刘老师并没有急于给小A讲学习方法，而是先把他所说的“差”字具体化。经过她的了解，其实这次考试，小A只是英语考得不理想，而选考科由于审题错误丢了一些分，最终导致总成绩不高。了解到这点后，她马上肯定了小A的数学成绩和英语写作能力，让他对自己有信心，然后努力去淡化他所说的问题。她对小A说，现在发现问题是好事，因为现在多发现一个问题，高考就会少一个问题。对于小A的失眠问题，她也表现得非常冷静：“这几天我也没睡好，而且已经有好几个同学跟我讲没睡好了，可能是因为秋天比较干燥，人也有点烦躁。另外，你们现在复习到这个阶段，比较投入，精神比较紧张。晚上睡觉前喝点牛奶，失眠的情况就会好转的。”谈完话后，小A按照她所教的方法去调节自己的情绪，慢慢地，小A学会了自我发现和自我调节，最后，他以良好的状态参加高考，并考取了广东工业大学。

诸如此类的例子还有很多，这些都成了刘老师班主任工作生涯的重要“财富”。

三、转变理念，争做创新型班主任

在刘老师心中，一个成功的班主任不仅要有应对问题的能力，更要有自己的特色。于是，她追寻着自己又一次的转变：成为一个创新型班主任。

2008年的佛山市名班主任培训让刘老师逐渐有了“创新”意识，她逐渐认识到班级属于学生，成长属于学生，因此，班级管理要从班主任的“独裁”管理转向学生的自主管理，体现民主、公平。管理理念的转变让她有了创新的做法，并取得了一定的成效。

刘老师的班级创新，从班干部的选举开始：竞选演讲，民主投票，公平竞争。2010年9月的那次班干部竞选，为了争当班长，选手们都精心准备自己的演讲词，从毛主席的诗词到奥巴马竞选总统时的英文演讲词，一一被学生搬到了台上。刘老师的创新之举不仅赢得了学生们的支持，还吸引了一批学习者——其他班的班主任纷纷向她请教。

创新的不仅仅是班干部的选举，系列主题班会课是刘老师的另一个尝试。每个学期开学初，她都会和班干部一起规划本学期每月主题班会课的主题，并每月召开一次综合型主题班会，每个活动月的其他三周围绕着这个主题，由学生分小组负责策划和主持小型的班会。学生参与主题班会课的积极性十分高，负责策划和主持的小组认真负责。这一方面锻炼了学生的组织策划能力；另一方面给予了学生展现自己的想法和能力的机会。

刘老师所带班级的学生对策划和主持主题班会课抱有极大的热情。他们从接到任务开始就认真地准备，设计方案，收集资料，做访问调查，请嘉宾。漂亮的课件、流利的台词、新颖的设计以及对教育主题的深入认识和评论，一一展示出学生的才能。精彩的小品、优美的诗歌朗诵、欢快的歌声、看似无序却有序的无领导小组论坛，学生用他们的才智将主题班会课“装点”得精彩纷呈。主题班会课上，学生们有时围着屏幕一起观看一部电影，感动得泪流满面；有时一起兴高采烈地做游戏，把学习的烦恼抛于脑后；有时热烈地讨论一个问题，各抒己见，甚至争得面红耳赤……在刘老师看来，教育应从学生的真实感受开始，然后引导学生进行感悟、深化，最后回归到学生的自我认识和自我提升，进而成为一种自觉的行为，这样的教育才是真正有意义的、有效的。

刘老师认为，创新并不是要绞尽脑汁、挖空心思去进行伟大的改革，而是在原有的班主任工作方法和方式上进行改进。有时多一点思索、多一分心思、多一些与学生的接触，就会让班主任多一分灵感。同时，站在巨人的肩膀上，能让我们看得更远。因此，阅读名师的著作，聆听优秀教师的报告，积极参与课题研究，都成了刘老师创新工作灵感的源泉。

当然，刘老师也曾感到迷茫与困惑。谈到那些迷茫与困惑时，她说，幸运的是她遇到了广东省中小学德育研究与指导中心的教授们，专家的引领让她看到了希望的曙光，得到了指引，让她能够勇敢地走向远方。

四、示范引领，助力教师专业成长

从区级名班主任的培训到市级、省级名班主任的培训，从班主任能力大赛参赛者到大赛辅导员再到大赛评委，一路走来，刘老师有许多感悟、许多收获、许多发现。从勤奋型班主任到创新型班主任，更多的是意识和工作方法的改变。然而，一个教育者如何才能走得更远？刘老师再次进行了思考。常言道："一个人可以走得更快，一群人可以走得更远。"为了走得更远，刘老师开始了另一番探索：让更多的班主任与她一起实现专业化成长。为此，刘老师在2014年申请并成立了广东省中小学名班主任工作室，带领着一群有着共同梦想的一线班主任，在班主任工作实践中开展研究，以研究引领工作。四年多来，刘老师和工作室成员坚守在班主任这块阵地上，以班级发展为研究的主要内容，以系列主题班会课的研究为主线，以培训学习、观摩交流、小组互助为学习途径，让每个成员在学习的过程中参与研究，在研究过程中悟出班主任工作的方法，让每个成员、学员形成自己的班主任工作特色。

定期的网上研讨，成了工作室成员智慧碰撞的平台。在那里，老师们轮流抛出话题，如"如何让孩子学会合理使用手机""让孩子心中有颗星星""留守儿童的问题与解决对策"等等。每一次的话题讨论，都热闹非凡，大家各抒己见。讨论从一开始的就事论事、各出奇招到现在大家学会分析问题背后的原因，运用教育学、心理学原理，提出解决问题的对策。系列主题班会课的研究，已经从为开展班会课而研究主题走向了为学生三年的成长设计班会课课程的研究。从起始年级学生的习惯养成、友好交往到毕业班学生的价值引领，一系列的研究，以教育部发布的重要纲领性文件为指导，根据学生发展心理特点和需求，结合教师的实践经验来开展。老师们从中不断反思自己的教育工作方法，不断进步。在为教师搭建学习、研究、展示平台的过程中，刘老师也收获了许多掌声，并在专业化的道路上不断成长。

一直以来，刘老师努力着，用自己的人格魅力去影响学生，用乐观向上的心态去感染学生，用博大的胸怀去包容学生，用高尚的思想去引领学生。同时，她也在不断完善自己，用科学的管理理念和教育方法引领班主任工作，提高工作效率，走专业化成长道路。她希望能用智慧点亮学生的心灯，照亮他们的前程；她希望与志同道合的成员、学员一起，不忘初心，并肩前行。

毛毛虫之所以能破茧而出，蜕变为美丽的蝴蝶，是因为它有着执着的追求。刘老师说，她愿用这样的执着追求，去追寻人生美丽的蜕变。

有道的教学　实现“名师”之梦

——记广东省骨干教师夏四平

引言：什么是“有道的教学”？道，即方法，即理念，“有道的教学”即有效的教学方法，先进的教学理念。作为教师，在教学中也应该尝试去寻找一些有效的方法，不断改进教学的策略，以提升学生的学科素养和核心素养。广东省省级骨干教师夏四平老师在29年的教学生涯里一直遵循“有道的教学”的理念，为给学生更好的教育而不断探索、钻研。

夏四平，广东省广州市番禺区市桥桥兴中学教导处副主任，中学高级教师。曾多次被评为学校及镇级优秀教师，2005年和2009年分别被评为番禺区优秀教师，2011年获得广州市优秀教师称号，2012年被评为番禺区第一届骨干教师，2012年被评为广州市骨干教师，2015年被推荐为广东省骨干教师培养对象。

一、成长，归功于父亲的言传身教

夏四平老师从事初中数学教育工作已有29年了，其间，她主持了番禺区“十二五”课题“中小学数学衔接教育的策略研究”，参与了“基于‘研学后教’理念的小组合作学习教学模式的行动研究”“基于电子书包应用的微课程开发资源有效整合的应用研究”等课题的研究。教学案例《一元一次不等式应用》在国家刊物发表，《运用“研学后教”教学策略，构建高效数学课堂》等多篇教学、德育论文获奖或者在国家级刊物发表，教学实录《游戏公平性》获联合国教科文光盘推荐示范课，还多次被评为优秀教师、骨干教师。

谈及对她的成长影响最深的人，夏老师毫不犹豫地说是她的父亲。

夏老师的父亲也是一名教师，自记事起，夏老师就一直跟随父亲读书和生活，真诚、包容、睿智、低调、奉献这些都是父亲平时的生活态度和工作作风，夏老师对教师的热爱以及童年留下的美好的记忆，都与她的父亲密不可分。到后来，夏老师考上师范院校读书乃至教书，也经常和父亲交流如何理解孩子、如何理解教育等问题。这些都是夏老师成长的美好记忆，也是她努力为学生成长而无私奉献的原动力。所以，孩子们在离开她之后，总会对他们共同生活的日子念念不忘。夏老师觉得，这让她懂得了教育的终点是生命的自由。所以，夏老师说，能成长为今天的她，要归功于她父亲的言传身教。

二、她始终怀揣着将老师做到底的决心

有时候，个人成长的外部环境会很糟糕，社会、家庭、人际间的交往都会对个人成长造成很大的影响，教师亦是如此。身处于这样的环境，想要实现自己的梦想和追求，往往要付出很多。

夏老师曾经对在教育之路上迷茫不前的教师说过这样一段话："如果怀揣着将老师做到底的决心与兴趣，那么你一定对教育抱有莫大的热忱，不愿在讲台上得过且过。如果你打算一直做老师，我想对你说：第一，做老师的你虽不是最成功的，但肯定不是失败者。第二，别让自己成为新文盲。经过一段安稳而平静的教书生活后，我们不仅对新知识会感到欠缺，而且对新知识还有一种习惯性的拒绝。在这个知识爆炸的时代，我们应是一个学习狂。第三，坚持阅读。经常阅读报刊、阅读网络，经常阅读经典，能促使你不停地思考；对世界保持新鲜感，能够使你的观点不落后于学生，强化你的人格魄力，从而影响你的学生。第四，学会原谅自己与别人。学生用他的无知与偏执让你生气，家长因对孩子的偏爱与袒护让你动气，领导因对你的误解让你怄气，而你自己有时也对自己无端地感到不满意，低着脑袋生自己的闷气，这些汇集到你身上是恶气攻心。你得学会原谅，学会宽容，原谅与宽容让你生气的人与事。第五，学会控制自己的情绪。当准备批评你的学生时，你要学会控制你的情绪，千万不要让情绪左右了你的言行。第六，做快乐的教师。做老师，常常需要调节心情，但你应该努力营造快乐的环境，让学生快乐的同时，也得找到让自己快乐的窗口。只有你真正快乐了，你才会把快乐感染到身边的人；只有你真正快乐了，你才无愧于你的职业。"

夏老师是幸运的，因为在她的成长道路上一直有父亲的支持，这让她对未来的路坚定不移。但也不是所有的事都是一帆风顺的，挫折、坎坷无法避免，但她始终怀揣着将老师做到底的决心，一路披荆斩棘，为实现自己的梦想和追求而拼搏、奋斗。

三、一个爱读书的老师，带给孩子的一定是一个长满鲜花和绿草的乐园

夏老师认为要做好教师这个职业，读书越多越好，不过人的精力始终是有限的，在这么多书籍里面如何选择必备的书目？夏老师在这里推荐了几本非常实用的书：《苏霍姆林斯基教育箴言》，这是一本篇幅浓缩的、以苏霍姆林斯基的精炼语句表达深刻教育含义的格言读本；《教育方法学》，聚焦于教学、学习、课堂、课程、教师、教师教育、教育信息化等方面，整理分析了最新的教育学知识与问题，用亲身实践，结合许多生动案例，提出了有关教育改革的许多真知灼见；《做一个学生喜欢的老师——我的为师之道》，从教育者的角度，讲述作者对课堂、教师职业、教学的一点经验和想法，是作者对其教学生涯的总结；《怎样读懂学生——心理特级教师的建议》，旨在帮助老师指导学生理性对待考试、正确处理人际关系、与家长和谐沟通，解决常见的心理障碍，帮助一线教师读懂学生，轻松做教师；《课堂上究竟发生了什么》，作者以数十年课堂实践为基础，对课堂教学的各个环节、教师在课堂上的言行举止、师生的互动、课堂教学的任务与价值、教师的修养与学习等等，皆进行了系统、深入、细致的反思和剖析，探讨“教师为什么要教、怎样教，课堂上究竟发生了什么”。这些书对提升教师的教学能力、促进教师的成长发展都有很好的帮助。

教育无他，唯念兹在兹。夏老师并不觉得自己很聪明，她认为自己唯一的优点就是对教育的热爱和坚持。她说：“老师个人的力量总是有限的，但我们只要知道目标和方向，和孩子一起朝前走去，孩子终有一天会超过我们。”所以，教师要坚持学习，读书就是一个很好的学习方法。一个爱读书的老师，带给孩子的一定是一个长满鲜花和绿草的乐园。

四、在教学工作中要遵循“有道的教学”

特殊的成长环境，形成了夏老师不一样的教育思考，她认为，人要有道，路才能宽，在教学工作中要遵循“有道的教学”。什么是“有道的教学”？道，即方法，即理念，“有道的教学”即有效的教学方法，先进的教学理念。夏老师在给年轻教师的建议中这样总结：

第一，不要过分倚重多媒体教学课件。高科技有好处，要用，但也有很多弊端，如探索知识的来龙去脉的途径太多，以至于人们只关注结果，而不是过程。教师要溯本求源，让孩子真正理解知识的根本。

第二，备课要研究学情。每个孩子都有向上学习的想法，但毕竟是孩

子，不一定能管束好自己，所以要深入了解孩子的情况，千万不要凭自己的喜好随意贴标签。

第三，重视小组合作。课堂中小组合作非常重要，但不是随意让孩子交流讨论，讨论前要了解清楚孩子的情况，分好工，指令一定要清晰。交流完后要有回馈，老师需要深入了解每个小组交流的情况和结果，经常了解孩子在交流中的困惑和收获，给予及时的指导和肯定。

第四，给予每个学生自信。要尽可能地关注到每一个学生，让他们感觉到老师在关注他。鼓励一定要及时，且要点名鼓励。批评一定不要当众，等到私下无人时再说，同时要注意语气，不要伤害到孩子的自尊，能激发孩子的自信的谈话才是最好的谈话。

第五，理解孩子。现在的学生都是“00后”，试着理解他们的思维，不要拿老师的思维去压制他们。丰满的教育理想一定会与骨感的实际有冲突，要做好充分的心理准备。身教重于言教，自己都难以做到的事情，千万别逼孩子去做。

第六，发现学生的优点。如果对某个孩子有负面看法，老师一定藏不住自己的眼神，因为学生能察觉到。多看学生的优点，心里默念：这还是个孩子。

另外，还要有坚定信念、积极正向的人生价值观、良好的道德情操、扎实的学识，这样才能在教学工作中遵循“有道的教学”，促进孩子的成长，实现自己的追求！

第四辑 对话里的成长智慧：学习、反思、坚持

与名师为友，与大师对话，与经典交流，可以更新我们的教育理念，影响我们的教育行为，让它们时时滋养我们的语言，激活我们的心灵！让我们走进名师的世界，追寻名师足迹，感悟名师人生，和名师们一同感受教育的幸福。

要想成为名师，学习是名师成长第一要素，反思是第二要素。特级教师欧阳国亮认为，教学是反思的基础，反思是教学的升华，教学反思是提升教师专业水平的重要法宝。叶澜教授曾指出：“一个教师写一辈子教案不可能成为名师，如果一个教师写三年教学反思，就有可能成为名师。”教育的规律是有迹可循的，而教育的种种“痕迹”，唯有沉淀下来，才可能变得清晰可辨。教育的规律只有在持之以恒的坚守中，才能发出巨大的教育力量，从而实现教育的真正变革。

“明师”才是好老师

——全国模范教师郝洁访谈录

引言：“明师”之“明”，是“明白”之“明”，亦是“明辨”之“明”。在郝洁老师看来，“明师”才是好老师，而唯有深谙教育的本质、深谙学科特性、深爱自己才能成为“明师”。但“明师”的成长是需要经过一番历练的。新教育实验的发起人朱永新教授曾经说过：“一个人的精神发育史实质上就是一个人的阅读史。”从某种程度上来说，一个教师的专业发展史也是一个教师的阅读史。教师要成为“明师”，必须坚持专业阅读，必须坚持专业的理论学习，就如郝洁老师所说：“作为教学技术专家的教师，应该借助课程理论、学科学术理论突破‘瓶颈’，越过‘高原’。”

郝洁，广东省东莞市寮步镇香市小学副校长。全国模范教师、广东省特级教师、东莞市教育家培养对象、东莞市优秀教师、东莞市“最美女性”、东莞市人大代表。连任三届省中小学名教师工作室主持人、连任四届市中小学名教师工作室主持人。受聘于广东第二师范学院兼职副教授、岭南师范学院客座教授。

参加竞赛课3次获得全国一等奖。40篇教育教学论文刊登在国内报刊上。主持或参与市级以上科研课题共17项，其中“小学本真习作教学的实践性研究”获广东省教育教学成果一等奖、广东省创新成果二等奖。

笔者：在您的眼中，“好老师”是什么样的？

郝洁老师：我觉得“好老师”不一定是“名师”，但一定是“明师”。怎么样才算“明师”？第一，深谙教育的本质。他应该知道教育即服务，教育即成长，教育即忘记了所学的一切而剩下的东西。我们处在飞速发展的时代，教育者必须要与时俱进，但绝不能“急功近利”。一个好教师必须能保持教育者的清醒，守住教育的底线。第二，深谙学科特性。对于自己所从事的学科教学，他会不断钻研。在了解本学科教学特点的基础上，他会针对学生的实际情况，选择适合学生长期发展的教学方法，帮助学生形成良好的本学科学习兴趣、学习方法，引领学生形成学科素养。第三，深爱自己。一个不懂自己、不爱自己的老师是无法让学生快乐和幸福的。好老师是懂得悦纳自己，不断完善自己的心理健康者，他们不断完善自己，逐渐走向完美。“明师”才是好老师：懂教育，懂课程，懂自己！

笔者：有时候，个人成长的外部环境会很糟糕。教师身处这样的环境之中，想要实现自己的理想和追求，往往要付出很多。您有过这样的经历吗？您想对这些苦苦挣扎的老师们说些什么？

郝洁老师：每个人的出身不同，性格不同，机遇也不尽相同，但是可以肯定的是，人都是在不断成长的。我个人认为，人之所以来到这个世界上，就是为了在不断地尝试失败、不断地改进中完善自己，从而使今天的自己比昨天的自己更优秀。漫长的人生是由短暂的一天又一天组成的，成长的人生也是由一点一滴的进步铸就的。

现在一线老师普遍的感受是“忙”，在这样的状况下，教师就要有“逆商”：无论多忙，我得问问自己什么事情能让我快乐，能让我觉得工作有意义。我不能被无意义的泡沫事务所蒙蔽和淹没，不能随波逐流。教师的这种“逆商”要怎么讲呢？

以自己为例，最令我快乐的事情是听课和评课，我喜欢在教室里发现那些青年教师的教学智慧，更愿意将我的教学心得和建议与他们分享，看着他们一个个成长起来，独当一面，甚至成名成家，我觉得很满足。最令我安心的事情是阅读。一名教师如果不能雷打不动地坚持阅读专业书籍，如何能保持清醒的头脑和优雅的举止？坚持专业阅读，是一线教师的必修课。

笔者：在老师成长的过程中，总会碰到“高原期”“瓶颈期”。您有过这样的经历吗？您又是如何走出“高原期”“瓶颈期”的？

郝洁老师：教师，从某种角度来说，是教学技术专家。“高原期”“瓶颈期”，就是专业的路走窄了，既走不出去，也走不进去。2005年至2009年，我就处于这种状态。

2004年之前，我已经在语文、思品、社会学科的课堂教学方面小有成绩，先后获得现场课比赛国家级一等奖、省一等奖各1次，市一等奖3次，区一等奖6项。2004年，我一到东莞，执教习作课又是从区赛到市赛，一路冲到省赛一等奖。细想起来，2004年之前的辉煌和光环更多的是来自于追求技术方面的专精。所以说，追求技术方面的专精，是教师成长过程中的必修课。

2005年之后，基本上是没有什么作为的，直至2009年，东莞市教育局教研室严考全老师推荐我参加广东省骨干教师培训班。我再次踏入高校，在广东第二师范学院，成为桑志军教授的学生，开始了为期一年的求学之路。聆听专家的理论讲座，重新建构语文教学观，全面了解语文课程体系……所以，教师追求教学技术的精湛，那是必须的，但更重要的是追求理论的学习以及体系的建构。只有明确了这一点，才能走出“高原期”“瓶颈期”。作为教学技术专家的教师，应该借助课程理论、学科学术理论突破“瓶颈”，越过“高原”。学理使我们成为“明师”。

笔者：如果您认同教师需要有一些“必读书”，您会推荐哪些书？

郝洁老师：我读的书很杂，小说类、佛经类、心理学类、哲学类、人物传记类都有。如果要推荐给一线语文老师的话，主要是王荣生的《语文科课程论基础》、孙绍振的《名作细读》和《文学创作论》、李海林的《言语教学论》、陈剑晖散文系列丛书和谢有顺小说系列论著。《语文科课程论基础》能帮助小学教师建构课程论的视野，在教育教学改革中明确课程的方向，捍卫课程的尊严。《名作细读》为小学语文教师提供了文本解读技术，《文学创作论》为小学语文教学提供了具体的教学内容并确立了“解读就是解写”的观念。《言语教学论》从逻辑的视野理清了“语文是什么”。散文和小说是教材选文中的两大类，陈剑晖散文系列丛书和谢有顺小说系列论著能帮助我们从学理上明白散文和小说的体式特征。

笔者：能说说您最近比较关心的教育问题或者教育热点吗？

郝洁老师：我比较关心党的十九大之后的教师工资待遇和教师职称评定。冰心老人在多年前写下的《我请求》，至今依然引人共鸣。我写不出那样的文字，但我关心这些实际的问题。“没有一方现世的安稳，所有飞扬的理想，都有可能化为泡沫。”张爱玲的这句话，我转述得也许不准确，但我表示认同。解决好一些实际问题，可以避免教师培养工作方面的凌空蹈虚。

“教文”与“育人”实现教育教学的圆融一体

——广东省特级教师杨青兰访谈录

引言：杨青兰老师既是广东省中小学名班主任工作室主持人，又是江门市高中语文备课组核心成员及江门市第一中学语文科组长，即“一脚踏在班主任工作的领域上，一脚踏在语文专业的领域上”。为了实现“传道”与“授业”、“教文”与“育人”的有效统一，以及教育教学的圆融一体，杨青兰老师积极聆听讲座、参加教研、撰写反思，促使自己由向外的追逐转向向内的安定，不断探寻教育教学的本质，提升自身的理论水平。面对教育，杨青兰老师不抱怨、不折腾、不懈怠，努力营造出自己的一方“氧吧”。

杨青兰，江门市第一中学语文正高级教师，广东省特级教师。现任广东省第九届中语会理事，广东省“家校共育”讲师团导师，广东省中小学名班主任工作室联盟副秘书长，广东省德育研究会理事；曾任省语文高评委和江门市语文中评委，华南师范大学《语文月刊》特约作者，广东省首届名班主任讲师团成员；曾任华南师范大学文学院硕士研究生导师，江门市五邑大学文学院硕士导师，江门市高三语文备课组核心成员，江门市中小学教辅选编委员会委员，江门市语文星级教研组评委，广东省首届中小学名班主任工作室主持人。曾获全国师德先进个人、广东省南粤教坛新秀、广东省基础教育系统“百千万人才培养工程”第四批名师培养对象和优秀学员、广东百名优秀中小学班主任、广东省第二届名班主任、江门市第六批优秀中青年专家和拔尖人才、江门市首批教育专家、江门市名师名医名家等30多项国家或省市级的荣誉称号。

2012年成立江门市第一个省级中小学名班主任工作室，培养了150多位五邑地区优秀班主任，两期考核获省级“优秀”。举办了200多场省市级的教育教学研讨活动或专题讲座，主持了近10个省级课题，出版专著《青舞飞扬》，60多篇论文获国家、省、市级奖励或发表在省市级核心刊物上，入选《中国当代青年教师风采录》一书。

名师格言：智慧育人，达人达己。

笔者：在您的眼中，“好老师”是什么样的？

杨青兰老师：德高——高山仰止，景行行止；艺精——未成“曲调”先有情；仁爱——以“仁心”铸人心；淡泊——不汲汲于富贵，不戚戚于贫穷。

笔者：在您的成长中，有哪些人、哪些事情对您影响至深？

杨青兰老师：（1）父亲：定调

我的教师梦始于父亲。父亲16岁参军，有过13年的军旅生涯。我的童年时代，就是和邻居家的小朋友一道，在黄昏饭后的老屋门前，坐在条凳上，听父亲讲述那惊心动魄的战争场景。那是我童年中最快乐的时光。父亲音调铿锵，妙语连珠，把战争场面生动地展现在我们的面前。我既被父亲的英雄事迹所感动，也为父亲抑扬顿挫的讲话艺术着迷，当时我便暗下决心，长大后当一名教师，站在讲台上，绘声绘色地把父亲及其战友的英雄事迹传扬开。

（2）校长：定心

充满了人文情怀的校长，给我安心于教育的“定海神针”。我的毕业实习单位是江门一中，实习完毕，江门一中的校领导就向我伸出了橄榄枝，可当时的“下海”大潮影响着我的选择，我三次婉拒江门一中的面试。可是，领导们依然耐心等待，热情沟通。最后，我被领导真诚的态度与温暖的举动打动，打消了“跳槽”的念头，从此，开始了我的教育生涯。

丁校长是一位儒雅、情味甚浓的领导。在28年前的一次教职工分工大会上，丁校长因为无法照顾一位老教师的要求，而满脸呈愧疚之色，甚至流下了动情的眼泪。丁校长的那滴眼泪，深深地震撼着我，无数次润泽我的心田。2000年，我因病住院，已经退休的丁校长亲自来到医院探望我，看着须发皆白、步履蹒跚的老校长，我的激动之情溢于言表。

余校长则有着一种气度和胸怀。我初上讲坛，学校本来没有安排我做班主任，可是开学不久，由于工作临时变动，我猝不及防地要接手班主任工作。我还记得，1989年那个夏日，余校长握着我的手，鼓励着忐忑不安的我，温暖地说着：“我相信你，你能行！”这些话语，一直激励着我，让我在班主任道路上一往无前。此外，我踏上讲台不久，某天语文课，在我要踏进课堂的两分钟前，余校长微笑地告诉我“向我学习”来了。当时的我心中一激灵，那天的《美猴王》教学，因境生情，情随境迁，亦庄亦谐，信手拈来……一节课下来，校长赞不绝口，他还把这节课提升到一个“文道结合”的优质课的高度。当我根本不知道“文道结合”为何物时，“文道结合”居然在我的语文课上运用得很成功。这无疑刺激了我的求知欲，在教学资源缺失、交流平台匮乏的年代，我历尽艰辛，到书店买资料，到图书馆借资料，到朋友、同事处蹭资料，恶补了一轮“文道结合”，写了一些文章，获奖并发表了。总之，余校长不但让我知道教学蕴藏着深奥的道理，而且开启了我“文道结合”的探索之路。

（3）导师：定位

近10年，我有机会参加各类学习培训，尤其是省名班主任培训和省“百千万人才培养工程”的培训。这些培训，不但为我和名家名师交流搭建了一个平台，也为我破茧而出搭建了一个支架。广东省首席德育专家李季教授，对我影响尤为深远。从2006年成为广东省名班主任讲师团成员开始，到2017年已有11年的时间，我真正领略到李季教授那种“专家的睿智、教授的博学、学者的情怀、导师的前瞻”的大家风范。在李教授的宏观引领和微观雕琢之中，我渐渐地丰富了智慧德育的内涵，在“文道导心”的智慧德育道路上走出了勇敢的一步。

（4）学生：定情

我教过一位特别优秀的学生，他聪明、好学，小学只读了3年，9岁就读初一，成为广东省少年业余围棋冠军，他各类竞赛获奖无数，曾入选全国奥林匹克化学集训队。这个从小在镁光灯下长大的天才儿童，性格上却有着不少缺点。他喜欢炫耀自己的聪明，嘲笑别人的迟钝；他不懂得和别人合作，也不懂得进退之道；他曾大声挑出老师讲课的毛病，让老师下不了台。他是全国的好儿童，却是全班唯一一个难于入团的人……对这种“少年得志”的优秀生，我采取了“反弹琵琶”的办法，把缺点转化成优点。例如，他总瞧不起他的同桌，认为他是“白痴”，我没有批评他，而是鼓励他去了解清楚这个同桌所谓的“白痴”是什么原因造成的。为了弄清楚原因，他第一次和这个同桌交谈了，很快他就知道了原因：原来这位同桌在孩童时发高烧把脑子烧坏了。当他告诉我的时候，我表扬了他，并引导他说：“对于一个这样不幸的同学，我们的嘲笑是不是太不厚道了？”他坦承自己不对。然后我又鼓励他：“你那么聪明，是否有办法帮帮这位同桌的学习？”他一听，很高兴地拍着胸膛说“没问题”。结果，他真的很用心帮这位被他嘲笑的同桌，我也不失时机在公开或私人的场合中表扬他。就这样，这位天才儿童把因光环而萌生的傲气与童心未泯的稚气所衍生出来的个性缺点慢慢改正了，成了一个德才兼备的学生。

笔者：在您的教育生涯中，有哪些得失可以与同行分享？

杨青兰老师：“生活不是爬高山，也不是深潜海沟，它只是在一张标配的床上睡出你的身形。”教育也是如此，当我们背负着这个“太阳底下最光辉”的招牌前行的时候，更多的是烟花璀璨之后的一地寂寞。首先，不抱怨。教育工作本身就是一项“看似寻常最奇崛，成如容易却艰辛”的工作，在这块“肥沃而贫瘠的土地”上，我们每前进一步，都是步履艰难的。然而，这个世界上，没有哪一项工作是容易的，因此，“过往不恋，当时不杂，未来不迎”，只要把当下的事情做好，不让它杂乱无章，专心致志，就能稳步向前了。其次，不折腾。虽说仰望天空，但并不能离开大地。古人皓首穷经，孜孜不倦，出类拔萃者也不过尔尔，坐了几分钟冷板凳就按捺不住，也就离教育的宗旨越来越远。不戚戚于贫贱，不汲汲于富贵，人有不为也，而后可以有为，在陋室中种一园修竹，于袖手无言中舔舐韵味悠长的教育。最后，不懈怠。日日行，不怕千万里；常常做，不怕千万事。教育工作，貌似“无氧运动”，有时会“呼吸困难”，可是，只要摒弃杂音喧嚣，踏实做好每一件琐碎之事，相信也能营造出自己的一方“氧吧”。

笔者：在老师成长的过程中，总会碰到“高原期”“瓶颈期”。您有过这样的经历吗？您又是如何走出“高原期”“瓶颈期”的？

杨青兰老师：从2006年开始，我便开始了一波又一波的培训，其中广东省中小学名班主任及工作室主持人的培训，让我更多地考虑到学生的教育问题；而广东省“百千万人才培养工程”的培训，让我对学生的授业研究得更深。作为广东省中小学名班主任工作室主持人，我一脚踏进班主任工作的领域；作为市高中语文备课组核心成员及学校语文科组长，我又一脚踏进语文专业的领域。如何让“传道”与“授业”统一？如何教文育人？如何让教育教学无缝对接、圆融一体？这些问题常常萦绕在我的心头。

这也促使我从向外的追逐转成了向内的安定，主要做了三件事情：聆听讲座、参加教研、撰写反思。我聆听中外名师名家的讲座200多场，如雷夫、魏书生、李镇西、丁蓉、窦桂梅、丁如许、赵谦翔、余映潮等，他们风格各异，思想丰富，特别是雷夫的“第56号课室的奇迹”、魏书生的“民主、科学”，这些讲座我听了多次，然而，每次听完都有新启发、新收获。作为教师，之前的我只知道读书、教书，不写作，不反思，不梳理自己的成败得失，而这10多年从不间歇的培训，让我开始对自己的教育教学进行反思，让我从“刘姥姥进大观园”时的眼花缭乱到现在的沉潜于心，那些名师名家的闪烁着智慧火花的前沿理论与精辟见解，点亮了我前进的方向。2012年，我成为首批广东省中小学名班主任工作室主持人，这个身份的改变，让我开始从被动吸收到主动学习，也开始考虑把之前教育教学的技巧性、零碎性的东西上升到理论性、系统性的东西，考虑要打造工作室的品牌以及主持人的风格。这就促使我开始广泛阅读和研究中外教育家们的理论并学以致用，苏格拉底的“产婆术”理论、苏霍姆林斯基的“和谐教育”、杜威的“教育即生活”、蒙台梭利的“自由教育”、陈鹤琴的“活教育”等。我上了一系列的省、市级教育教学公开课，包括《慢慢地陪着您走》《互评互改出华章》《多思善想　学习立论的角度》。还带领团队开始做课题研究，近10年主持或参与了近10个课题的研究，有些课题还获得省级优秀课题。我也开始撰写教育教学反思，结合日常的教育教学行为，不断地进行总结。同时，我还不断地把自己的体会和反思，以讲座的形式、以教学的形式、以论文和教育随笔的形式呈现出来。近5年来，我参与的省、市级讲座超过60场，听众过万。从2009年至2016年，教学论文有7次获得市级优秀论文一等奖，有20多篇论文发表在《中学语文教学参考》《语文月刊》等国家、省、市级核心刊物上。教学科研，撰写反思，思考从教什么到怎么教，再到为什么这样教；从零散的经验到提升自己的教育教学理念；从模仿别人到成为自己；从着眼于教学技巧的改进到教育教学本质的探寻……当你成为你自己，你就容易度过“高原期”“瓶颈期”了。

笔者：在您看来，理想的教师生活是怎样的？您现在的状况是否符合自己的期待？

杨青兰老师：理想的教师生活应该是这样的：思想丰盈，拥有自己的思想，不随波逐流；学术精湛，拥有自己的见解，不“山寨”，不媚俗；时间充裕，拥有自己阅读和思考的时间，不迷失心性。

但我现在还无法做到在“辋川别墅”与“俗世红尘”中游走自如。

笔者：您对年轻教师有什么建议？

杨青兰老师：第一，教育是师生双方的一场漫长的修行，师生间应彼此鼓励，彼此搀扶，彼此陪伴。

第二，“人品、师品、学品、文品、课品”的统一是事业成功的基础。

第三，板凳要坐十年冷，文章不写半句空。教育来不得急功近利，热闹非凡不是教育的本质。

第四，所谓“水到渠成”，其实就是“蓄水”的过程：从“学生认可，家长满意，领导放心”的新手阶段到掌握学科教学、班级管理及人际交往的基本技能的胜任阶段，到“成绩好、能科研、有专长”的名师阶段，需要的就是踏踏实实地“蓄水”的过程。

第五，教育无小事，做好了教育中的每一件“小事”，也就完成了教育的“大事”。

第六，走自己的路，穿自己的“草鞋”走路，比穿上别人的“水晶鞋”走路更合适、更舒服，走得更稳、更快。

借力成长 收获别样的教育人生

——广东省名班主任刘舒玉访谈录

引言：在教育教学中，借力是一种智慧，是借助他人的力量来发现教育的契机，是借助适当的时空、事件来发现教育的契机。对于教师来说，借力成长，既是一种内需，也是成长的最好方式。就像刘舒玉老师所说的，教师要学会借力，要向家长借力，与家长形成教育合力；要向学生借力，以激发学生的创造潜能；要向同事借力，重视同事间的专业切磋、协调与合作，实现共同发展。如此，才能一直行走在专业发展的道路上，收获别样的教育人生。

刘舒玉，河源市第三小学德育处主任。她本着“一辈子做教师，一辈子学做教师”的初心，以“美其道，慎其行”为工作座右铭，恪守信念，全身心倾注教育，打造了“双自主德育品牌”，形成了“平实、开放、发展”的教学风格。先后被授予全国优秀教师、广东省关心下一代先进教育工作者、广东省朝阳读书活动先进个人、广东省科研先进个人、广东省优秀辅导员、广东省百名优秀德育教师、广东省首批中小学名班主任工作室主持人等荣誉称号；主持了5个省、市级课题，参与编写了5本校本教材。

笔者：在您的眼中，“好老师”是什么样的?

刘舒玉老师：俗话说“学高为师，身正为范”，我眼中的“好老师”比较“高大上”，应该有健康的体魄，知法守法，充满正能量，能引导学生塑造健全的人格；有深厚的文化底蕴，高超的教学技能，能引领学生在知识的海洋里徜徉；有仁爱之心，强烈的责任感与使命感，能呵护学生健康快乐地成长。

笔者：在您的成长中，有哪些人、哪些事情对您影响至深?

刘舒玉老师：在我的成长过程中，奶奶对我的品性、做事风格影响至深。亲戚们时常会对我说：你不愧是奶奶带大的，身上总有一股使不完的劲，做事有目标，不服输，不怕输。是的，奶奶是19世纪20年代出生的，战乱时期被人贩子拐卖到我们的家乡，但她生性好强、上进，没有屈服于命运的安排，深知“知识改变命运”的道理，抓住一切可以学习的机会不断成长，带领村里的乡亲进行科学种植，成了我们村里的生产队长。她聪慧善良，宽厚勤劳，乐于助人，深得乡亲们的爱戴。记得我刚参加工作时，学校将一个全校最差的班分给了我，我焦虑不安、彻夜难眠，是奶奶看出了我的难处，与我推心置腹地谈了她当年被人贩子拐卖的窘境，如何不畏惧困难，把困境当机遇不断前行的经历。同时还鼓励我，学校将差班交给一个初出茅庐的我，是一种信任！对我而言更是一种机遇，要我不畏当下，制定目标，一步一步脚踏实地地开展工作。在奶奶的激励和指引下，我潜下心，学着享受磨炼的过程，最后成了学校首位名师。现在奶奶虽离我而去，但她身上的优良品质已潜移默化地显现在了她的子孙的言行中。

笔者：有时候，个人成长的外部环境会很糟糕。教师身处这样的环境之中，想要有自己的理想追求，往往要付出很多。您有过这样的经历吗？您想对这些苦苦挣扎的老师们说些什么？

刘舒玉老师：“理想很丰满，现实很骨感”，但也应切记“天将降大任于斯人也，必先苦其心志，劳其筋骨，饿其体肤，空乏其身”。我相信，很多老师在工作之初都胸怀教育理想，可踏上三尺讲台后却被每天改不完的作业、处理不完的琐碎杂事所困扰，几乎天天拖着疲惫的身躯回家，回家后又忙着回复家长的留言、备课、做课件、写材料，一放假又参加各种继续教育培训……像陀螺一样不停地高速运转，陪家人、孩子的时间少之又少。这样的生活我也经历过，特别是在工作前10年，因为这是给自己积淀底蕴、提升教育教学技艺的艰辛过程。10年后，忙碌、充实依旧是我生活和工作的主旋律，只不过心态和忙碌的内容发生了变化，我享受课堂教学，将问题学生作为提升自我教育艺术的研究对象，毫不吝惜地将自己的教育教学心得与年轻老师分享……我想，如果没有之前的付出，哪有现在的“游刃有余”？因此，如果你现在正在经历着“挣扎”的过程，请不要放弃，若干年后你一定会感谢现在的你。

笔者：在您的教育生涯中，有哪些得失可以与同行分享？

刘舒玉老师：我觉得第一要有良好的心态，学会管理自己的情绪，切莫用学生的错误来惩罚自己。

第二要学会合理规划。对自己的工作、生活、学习有目标，有实施措施，有时间安排，最好采取表格式或思维导图式来进行标识，把要完成的工作根据事情的紧慢、重要程度、完成时间顺序进行排列，完成一项就打钩，做到不遗漏、不耽误。

第三要有科研意识。学会收集身边的“问题”，选取有价值的“问题”提升为研究的课题，在查找相关领域的文献资料、寻求理论支撑、探究实践研究方式、摸索解决问题路径、提炼研究成果的一系列过程中，成长会更有速度、更具深度。

第四要学会借力（合作）。向家长借力，学会与家长及时沟通，形成教育合力；向学生借力，学会与学生一起创设民主、平等、合作的教学氛围，这样学生的创造潜能才会得到有效的发掘；向同事借力，在教育教研过程中，个人的研究意识很重要，但切莫单打独斗，“一个人走得更快，一群人走得更远”，同事之间进行专业切磋、协调与合作，互相学习，彼此支持，共同分享成功的经验，将达到事半功倍的效果。

第五要学会反思。反思是一个进步的过程，要善于小结和反思教育教学工作，对自己的教育行为乃至教育细节进行追问、审视、推敲、质疑……这样可以让我们拨开云雾，实现自我突围，或许你会从中收获别样的教育人生。

笔者：在老师成长的过程中，总会碰到“高原期”“瓶颈期”。您有过这样的经历吗？您又是如何走出“高原期”“瓶颈期”的？

刘舒玉老师：我成长过程的“高原期”“瓶颈期”在教书的第八个年头如约而至。那时候突然间觉得有点无所适从，迷失了方向，不知道该干什么，挚爱的教育事业似乎失去了它原有的魅力。但我当时没有过度慌乱，当然也没有自暴自弃，而是允许自己放缓脚步，审视、反思自己8年来的教育教学生活，听从内心的声音，重新规划、定义自己接下来的教书育人生涯。在将近一年的时间里，我向学校申请参加省、市教育教学培训活动8次，每天规定自己至少看一个小时的专业书籍。其间，我结识了时任河源市教育局德育科科长黄伟云、科员古锦兵老师，广东第二师范学院的周峰教授、李季教授。他们对教育的热爱，以及他们高瞻远瞩的教育思想，令我折服！在他们的指引下，我似乎找到了前行的动力与方向，主动报名参加省、市教育教学大赛，申请课题研究，逐渐形成了具有个人特色的教育教学风格。我的“高原期”“瓶颈期”就这样悄无声息地过去了。

笔者：能说说您最近比较关心的教育问题或者教育热点吗？

刘舒玉老师：我最近比较关心单亲家庭学生的心理健康状况。随着社会的飞速发展，离异家庭数量不断攀升，在单亲家庭中成长的孩子与日俱增，给我们的教育教学工作带来了新的挑战。本学期，我接手的新班有6个学生是在单亲家庭中长大的，而一个年级竟有近50个单亲家庭学生，这个群体的大部分学生或多或少存在心理问题及行为障碍。接下来，我将与年级老师、心理老师一起对这一群体进行调查、分析，探讨心理健康教育干预对策。

对教育教学“学无止境”的自觉追求

——广东省骨干教师周华访谈录

引言：学无止境，不仅适用于学生的成长，也适用于教师的成长。每个教师的成长都要经历一个由不成熟到成熟的发展过程，教师的成长空间是无限的，教师要在现代教育理念的指导下，具备新型的专业知识结构，拥有相应的专业能力和练就必要的专业技能，就必须坚持对教育教学“学无止境”的自觉追求。

周华，广东仲元中学语文高级教师。广州市中学语文特约教研员，广州市中学生文联指导委员会指导老师。广州市优秀班主任、广州市百佳班主任，首批广东省省级骨干教师、校长培养项目培养对象，第三批广州市“百千万人才培养工程”名教师培养对象。近几年，在《语文月刊》《中国多媒体与网络教学学报》等杂志刊物发表论文10篇。主持广州市、番禺区的两项课题，结题成果均为“优秀”等级。多次在省、市、区教学工作交流会上做讲座、上公开课。

笔者：周老师，请问在您的眼中，“好老师”是什么样的？

周华老师：在我看来，作为一名老师，尤其是一名“好老师”，首先要有良好的教育观念，能着眼于社会需求，培养可持续发展的人才。再就是教研能力要好，有扎实的专业知识。最后还要有好的教学方法，能够让学生获得比较理想的学习效果。

笔者：在您的成长中，有哪些人、哪些事情对您影响至深？

周华老师：刚毕业那几年，我在教学经验上一穷二白，性情上也是年轻气盛，幸好那几年我碰到几位经验丰富、性情醇厚的同科组老师——谌清泉、赵美华、李苑珍老师，他们一次次不厌其烦地指出我讲课的纰漏，又一次次毫不吝惜地给予我帮助，让我在课堂教学、自我反思方面迅速成长起来。

后来我来到广东仲元中学，在这里，我碰到古殷校长，他带着我们到全省、全国各地的名校去参观学习，极大地开阔了我们的视野，为我们的教育教学观念注入诸多新鲜血液。在这个过程中，我开始了对教育教学“学无止境”的自觉追求。

笔者：在您的教育生涯中，有哪些得失可以与同行们分享？

周华老师：我总结了两点：第一，学生是最大的资源库。懂得学生心理，充分调动学生能动性，是教育工作中的关键。但凡遇到问题，若能站在学生立场着想，解决起来，往往有“四两拨千斤”的效果。第二，勤动笔是出成果的关键。如果有规划成为本行业专家、名师、大家，那就要做到笔耕不辍，平时工作中的得失总结、专项研究，外出学习的收获启发，专著学习中的笔记心得，突发事件的灵活处理，等等，勤于总结归纳，是出成果的基础。

笔者：我觉得您的这两个观点很值得其他老师学习，以学生为主体，一直是当前教育所强调的话题，我们的教育应该以学生为本，勤动笔也是促进教师个人成长的关键之一。但是我觉得多看一些相关的书籍对教师的成长也是很有帮助的。

周华老师：这点我也认同。

笔者：如果让您给刚踏上讲坛的年轻教师推荐一些书籍，您会推荐哪些书？

周华老师：对于刚踏上讲坛的年轻教师，要多读中外大家们的教育专著。我有以下推荐：孙云晓《教育的秘诀是真爱》，李镇西《爱心与教育》，陶行知《陶行知文集》，杜威《民主主义与教育》，卢梭《爱弥儿》，加德纳《多元智能》，夸美纽斯《大教学论》，巴班斯基《教育过程最优化》，郭齐家《中国教育思想史》，叶澜主编《教师角色与教师发展新探》，陈龙安《创造性思维与教学》等书籍。

笔者：我相信这些书对那些刚踏上讲坛的年轻教师会有很大的帮助的。除此之外，在您看来，教师成长的途径还有哪些？

周华老师：团队引领和自我规划。

团队引领是一所学校、一个科组、一个年级组在教育教学观念上的引领，以及团队的整体素质，是青年教师成长的重要因素。

自我规划，包括每天的必做事项与额外工作，每一个阶段要完成的书籍阅读、写作安排，每几年要在专业职称上进阶，等等。有了一个全局的和局部的规划，还要一步一个脚印去努力，至于结果，自然水到渠成。

笔者：确实，每个人的成长都少不了外在因素与内在因素的共同影响。教育对人的影响更是重中之重，您能和我们谈谈您最近比较关心的教育问题或者教育热点吗？

周华老师：我近段时间比较关注国家在高考方面的变革。其中，改变“一考定终身”的不公平，这个尤其令人关注。据目前了解到的情况，以后的高考科目将采用“3+3”模式，这里有一个重大突破，就是将高中生的综合评价内容作为招生录取时的参考。这种状况令人喜忧参半，喜的是，从“招分”转向“招人”，消除了过去以分数录取学生、“一考定终身”的弊端。同时，这里也有一些令人担心的问题，就是以学生的综合评价内容作为参考，那就远不如应试教育有分数的严格量化标准了，钱权交易怎么办？走后门怎么办？权力寻租怎么办？所以，要避免出现不可控的不公平，搞真正的全面素质教育就要促进国家诚信体系的建立。中国搞素质教育是急需，诚信体系建立是渐进，很明显，这里存在矛盾，但毕竟是大方向，需要我们开始渐变，真的需要转向了。

笔者：教育的转向是大势所趋，也是必然的结果；是时代的要求，也是社会发展的需求。而要实现这种转向则需要有更多具有先进、独到的教育思想，突出的教学业绩和丰硕的教育科研成果，且具有一定影响力和知名度的教育教学专家及教师来改变、引领当前教育，这样才能让中国的教育事业更上一层楼！

追求“成人、成才、成功”的教育

——广东省特级教师林亮访谈录

引言：学校作为育人的重要阵地，最根本的任务就是要把每一位学生培养成有用之才，让每个孩子学会做人，学会求知，学会生活，走向成功。换言之，教育者应以引导学生“成人、成才、成功”为追求。从1987年至今，林亮老师一直坚守在教学教研一线从事历史教学工作。他认为：“在教育过程中，成人是根本，成才是关键，成功是目标。三者合一，就是教师的成功。”33年来，林老师坚持着这样的教育理念和教育追求，不断学习，不断创新，努力实现教学、教研两相长，从而成就了精彩的教育人生。

林亮，广东湛江遂溪人，1964年11月生，中共党员，教育硕士。2019年被评为中学历史正高级教师，先后在遂溪县第一中学、遂溪县教育局教研室、遂溪县大成中学工作。系中国教育学会历史教研会广东分会会员、湛江市中学历史教研会副会长、湛江市人民政府教育督学、湛江市兼职历史教研员、遂溪县人民政府教育督学、遂溪县中学历史教研会秘书长、遂溪县第一中学副校长、广东省中学特级教师。

笔者：在您的成长中，有哪些人、哪些事情对您影响至深？

林亮老师：工作33年，我的成长离不开我的老师、学生。1987年，我大学毕业参加工作，当时年轻气盛，工作很有干劲，不断思考着如何上好一节历史课，并不断尝试着，但教学效果不那么显著，这时我遇到了我的恩师——遂溪县中学历史教研会会长、遂溪县第一中学历史科组长张文炎老师（已故）。他从历史教学的方法技巧、年轻老师普遍存在教学问题以及教师在教学中要注意的事项等方面对我进行引导。经过几年的努力，我的教学质量和效果逐渐得到学校领导及师生的普遍认可；教学年级从高一至高三循环，我的教学方法逐渐成熟。在遂溪一中，我带过的最辉煌的两届是1995年和1998年的高三（1）班，当时我担任这两个班的班主任和科任老师。这两个班的高分层、重点线、本科线都排在市、县、学校前列。由于教学成绩显著，1998年我调入遂溪县教育局教研室任历史教研员，期间得到遂溪县教研室陈建伟主任、湛江市教研室李斌主任，以及陈洪义老师的大力支持和帮助。

而我的教学模式与理念的形成和构建离不开梁哲校长（全国优秀教师、广东省中学特级教师、中学正高级教师，湛江市爱周中学校长）的影响和指导。20世纪90年代，梁校长就提出了历史教学"四步教学法"。受他的影响，我在教学中也沿用了这一教学法。2004年，我参加了在甘肃省白银市会宁县召开的新一轮教学改革会议，以及到江苏洋思中学、山东杜郎口中学参观学习，接触到新一轮课程改革。之后，我把这次新课改的情况写成文章《新课程、新观点、新做法》，并发表于《中学历史教学》和《湛江日报》上。我把洋思中学、杜郎口中学的教学模式"先学后教，当堂训练"贯穿于我的教学理念中，这与当时湛江市教育局提出的"精讲、善导、引思、训练"八字方针相向而行，也为我后来在遂溪县教育局教研室指导全县中学历史教学工作打下了坚实的基础，还为我在遂溪县大成中学推广"导学案"教学提供了理论支撑。

笔者：有时候，个人成长的外部环境会很糟糕。教师身处这样的环境中，想要有自己的理想和追求，往往要付出很多。您有过这样的经历吗？您想对这些艰苦拼搏的老师们说些什么？

林亮老师：环境对老师的成长影响很大，如果我不是在遂溪一中、县教研室工作过，可能就不会有我今天对中学历史教学教研情有独钟的情况。但无论如何，要想有自己的理想和追求、有目标、有成绩，就要有付出。我想对其他老师讲的是，要想成功，无论环境如何，都要努力和付出，成功需要付出100%的努力，天下没有免费的午餐。

笔者：您的教育理念是什么？另外，能跟我们分享一下您的教学风格、教学主张吗？

林亮老师：我的教育理念是成人、成才、成功。在教育过程中，成人是根本，成才是关键，成功是目标。三者合一，就是教师的成功。我的教学模式是"先学后教，当堂训练"以及"历史四步教学法"。经过30多年教书育人的沉淀，我也形成了自己的教学风格和主张——"激趣、引思、互动、精练、高效"。

笔者：如果您认同教师需要有一些“必读书”，您会推荐哪些书？

林亮老师：每位教师要完善和提高自己，都必须认真博览群书，特别是阅读相关的专业书籍。历史老师的话，建议多看《历史教学》《中学历史教学》《中学历史教学参考》等专业期刊，还有《课程教学研究》《教育学》《心理学》《中学教学法》等教育类专著。

笔者：您对年轻教师有什么建议？

林亮老师：青年教师要趁年轻多做些事情。一是要做好自己的本职工作；二是要虚心学习和努力提高自己，包括博览群书，向专家及有经验的教师学习；三是要在工作过程中多总结，多反思；四是要积极主动，勇于担当；五是要多做少讲，在利益、荣誉和贡献面前要懂得取舍，力求均衡。

笔者：您认为课堂教学在名师成长过程中的作用是什么？

林亮老师：学校教育教学的主阵地是课堂，教师成长的关键是课堂教学，名师出于课堂教学。要做好课堂教学，关键是有具备个人特色的课堂教学模式和教学理念；其次要备好课、上好课，要设计、精选好练习题，加强课堂课后辅导、练习训练，多些与学生互动和沟通。

笔者：您有带徒弟吗？能否与我们分享一下您带徒弟的故事呢？

林亮老师：作为中学正高级教师、省中学特级教师，发挥示范引领作用责无旁贷。无论是当教师期间或者是做教研员期间，我都有培养年轻教师的经历。如遂溪一中的麦荣生、李权、陈小冰，遂溪二中的沈仁忠，大成中学的戚光义、张旭霞等，都是经过我培养成长为省、市、县、校级的骨干教师（遂溪一中的麦荣生老师成为学校的历史科组长，市、县历史教学科带头人，县中学历史教研会会长；李权老师被评为湛江市教坛新秀，成为遂溪县中学历史教研员；陈小冰老师成长为一位年轻的市骨干教师。遂溪二中的沈仁忠老师由一名初中教师成长为遂溪二中历史科组长。大成中学的张旭霞老师成为学校历史科组长、广东省历史骨干教师）。在培养过程中，我主要通过“传帮带”方式进行，如听课、讲课、评课等。在遂溪一中、大成中学时，一般每周带他们听一节课，每学期至少进行两次公开课。有时我也会鼓励他们采取“走出去”的方式进行学习，学习别人先进的教学经验。

自觉钻研，精益求精，努力做一名研究型教师

——广东省骨干教师叶翠玲访谈录

引言：新世纪的教师应该转变观念，顺应新课程改革对教师提出的新要求，成为学者型、研究型、专家型的新型教师。为此，教师要积极主动地反思自己的教育教学行为，发现教育教学工作中的问题，并以探索精神对发现的问题进行研究，进而提出切实有效的改进意见。而要做到这些，教师必须具备自觉钻研和精益求精的精神。

叶翠玲，湛江市第九中学副校长，第三批省级骨干教师培养对象，湛江市初中语文学科骨干教师。从事中学教育教学工作20年，担任过班主任、少先队大队辅导员、德育主任等，个人综合素质全面，教育教学成绩突出。先后被评为湛江市优秀少先队辅导员、湛江市赤坎区先进教育工作者、赤坎区教书育人优秀教师、赤坎区青年岗位能手等。主持研究“学生自主学习能力培养策略的研究”“新课改背景下中学教师专业化发展研究”等两个省级课题，在省、市专业期刊发表多篇教学教育论文。对初中语文教学有独特的见解，特别是对培养学生的自主学习习惯和提升学生的阅读写作能力有创新有效的实践。在教育中秉承“德才并重，心口合一，言行一致”的理念，引导学生树立正确的人生观、价值观。

笔者：在您的眼中，“好老师”是什么样的？

叶翠玲老师：师者，传道、授业、解惑，在三尺讲台上教书育人。教书先育人，育人先正己。回顾20年的教学生涯，我认为，一名“好老师”最应该具备的素质有四项：一是德高为范。“学为人师，德为世范”，教师是学生模仿的对象，是学生成长的榜样，教师良好的道德素质比教师的文化素养更为重要。二是治学严谨。教师必须勤于钻研，具备扎实的学科基础、灵活

的教学方式，才能通俗易懂地把知识教给学生。三是爱生如子。作为教师，只有真诚对待学生、包容学生，才能赢得学生的认同，教学教育工作才能更加有效。四是无私奉献。当一名老师，就要有终身从教的献身精神，做到爱岗敬业，无私付出，无怨无悔。

笔者：在您的成长中，有哪些人、哪些事情对您影响至深?

叶翠玲老师：在专业成长中，我受到很多人的关爱和帮助，对他们我永远怀着深深的感恩之心!

其中，有两个人和一件事对我影响至深。一个是我的母亲，也是我的启蒙老师。母亲是一名在教坛上默默奉献了37载的人民教师。无论是在条件艰苦的农村学校，还是在工作繁忙的城区中学，母亲对教育事业都是无比热爱，对工作总是一丝不苟，这也深深感染了我。记忆中每个夜晚母亲都在认真地批改作业，作业本上的红色笔迹仿如她眼中的血丝。她总是认真地备好每篇课文，尽管那些课文她早就不知道教了多少遍，那工整的书写、详尽的备注，无不体现了母亲的爱岗敬业。受母亲的影响，我从小就立志，长大了也要当一名光荣的人民教师。还有一个是我已故的恩师，高中时的语文老师陈田满。陈老师品德高尚，为人谦和，博学多才。他治学严谨，笔耕不辍，从20世纪80年代始，先后在国内外报刊发表教学教研文章100余篇。退休后他仍然勤耕不辍，继续潜心著书，身后留下了400多万字的语文教研手稿。陈老师勇于钻研、乐于奉献的教育情怀让人敬佩和折服，也激励着我立志做一名有教育理想的教师，堂堂正正做人，认认真真做事，在教育教研的道路上披荆斩棘、奋勇前进。

让我记忆犹新的一件事是我从教后的第一次家访。2000年我执起教鞭之时，便主动申请当班主任。班中有个叫小铭的男生，他各方面的表现都不错，就是有一个坏习惯，每次学校收取费用时他总是拖拖沓沓，三番四次催促还是不交。起初我对他的拖沓作风很不满意，认为他是故意不配合我的工作。有一天我无意中发现，这个十四五岁的孩子竟然穿了一条打满补丁的、洗得褪色的裤子来上学，于是我决定到他家中进行家访。结果我看到的是：他家里最值钱的就是一台残旧的14寸黑白电视机，家里没有几件家具，唯一一张木沙发还破了好几个洞，当时他的母亲很不好意思地请我坐下来。看到这一幕，我感到深深的自责。回来以后，我马上向校领导反映小铭的家庭困难情况。学校尽可能减免了他的有关费用，不能减免的，我每次都用自己微薄的工资为他垫上。小铭同学感受到了我对他的关爱，在学习上更加刻苦认真了，成绩也稳步上升。后来他在东莞一家电子厂上班，每次回湛江都会来看望我。我想，这就是作为一名教师最大的幸福了。对学生付出关爱，你也会得到他们的爱戴与尊重。对工作努力付出，你也会收获事业的硕果。

笔者：在老师成长的过程中，总会碰到“高原期”“瓶颈期”。您有过这样的经历吗？您又是如何走出“高原期”“瓶颈期”的？

叶翠玲老师：从教以来，我幸运地得到老教师们的指导及引领，能较好较快地成长起来，迅速掌握各项教学技能。2006年，工作后的第六个年头，我在教育教学方面已经可以独当一面，教学成绩在年级中也是名列前茅。但总感到自己在教学上遇到了“瓶颈期”，无法取得更大的进步，对专业发展方向感到迷惘。我意识到，必须突破固有的教学思维及教学模式，必须“走出去”。我开始大量研读国内外教育教学书刊，积极参加教学讲座及交流会，到省内外听课学习，汲取教育专家学者的智慧精华，不断提升自己的教学水平。2013年、2016年我先后参加了市级、省级骨干教师培训，通过学习培训，了解教学发展的最新动态和趋势，积极尝试新的课堂模式，增强了教学教研的能力，使自己从技能型教师向教研型教师转变。

笔者：如果您认同教师需要有一些“必读书”，您会推荐哪些书？

叶翠玲老师：活到老，学到老。作为教师更应该是“教到老，学到老”。一名真正优秀的教师，应该是一个不断进取的学者。在教育新形势下，做一个与时俱进的教育工作者，学习是唯一的途径。我认为教师必须要多读书，像《给教师的一百条建议》《教育的55个细节》《新教育之梦》《有效教学的理论和模式》《教育的智慧》《教育和美好的生活》等等，这些书在教我们如何当一个好老师的同时，也教会了我们如何做人，使我们的人生充满智慧。

笔者：在您看来，教师成长的途径有哪些？

叶翠玲老师：教师成为研究者是时代发展的客观要求。在新的教育形势下，教师要有强烈的进取心和求知欲，自主地对教育教学过程进行不断地总结研究，在实践中提高自身的素质，自觉钻研业务，精益求精，提高自己的教育教学水平，使自己成长为研究型教师。教师成长的途径是多样的，可以通过集体备课、观摩学习、专家指导、行动研究、教学反思等途径促进教师的专业发展。特别是现代发达的教学信息平台，为我们提供了更丰富的学习途径。

与时俱进、勇探索、善反思、勤笔耕，助力教师专业成长

——江门市名教师黎康丽访谈录

引言：教育要适应社会的发展，培养出适应新时代要求的学生。因此，作为身负传道、授业、解惑以及促进学生全面发展之重任的教师，更应该紧跟时代发展的步伐，坚持不懈地充实自我，不断地去研究学生，探索教法。与此同时，教师还应该做到勤于思考，笔耕不辍，努力形成具有个人特色的教学主张。唯有如此，才能为教师专业素养的提升提供助力。

黎康丽，江门市蓬江区教育局教学研究室中学数学教研员，中学数学副高级教师，江门市名教师培养对象，蓬江区名教师。《中学数学教学参考》封面人物，撰写的论文曾在全国中文核心期刊、省级刊物、市级刊物发表刊登，主持及参与市级以上课题6项。

笔者：在您的眼中，“好老师”是什么样的？

黎康丽老师：“好老师”拥有广博的知识、广泛的兴趣、扎实的专业功底、鲜明的教学风格、良好的教学效果，坚持不懈地进行教育实践研究；同时能让同行敬重自己，学生尊重自己，家长看重自己。站起来能干，干实事、干出实效、用结果说话；坐着能想，学会思考；拿起笔能写，写出行如流水的文章、完善的教学设计案例；张开嘴能说，能说会道；走出去能比敢拼，能承担公开示范课，有担当，有所作为。

笔者：在您看来，教师成长的途径有哪些？

黎康丽老师：第一，以公开课为契机，展示自己。勇于承担公开课，欢迎同行走进课堂多听自己的课，乐于听取别人对自己的建议并从中找出自身的不足与差距。积极参与全国、省、市、区级的公开课、说课、微课等评比

活动。同台竞技、磨课、研课、赛课、经验分享，是实现教师专业发展，培养名优骨干教师很好的方式和途径。

第二，以科研为动力，超越自己。着力提升课题研究能力，探索科研兴教之路；积极参与课题研究，凡是优秀的教师，没有不搞科研的；凡是研究有成的教师，无一不是优秀的。不搞科研的教师犹如一个在黑暗中摸索的教书匠，有无科研意识是学者型教师和教书匠的分水岭。

第三，以名师为目标，提升自己。要想做名师，就要对学科教学有自己的深刻理解和诠释，不但要敢于超越别人，更重要的是敢于超越自己。勤于研读教材，善于研究学生，教出简单之内的丰富、平淡之中的高妙、普通之外的深刻。让枯燥的课堂上得“有滋”，令学生们学起来觉得“有味”。努力争取从名教师工作室的一名学员做起，通过名教师工作室的专业引领，全面提高自身的专业素质、专业水平。

第四，勤于思考，笔耕不辍。思考可以改变人的生存状态，让人不断地进取并具有丰富的经验。而写教育教学文章无疑可以促进教师思考，为了寻找写作素材而需要不断地观察、反思和尝试，为了寻找写作理论而需要不断地学习记录和运用，也就是写文章可以培育一线教师的问题意识和创新精神。为了使自己能够成为教育创新与改革的“弄潮儿”，做到推陈出新、与时俱进，勇探索、善反思、勤笔耕。撰写论文是教师成长的必修课，在这过程中所经历的反反复复修改的煎熬、种种磕磕碰碰思维火花的碰撞，恰恰是提升自身专业素养非常好的机会。

笔者：能说说您最近比较关心的教育热点与教育问题吗？

黎康丽老师：当微信、微博、微小说、微电影涌入我们生活的时候，教育的微时代也随之而来。开启教育微时代的，正是微课。而慕课、翻转课堂、电子书包、云技术都随之应运而生，充分发挥了信息技术的优势。

现在我区正在探讨，在“互联网+教育”背景下，信息技术与初中数学深度融合的网络教研活动，打破传统的教学方式，将微课恰当地运用到课前、课中及课后的教学环节中，实施线上线下混合式教学。满足学生对不同知识点的个性化学习，个性化选择，既可查缺补漏又能强化巩固知识。在信息技术支持下，教师实施教学更有针对性，使不同的学生在各自原有的水平上动态地持续发展，从而促进学校整体教学质量的提高。根据教学需要合理应用信息技术促进学生进行数学学习，根据学生思维与学科特点选择合适的内容呈现形式，利用网络工具设计在线练习，丰富学习评价方式，用好现有的技术资源重建课堂结构，创新教学方式。

基于信息技术的学科教研，让更多的教师感受到优质教研资源的共建与共享，以及体验到新型教研形式下个性化学习的乐趣，让这些教师成为信息技术与学科教研融合的受益者。

笔者：您对年轻教师有什么建议？

黎康丽老师：在教育生涯中要有一种追求，虽然我们只是一名普通的人民教师，每天都在做平凡的事，但是我们必须要有一种至高无上的追求，自己给自己施加压力，自己给自己一个准确的定位。如1到2年成为一名合格的教师，3到5年形成个人的教学风格，5到8年成为一名优秀的骨干教师，再用5到8年成为一名优雅的教师，然后奋斗多年，最终成为一名专家型的教师。

不断地完善自己，走专业发展之路

——广东省骨干教师陈运鸿访谈录

引言：“百年大计，教育为本；教育大计，教师为本。”振兴民族的希望在教育，振兴教育的希望在教师。教师走在教育的最前线，教师的素养不仅关系到全民族的素质水平，更关系到整个民族的兴盛。作为新时代的教师，要不断地丰富和完善自己，除了要有扎实的专业能力、过硬的育人本领之外，还要关心学生，热爱教育，使自己成为一个有人格魅力的教师。

陈运鸿，教育硕士，中学化学高级教师，从事初中化学教育工作24年。广东省骨干教师，广东教育学会化学教学专业委员会理事，东莞市中小学名教师工作室主持人，东莞市学科带头人，东莞市教育学会化学教学专业委员会常务理事，东莞市塘厦初级中学化学科组长。获得各级各类奖励和荣誉80多项，参加省级课题1项、市级课题2项，主持市级课题1项。

名师格言：一勤天下无难事。教育无大事，事事唯勤。

笔者：在您的眼中，“好老师”是什么样的？

陈运鸿老师：在我眼中，“好老师”有三个特征。首先，要有扎实的学科教学能力。教师的第一要务在我看来是能通俗易懂地把知识传授给学生，所以好教师必须具备扎实的学科教学能力。其次，要有过硬的教育水平。教师不仅要教书，还要育人。要育好人，就必须有一套过硬的育人本领。只会教书不会育人，那是“教书匠”；只会育人不会教书，那也不可能是好老师，他的育人一定是空洞的、说教的，缺乏载体的。最后，作为好老师，还必须要有爱心。尽管有爱不一定有教育，但没有爱一定没有教育。

笔者：在老师成长的过程中，总会碰到“高原期”“瓶颈期”。您有过这样的经历吗？您又是如何走出“高原期”“瓶颈期”？

陈运鸿老师：在工作过程中，绝大多数人都会出现“高原期”“瓶颈期”，也就是心理学上说的“职业倦怠期”。一般来说，工作的重复性越高、重复周期越短以及工作压力越大，出现职业倦怠的时间就越早。我大学毕业后，从事初中化学教学工作，大家都知道，初中化学教学内容相对较少，工作循环就一年，再加上初三面临升学压力，导致我在工作第4、第5年的时候就出现了职业倦怠。对自己的工作提不起热情、工作也毫无目标可言，这种状态一直持续了将近3年。当时自己也很清楚自己这时候处于一种迷茫期，苦于没人指点，一直找不到突破的方法。至于谈到如何突破这种“高原期”，回顾我的经历来看，是选择一项有挑战性的工作去突破。那是2004年，东莞市教研室举办初中化学说课比赛，这对于我来说是一项全新的挑战，我毅然报名参赛。经过一个多月的准备，在比赛中我居然获得了东莞市一等奖的好成绩，还代表东莞市参加省级比赛，令我意外的是也获得了省一等奖。通过这两次比赛，我发现教材分析、课件制作、教学设计等是自己需要提升的，从此我逐渐走上了专业发展的道路。2008年我又考上了教育硕士，在专业成长的道路上又提升了一个水平。

笔者：如果您认同教师需要有一些“必读书”，您会推荐哪些书？

陈运鸿老师：在信息飞速发展的今天，作为一名教师，读书是必修课。教师不仅要读教育教学专业方面的文章、书籍，还要读与教育相近学科的文章、书籍，我还提倡跨学科读专业方面的书籍。我建议广大教师特别是年轻教师，一定要找一本《教育心理学》来仔细研读，在《教育心理学》中可以学到很多关于教学和心理方面的知识，从而科学地指导我们的教育教学；还要找一本关于教育教学科研方法的书籍阅读，掌握教育教学科研的基本方法，提高教育教学科研的水平；平时多读一些有关人文素养的书籍，提高个人的素养。

笔者：能说说您最近比较关心的教育问题或者教育热点吗？

陈运鸿老师：我最近比较关心的是如何处理发展学生核心素养与知识教育的关系问题。知识是发展学生核心素养的载体，教学活动的开展离不开知识，教学活动是培养学生核心素养的基本途径。然而目前的教学活动把知识绝对化、神圣化了，教育成了“为了知识的教育”，而知识和素养被弱化、边缘化了，有知识没能力缺素养成为教学最突出和最致命的问题。目前我们要扭转的是把“为了知识的教育”转化为“通过知识获得教育”。知识应该是教育活动中促进学生发展的资源和养料。

笔者：您对年轻教师有什么建议？

陈运鸿老师：如果是刚刚踏入教师队伍的年轻教师，建议他们利用一两年的时间站稳讲台。站稳讲台不是件简单的事情，不是说能在讲台上几节课就行了。站稳讲台包括会独立分析教材、设计教案学案、能熟练地进行课堂教学、能进行有效的课堂管理等多方面的内容。这就要求他们多学习、多听课、多承担公开课、多请教有经验的老师。如果是已经站稳讲台的年轻老师，在明确了自己的职业定位之后，建议他们在专业成长的道路上不断拼搏，从课题研究的角度去研究自己的教学，使教学走向高端，争取从熟手教师向专家型教师转变。作为年轻教师，要敢于去承担班主任工作，一个没有当过班主任的老师，他的教育生涯是不完整的。班主任工作很辛苦，但是我们可以从中收获很多，特别是在育人方面。任何一所大学都没有班主任这个专业，但是它却比任何一个专业更专业，需要更多的智慧。作为年轻教师，还要善于学习，在信息飞速发展的今天，新知识、新事物呈爆炸式的增长，如果我们不学习，很快就会被淘汰。“要给学生半桶水，自己先要有一桶水”，告诉我们的就是要不断地丰富和完善自己。

后记

人生有了向往，就有了追求。从事媒体工作18年来，我从一名通讯员做到广东省教育厅主管主办的广东教育杂志社、广州日报集团主办的广州市少先队队报工作站站长，再到几本杂志、报纸的执行主编，一直都默默无闻。报刊工作站站长这个职位，我一做就是15年。报刊工作站站长是做什么的？是一个负责报刊宣传、发行的主管。我每天都行走在广东省各地中小学中，给学校建立小记者站，亲自培训小记者，带小记者外出采访，与少先队专家一起指导学校少先队工作，还跟教研专家一起指导学校教育教学工作。很多专家、校长都成为我的好友，我们相互帮助，一起成长。教育家陶行知、朱永新、于永正，他们把一生都奉献给教育，这种精神让我慢慢产生探索教育的意义是什么、什么是理想的教育的念头。

读万卷书不如行万里路，行万里路不如阅人无数，阅人无数不如名师指路。著名教育家朱永新教授在《我的教育理想》一书中说："理想的教育就是理想的学校、理想的老师、理想的校长、理想的学生。"我循着理想的路线，行走在岭南教育的大地上。在担任广东省作家协会主管主办的《少男少女·教育管理》杂志执行主编之后，经杂志社陈蕾社长、总编同意，我在杂志上增设《岭南名师》栏目，坚持免费宣传广东名师（赠送名师的报纸、杂志及快递费用等都是我个人出资的）。教育是一个灵魂唤醒另一个灵魂，让教育回归本真、老师回归初心，唤醒是最好的方法。当有了理想的教师、理想的校长，才有理想的学校和理想的教育，才能培养理想的学生。所以，唱响广东名师，意义深远而重大。这就是我在报刊创立《岭南名师》栏目并免费宣传广东名师的初衷。江门市蓬江区中学语文教研员、正高级教师、广东省特级教师周华章曾很有感慨地为我赋诗一首：

乐做嫁衣为他人，铺桥搭台荐诸英。
笑看岭南群芳艳，功成身退达观生。

这首诗的意思是：为岭南名师我是乐于付出的，铺桥搭台就是为了帮助广东宣传和储备教育英才，当看到岭南名师一个个花开芳艳，走向成功的时候，正是我方观生功成身退之时，也是我成为学者型编辑之时。

守望理想，我躬身践行。免费推介岭南名师至今已3年有余，时间也许并不长，在没有经费、招揽不到更多合适的采编人才辅助的情况下，还遭到一些人的怀疑，他们说："现在还可能有这样高尚的人吗？估计他不是为名，就是为利吧。"一路走来，这段无私付出又不为人理解的历程非常艰辛。教育是一棵树摇动另一棵树，岭南名师的宣传逐渐得到广东省各地教育、教研部门领导的关注和支持。

星星之火，可以燎原。点燃一盏心灯，传递教育希望之火。愿每一个岭南教育人都能不断超越自我，完善自我，造福社会。点燃心灯，唤醒每一个岭南教育人，回归初心，做一个让学生喜爱，家长尊敬的教育人。让理想与信仰、爱心与诚心、追求与奋斗成为人生路上最美的风景。点燃希望，燃亮智慧，燃亮自己，照亮别人。

人有了信仰，就有了力量。岭南名师，我甘愿为你们付出努力，希望能与你们一起成长，但愿能伴着你们一起精彩，一起走向美好未来。谢谢你们，是你们的星光照亮了我前进的道路，是你们的支持，让我更有力量。无论遇到任何事情、任何困难，我都会想方法去解决。面对广东众多出色的岭南名师，我就像大海里的一颗小水珠，他们那努力、坚持、奉献的精神，时刻激励着我不断努力学习、奋进。

不忘初心、牢记使命。岭南名师，我愿成为一名学者型的编辑。我将持之以恒，代表杂志社继续做好"岭南名师、岭南名校长、岭南名校"的宣传工作，为广东省"强师工程"助力，为岭南大地传播美好教育。有了初心，就有了方向，也有了为之付出行动的生命激情。愿岭南名师越唱越响，能够走出广东，名扬四海，成为岭南教育品牌，回响岭南，引领广东教师共成长。

借此感谢广东省教育系统关工委常务副主任陈湘年，感谢他对我的关爱。感谢陈蕾社长对我的教育和支持，感谢所有关注岭南名师的广东省作家协会领导、广东省教育部门领导和名师们。

由于本人水平有限，本书如有不足，敬请各位领导、专家、同行批评指正。

为后记。

方观生

2019年12月9日于广东省作家协会6楼办公室